Ilse Lenz/Hildegard Maria Nickel/Birgit Riegraf (Hrsg.)
Geschlecht - Arbeit - Zukunft

FORUM FRAUENFORSCHUNG

Schriftenreihe der Sektion Frauenforschung in der Deutschen Gesellschaft für Soziologie

Band 12

Ilse Lenz, Professorin für Geschlechter- und Sozialstrukturforschung an der Ruhr-Universität Bochum, arbeitet seit langem über Geschlecht und Arbeit im internationalen Vergleich (Deutschland/Japan/Ostasien); neuere Veröffentlichungen zur internationalen Frauenforschung; Mitherausgeberin der Reihe „Geschlecht und Gesellschaft", 1995-1999 Sprecherin der Sektion Frauenforschung in der DGS.

Hildegard Maria Nickel, Soziologin, geb. 1948, Professorin an der Humboldt-Universität Berlin, Helge-Pross-Preisträgerin 1994, wissenschaftliche Leiterin des Zentrums für interdisziplinäre Frauenforschung an der Humboldt-Universität; Forschungsschwerpunkt: Soziologie der Arbeit und Geschlechterverhältnisse.

Birgit Riegraf, Dr. phil., geb. 1961, studierte Politikwissenschaft an der FU Berlin, 1995 Promotion mit einer Arbeit über „Geschlecht und Mikropolitik"; derzeit wissenschaftliche Assistentin an der Fakultät für Soziologie an der Universität Bielefeld. Arbeitsschwerpunkte: Feministische Organisationssoziologie. Modernisierung des Staates und die Auswirkungen auf das Geschlechterverhältnis im internationalen Vergleich, Hochschulstrukturreform und Gleichstellungspolitik.

Geschlecht – Arbeit – Zukunft

herausgegeben von
Ilse Lenz/Hildegard Maria Nickel/
Birgit Riegraf

WESTFÄLISCHES DAMPFBOOT

Die Deutsche Bibliothek - CIP-Einheitsaufnahme

Gecshlecht - Arbeit - Zukunft / hrsg. von Ilse Lenz .... - 1. Aufl. -
Münster : Westfälisches Dampfboot, 2000
(Forum Frauenforschung ; 12)
ISBN 3-89691-212-7

1. Auflage Münster 2000

Umschlag: Lütke · Fahle · Seifert, Münster
Layout: Jörn Essig-Gutschmidt, Münster
Druck: Rosch-Buch Druckerei, Scheßlitz
Gedruckt auf säurefreiem, alterungsbeständigem Papier
ISBN 3-89691-212-7

Inhalt

Teil III
Auswirkungen von Transformationsprozessen auf die Geschlechterverhältnisse

Einleitung

Die Zukunft der Geschlechterverhältnisse in der Arbeit?

Am Ende des Jahrhunderts deuten eine Reihe von Anzeichen auf rasche und grundlegende Veränderungen in Wirtschaft und Gesellschaft hin. Wie sieht die Zukunft für die Geschlechterverhältnisse in der Arbeit aus? Gegenwärtig ist es notwendiger denn je zu sammeln, auszutauschen und aus Sicht der Frauen- und Geschlechterforschung auszuleuchten, welche Zukunftshorizonte sich andeuten. Denn während die gesellschaftlichen Rahmenbedingungen sich in der Globalisierung und reflexiven Modernisierung dramatisch verändern, scheinen auch die bisherigen Geschlechterordnungen ihre Stabilität zu verlieren; sie werden enttraditionalisiert und entnaturalisiert. Doch sind die Perspektiven der Zukunft des Geschlechterverhältnisses in der Arbeit nicht deterministisch aus den bisherigen Strukturen und Verläufen abzuleiten, sondern es gilt, den Horizont der unterschiedlichen Optionen zu untersuchen und Analysen für die Gestaltung der Zukunft zu erarbeiten. Analytisch lassen sich drei Kontexte unterscheiden, deren Dynamiken die „Zukunft der Arbeit" und die Zukunft des Geschlechterverhältnisses in der Arbeit zentral mitgestalten: Im wesentlichen kristallisieren sich die globalen, nationalen und spezifischen regionalen Ebenen heraus, die allerdings miteinander verflochten sind.

„Globale" Entwicklungen

„Globalisierung" ist das Zauberwort, das eine Vielzahl international miteinander verwobener ökonomischer, sozialer und politischer Verflechtungen umreißt, die auch Auswirkungen auf nationale Ökonomien, die „Zukunft der Arbeit" und die Zukunft des Geschlechterverhältnisses in der Arbeit haben. Die Konzepte der Globalisierung umschreiben dabei so unterschiedliche ökonomische und politische Entwicklungen, wie die Entstehung globalisierter Märkte, dadurch verschärfte Standortkonkurrenzen und Steuerwettbewerbe, die Aufteilung der Produktionsabläufe industrieller Güter über mehrere Kontinente hinweg, die Auswirkungen der Internationalisierung auf betrieblicher Ebene, die „Entbettung" transnationaler Konzerne und globaler Finanzmärkte sowie die Verlagerung von politischen Entscheidungsfindungsprozessen weg von nationalen Institutionen hin zu supranationalen Organisationen und Regimen in einer zunehmenden Zahl von Politikfeldern. Globalisierungsprozesse verändern sowohl die Fundamente der industriellen Arbeitsgesellschaft als auch die Arbeitsbedingungen in den Entwicklungsländern. Im Zentrum der sozialwissenschaftlichen Diskussion steht u.a. die Frage, ob die skizzierten Entwicklungen auf politischer Ebene und im nationalstaatlichen Kontext überhaupt noch steuerbar sind. Im Zuge dieser grenzüberschreitenden Umbrüche kommt es hier wie dort zu einem qualitativen Wandel der Lebensbedingungen und der individuellen Biographien, in dem die bislang existierenden Geschlechterordnungen grundlegend in Bewegung geraten.

Nationalstaatliche Entwicklungen

Die Zukunft des Geschlechterverhältnisses in der Arbeit wird auch durch grundlegende Veränderungsprozesse im nationalstaatlichen Rahmen beeinflußt, die nicht allein auf die Globalisierung zurückzuführen sind.

Die Gesellschaften der hochentwickelten Industrieländer zeichneten sich von ca. 1950 bis in die 80er Jahre hinein durch hohe Wachstumsraten sowie aktive staatliche Beschäftigungspolitiken und expandierende staatliche Sozialleistungen aus. Die überwiegende Mehrheit der im Normalarbeitsverhältnis beschäftigten Männer war - trotz sich vertiefender internationaler Arbeitsteilung und daraus resultierender binnenwirtschaftlicher Strukturanpassungen - relativ sicher vor Erwerbslosigkeit und sozialer Marginalisierung. Der keynesianische Wohlfahrsstaat war zugleich mit der sozialen Konstruktion der Kleinfamilie verbunden und damit an unbezahlte Frauenarbeit geknüpft. Sozial- und Arbeitsmarktpolitiken hatten das „männliche Normalarbeitsverhältnis" zur Grundlage und verwiesen Frauen normativ und materiell auf die Familie. Die Kleinfamilie wiederum bildete das Zielfeld eines dichten Geflechtes staatlicher Administrationen. Nahezu das gesamte Ensemble sozialstaatlicher Institutionen war auf die Kleinfamilie als dominantem Lebensverhältnis zugeschnitten. Die Frauen- und Geschlechterforschung machte sichtbar, daß ein Großteil der Arbeiten, die weder vom Staat übernommen noch marktmäßig organisiert wurden, durch die Hausarbeit von Frauen erbracht wurde. Sozialpolitische Maßnahmen sicherten die Reproduktion von Familien auch in wirtschaftlich schwierigen Entwicklungsphasen ab, kompensierten destruktive Marktergebnisse, führten (vor allem durch die Bildungspolitik) für einige Bevölkerungsschichten zu mehr Chancengleichheit und sozialer Mobilität (weichten also bis dahin existierende „harte" Klassenschranken auf) - und reproduzierten zugleich die Kleinfamilie und die Rolle der Frau als „Organisatorin" der Privatsphäre. Wollten Frauen erwerbstätig werden, trafen sie auf einen segmentierten Arbeitsmarkt, der sie - im Gegensatz zu der

Mehrzahl der männlichen Beschäftigten - in der Regel auf sozial relativ schlecht abgesicherte Beschäftigungsverhältnisse verwies. Sie blieben häufig auf einen über die Familien abgeleiteten Versicherungsschutz oder auf staatliche Sozialleistungen angewiesen (Stichwort: Armut von Frauen).

In den westlichen Industrieländern befindet sich das lange Zeit dominierende Modell des männlichen Familienernährers in einem männlichen Normalarbeitsverhältnis seit einigen Jahren auf dem Rückzug. Die „Zukunft der Arbeit" in den westlichen Industrieländern läßt sich zunächst beschreiben als Abschied von den gewohnten Formen der Erwerbsarbeit: Erwerbsarbeit wird in vielen Gesellschaften zu einem knappen Gut, Wachstum führt nicht automatisch zu mehr Beschäftigung und angesichts millionenfacher Erwerbslosigkeit verändert sich das Verhältnis von Erwerbsarbeit und unbezahlter Arbeit sowie von (freiwilliger und erzwungener) Freizeit und Lohnarbeit. Die Möglichkeiten staatlicher Beschäftigungspolitik werden der Dimension des Problems immer weniger gerecht; durch Privatisierung und „Verschlankung" des öffentlichen Sektors werden Arbeitnehmerinnenrechte in Frage gestellt und „sichere" Erwerbsarbeitsplätze dem Standortwettbewerb geopfert. Diese Entwicklung kann aber auf der anderen Seite auch als komplexer und offener Prozeß dargestellt werden, in dem die „Starrheiten" des lange Zeit dominierenden männlichen Normalarbeitsverhältnis in Bewegung geraten. In Zuge dieser Entwicklungen sind auch die politischen Forderungen der Frauenbewegung, die in den letzten Jahren massiv vorgetragen wurden, sehr relevant für die Gestaltung der Zukunft des Geschlechterverhältnisses in der Arbeit.

Spezifische regionale Entwicklungen

Die Prozesse auf globaler und nationalstaatlicher Ebene werden zudem durch regionalspezifische ökonomische, kulturelle und politische Bedingungen, wie die Auswirkungen des „Falls der Mauer" in der Bundesrepublik Deutschland oder die Entstehung der Europäischen Union, überlagert. Der Umbruch der Gesellschaft der Bundesrepublik Deutschland ist eben nicht nur eingebettet in die Prozesse der Globalisierung, sondern z.B. mit der politischen Vereinigung und damit verbundenen wirtschaftlichen, sozialen und kulturellen Prozessen verwoben. Dieser auf vielen Ebenen stattfindende Transformationsprozeß wirkt sich zwar nicht auf alle Bevölkerungsgruppen in gleicher Weise aus, und auch Frauen sind nicht nur als Verliererinnen dieses Prozesses zu betrachten. Generell läßt sich jedoch sagen, daß die Entwicklung die Verteilungskämpfe um knappe Ressourcen verschärft, vor allem auch den (Geschlechter-)Kampf um Erwerbsarbeit.

Während eine Reihe von sozialwissenschaftlichen Diskussionsbeiträgen die Entstehung einer „Weltgesellschaft" prognostizieren und eine Aufweichung nationaler Ökonomien und nationalstaatlich Gesellschaftspolitik zugunsten einer grenzüberschreitenden Orientierung vorhersehen, betonen die KritikerInnen dieser Diskussion eine weiterbestehende Relevanz nationaler Ökonomien, nationalstaatlicher Identitäten und regionaler Orientierungen in einer zunehmend verflochtenen Welt. Trotz aller Divergenzen herrscht in zentralen sozialwissenschaftlichen Diskussionsbeiträgen jedoch weitgehend Einigkeit darüber, daß die Globalisierungs- und Umbruchprozesse der letzten Jahrzehnte in Zukunft das Verhältnis zwischen den OECD-Ländern und den Entwicklungsländern grundlegend verändern. In den sozialwissenschaftlichen Diskussionen wird davon ausgegangen, daß es im Zuge des veränderten ökonomischen und politischen Umfeldes der Nationalstaaten und nationaler Ökonomien im Kontext der Globalisierung nicht zu einer Homogenisierung und Angleichung der Lebensbedingungen und Biographien innerhalb und zwischen den Gesellschaften kommt. Die zu beobachtenden Wandlungen stellen sich aus sozialwissenschaftlicher Perspektive eher als Entwicklung voller Ambivalenzen und hoher Komplexität dar, in der die GewinnnerInnen und VerliererInnen der Entwicklungen - hier wie dort - noch nicht eindeutig auszumachen sind. Gemeinsam ist allen diesen Debatten im „main-stream" der Sozialwissenschaften über die „Weltgesellschaft" und die neue „Weltordnung", daß die Erkenntnisse der Frauen- und Geschlechterforschung bislang kaum Beachtung finden und die Auswirkungen auf die asymmetrischen Geschlechterverhältnisse bislang keiner gründlichen sozialwissenschaftlichen Diskussion unterzogen wurden. Frauen gelten in der herkömmlichen Debatte - wenn sie überhaupt zu Kenntnis genommen werden - üblicherweise als diejenige gesellschaftliche Gruppe, die weltweit in besonders drastischer Weise von den Transformationen betroffen sind und die als Verliererinnen des Prozesses gelten können. Im weltweiten Maßstab lassen sich die skizzierten Wandlungsprozesse und die Verteilung der Chancen und Risiken für einen Abbau asymmetrischer Geschlechterverhältnisse nicht auf eine einfache Gewinner-und Verlierer-Formel reduzieren. Aus dieser Perspektive geraten die Unterschiede zwischen Weltregionen, aber auch zwischen Frauen verstärkt ins Blickfeld. Deswegen geht es der Frauen- und Geschlechterforschung darum, eine geschlechterkritische Sicht auf die Globalisierungsdynamik zu entwickeln, in der die Gewinnerinnen und Verliererinnen differenzierter herauskristallisiert werden. Nur so können Gestaltungs- und Handlungsspielräume besser genutzt werden.

Die Autorinnen in diesem Band möchten einen Beitrag zu der Debatte über die Zukunft des Geschlechterverhältnisses in der Arbeit leisten und zu weiteren Diskussionen einladen. Die Zukunft der Arbeit und die Zukunft des Geschlechts wird aus ganz unterschiedlichen Perspektiven ausgeleuchtet. Die Beiträge versuchen, Antworten auf zentrale Fragestellungen zu geben. Welche neuen Formen der Arbeit und welcher neue Typus von Arbeitsgesellschaft entsteht am Ende des 21. Jahrhunderts? Wie ordnen sich die Geschlechterverhältnisse in diesem Umbruchprozeß neu? Trifft die These zu, daß vor allem Frauen die Verliererinnen der Krise der traditionellen Erwerbsgesellschaft sind, oder eröffnet die Krise neben neuen und vertieften Risiken auch Chancen für eine emanzipatorische Reorganisation der Arbeit?

Das Buch gliedert sich in drei Themenfelder: Im ersten Schwerpunkt werden die Auswirkungen der Globalisierung auf die Geschlechterverhältnisse untersucht und theoretische Überlegungen zu einer vergleichenden Analyse von Wohlfahrtsstaaten angestellt. Im zweiten Teil stehen Veränderungsprozesse in der betrieblichen Arbeitsorganisation und -kultur im Kontext von „turbulenten“ Umwelten im Zentrum der Analysen. Im dritten Abschnitt wird die Neustrukturierung der „privaten“ und „öffentlichen“ Sphäre als Folge der Transformationsprozesse ehemals sozialistischer Staaten zur Marktwirtschaft diskutiert und den Auswirkungen auf das Verhältnis zwischen den Geschlechtern nachgegangen.

Ilse Lenz greift zunächst die vielfältigen Debatten, die unter dem Schlagwort „Globalisierung“ geführt werden auf, bündelt sie zu Diskussionssträngen und weist zugleich auf Engführungen und Ausblendungen hin. So werden in den meisten Beiträgen zur Globalisierung Fragen nach dem Wandel des Geschlechterverhältnisses systematisch ignoriert oder als irrelevant erklärt. Ilse Lenz entwickelt demgegenüber eine Definition von Globalisierung, die auch die Geschlechterverhältnisse umfaßt sowie die Prozeßhaftigkeit der Entwicklung begreifen kann. Schließlich werden die Verlaufsformen und Auswirkungen der Globlisierung in bezug auf den geschlechtlichen Arbeitsmarkt in Deutschland diskutiert. Vor diesem Hintergrund entwickelt die Autorin Strategien zur Gestaltung der Globalisierung.

Petra Dannecker zeichnet in ihrem Beitrag mit dem Titel „Globalisierung und 'Migration' von Produktions- und Geschlechterstrukturen: Fabrikarbeiterinnen in Bangladesch“ die dynamischen Beziehungen zwischen globalen und lokalen Strukturen anhand der Diskurse über die bestehende Geschlechterordnung nach. Ein zentraler Ausgangspunkt ihrer Analyse ist die Feststellung, daß es im Prozeß der Globalisierung durchaus zu einer „Feminisierung der Arbeit" kommt. So ist eine zunehmende Integration von Frauen im formellen Sektor und eine Transformation „typisch" männlicher Tätigkeiten in „weibliche" zu beobachten. Dannecker zeigt am Beispiel der Arbeiterinnen in den Bekleidungsfabriken in Dhaka, der Hauptstadt von Bangladesh, daß durch die Integration der Frauen in die globale Ökonomie neue Räume für Frauen geschaffen werden und es zu Neuaushandlungsprozessen der bestehenden lokalen Geschlechterordnung kommen kann.

Wie können aber Unterschiede zwischen nationalstaatlichen Entwicklungen im Prozeß der Globalisierung einer wissenschaftlichen Analyse zugänglich gemacht werden? In dem Beitrag von Birgit Pfau-Effinger wird ein theoretischer Ansatz für eine vergleichende Analyse der westlichen Wohlfahrtsstaaten vorgestellt. Für einen internationalen Vergleich sind demnach die komplexen Wechselwirkungen zwischen den wohlfahrtsstatlicher Politiken, den jeweiligen kulturellen Bedingungen, anderer zentraler Institutionen, wie Familie und dem Arbeitsmarkt und dem Handeln sozialer Akteure zentral.

Im zweiten Schwerpunkt des Buches wird die Ebene der Analyse gewechselt, und die Prozesse in Organisationen wie Unternehmen werden genauer betrachtet. Im Zentrum steht die Frage, mit welchen Strategien z.B. Unternehmen auf „Turbulenzen" in der Organisationsumwelt reagieren. Gemeinsamer Ansatzpunkt dieser Beiträge ist die Erkenntnis, daß Instrumente zum Wandel asymmetrischer Geschlechterverhältnisse ohne genauere Kenntnisse des Verhältnisses zwischen „Geschlecht und Organisation" kaum erfolgreich sein können. Ursula Hornung, Ursula Müller und Birgit Riegraf betrachten diesen Zusammenhang aus unterschiedlichen Perspektiven. Ursula Hornung diskutiert in ihrem Beitrag „Let's do 'gender'. And don't forget 'sex'" die Wirksamkeit von Frauenförderung vor dem Hintergrund der gegenwärtigen Theoriedebatte zur Konstruktion und Dekonstruktion von Geschlecht in der Frauen- und Geschlechterforschung am Beispiel mittlerer und kleiner Dienstleistungsbetriebe. Sie zeigt u.a., daß die bisherigen Ansätze von Gleichstellungspolitik auf Großbetriebe zugeschnitten sind und fordert eine adressatenspezifische Konzeption von Gleichstellungsprogrammen. Hornung formuliert die provokante These, daß ein „dekonstruktivistischer Frauenförderplan" entwickelt werden muß, damit Interventionen im Sinne der Gleichstellung der Geschlechter erfolgreich sein können.

Ursula Müller stellt die asymmetrische Geschlechterkultur in Organisationen ins Zentrum ihrer Analyse und diskutiert deren Funktionsweise an Beispielen wie der Hochschule. Sie betont, daß neben Beharrungstendenzen auch Anzeichen für einen Wandel hin zu einem symmetrischeren Geschlechterverhältnis erkennbar sind. Diese Tendenzen sind auf Erfolge der Frauenbewegung und Frauenforschung zurückzuführen. In dem Beitrag wird zugleich die Frage diskutiert, welche Hindernisse einer Entwicklung zu mehr Geschlechtersymmetrie in Organisationen entgegenstehen.

Birgit Riegraf greift die in der herkömmlichen Organisationssoziologie seit einigen Jahren heftig geführten Diskussion über „Organisationslernen" auf und konfrontiert diese Debatte mit den Erkenntnisse der feministischen Organisationssoziologie. Die Diskussion über „Organisationslernen" zielt darauf ab, Begriffe, wie „Organisationswandel" und „Organisationsentwicklung" zu spezifizieren. Die Fähigkeit von Organisationen, lernend auf Umweltveränderungen zu reagieren, wird thematisiert. In dem Beitrag wird die Diskussion über Organisationslernen auf ihre „Tauglichkeit" für die Frauenforschung hin überprüft. Die Analyse zeigt u.a., daß der Abbau der Geschlechterasymmetrien eines tiefgreifenden Wandels des organisationalen Normen- und Deutungssystems bedarf und nicht durch eine Änderung randständiger Regeln, Normen und Routinen in Organisationen - worauf die bislang praktizierte Gleichstellungspolitik abzielt - herbeigeführt werden kann.

Im dritten Teil des Bandes rücken die spezifischen Veränderungen in der Bundesrepublik Deutschland verstärkt in den Blickpunkt. Sabine Schenk geht in ihrem Beitrag „Familienstrukturen, Geschlechterverhältnisse und die Flexibilisierung der Beschäftigung in Ostdeutschland" davon aus, daß sich die Umbrüche im Beschäftigungssystem auf die private Lebensführung der betroffenen Männer und Frauen auswirken und bislang gelebte Selbstverständlichkeiten unter Druck geraten. Sie zeigt, daß nicht davon ausgegangen werden kann, daß alle Haushalte in gleicher Weise von den Wandlungsprozesse betroffen sind. Vor dem Hintergrund eines umfangreichen Datenmaterials geht sie der Frage nach, in welchem Umfang und wie die verschiedenen Haushalte überhaupt von den Transformationsprozessen betroffen sind und wie diese Veränderungen binnenstrukturell verarbeitet werden.

Auch Irene Dölling fokussiert Wandlungsprozesse in der ehemaligen DDR. „Ganz neue Inhalte werden im Vordergrund stehen: die Arbeit zuerst" ist das Zitat aus einem Tagebuch, daß nach der politischen Vereinigung der beiden deutschen Staaten entstand und den geänderten Alltag zum Inhalt hat. Vor dem Hintergrund von Tagebuchaufzeichnungen betrachtet Irene Dölling die neuen Grenzziehungen zwischen öffentlicher und privater Sphäre im Zuge der Transformationsprozesse und die Auswirkungen dieser Grenzverschiebungen auf die bis dahin (mehr oder weniger selbstverständlich) praktizierte Vereinbarkeit von Familie und Beruf für Frauen in der ehemaligen DDR.

Der abschließende Beitrag von Hildegard M. Nickel greift die gegenwärtig an verschiedenen Stellen und in unterschiedlichen Diskussionszusammenhängen geführte „geschlechtsblinde“ Zukunftsdebatte auf. Sie beschäftigt sich mit der Frage, welche Folgen ein weitgehend geschlechtsblinder Zukunftsdiskurs für das Geschlechterverhältnis und die Verteilung von Arbeit hat. Vor diesem Hintergrund betrachtet sie empirische Ergebnisse aus der Transformationsforschung und analysiert die Erwerbsperspektive (ostdeutscher) Frauen in ausgewählten Dienstleistungsfeldern. So enthält dieser Band nicht nur kritische Analysen des gegenwärtigen sozialen und wirtschaftlichen Strukturwandels, sondern eröffnet auch Perspektiven, wo und wie Möglichkeiten zu seiner gleichheitlichen Gestaltung entworfen und weitergedacht werden können.

An der Entstehung eines Buches sind in der Regel in unterschiedlichen Phasen eine Reihe von Personen und Institutionen beteiligt, bei denen auch wir uns an dieser Stelle herzlich bedanken möchten. Unser ganz besonderer Dank gilt dabei Anja Hoffmann für ihren verantwortungsvollen und selbstlosen Einsatz bei der technischen Bearbeitung der Manuskripte. Ohne ihre herausragenden Kenntnisse und ihr persönliches Engagement, das weit über das „normale“ Maß hinausging, sowie ihre Fähigkeit und ihre Bereitschaft, auf unvorhergesehene Schwierigkeiten mit Ruhe und Gelassenheit zu reagieren, wäre die Erstellung des Buches wesentlich schwieriger gewesen. Weiterhin wollen wir der Sektion Frauenforschung in der DGS für ihre Unterstützung danken.

Teil I
Auswirkungen der Globalisierungsprozesse auf die Geschlechterverhältnisse

Ilse Lenz

Globalisierung, Geschlecht, Gestaltung?

Zeitreise auf der Achterbahn?

Die Auseinandersetzung mit der Globalisierung ist von Ungleichzeitigkeiten und sehr unterschiedlichen Verortungen und Reichweiten der Perspektiven gekennzeichnet. In manchem gleicht sie einer Zeitreise auf der Achterbahn. Man rauscht durch den Tunnel der Diskussion des „Wirtschaftsstandortes" Deutschland mit ihrer vorrangig nationalen Sichtweise: Globalisierung wird als Druck bzw. Bedrohung gesehen, die im nationalen Rahmen durch erhöhte Konkurrenzfähigkeit aufgefangen werden müsse und eine Flexibilisierung und Deregulierung der Beschäftigung und einen Abbau des Sozialstaats ermögliche oder erzwinge. Dann wieder wird von der Höhe der Theorien globaler Akkumulation ein Panorama entworfen, das auf einen grundlegenden Übergang vom Fordismus zu einem informationellen Kapitalismus (Young 1998) auf Grundlage von Informationstechnologien und Netzwerkstrukturen hindeuten soll. Demgegenüber haben die Untersuchungen zu betrieblichen Strategien eher Bodenhaftung und können Einblicke in die dezentrierten und unterschiedlichen Strategien der Betriebe als kooperative Akteure vermitteln. Schließlich blickt man z. B. auf extrem belastende Arbeitsbedingungen in Exportindustrien, die auf Frauenarbeit oder Kinderarbeit beruhen, also von Gruppen, die über wenig oder keine arbeitspolitische Verhandlungsmacht verfügen.

Der Eindruck der „Zeitreise auf der Achterbahn" verweist auf die realen Ungleichzeitigkeiten und Widersprüchlichkeiten der raschen Veränderungen, die dementsprechend auch im Spektrum der divergierenden Positionen wiederzufinden sind. Betriebliche Modernisierungen mit neuen partizipativen Personalkonzepten in multinationalen Konzernen stehen neben Trends zur Deregulierung sowie zur Auslagerung „verlängerter Werkbänke" in Länder oder Regionen mit niedrigen Löhnen oder Sozialleistungen, die das Modell des Manchesterkapitalismus übernommen haben, und schließlich neben Industrialisierungsprozessen im Süden, die teils von außen angestoßen sind, aber auch wie in Indien oder Südkorea eigene Modernisierungswege entwikkeln. Die Ungleichzeitigkeiten und Widersprüche treten einerseits in den *verschiedenen Modernisierungsansätzen in den Produktionskonzepten und Arbeitsbeziehungen* zutage: Die Exportindustrien und die „verlängerten Werkbänke" beruhen teils auf Fordismus und teils, gerade in Branchen mit hohem Frauenanteil, auf Legierungen von Massenproduktion mit Paternalismus und direkter Kontrolle[1]. Demgegenüber halten in den Management- und Sachbearbeitungsebenen einiger multinationaler Konzerne, u. a. im Dienstleistungsbereich, Frauenförderung, partizipative und sogar interkulturelle Ansätze (*managing diversity*) Einzug.

Ebenso aber zeigen sich Ungleichzeitigkeiten und Widersprüchlichkeiten in der Beziehung der transnationalen Industrien und Betriebe zur jeweiligen Umwelt, insbesondere zu der nationalen Arbeitspolitik und zur politischen Kultur. So verbreiteten die transnationalen Unternehmen z. B. in Südostasien neue Leitbilder der modernen, öffentlichen und sexualisierten Fabrikarbeiterin, des „Elektro-Girls" (minah karen). Doch trat dies sexualisierte moderne Image in Kontrast zu regionalen Vorstellungen über die Rolle und die Würde der Frau und Versuche zur gewerkschaftlichen Organisation konnte teils daran ansetzen. So stellt sich die empirische Frage wie sich die Internationalisierung zur nationalen und lokalen Geschlechterordnung verhält (vgl. Dannecker in diesem Band).

Angesichts dieser realen Ungleichzeitigkeiten, Widersprüchlichkeiten und Divergenzen lassen sich in der wissenschaftlichen Auseinandersetzung zur Globalisierung markante Engführungen und Ausblendungen feststellen:

1) Globalisierung wird vor allem als ökonomischer Prozeß aufgefaßt, der zu einer zunehmenden Konkurrenz von „Standorten", Beschäftigungsformen und Modellen der industriellen Beziehungen führe. Zugleich sieht man die Sozialstaatsmodelle auf dem Prüfstand.
2) Die Frage der Geschlechterverhältnisse und nach Gleichheit wird erneut ausgeblendet und als irrelevant erklärt. Das Geschlecht ist in zahlreichen Beiträgen zur internationalen Arbeitsteilung, zu betrieblichen Organisationen oder zu Zukunftsstrategien nicht mehr aufzufinden; die Debatte kehrt teils zu den klassischen männerzentrierten Vorstellungen von Arbeit als Lohnarbeit und sozialer Sicherheit, in deren Kern der männliche Facharbeiter steht, zurück.
3) Parallel zu dieser geschlechtsblinden oder androzentrischen Wendung zeigt sich auch eine starke Tendenz zum Eurozentrismus. Das „Standort-Deutschland"-Argument beruht bereits auf einer nationalen und defensiven Einstellung, wie möglichst Vorteile, vor allem Arbeitsplätze in Deutschland gehalten werden können.

Eine Tendenz zu androzentrischen und eurozentrischen Sichtweisen kennzeichnet auch eine Reihe kritischer Ansätze[2] . Die internationalen und transnationalen Perspektiven werden weitgehend ausgeblendet. Die kritische Öffentlichkeit, reformorientierte Managementfraktionen oder ArbeiterInnenverbände im Süden oder Osten werden in eurozentrischen Perspektiven vernachlässigt, obwohl sie wichtige internationale Partner für eine soziale Gestaltung der Globalisierung wären. Eine offensive Umgestaltung der Globalisierung, die versuchen würde, durch internationale Kooperation und Ansätze zu transnationaler oder globaler Regulierung aus der Logik des Nullsummenspiels herauszukommen, und auf Win-win-Konstellationen auf internationaler Ebene hinzielt, ist in solchen eurozentrisch verengten Sichtweisen nur schwer zu thematisieren.

Im folgenden möchte ich dafür plädieren, die unterschiedlichen Perspektiven stärker aufeinander zu beziehen. Dies würde bedeuten, die international orientierte Arbeits- und Industriesoziologie, die Geschlechterforschung und Theorien der Modernisierung unter dem Fernziel einer kritischen Globalisierungstheorie der Arbeit zusammenzuführen und zusammenzudenken.

Weiterhin geht es um eine integrierte Wahrnehmung der verschiedenen räumlichen Handlungsebenen und ihrer Wechselbeziehungen, ohne ihre jeweilige spezifische Bedeutung zu verwischen. Folgende Ebenen sind wichtig:

- die globale Ebene,
- die Weltregionen (vor allem Europa, Ostasien, US und NAFTA), die sich als wirtschaftliche und zunehmend auch als politische Zusammenhänge herausbilden,
- der Nationalstaat,
- die Region,
- die Betriebe,
- die Familien als Ort der Versorgungsarbeit (Reproduktion).

Besonders wichtig sind die Handlungsoptionen, die sich aus dem Wechselspiel dieser Ebenen ergeben können. Bestimmte kollektive Akteure haben spezifische Chancen im globalen Spiel: Netzwerke mit ihrer flexiblen Koordination heterogener Personen oder Gruppen erscheinen als eine besonders effektive Form der Koordination (s.u.). Betriebe haben als Organisationen mit idealtypisch rationalen Verfahren und konzentrierten Ressourcen als globale *Player* zwischen diesen Ebenen gewisse Positionsvorteile. Doch zeigt das Beispiel der internationalen Kampagne zur Verbesserung der Arbeitsbedingungen in der Bekleidungsindustrie, einer klassischen „Frauenbranche", daß auch andere Verbände, Stellen oder Netzwerke in diesem Wechselspiel erfolgreich handeln und spezifische Synergieeffekte erreichen können (s.u.).

Die Globalisierung wird nicht nur im Rahmen nationalstaatlich verfaßter Gesellschaften, sondern auf lokaler Ebene wirksam; diese Prozesse ihrer Vermittlung mit lokalen Netzwerken, Betrieben und Haushalten sind sehr passend als „Glokalisierung" bezeichnet worden (u. a. Altvater/Mahnkopf 1996). Die regionalen Wechselbeziehungen von „industriellen Komplexen" um transnationale Unternehmen (TNUs) (vgl. Dörre 1998) bedeuten, daß diese weiterhin in lokale und betriebliche Prozesse eingebunden sind, die als Aushandlungsprozesse interpretiert werden können. Daraus könnten sich Chancen für eine soziale Gestaltung der Globalisierung ergeben (ebenda).

Im folgenden will ich eine Definition von Globalisierung versuchen, die sie umfassend und in ihrer Prozeßhaftigkeit begreifen will. Darauf folgt eine Zusammenfassung wichtiger empirischer Aussagen zu den Verlaufsformen und Auswirkungen der Globalisierung in bezug auf den geschlechtlichen Arbeitsmarkt in Deutschland. In einem Exkurs frage ich dann nach möglichen Konsequenzen für die Forschung zu Arbeitsmarkt und Geschlecht. Vor diesem Hintergrund werde ich schließlich einige Strategien zur Gestaltung der Globalisierung diskutieren.

Was ist Globalisierung?

Globalisierung ist einer der am häufigsten gebrauchten und am wenigsten definierten Begriffe. Zudem hat sich eine Kontroverse zwischen (mindestens) drei unterschiedlichen Positionen entwickelt (vgl. Trinczek 1999):

1) Die erste vertritt eine grundlegende Kontinuität der Internationalisierung im Rahmen des kapitalistischen Weltsystems; Globalisierung wird hier eher als ein weiterer Schritt, denn als neue, qualitativ andersartige Stufe gesehen (vgl. Hirst/Thompson 1996). Diese Position wurde durch neuere empirische und theoretische Ansätze weitgehend widerlegt (vgl. Bergeijk/Mensink 1997).
2) Die zweite Position erkennt in der Globalisierung eine neue Qualität der wirtschaftlichen Internationalisierung; da ihr dramatische weltumspannende Veränderungsprozesse ökonomischen Handelns zugrundelägen (u. a. Altvater/Mahnkopf 1996; s.u.).
3) Eine dritte Variante vertritt im sozialkonstruktivistischen Sinne, daß die Globalisierung als Option von den Akteuren, insbesondere den Unternehmen und Gewerkschaften, angenommen und wahrgenommen wird. Dabei sei ihr reales Ausmaß nicht entscheidend; vielmehr bedeuteten bereits die Annahmen, daß sich in der Globalisierung neue Optionen eröffneten, eine Veränderung des Entscheidungshorizonts der Akteure (vgl. Dörre 1997; Wiesenthal 1998). So könnten Unternehmen z. B. mit der Ankündigung einer Betriebsverlagerung nach Osteuropa die Belegschaften in

Deutschland zu Zugeständnissen motivieren, da beide Seiten diese Option als realisierbar und prinzipiell kosteneffektiv wahrnehmen. „Was und wie über Globalisierung gedacht wird, bestimmt mit, wie und was aus 'Globalisierung' werden wird" (Wiesenthal 1998, S. 505). Vor allem die Unternehmen gehen von einem erweiterten „Optionsraum der Strategiebildung und veränderten Entscheidungshorizont" aus (Trinczek 1998, S. 69).

Nun ist gegen diese Sicht einzuwenden, daß der sozialkonstruktivistisch gewonnene Optionsraum sich letztlich doch an den realen Globalisierungsprozessen messen lassen muß; seine geheime Prämisse liegt darin, daß andere AkteurInnen - jenseits der Betriebe als tendenziell zentrierter Organisationen - zu internationaler dezentrierter Strategiebildung nicht imstande seien. Die „Androhung" einer Betriebsverlagerung in eine Region mit Niedrigstlöhnen ohne eine funktionierende Verwaltung oder Infrastruktur oder aber ohne Basisqualifikationen der möglichen Beschäftigten ist nicht sehr überzeugend. Wenn aber nun in den Zielregionen gewisse Grundstandards in bezug auf einen modernen Staat oder Bildung - und damit minimale organisationsrelevante Ressourcen - gegeben sind, so wird ein weiteres Argument relevant: Warum sollten sich nur die Unternehmen durch die Internationalisierung der Wirtschaft und Kommunikation einen erweiterten Handlungsspielraum eröffnen können? Warum sollten nicht auch Gewerkschaften, bzw. Verbände und Bewegungen der Zivilgesellschaft, wie KonsumentInnenverbände, Frauen- oder Ökologiebewegungen versuchen, Kommunikation und Strategiebildung auf internationaler Ebene zu entwickeln (s.u.)? D. h. auch hier gilt es, die Wahrnehmungen und Annahmen als Teil des Zukunftsprozesses kritisch zu untersuchen und zu hinterfragen. So etwa wäre zu fragen, ob die rein negative Sicht der Globalisierung von seiten breiter Teile der kritischen AutorInnen, auch in der Frauenforschung, nicht eher zu einer Schließung möglicher Optionen beiträgt. Die These von Optionsräumen verweist also auf die Offenheit der Prozesse; allerdings wäre sie m.E. zurückzubinden mit deren komplexen realen Verläufen. D. h. ich plädiere dafür, die sozialkonstruktivistische mit einer sozialstrukturellen Perspektive angemessen zu verknüpfen; nur so werden objektiv realisierbare und subjektiv denk- und wahrnehmbare Gestaltungsspielräume sichtbar.

Den raschen Internationalisierungsprozessen ist eine offene, prozeßorientierte und komplexe Definition angemessen, die die vorherrschende ökonomisch-deterministische Sicht hinterfragt (vgl. auch Kettner 1997). Ich schlage vor, unter „Globalisierung" eine Koppelung heterogener und dezentrierter Prozesse mit offenem Ausgang zu verstehen, die auf unterschiedlichen historischen Vorgängen beruhen und den gesellschaftlichen AkteurInnen potentiell neue Optionen und Risiken eröffnen.

Die historischen Voraussetzungen der Globalisierung lassen sich kurz zusammenfassen als der Prozeß der Internationalisierung, der von Westeuropa ausging und von den entstehenden modernen Nationalstaaten entfaltet wurde. Diese Nationalstaaten versuchten, den Rest der Welt zu kolonialisieren; ihre Modernisierung beruhte nach außen auf der Etablierung internationaler Ungleichheit und Ausbeutung. Die erfolgreiche Übernahme des westlichen Nationalstaatsmodells, wie in Japan oder später in den ostasiatischen Schwellenländern, hat diese Grundstruktur nicht aufgebrochen. Auch die antikolonialen Bewegungen orientierten sich am Modell des Nationalstaats. Es erschien als die wesentliche Grundlage, um ihre formale Selbständigkeit einzuklagen und durchzusetzen.

Das Paradox liegt darin, daß die Vernationalstaatlichung der Welt zugleich mit einer Vertiefung und Verdichtung der Internationalisierung ab der Mitte des 20. Jhs. verlief. Diese Intensivierung der Interdependenzen führt dazu, daß nun auch erstmals die führenden westlichen Nationalstaaten in ihrer bisherigen äußeren und inneren Entscheidungsmacht beschränkt werden, – was als „Globalisierungsschock“ ankommt.

Die Probleme, Globalisierung zu definieren, gehen wohl auch auf die Komplexität der zugrundeliegenden vielfältigen und widersprüchlichen interdependenten Prozesse zurück (vgl. auch Altvater/Mahnkopf 1996; Beck 1997). Ich möchte versuchen, ökonomische, soziale und politische Prozesse in ihrem Wechselverhältnis aufzunehmen, und dann eine Arbeitsdefinition von Globalisierung vorschlagen. Die folgenden vier Prozesse erscheinen mir besonders relevant: 1. das Ansteigen politischer Interdependenzen, 2. die Zunahme wirtschaftlicher Interdependenzen, 3. die Internationalisierung ökologischer Risiken, 4. die wachsende internationale Kommunikation und Mobilität.

Zu 1. Wachsende politische Kooperation und Interdependenzen in einer weiterhin hierarchisch geordneten, aber entkolonialisierten Staatengemeinschaft: Angesichts der formalen Unabhängigkeit fast aller Gesellschaften und der regionalen Differenzierung zwischen Wachstumsregionen wie Ostasien und Ökonomien in der Krise, wie in weiten Teilen Afrikas, trifft das Kolonialismusparadigma nicht mehr; wir leben in einer postkolonialen Welt. Die Nationalstaaten werden zwar relativiert, aber nicht irrelevant. Supranationale Verbände (die EU, UNO u. a.) gewinnen an Bedeutung. Allerdings zeigen diese ein manifestes Demokratie-Defizit, da die Demokratie-Konzepte auf internationaler Ebene noch nicht hinreichend entwickelt sind. In Fragen der Geschlechterdemokratie ist dies Defizit eklatant: Der Frauenanteil in Führungspositionen der UN war um 1970 noch verschwindend gering und lag 1995 bei 13% (Knaup 1998, S. 90). Im Europäischen Parlament stieg er von 16,1% (1979) auf 27,6% 1995 (Höcker 1998, S. 384). Doch bilden sich Ansätze zu einer internationalen Zivilgesellschaft heraus, u. a. in der Ökologie- und der Frauenbewegung (s.u.).

Zu 2. Wachsende wirtschaftliche Interdependenzen aufgrund der Internationalisierung der Finanz- und Arbeitsmärkte mit einer fortbestehenden Dominanz der führenden Wirtschaftsregionen (USA, Japan, Europa): In der neueren Diskussion wird vor allem die Rolle der grenzenlosen, entfesselten Finanzmärkte hervorgehoben. Denn die wachsende Bedeutung von internationalen Finanzmärkten verstärkt - über die Devisen- und Anlagegeschäfte - die Orientierung zum *shareholder*-Kapitalismus, in dem vor allem hohe, rasch aktualisierbare Renditen wichtig sind (vgl. Altvater/Mahnkopf 1996; Trinczek 1999).

Die Unternehmen als marktorientrierte, zentrierte Organisationen entwikkeln internationale Kooperationen und Strategien, die sich in erhöhter Mobilität von Ansiedlungen rund um den Globus ausdrücken. Sie können ihre Optionen erweitern und variieren. Deswegen steigt die Macht großer wirtschaftlicher Organisationen, während die der Nationalstaaten relativiert wird. Neben der Ebene der Region (s.o.) wird die Mesoebene von Organisationen wichtiger.

Im Zuge der wirtschaftlichen Globalisierung werden einerseits neue geschlechtliche oder nationale Segregationen auf dem Arbeitsmarkt gezogen (vgl. Young 1998), u. a. indem durch Produktionsverlagerungen in den Süden oder Osten neue Sektoren mit Niedriglohn und einfacher Arbeit geschaffen werden. Andererseits werden herkömmliche geschlechtliche Grenzziehungen diffus oder verunsichtbart; so kann sich, wie bei der Verlagerung von EDV oder Finanzdienstleistungen in den Süden, eine Beschäftigung qualifizierter Frauen und Männer ergeben, die jedoch vom Arbeitsmarkt-Umfeld abgeschottet ist (vgl. Wichterich 1998, S. 84 ff). Frauen sind inzwischen auch auf höheren Managementebenen marginal integriert und sie besetzen - noch als Minderheit - auch mittlere Positionen (vgl. Rommelspacher 1998; Wichterich 1998). Die Annahme einer einheitlichen Betroffenheit durch die Globalisierung wird durch die Spreizung der weiblichen Beschäftigtengruppen widerlegt. Wenn Frauen jedoch auch als „Macherinnen" eher auf ungleichen Positionen in die Organisationen eingeschlossen wurden, stellen sie bei den Entscheidungspositionen immer noch eine kleine Minderheit dar.

Die ökonomischen Krisen und der Umbau oder Rückbau des Sozialstaats wirken - regional unterschiedlich - auf eine Umstrukturierung im Verhältnis von bezahlter und unbezahlter Arbeit hin: Es entsteht ein verstärkter Druck zur Übernahme von flexibilisierter und irregulärer Erwerbsarbeit und zugleich zur Aufnahme von unbezahlter Reproduktionsarbeit zur Kompensation der prekären Einkommen und sozialen Sicherungen. Kleingärten zur Sicherung der Haushaltsernährung, Einkommen aus dem informellen Sektor und flexible Jobs werden kombiniert, um das Überleben zu ermöglichen. Angesichts der Konzentration auf den Markt, besonders den Arbeitsmarkt, wird unbezahlte Arbeit, die weltweit überwiegend Frauenarbeit ist, erneut verunsichtbart. Es läßt sich vermuten, daß die Mobilisierung der „globalisierten Frau" in die Erwerbsarbeit mit einer regional zunehmenden Belastung durch unbezahlte Arbeit kumuliert.

Zu 3: Ökologische Einflüsse bleiben nicht national begrenzt, sondern werden zunehmend global fühlbar[3].

Zu 4: Wachsende internationale Kommunikation und Mobilität, wobei drei Prozesse besonders wichtig sind:

4.1. Es bildet sich eine „raumübergreifende Gleichzeitigkeit" von Kommunikation heraus, vermittelt durch die neuen Kommunikationstechnologien. Die Ubiquität und Synchronität („Überörtlichkeit" und Gleichzeitigkeit) der Kommunikation wird oft mit dem Bild der Netzwerke im Internet veranschaulicht.

4.2. Zugleich bilden sich internationale Diskurse über Menschenrechte, Demokratisierung von unten und Freiheit von Gewalt und Ungleichheit heraus. Sie haben längst interkulturelle Austauschformen und ein synkretistisches Denken entwickelt, die mit den herkömmlichen Vorstellungen von jeweils unterschiedlichen Kulturen nicht zu erfassen sind. Parallel dazu entstehen internationale Bündnisse: Frauen aus dem Süden um das Netzwerk DAWN (vgl. DAWN 1995), aus dem Osten und dem Norden suchten auf der Weltfrauenkonferenz in Peking 1995 gemeinsame Strategien zur Gleichheit in der Arbeit.

4.3. In der Migration werden auch Individuen und Gruppen mobil und bilden *transnational communities*, in denen kulturelle Synthesen erprobt, neu gemischt und teils an die Zielländer vermittelt werden. Eine weitere wichtige Vermittlergruppe sind die „transnationalen Intellektuellen", die WissenschaftlerInnen, JournalistInnen oder KünstlerInnen, die Prozesse transnational wahrnehmen und unterschiedliche kulturelle Elemente und Bewußtseinsformen kombinieren und weitergeben. Diese Prozesse um die MigrantInnen und die transnationalen Intellektuellen werden als Transnationalisierung begriffen.

Ich möchte also eine prozeßorientierte Arbeitsdefinition von Globalisierung vorschlagen: Ich verstehe darunter eine Koppelung von Prozessen mit offenem Ausgang, in denen wirtschaftliche, politische, soziale und ökologische Interdependenzen zunehmen, in denen sich globale Kommunikation und Mobilität verbreiten und in denen neue Akteure, vor allem supranationale Verbände, multinationale Unternehmen und Vertreter von zivilgesellschaftlichen Ansätzen Einfluß gewinnen. Dabei erweitert sich das Spektrum ihrer jeweiligen Optionen einerseits im Zusammenhang mit ihren jeweiligen materiellen, organisatorischen und Machtressourcen, andererseits im Zusammenhang ihrer Orientierungs- und Lernfähigkeit im komplexen globalen Spiel.

Optionen und internationale Ungleichheiten

Die Veränderung von Optionsräumen läßt sich im Anschluß an die Diskussion der sozialen Steuerungssysteme von Altvater und Mahnkopf beleuchten (vgl. 1996, S. 29ff): Die Gleichzeitigkeit und Widersprüchlichkeit von politischen, wirtschaftlichen und sozialen Globalisierungsprozessen läßt die bisherigen Ansätze über Steuerungsprozesse im Nationalstaat als zu eng erscheinen. In der Globalisierung werden drei Steuerungssysteme parallel wirksam, die miteinander in Wechselwirkung stehen: der Markt, Staat und Hierarchie und die Netzwerke (ebenda). Der Markt beruhe auf dem Äquivalenzprinzip, seine räumliche Reichweite sei global; die staatliche Politik stütze sich auf Machtausübung und Legitimationserwerb und umfasse nur den nationalstaatlichen Raum. Netzwerke beruhten auf Gegenseitigkeit, dem Reziprozitätsprinzip, das sowohl für Gleiche wie für Ungleiche gilt. Allerdings sei der Markt mit seiner Handlungslogik das dominierende Steuerungssystem. Indem die anderen Steuerungssysteme für Marktprozesse instrumentalisiert werden, stehen sie immer unter dem Druck, ihre eigene Logik aufzugeben oder den Marktprozessen anzupassen.

Die These von den drei parallel wirksamen Steuerungssystemen Markt, Staat/Hierarchie, Netzwerke, die miteinander in Wechselwirkung stehen, könnte ein anderes Verständnis von internationaler Regulierung begründen, als es gegenwärtig im neoliberalen Diskurs vertreten wird. Dieser geht von einem sich selbst regelnden Markt aus, der ohne staatliche Regelungen zu einem Gleichgewicht führe. Verläßt man dies naturalisierende Bild des Marktes und zieht z. B. historische oder soziologische Studien hinzu (z. B. zur Arbeitsmarktsegmentation), so läßt sich argumentieren, daß auch die staatliche Abstinenz einer Regelung des Marktes von außen als eine bestimmte Form der Regulierung aufgefaßt werden kann: Enthält sie doch gesetzliche (also politisch beschlossene) Regeln für den Umgang der Marktpartner miteinander mit dem Interesse der gesellschaftlichen Wohlfahrt, während sie das Marktgeschehen selbst dem Spiel ihrer Kräfte überläßt.

Im folgenden möchte ich soziale Regulierung in dem Sinne verstehen, daß politisch Regeln für gesellschaftliche und wirtschaftliche Steuerung im Wechselspiel von Markt, Staat und Netzwerken in dem Sinne entwickelt werden, daß sie der sozialen Wohlfahrt dienen. Dies kann durch eine Betonung von staatlich-politischen Faktoren oder von Marktanreizen oder von Elementen für Netzwerke in der (internationalen) Zivilgesellschaft konzipiert werden. Ich nehme an, daß die Entwicklung von so verstandenen internationalen Formen und Ansätzen der Regulierung wesentlich für die soziale Gestaltung der Globalisierung ist.

Dabei ist die Frage der AkteurInnen und der Handlungsfähigkeit (*agency*) im Kontext dieser Steuerungslogiken zentral. Im Zuge der Herstellung einer raumübergreifenden Gleichzeitigkeit und der Verdichtung der Kommunikation haben sich die Optionen mancher Organisationen und Individuen erweitert. Ihre unterschiedlichen materiellen, organisatorischen und Machtressourcen beeinflussen, wie weit und welche Optionen und Strategien sie entwickeln können. Die Effizienz von Organisationen, die Verfügbarkeit von Medien, die rasche Kommunikation und Koordination eröffnen einigen Akteuren erhöhte Macht im globalen *power play*: Zu diesen Medien gehört Geld als zentrales Symbol der Marktsteuerung, gerade der internationalen Finanzmärkte, und die Informationsverarbeitung.

Auf der Grundlage bisheriger internationaler und schicht-, kultur- und geschlechtsspezifischer Ungleichheiten haben soziale oder zivilgesellschaftliche Gruppen und Verbände in der Regel geringere Ressourcen, vor allem in organisationsrelevanten Bereichen. Dies drückt sich zunächst in Marginalisierung und Ausschluß aus. Die Armen, die ArbeiterInnen oder Bauern im Süden und Osten haben geringen Zugang zu organisationsrelevanten Ressourcen wie Geld, Wissen oder internationaler Kommunikation - z. B. zum Internet - und für Frauen sind aufgrund der Diskriminierung in bezug auf Bildung, Eigentums- und Erbrecht und Technikzugang die Barrieren noch höher.

Allerdings wirken die Globalisierungsprozesse nicht einfach als Verstärker vorgängiger Ungleichheiten. Vielmehr können AkteurInnen auch aus unterlegenen Positionen heraus Fähigkeiten und Vermögen zur internationalen Orientierung und Kommunikation sowie zum organisationalen Lernen entwickeln, die ihnen den Aufbau von zukunftsträchtigen Kommunikations- und Organisationsformen im globalen Kontext ermöglichen. So haben etwa in Ostasien junge Frauen und Männer, die nicht nur aus der neuen Mittelschicht, sondern auch aus dem informellen Sektor kommen, das Internet erstürmt.

Internationale Orientierungsfähigkeit, wie Kenntnis der wirtschaftlichen und politischen Prozesse und Strukturen, institutionelles Wissen und Zugang zu internationaler Kommunikation wird eine kollektive Ressource für Organisation und Verhandlungen im Globalisierungsprozeß. Besonderes Interesse gilt in diesem Zusammenhang den internationalen Netzwerken von Verbänden und sozialen Bewegungen. Verhandlungen aus asymmetrischen Positionen müssen nicht von vornherein zur Erfolglosigkeit verdammt sein, wie u. a. die klassische Entwicklung des Sozialstaats unter Beteiligung von Arbeiterbewegung und Frauenverbänden zeigt.

Globalisierung: Weltgesellschaft oder Transnationalisierung?

Bedeuten die ökonomischen, politischen und kommunikativen Globalisierungsprozesse, daß wir uns bereits in einer Weltgesellschaft befinden, ohne es gemerkt zu haben? In anderem Zusammenhang habe ich das Konzept der dreifachen Vergesellschaftung im Geschlechterverhältnis entworfen, um die Veränderungen im Zusammenhang der Globalisierung zu erfassen (vgl. ausführlich in Lenz 1995). Ich ging von einem soziopolitischen Begriff von Vergesellschaftung aus: Soziale Ungleichheit im Geschlechterverhältnis konstituiert sich einerseits in Prozessen einer dreifachen, ungleichzeitigen Vergesellschaftung von Frauen und Männern. Ich nehme eine dreifache und tendenziell widersprüchliche Vergesellschaftung von Frauen und Männern an:

1) in die Familie/den Haushalt auf Grundlage ungleicher geschlechtlicher Arbeitsteilung;
2) in das Kapitalverhältnis als formal geschlechtsneutrale Arbeitskräfte auf einem vergeschlechtlichten Arbeitsmarkt;
3) in den Nationalstaat der Moderne, wobei Geschlecht und nationale Mitgliedschaft widersprüchlich oder sich verstärkend wirken können: Frauen der herrschenden Nationalität haben im Gegensatz zu männlichen Migranten politische und soziale Bürgerrechte. Aber zugleich werden auch sie aufgrund ihres Geschlechts in der Politik und Öffentlichkeit marginalisiert. Die Trennung zwischen politischer Öffentlichkeit und Privatheit grenzt Frauen potentiell aus, während sie zugleich formal einbezogen werden. Es zeigt sich ein Wechselverhältnis von Segregation, untergeordnetem Einbezug und Ausgrenzung.

In dieser dreifachen Vergesellschaftung im Geschlechterverhältnis werden die komplexen wechselseitigen Verbindungen von Klasse, Ethnie und Geschlecht, von *sex, race, class* geschaffen. Diese drei Formen sozialer Ungleichheit haben verschiedene Ursachen und wirken unterschiedlich.

Die Globalisierung hebt diese dreifache Vergesellschaftung nicht einfach auf, sondern wirkt auf sie ein und wird damit vermittelt. Der Nationalstaat wird auch in bezug auf politische und soziale Partizipationsrechte, z. B. auf den privilegierten Zugang zum Arbeitsmarkt und sozialer Sicherung für seine Mitglieder, relativiert. Die Arbeitsmigration nimmt zu, und in modernen Gesellschaften ist die Verweigerung politischer Partizipation und der Ausschluß von selbst mitfinanzierten sozialen Sicherungssystemen langfristig schwer zu begründen.

Die zunehmende Mobilität und Migration, die wachsende Kommunikation und Herausbildung internationaler Netzwerke wirken in Richtung auf Transnationalisierung (vgl. Beck 1997; Pries 1998). Es bilden sich transnationale Diskurse, Räume und Gemeinschaften heraus, und sie wirken relativierend auf die nationalstaatlichen Kontexte zurück. Deutsch-türkische Mädchen aus Berlin oder Bayern leben nicht mehr in „einer türkischen Kultur“, sondern einem transnationalen Raum, der durch die Experimente und Synthesen „zwischen den Welten“ geprägt ist. So kann sich in der Transnationalisierung internationale Orientierungsfähigkeit auf verschiedenen Ebenen entwickeln.

Globalisierung und Geschlecht aus internationaler Perspektive

Wie läßt sich die internationale Dynamik der wirtschaftlichen Globalisierung insgesamt empirisch einschätzen? Für ihr Ausmaß werden als zentrale Kriterien die Entwicklung von Welthandel und internationalen Investitionen, die Zunahme der transnationalen Unternehmen (TNU) und die steigende Bedeutung internationaler Finanzmärkte genannt.

Wirtschaftliche Internationalisierung war von Anfang an grundlegend für das kapitalistische Weltsystem: So ist es nicht verwunderlich, daß bereits um 1900 die „westlichen“ Volkswirtschaften durch einen bedeutenden Exportanteil, hohe Auslandsinvestitionen und internationale Kooperation zwischen Großunternehmen gekennzeichnet waren. Die außereuropäischen Gesellschaften, insbesondere die Kolonialländer, erfuhren Internationalisierung als strukturelle Abhängigkeit und Ausbeutung. Seit den 1970er Jahren tritt eine markante Zunahme des Exportanteils am Bruttosozialprodukt auf Weltebene auf (Bergeijk/Mensink 1997), und als neue Merkmale zeigen sich eine Entfesselung der internationalen Finanzmärkte (Altvater/Mahnkopf 1996) und ein rasches Wachstum von TNU. 1969 waren ca. 7000, aber 1990 bereits 24 000 und Mitte der 1990er ca. 39 000 multinationale Unternehmen international aktiv (vgl. Dörre 1997, S. 270; Wiesenthal 1999, S. 508). Sie kommen sowohl aus den klassischen als auch den Neu Industrialisierten Ländern. Sie beziehen sich herkömmlich auf Rohstoffe und Landwirtschaft, wie die mächtigen Öl- oder Nahrungsmittelmultis, aber auch - verstärkt seit den 1970er Jahren - auf arbeitsintensive Industriebranchen und Fertigungsschritte am unteren Ende des Produktzyklus und schließlich auf verlagerbare Dienstleistungen in Finanzen, Verwaltung und EDV. Sie umfassen die klassischen Konzerne und Klein- und Mittelunternehmen als Zulieferer oder aber als Risikogründungen in Zukunftstechnologien. Sie bilden den Kern internationaler Unternehmensnetzwerke, die allerdings in den jeweiligen Regionen aktiv werden und dabei einen gewissen Austausch und Obligationen auf sich nehmen (Dörre 1997, S. 274f).

Angesichts der verbreiteten Prognosen von unbeschränkter Mobilität der *footlose companies* ist der Hinweis angebracht, daß diese empirisch nicht haltbar sind. Ein Großteil der Industrieproduktion ist auf Nähe zum jeweiligen Markt und zu hochwertiger Forschung und Entwicklung mit dem entsprechend qualifizierten Personal vor Ort angewiesen: So können sie den Marktzugang sichern, die KonsumentInnenbedürfnisse erfassen und politischer Delegitimierung als „ausländische Unternehmen" entgegenwirken. Im Dienstleistungssektor sind soziale Dienstleistungen (Bildung, Gesundheit, öffentliche Verwaltung) aufgrund der unmittelbaren Nähe zu den Klienten nicht verlagerbar; auch bei finanziellen Dienstleistungen sind u. a. aufgrund der Beratungsfunktionen vor Ort nur Einzelschritte auszulagern. Neue innovative Branchen mit hohem Forschungs- und Entwicklungsanteil, wie z. B. Umweltschutz, sind ebenso auf enge Zusammenarbeit mit Kunden vor Ort und qualifiziertes, langfristig einsetzbares Personal angewiesen.

Die ökonomische Globalisierung artikuliert sich mit den nationalen und regionalen wirtschaftlichen Verhältnissen: Im Kontext der langfristig kumulierenden internationalen Ungleichheit kann sie Entwicklungsprozesse verstärken oder ihnen entgegenwirken.

Sowohl der Süden als auch der Osten haben sich differenziert:
Die Neu Industrialisierten Länder (NIL) sind seit den 1970er Jahren mit Exportindustrien in Konsumgütern, teils mit eigenen TNUs auf dem Weltmarkt präsent. Die Industrialisierung beruhte u. a. auf der Mobilisierung junger angelernter Frauen mit Schulbildung zu Niedriglöhnen, langen Ar-

beitszeiten und harten Arbeitsbedingungen; während die männlichen Beschäftigten sich teils langfristig betriebliche Qualifikationen aneignen und Laufbahnen eröffnen konnten, wurden die jungen Frauen in Sackgassenpositionen ohne Aufstiegswege beschäftigt. Bis zur ostasiatischen Finanzkrise um 1997, die durch globale Finanzspekulationen ausgelöst wurde und die einheimischen Banken wie auch die Industrie von Grund auf erschütterte, wurden die NIL als Gewinner der Globalisierung angesehen. Gegenwärtig zeigen sich die Grenzen der exportabhängigen Industrialisierung.

Seit dem Ende der Diktaturen in Ostasien haben die schon vorher sich formierenden ArbeiterInnenbewegungen eine Organisation von Großbetrieben in einer Reihe von Branchen und kollektive Verhandlungen erreicht, wobei in manchen NIL die Frauenfrage einbezogen wurde. Ebenso haben reformorientierte Behörden und Verbände in einigen NIL, z. B. in Südkorea, Ansätze von Sozialpolitik und Gleichstellungspolitik entwickelt[4]. Die Verbreitung von Massenmedien und der relativ hohe Bildungsgrad begünstigen Vernetzung und Organisation.

Im Osten sind die Transformationsindustrien mit ihrer vorigen hohen Arbeitsmarktintegration von Frauen von Schrumpfung und Umstrukturierungen betroffen. Die Verschuldungs- und nationalen Finanzkrisen führen in Osteuropa und Rußland teils dazu, daß die soziale Sicherheit für die breite Bevölkerung relativiert wird; gewerkschaftliche Organisation hat mit Barrieren und mit dem neoliberalen Leitbild eines deregulierten Kapitalismus zu kämpfen.

Weite Teile der „Dritten Welt" erleben im Zuge fallender Rohstoffpreise, internationaler Finanzkrisen und der Auflagen des IWF oder der Weltbank zur wirtschaftlichen Restrukturierung die Globalisierung als gesteigerte Abhängigkeit von internationalen hegemonialen Strukturen und zugleich als weitere Marginalisierung in oder Ausschluß aus der Weltwirtschaft. Sie werden aus dem Prozeß der Inwert-Setzung ausgeschlossen und sich mehr oder minder selbst überlassen. Wenn weite Teile Afrikas von Krieg, Hunger und fallenden Exporterlösen betroffen sind, bleibt den Frauen die Subsistenzproduktion oder die Fortsetzung der Produktion von Exportfrüchten zu sich verschlechternden Bedingungen. Zugleich werden unter den IWF-Auflagen soziale Einrichtungen wie Schulen oder Gesundheitszentren geschlossen, so daß die Rate der Analphabeten, gerade der Mädchen wieder zunimmt.

Die Globalisierung betrifft also die einzelnen Weltregionen unterschiedlich, und dabei wirken sich neben den ökonomischen auch die politischen Prozesse deutlich aus; so drückt sich in den IWF-Auflagen auch die globale

Vormacht der wichtigsten Kreditgebernationen und die Abhängigkeit der marginalisierten Länder aus.

Zugleich haben Globalisierung der Politik und Kommunikation zur Herausbildung internationaler Standards und von Netzwerken zu Geschlechtergleichheit, Frieden und Entwicklung geführt. Die UN-Dekaden der Frau erreichten eine Thematisierung der Frauenfrage auf globaler und nationaler Ebene und eine Mobilisierung unzähliger kleiner und großer internationaler Frauennetzwerke (vgl. Holthaus/Klingebiel 1998; Wichterich 1995).

Die Einbindung der nationalen Regierungen und der überregionalen supranationalen Institutionen in die Dekaden der Frau nach 1975 und der sozialen Weltkonferenzen der 1990er ermöglichten eine gewisse Rückkoppelung und Weiterführung der Dynamik, die sich aus dem Zusammenspiel von UN und den NRO entzündet hatte. Die Erklärung von Peking hatte zwölf Abteilungen, u. a. eine zur Arbeit, die in einer Reihe von Ländern in der nationalen Gesetzgebung und in einer neuen politischen Orientierung der Frauenbewegungen zur Verwirklichung und Weiterentwicklung der Perspektiven umgesetzt wurden[5]. Die politischen Entscheidungen, das Wechselspiel von supranationaler, nationaler und NRO-Ebene und die Herausbildung der internationalen Netzwerke weisen daraufhin, so meine These, daß politische und kommunikative Globalisierungsprozesse (neben neuen Demokratiedefiziten) auch Ansatzpunkte zu neuen Formen internationaler Regulierung bieten.

Zur Wahrnehmung und zum realen Verlauf der Globalisierung in Deutschland

In Deutschland wurde die Globalisierung in den 1990er Jahren in dem spezifischen Kontext einer mehrfachen Modernisierung erfahren: der Transformation in Ostdeutschland und Osteuropa, dem beschleunigten Strukturwandel in West und Ost und der zunehmenden Internationalisierung. Im Gegensatz zur USA hat gerade in Deutschland der Zusammenbruch des Kommandosozialismus in Osteuropa zur Dramatik des „Globalisierungsschocks“ beigetragen: Über Nacht lag ein riesiger Arbeitsmarkt mit qualifizierten Männern und Frauen und einer halbwegs funktionierenden Infrastruktur vor der Haustür. Die männlich besetzten Schlüsselindustrien stehen vor der Option, Teile der „verlängerten Werkbank“ dorthin auszulagern. So zeichnet sich eine vergleichbare Entwicklung ab wie in den Frauenindustrien Textil, Bekleidung und Elektro, wo im Zuge der neuen Internationalen Arbeitsteilung seit den 1970er arbeitsintensive Fertigungsschritte ausgelagert – und dann mit steigendem technologischen Niveau teils wieder rückverlagert wurden. Es handelt sich teils um *windfall-profits* nach 1989, und es gibt deutliche Grenzen der Verlagerbarkeit (Altvater/Mahnkopf 1996). Weiterhin ist in einer dynamischen Sicht davon auszugehen, daß sich in den wichtigsten osteuropäischen Zielregionen der Investitionen sowohl die sich abzeichnende Veränderung der Arbeitsmarktlage als auch die Organisationsprozesse von freien Arbeitsgruppen und Gewerkschaften im Sinne einer Hebung von Lohn- und Lebensstandards auswirken werden; das „Lohnkostenargument" ist per se eher zeitlich befristet und vor allem gültig für *footlose companies*, die aber in der Realität nur wenig präsent sind.

Die Zuspitzung zum „Globalisierungsschock" in der öffentlichen Meinung läßt sich einerseits auf diese plötzliche internationale Arbeitsmarkt-Ausweitung, andererseits aber auch auf die spezifischen neoliberalen und nationalen ideologischen Deutungsmuster zurückführen, mit denen die Globalisierung in der Politik und öffentlichen Meinung in den 1990ern „verarbeitet wurde".

Empirische Trends: zu Globalisierung und Arbeit in Deutschland

Wie läßt sich das gegenwärtige Ausmaß wirtschaftlicher Globalisierung in Deutschland bestimmen? Der Literatur zufolge sind die wichtigsten Indikatoren für das Ausmaß der wirtschaftlichen Internationalisierung einer Gesellschaft 1) die Exportorientierung, 2) der Umfang der Auslandsinvestitionen bzw. ihr Anteil an den Gesamtinvestitionen, 3) die Beschäftigung im Ausland. Sie können grundsätzlich für die Gesamtwirtschaft der Bundesrepublik wie für einzelnen Sektoren ermittelt werden. Leider lag mir keine geschlechtsspezifische Aufschlüsselung oder Interpretation der Daten vor.

1) Die Wirtschaft der Bundesrepublik zeichnet sich durch eine im internationalen Vergleich ausgeprägte Exportorientierung aus: Bereits zu Beginn der 1990er Jahre war sie mit Schweden Spitzenreiter bei einer Exportquote von ca. 28%, während die USA bei ca. 20% und Japan bei knapp 10% lag. Einzelne Branchen, vor allem der Fahrzeugbau, der Maschinenbau und die chemische Industrie, liegen deutlich darüber; es handelt sich um die industriellen Kernbranchen mit starken gewerkschaftlichen Verhandlungspartnern. Allerdings gehen mehr als die Hälfte der Exporte in die EU (55,4% für 1997). Die USA nehmen nur ca. 8,6% und die Entwicklungsländer 14% (1997) auf. Überdies wird der Welthandel zu 85% von Ländern der Triade bestritten (Statistisches Jahrbuch 1998, eigene Berechnungen; Trinczek 1999, S. 64).
2) Auch die Auslandsinvestitionen konzentrieren sich auf die EU-Länder (62% der bundesdeutschen Direktinvestitionen im Ausland) und die USA/

Kanada (weitere 22%); sie verlaufen also vor allem in der Triade (Trinczek 1999, S. 64). Dies bedeutet eine weitere Marginalisierung nicht-industrialisierter Regionen, z. B. im mittleren Afrika.

Dementsprechend wirken niedrige Lohnkosten allein nicht als Magnet für Auslandsinvestitionen, wie weithin behauptet wurde. Das wichtigste Motivbündel für Auslandsinvestitionen bildet der Marktzugang zu Zukunftsmärkten: Dazu gehören das Überspringen von Handelsbarrieren und protektionistischen Hemmnissen sowie die nahe Kenntnis der Marktverhältnisse und -bedürfnisse. Eine unerläßliche Voraussetzung bilden weiterhin eine ausgebaute Infrastruktur und eine berechenbare Verwaltung sowie rechtsstaatliche Elemente, die Willkür und Korruption von Eliten begrenzen (vgl. u. a. Altvater/Mahnkopf 1996, S. 257f).

Allerdings erfolgen Auslandsinvestitionen in ausgewählten, sich industrialisierenden Regionen und Ländern im Süden und im Osten durchaus aus dem Interesse, niedrigere Lohnkosten und Arbeitsstandards als in Deutschland zu nutzen. Das Spektrum der investierenden TNUs - je nach Branche, Betriebsgröße und Managementkonzepten - ist sehr heterogen: Betriebe aus der Textil- und Spielwarenindustrie nutzten teils die Arbeit von Frauen und Kindern zu Niedrigstlöhnen in einem kasernierten Umfeld in Wohnheim und Fabrik. Großbetriebe in der Elektrobranche beschäftigten relativ gut qualifizierte Frauen (meist mit Mittelschulabschluß) zu Löhnen über dem regionalen Niveau; allerdings sind die Arbeitsbedingungen, wie Schichtarbeit, belastend, und die Firmen machten berufliche Bildung fast nur männlichen Beschäftigten zugänglich. In Asien versuchten TNUs im Verein mit den staatlichen Instanzen Ansätze zur gewerkschaftlichen Organisation fast durchgehend zu unterbinden oder zu behindern. Im Fortgang der exportorientierten Industrialisierung und der Demokratisierung nach den Militärdiktaturen der 1970er und 1980er Jahre entwickelten sich dann die ArbeiterInnenorganisation und Gewerkschaften.

3) Die Auswirkungen der wirtschaftlichen Globalisierung auf die Beschäftigung in Deutschland ist schwer einzuschätzen: So ist laut einer Umfrage der Anteil der im Ausland Beschäftigten in TNUs mit deutschem Stammsitz von 30% (1990) auf ca. 36% (1995) angestiegen (RWI 1996). Jedoch hat auch die Zahl ihrer Beschäftigten in Deutschland stärker zugenommen als bei Unternehmen ohne vergleichbare internationale Aktivitäten. Zudem ging der Zuwachs vor allem auf Unternehmenszusammenschlüsse und -zukäufe ohne eine starke Ausweitung der Produktion zurück - mit Ausnahme steigender Investitionen in Osteuropa und Ostasien, besonders China, für arbeitsintensive Fertigungsschritte (ebenda).

Die vorliegenden Studien benennen vor allem drei weitere Tendenzen, die direkt oder indirekt auf die Globalisierung zurückzuführen seien:

1) Die Einkommensdifferenzen zwischen den Beschäftigten erweitern sich: Globale Manager erwarten im Zuge der Umorientierung zum Shareholder-Value erheblich höhere Einkünfte; hoch qualifizierte Beschäftigte (grundsätzlich auch Frauen) der *global players* haben Zugang zu guten Einkommen und (im Zuge der Managementreform) zu interessanten Tätigkeiten. Die nicht qualifizierten und angelernten ArbeiterInnen sind demgegenüber wegen der Auslagerung arbeitsintensiver Tätigkeiten von Arbeitslosigkeit und Lohneinbußen bedroht (Kim 1998, S. 31f).
2) Insgesamt zeigen sich Flexibilisierungen der Beschäftigung, die die Frauen nicht allein, aber doch ganz besonders treffen (Wichterich 1998). Sie erstrecken sich von professionellen und qualifizierten Berufen, wie z. B. in Medizin, Rechtswesen und Datenverarbeitung, zu irregulären Arbeitsverhältnissen in Handel, sozialen und persönlichen Dienstleistungen. Während die Internationalisierung, wie z. B. die globale Abstimmung der Zeitstrukturen von Anwaltsbüros in den USA und Deutschland oder Zulieferprogrammieren zu TNUs, einen wichtigen Faktor bildet, wirkt sie jedoch vermittelt zum allgemeinen sozialen Wandel, wie der Veränderung der geschlechtlichen Arbeitsteilung und Erwerbsverläufe.
3) Auch die Ansätze zum „Umbau des Sozialstaats" im Sinne von mehr Marktorientierung und Anreizen zur Suche auch nach niedrig entlohnter Arbeit können sich in Kombination mit diesen generellen Veränderungen so auswirken, daß nun Männer und Frauen erwerbstätig sind, um das Familienauskommen zu erreichen. Der männliche Brotverdiener und Normalarbeiter, der nie die Mehrheit umfaßte, wird auch in der Ideologie allmählich obsolet. Es kündigt sich eine Renaissance der arbeitenden Beschäftigten, der *laboring poor* auf höherem Niveau an. Männer- und Frauenerwerbstätigkeit werden zugleich Erfordernis und Bedürfnis, ebenso werden sie allerdings flexibilisiert und zunehmend in eigene Verantwortung gestellt.

Die Konzentration auf die Verlagerungsoptionen der Unternehmen und die Lohnkosten hat zur Rückdrängung der Geschlechterfrage und der unbezahlten Arbeit in der Debatte geführt. Diese Dimensionen, die in der feministischen Diskussion um die Zukunft der Arbeit in den 1980er Jahren eine prominente Rolle spielten, werden gegenwärtig tendenziell verdrängt und vergessen. Doch ist gerade aufgrund der globalen Debatte um die UN-Weltfrauenkonferenzen das Ausmaß und die Bedeutung der unbezahlten Arbeit erstmals empirisch erfaßt worden: In der Bundesrepublik wurden für

1992 77 Mrd. Stunden unbezahlter Arbeit in Familienarbeit und Ehrenamt im Wert von ca. 1 Billion DM ermittelt, die zu zwei Dritteln von Frauen geleistet wurden; dem standen 48 Mrd. Std. Erwerbsarbeit gegenüber (Bundesamt für Statistik 1992). Es ist zu vermuten, daß der Umbau des Sozialstaats auf ein Rearrangement des Verhältnisses von bezahlter und unbezahlter Arbeit und der geschlechtlichen Arbeitsteilung hinausläuft; über seine Ausgestaltung wird letztlich in politischen und sozialen Verhandlungsprozessen entschieden. Laut dieser Annahme wird bisher weibliche unbezahlte Familienarbeit wie in der Pflegetätigkeit auf niedrigem Niveau monetarisiert und zugleich im Gegensatz dazu der Abbau von Sozialleistungen und die Zunahme der Armut durch vermehrte unbezahlte Arbeit und informelle Tätigkeiten - überwiegend von Frauen in Familien - kompensiert.

Die Globalisierung in Deutschland als Prozeß der Regionalisierung in Europa

Die wirtschaftliche Globalisierung in Deutschland verläuft vor allem als Prozeß der Regionalisierung in Europa und konzentriert sich einstweilen auf die Triade. Nun werden nach Schätzungen 50-60% der für Deutschland relevanten wirtschaftlichen Entscheidungen auf EU-Ebene getroffen. Zudem hat die Bundesrepublik eine wirtschaftlich und politisch starke, wenn nicht dominante Position in Europa. Der Vertrag von Amsterdam hat weitere Impulse für die Sozialcharta, die Gleichstellung und einen gemeinsamen Dialog für Arbeitsstandards in Europa gegeben (vgl. Mückenberger 1999; Schmidt 1999). Damit eröffnen sich Horizonte für eine politische Gestaltung der Globalisierung im Sinne von Geschlechtergerechtigkeit; zugleich drängt die Zeit, da in den nächsten Jahrzehnten über den Verlauf des sozioökonomischen internationalen Übergangs entschieden wird. Schließlich stellt sich angesichts der wirtschaftlichen Marginalisierung der nicht industrialisierten und der weiterhin repressiven Arbeitsverhältnisse in den Neu Industrialisierten Ländern die Frage, wie *international and gender justice* in Zielen und Strategien zu verbinden sind.

Um die wesentlichen empirischen Ergebnisse zusammenzufassen: Die wirtschaftliche Globalisierung fokussiert in Deutschland auf Europa; diese weltregionale Konzentration könnte angesichts des „sich herausbildenden Politikraums Europa" Chancen bieten, Strategien zu ihrer sozialen und politischen Gestaltung zu entwickeln. Diese Strategien sollten allerdings nicht eurozentrisch verengt, sondern einer umfassenden Perspektive von internationaler und Geschlechtergerechtigkeit verpflichtet sein.

Zwar hat sich vor allem der Optionsraum der Unternehmen erhöht, doch wird Globalisierung als ökonomischer Prozeß im Wechselverhältnis mit politischen, sozialen und kulturellen Prozessen verstanden, in denen sich globale Kommunikation und Mobilität verbreiten und in denen neue AkteurInnen, vor allem supranationale Verbände, multinationale Unternehmen und VertreterInnen von zivilgesellschaftlichen Ansätzen Einfluß gewinnen (s.o.).

Das Modell des „Normalarbeiters", neben dem die Hausfrau (mit „Zusatzerwerb") positioniert war, wird angesichts der gestiegenen Frauenerwerbstätigkeit einerseits und der Flexibilisierung und Deregulierung der Beschäftigung andererseits erodiert. Die Bedeutung der Gewerkschaften als klassische arbeitspolitische Verhandlungspartner, in deren Zentrum die deutschen männlichen Facharbeiter stehen, wird relativiert. Die Entwicklung von gleichheitlichen Zukunftsstrategien, die inklusiv die Interessen der verschiedenen Beschäftigtengruppen aufnehmen und ermöglichen, internationale Perspektiven zu konkretisieren, ist also kein „weibliches Sonderinteresse", sondern eine Frauen- und Männerfrage.

Im folgenden will ich zunächst überlegen, vor welche neuen Herausforderungen die Geschlechterforschung durch die Globalisierung gestellt wird. Dann möchte ich die Literatur zu Gestaltungsmöglichkeiten und Strategien zur Globalisierung unter der Geschlechterperspektive betrachten. Die Leitfrage lautet, ob globale und Geschlechterdemokratie auch für die Zukunft der Arbeit fruchtbare Ansätze bieten.

Zwischen nationalisiertem Geschlecht und dekontextualisierter Dekonstruktion – Herausforderungen an die Geschlechterforschung

Die Globalisierungsprozesse stellen auch neue Herausforderungen an die Geschlechterforschung: Inwiefern sind ihre Theorieansätze und Perspektiven entsprechend offen, inklusiv und universal angelegt?

Die neue Frauenforschung hat von Anfang an ihre Konzepte im internationalen Austausch gewonnen und fortentwickelt; doch wendete sie dies nur selten in eine Kritik an dem hegemonialen nationalstaatlichen Geschlechterdiskurs. Dabei scheint mir sinnvoll zu unterscheiden, ob eine Forschungsrichtung, wie etwa die neue Frauenforschung, internationale Theorien und Impulse aufgenommen hat oder ob sie die nationale Verfaßtheit der Geschlechterverhältnisse zentral thematisiert und untersucht. Erst in den letzten Jahren hat die sozialgeschichtliche Forschung aufgedeckt, wie eng die

Modernisierungen von geschlechtlicher Arbeitsteilung, Geschlechterrollen und -repräsentationen mit der Entwicklung der einzelnen Nationalstaaten (und ihrer bürgerlichen Trägerschichten) verbunden waren (Frevert 1995). In der europäischen Nationenbildung im 19. Jahrhundert spielten die Diskurse nationaler Weiblichkeit in der Familie, die Vorstellung sittlicher bürgerlicher Geschlechterverhältnisse und die weibliche Verkörperung der Nation - durch Germania oder Marianne - eine zentrale Rolle. In Anlehnung an Connell läßt sich von hegemonialen nationalen Geschlechterverhältnissen sprechen (vgl. Connell 1999). So wie auch die „Nationalisierung" der Arbeiterschaft den Aufstieg der Nationen begleitete, so verbanden sich hegemoniale Männlichkeiten (und in anderer Form gegenüber den Kolonien hegemoniale Weiblichkeiten) mit den nationalen Interessen und der „Wir-Gemeinschaft" des „Vaterlandes"[6]. Im Übergang zu postnationalen Einstellungen wird dies Erbe verdrängt; doch ist es weiter virulent.

Paradoxerweise erfordert gerade eine Beschäftigung mit den internationalen Dimensionen der Geschlechterverhältnisse, sich gleichzeitig mit den Mechanismen ihrer vorigen nationalen und ethnizistischen Konstitution in der Moderne auseinanderzusetzen. Denn unsere zentralen Begriffe sind davon beeinflußt. Wenn vergessen wird, daß sie im Kontext der hegemonialen nationalen Geschlechterrepräsentation geschaffen wurden, begünstigt das ihre Naturalisierung - sie werden selbst-verständlich, selbstredend. Damit wird eine internationale Verständigung erschwert.

Weiterhin sind postnationale Einstellungen vor allem in den USA und Teilen Europas verbreitet, während z. B. in Ostasien die modernen hegemonialen nationalen Geschlechterrollen weiterhin vorherrschend sind. Zwar haben ostasiatische FeministInnen eine brillante und grundlegende Kritik an Nation und Geschlecht entwickelt (vgl. z. B. Ueno 1998), um zur transnationalen Verständigung in Asien beizutragen; doch konnten sie den „Mehrheitskonsens" nicht fundamental erschüttern. Eine Entwicklung internationaler Perspektiven erfordert auch, die Parallelität und die möglichen Konfliktpunkte postnationaler und nationaler Sichtweisen wahrzunehmen und Möglichkeiten einer transnationalen Konvergenz zu suchen. Internationale Perspektiven zu entwickeln, bedeutet also, die nationalen hegemonialen Begrifflichkeiten zu reflektieren und die eigenen Konzepte im interkulturellen Vergleich zu überprüfen und weiterzudenken.

Eine andere wichtige Herausforderung der Globalisierung an die Geschlechterforschung ist die Verbindung von dekonstruktivistischen und Strukturansätzen für das umfassende Verständnis von Arbeit, das die

Geschlechterforschung seit den 1970ern eröffnet hat (vgl. Gottschall 1998). Während die dekonstruktivistische Debatte sich in Deutschland auf die Legitimierung von Hierarchien in Professionen und Aufstiegsberufen konzentriert hat (vgl. Heintz 1997; Wetterer 1995), ist für die Globalisierung das gesamte Spektrum der Arbeit wichtig: unbezahlte Versorgungsarbeit, die wuchernden irregulären Formen und die flexibilisierten qualifizierten und angelernten Formen, deren Verhältnis im Zuge von internationalen Betriebsverlagerungen und -ausgründungen insgesamt reorganisiert wird.

Eine weitere Engführung dekonstruktiver Ansätze ist der Trend zu einer überhistorischen Kritik einer - gesellschaftlich geschaffenen - Geschlechterdifferenz, inbesondere des Geschlechterdualismus als moderne Legitimation der geschlechtlichen Ungleichheit. Weil die Differenz der Geschlechter als grundlegendes Wahrnehmungs- und Klassifikationsmuster moderner Gesellschaften festgeschrieben ist - so läßt sich die These zusammenfassen - werden mit Verweis darauf die Ungleichheiten in Beruf und Bildung naturalisiert und plausibel gemacht. Jedoch wird diese Gleichursprünglichkeit von Geschlechterhierarchie und -differenz dadurch fraglich, daß empirische historisch-ethnologische Untersuchungen zu nichtpatriarchalischen Gesellschaften vorliegen, die durch eine klare Geschlechterdifferenzierung gekennzeichnet sind. So wäre die deutsche dekonstruktivistische Grundthese, daß in modernen Gesellschaften Geschlechtergleichheit in der Arbeit keinesfalls mit einer egalitären Geschlechterdifferenzierung zu verbinden wäre, zumindest empirisch und historisch zu begründen. Immerhin haben interkulturelle Untersuchungen auf ein Denkmodell von gleichheitlicher Geschlechtsparallelität hingewiesen, in dem die Geschlechter parallel unterschiedliche, aber gleichwertige Felder innehaben. Wenn auch dies Denkmodell in modernen Gesellschaften bisher in der Realität nicht zu finden war, so bedeutet dies kein logisches Argument dafür, es als Zukunftsmodell - das immerhin von einigen feministischen Strömungen eingefordert wurde - auszuschließen.

Die dekonstruktivistischen Ansätze erscheinen zudem unterkomplex angesichts der sehr unterschiedlichen Kontexte, in denen in einzelnen modernen Gesellschaften, wie auch in verschiedenen Berufsfeldern oder Klassen Geschlechterdifferenz und hierarchische Arbeitsverhältnisse verknüpft werden. Aber wichtig wäre gerade die Frage, welche unterschiedlichen ökonomischen, sozialen, kulturellen und institutionellen Faktoren doing gender als doing inequality beeinflussen und ob sich kontextuell begünstigende oder hemmende Faktoren für graduelle Verbesserungen feststellen lassen.

Schließlich sind die Universalisierbarkeit der Lösungsperspektiven und ihre politischen Konsequenzen zu hinterfragen. Sie zielen auf die Auflösung der Zweigeschlechtlichkeit als soziale Strukturkategorie, mit der soziale Ungleichheit begründet wird. Eine Strategie ist die Aufdeckung der Mechanismen, mit denen die Geschlechterhierarchie in der Arbeit durch den Geschlechtsdualismus plausibilisiert wird, eine weitere ist eine „Geschlechterpluralisierung" etwa durch den Verweis auf „Vielgeschlechtlichlichkeit" entweder als Denkspiel oder als soziale Realität in außereuropäischen Kulturen (vgl. Bulbeck 1998, S. 147; Lorber 1999).

Gerade angesichts der Globalisierung ist die potentielle Universalität von Konzepten wesentlich. Die Vorstellung einer Auflösung der Zweigeschlechtlichkeit durch Parodien und Travestien à la Judith Butler (1990) oder eine Geschlechterpluralisierung im Sinne von einem „Vielfachgeschlecht" ist in einigen wissenschaftlichen und kulturellen Milieus der Metropolen populär geworden. Solcher Strategien sind vor allem in westlichen säkularen und postnationalen Gesellschaften denkbar und lebbar, in denen die religiösen und hegemonialen nationalen oder kulturellen Geschlechterrepräsentationen erodiert sind und sexuelle Orientierungen jenseits der Zweigeschlechtlichkeit durchgesetzt werden konnten. Die Vorstellung von *gender-free* in dem Sinne, daß das Geschlecht das individuelle Schicksal nicht bestimmen und keine kollektive Ungleichheit vermitteln sollte, ist auch im Süden und Osten in die Zukunftsstrategien eingegangen. Aber es besteht Anlaß, nach der Universalität der Pop-Formen von Geschlechterpluralisierung und der Erosion von „Geschlecht per se" zu fragen. Nehmen sie eurozentrisch und - in globaler Sicht - elitefokussiert nur die Diskussionen des westlichen Mittelschicht-Feminismus auf, oder haben sie sich auf die kulturellen Differenzen zwischen den Gesellschaften, Regionen und Klassen und die komplexe und tief verankerte internationale Ungleichheit eingelassen? Wenn der eigene westlich-postmoderne Kontext nicht reflektiert und nicht mit dem Kontext der Globalisierung verbunden wird, droht eine neue Spaltung in der internationalen feministischen Arbeitsdiskussion: Die strukturelle globale Ungleichheit ist in der postmodernen Differenzrhethorik aufgrund ihrer Distanz zu Strukturfragen kaum mehr thematisierbar (Villa 1999). Die Grundanliegen aus dem Süden, z. B. nach strukturellen Veränderungen der wirtschaftlichen und politischen internationalen Ungleichheit oder nach der Anerkennung der „eigenen Geschlechterkulturen", werden nicht wahrgenommen.

Ich habe mich hier auf Probleme und Herausforderungen im Zusammenhang mit der Globalisierung konzentriert und bin nicht auf die innovative ideologie- und herrschaftskritische Seite der dekonstruktiven Ansätze eingegangen (vgl. dazu Gottschall 1998). Ich plädiere also nicht für ein Rückdrehen der Diskussion, sondern für eine Reintegration der dekonstruktivistischen, insbesondere der ethnomethodologischen Ansätze (vgl. Heintz u. a. 1997; Wetterer 1992, 1995) mit Strukturansätzen und einer umfassenden gesellschaftstheoretischen Perspektive (vgl. Gottschall 1998; Lenz 1996).

Die neuere entwicklungspolitische und politikwissenschaftliche feministische Debatte bietet wichtige Impulse für die Frage der Gestaltungsmöglichkeiten im Spannungsfeld von Globalisierung und Geschlecht. In Anknüpfung an die sozialkonstruktivistischen Ansätze (vgl. Wiesenthal 1999) habe ich vorgeschlagen, die Globalisierungsprozesse auch als Eröffnung von Optionen in einem Spannungsfeld unterschiedlicher Kräfteverhältnisse zu sehen (s.o.). Dabei handelt es sich nicht um ökonomisch-deterministische Verläufe, sondern die Eröffnung politischer, auch arbeitspolitischer Ansätze für internationale Regulierungen. Die entwicklungspolitische Diskussion hat die Entwicklung solcher Regulierungen unter dem Ansatz internationaler Regime oder in der Weiterführung unter dem der *global governance* untersucht (vgl. Messner/Nuscheler 1996); feministische AutorInnen wie Uta Ruppert haben diese Konzepte für die Geschlechterfrage weiterentwickelt (vgl. Ruppert 1998; 1998a; 1998b).

Das Konzept der *global governance* hat zwei Aspekte:

1) den Prozeß des Zusammenwirkens von supranationalen Verbänden, Staaten und verschiedenen Interessengruppen oder NROs bei der Suche nach einem Interessenausgleich angesichts der neuen Qualität globaler Problemlagen[7]; *global governance* erfaßt die Wechselverhältnisse zwischen supranationalen, nationalen und lokalen Organisationen und die Ausweitung von Kooperations- und Partizipationsansätzen. Allerdings verläuft sie in bisher ungeklärter Weise im gleichen Feld wie die Entscheidungsfindung etablierter und mächtiger Institutionen wie der IWF, die Weltbank, die ILO oder die WTO im Bereich globale Wirtschaft und Arbeit (vgl. Brunnengräber 1997; Ruppert 1998b);
2) als dessen Ergebnis die Entwicklung von Institutionen und Regulierungen in einem oder mehreren Politikfeldern, z. B. von Gleichberechtigung der Geschlechter, Frieden oder Ökologie; sie bilden sich in diesem Wechselverhältnis von Staaten, supranationalen Verbänden und NROs, Netzwerken und Gruppen heraus. Wesentliche Beispiele sind die sozialen und die Frauenkonferenzen der UN während der 1990er Jahre. Sie führten zu Beschlüssen der Mehrheit der Staaten, die bei einer staatlichen Unterzeichnung bzw. Ratifizierung bindende Funktion haben. Allerdings bedarf auch ihre Durchsetzung des - aufeinander sich beziehenden - Engagements dieser verschiedenen AkteurInnen.

So könnte sich *global governance* in bezug auf Geschlechtergleichheit im Beruf auf Aushandlungsprozesse zwischen der EU, nationalen Regierungen, Unternehmen, Gewerkschaften und NROs aus der Frauen- und der Entwicklungsbewegung beziehen. AkteurInnen in Deutschland könnten sich u. a. auf die Beschlüsse der Weltfrauenkonferenz von Peking und auf die europäische Beschlüsse und Regelungen (u. a. im Amsterdamer Vertrag) stützen. Zugleich sollten sie sich am Ziel der internationalen Solidarität und des Ausgleichs mit Frauen im Süden und Osten orientieren. Darin läßt sich neben dem Motiv von *international and gender justice* durchaus ein langfristiges Eigeninteresse benennen: Denn nur so ist die Lohnkosten- und Belastungskonkurrenz als Spirale der Arbeitsbedingungen nach unten zu verlangsamen, und nur so können internationale Allianzen für eine langfristige globale Regulierung aufgebaut werden.

Allerdings ist angesichts der existierenden wirtschaftlichen und politischen globalen Interessen und etablierten Institutionen eine Entwicklung und Umsetzung von Regulierungen, die *international and gender justice* anzielen, schwer zu verwirklichen. Uta Ruppert argumentiert, daß *global governance* im obigen Sinne eine Veränderung der Strukturen voraussetzt, wie sie die internationalen feministischen Bewegungen und Netzwerke aus dem Süden seit längerem fordern. Neben den Möglichkeiten der Bestimmung konvergenter und gemeinsamer Ziele trotz der komplexen Differenzen zwischen Frauen in der Welt ist das transformative Potential der Frauenbewegungen eine (noch ungelöste) Zukunftsfrage (Ruppert 1998b).

Schließlich beruht *global governance* auf erweiterter Partizipation von Frauen und im politischen und wirtschaftlichen Prozeß Marginalisierten. Deswegen läßt sie sich mit dem Ziel globaler Geschlechterdemokratie verbinden. Diese Forderung müßten die internationalen und nationalen Frauennetzwerke auch auf sich selbst beziehen. Sie stellen einen dynamischen Faktor der internationalen Intellektuellen und Gegeneliten dar: Inwiefern vermitteln sie sich noch zu Frauen an der Basis, inwiefern gleichen sie sich den etablierten Eliten an? Aber Frauenbewegungen bilden zugleich einen grundlegenden Faktor der Demokratisierung: Sie bringen Frauen in die Politik hinein, die bisher weitgehend ausgeschlossen waren, und verändern sie zugleich. Deswegen sind Forschungen zu globaler Geschlechterdemokratie und *global governance* im Bereich von Arbeit und Wirtschaft sehr wichtig.

Ausblick: Ansätze zur sozialen Gestaltung der Globalisierung

Zum Ausklang will ich noch kurz einige Strategien zur sozialen Gestaltung der Globalisierung ansprechen. Eine Richtung setzt gegenwärtig vor allem auf die Erhöhung der nationalen Konkurrenzfähigkeit: Die wichtigsten Maßnahmen der als durchaus unterschiedlichen Positonen sind u. a.: Erhöhung der Arbeitsmarktanreize, Umstrukturierung des Sozialstaats, Entwicklung innovativer Produkte u. a. in der Umweltindustrie und Dienstleistungen (Bosch 1999), Reform des Bildungssystems[8] .

In diesen Konzepten ist die Frage einer internationalen Regulierung im Sinne von internationaler Netzwerkbildung und Kooperation nicht systematisch angedacht. Streeck ist auch auf EU-Ebene sehr skeptisch gegenüber solchen Ansätzen, da den Gewerkschaften der korporatistische Rahmen des Nationalstaats fehle und so der Erfolg ungewiß sei. Damit allerdings setzt er auf das nationalstaatliche Interessenvertretungsmodell, das angesichts der Globalisierung zunehmend zum reaktiven Schutzraum für minimale Standardsicherung wird. Eine aktive gestaltende Rolle des Nationalstaats „nach oben" zu den supranationalen Verbänden oder „nach unten" zu Gewerkschaften, Verbänden und die Entwicklung von internationalen Alternativen wird aufgrund dieser Einschätzung außer Acht gelassen. Eine gewerkschaftliche Mobilisierung oder die Bereitstellung von Ressourcen für die Entwicklung von *global governance* spielt keine Rolle. Auch das „Bündnis für Arbeit" hat einstweilen internationale Regulierungen ebenso vernachlässigt wie die Gleichstellung von Frauen. Ein „internationales Bündnis für Arbeit" bleibt Zukunftsmusik.

Allerdings sprechen andere industriesoziologische Ansätze, die mehr auf regionale innovative Entwicklungscluster und Zukunftsbranchen in Dienstleistungen oder Umwelttechnologie setzen, durchaus dafür, „sich für neue Standards auf internationaler Ebene" einzusetzen, „da sowohl die Umwelt- als auch die Wirtschafts- und Sozialpolitik zunehmend auf Grenzen nationalen Handelns stößt" (Bosch 1998, S. 23).

Auch die institutionelle Frauenpolitik in Deutschland ist in einer Zeit der Relativierung des Nationalstaats weiterhin überwiegend nationalstaatlich orientiert. Das Modell der Frauenbeauftragten in Gemeinden und Verbänden beruht auf der Integration in staatliche Institutionen und Verbände und stützt sich dementsprechend stark auf bürokratische Regelungen. Im Gegensatz zu den kreativen Ansätzen für eine Neubestimmung von Gleichstellungspolitik in der gegenwärtigen Organisationsreform ist die internationale Dimension noch kaum entwickelt.

Es existieren Ansätze auf Betriebs- und Branchenebene zur Reform von subzivilisatorischen Lohnarbeitsbedingungen in den Zielländern der Investitionen im Süden und im Osten. Internationale Betriebsräte oder betriebsinterne Netzwerke können Informationen austauschen und in begrenztem Umfang auf Verbesserungen hinwirken. In bestimmten „Frauenbranchen", wie Kleidung oder Sportzubehör, haben sich Bündnisse von Gewerkschaften, KonsumentInnen-Organisationen, entwicklungspolitischen und kirchlichen Verbänden und Frauengruppen gebildet, die mit den Betrieben in Verhandlungen um Verhaltenskodizes eintreten (vgl. Musiolek 1999). Die Verhaltenskodizes sehen minimale Standards, wie gewerkschaftliche Organisation, angemessene Löhne oder die Abschaffung von Kinderarbeit, auch im Süden und Osten, vor. Wie die *Clean Clothes Campaign* in der Bekleidungsindustrie zeigt, war es möglich, ArbeiterInnen um alltägliche Probleme zu organisieren (woran die männerzentrierten Gewerkschaften wenig Interesse hatten) und eine internationale Vernetzung und Kooperation zu entwickeln (ebenda). Die Kampagne strahlte auch über einzelne Betriebe aus und erwies sich bei der Etablierung von Minimalstandards als wirkungsvoll; so nahmen die Zulieferer und Kleiderproduzenten im Süden und Osten teils die Kodizes der multinationalen Handelsfirmen ernster als das nationale Arbeitsrecht oder die ILO-Standards, die in „Frauenindustrien" schwer durchsetzbar sind. Zugleich zeigt sich aber die Ambivalenz der Kampagnen darin, daß angesichts der Globalisierung zunehmend weder die internationalen Institutionen wie die ILO noch die Nationalstaaten die Verantwortung für die Einhaltung von Gesetzen und Standards übernehmen; vielmehr wird dies auf Interessenkoalitionen und „Lobbies vor Ort", sowie auf deren Netzwerke verlagert. Deswegen ist neben sozialer Regulierung Verantwortlichkeit auf der supranationalen, der nationalen und der regionalen Ebene ein Schlüsselbegriff für globale Geschlechterdemokratie. Es handelt sich laut TrägerInnen der Kampagne nicht um ein „Verschwinden der Politik" gegenüber der Wirtschaft, sondern um ihr Versagen.[9] *Global governance* bedeutet also auch die Neubestimmung politischer Verantwortung und internationale Orientierung der bisher nationalen Politik.

Für die Zukunft der Arbeit in Deutschland wird die europäische Ebene zentral werden. In den 1990er Jahren wurde die Geschlechtergleichheit in der Arbeit als Ziel der EU bestätigt (vgl. Amsterdamer Verträge; Schmidt 1999). Das Politikinstrument des *mainstreaming* der Geschlechtergleichheit, das sich auch aus der Weltfrauenkonferenz 1995 in Peking herleitet, sieht die Berücksichtigung von gender in allen Bereichen vor (u. a. als Voraussetzung für Mittelvergabe). Während seine Effektivität umstritten ist (vgl. Schmidt 1999), leitet es neue Chancen der Thematisierung der beruflichen Geschlechtergleichheit ein; die demokratische Rückbindung an die nationale und regionale Öffentlichkeit und Frauenpolitik ist sicher zentral für Erfolg oder Scheitern. Die europäische Frauenlobby und nationale und regionale Frauenbewegungen müßten ihre wechselseitigen Beziehungen ausbauen.

Weiterhin wurden auch die EU-Sozialbestimmungen in den Amsterdamer Verträgen in den Sozialdialog ausgeweitet. Dabei werden Elemente einer prozeduralen Politik der Selbstregulierung durch Unternehmerverbände und Gewerkschaften aufgenommen (vgl. Mückenberger 1999). Während die nationalen Verbände von ihrer Entscheidungsmacht nicht gerne etwas abgeben wollen, deuten sich doch Chancen internationaler sozialer Regulierung an (Cattero 1999).

Welche Folgerungen lassen sich aus dieser Übersicht zur Globalisierung für mögliche Schritte und Maßnahmen ziehen? Zunächst ist dringend notwendig, daß die politischen AkteurInnen und Institutionen - auf supranationaler und nationaler Ebene - Konzepte für die politische Gestaltung der Globalisierung im Sinne von internationaler und Geschlechtergerechtigkeit entwickeln; sie müssen vorrangig angemessene Strukturen und Prozesse dafür schaffen und entsprechende Ressourcen dafür zur Verfügung stellen. Bündnisse für Arbeit müssen internationale Ansätze und Koalitionen für gleichheitliche Regulierungen enthalten, wenn sie wirklich in Zukunft „das Überleben sichern" wollen. Letztlich steht die Umorientierung von nationalstaatlicher korporatistischer Interessenvertretung zu internationaler Demokratie in den supranationalen Zusammenschlüssen auf der Tagesordnung; globale Geschlechterdemokratie bildet eine Zukunftsfrage.

Weiterhin bedarf es für eine soziale Gestaltung der Globalisierung des verstärkten Austauschs zwischen sozialen, politischen und wirtschaftlichen AkteurInnen und den internationalen Netzwerken und Verbänden, die sich als Teil der internationalen Zivilgesellschaft dafür einsetzen. Gemeinsame Foren und Konsultationem können bei aller Verschiedenheit der Funktionen und Positionen ermöglichen, zukünftige Probleme und Prioritäten zu diskutieren und die Konvergenzen und Unterschiede in den Strategien zu klären. Ohne einen solchen Austausch könnten staatliche oder überstaatliche Ansätze oder wirtschaftliche Reformschritte der Unternehmen tendenziell isoliert oder aufgrund ihres top down-Charakters nahezu wirkungslos bleiben. So würde ein Europa der BürgerInnen das der Bürokraten verändern. Ebenso sind Mechanismen zur Ermächtigung der internationalen Frauennetzwerke und -bewegungen zentral. Dies könnte die Demokratisierungsprozesse durch deren Impulse und die Verankerung von kritischer Partizipation und Öffentlichkeit verstärken.

In der Globalisierung werden arbeitspolitische Ansätze zu Geschlechter- und internationaler Gleichheit komplex und dezentriert; sie erfordern, die Gleichheits- und Demokratiefrage in der Arbeit neu und grundlegend auf globaler Ebene zu stellen. Die globale feministische ökonomische Diskussion verweist darauf, daß die Entwicklung von entsprechenden Zukunftsmodellen wesentlich ist. Angesichts der sich global abzeichnenden Krise der Lohnarbeit sollten sie sich auf das Spektrum gesellschaftlich notwendiger Arbeit - von Familienarbeit über Lohnarbeit bis zur BürgerInnenarbeit - beziehen und dies mit einem Abbau von geschlechtlicher Ungleichheit in der Arbeit und von Geschlechterstereotypen mit ihrer normativ-ideologischen Macht verbinden. Nicht nur Weiblichkeits- sondern auch Männlichkeitsstereotypen bedürfen der Kritik und Revision angesichts einer veränderten Wirklichkeit. Zukunftsmodelle auf der Grundlage von *international and gender justice* sollten auch für die Männer interessant sein, die die kapitalistisch-patriarchalen Rollenzuschreibungen anzweifeln oder ablehnen. Globalisierung bringt nicht nur Risiken für die (bisher nationalstaatlichen) Ansätze in der Arbeitspolitik, sondern sie eröffnet auch neue Optionshorizonte - wenn auch aus ungleichen Positionen - für die unterschiedlichen Beteiligten.

Anmerkungen

1 Ich spreche hier nicht von Fordismus, da seine integrativen Elemente, wie etwa gewisse technologische Rationalisierung, steigende Kaufkraft und betriebliche Vertretung in den Sweatshop-Industrien am unteren Ende der Bandbreite nicht gegeben sind.

2 Sie stützen sich teils auf vereinheitlichende Begriffe von kapitalistischer Akkumulation, von Postfordismus oder informationellem Kapitalismus; industrielle Paradigmata, die wie der Toyotismus sich außerhalb Eropas herausbildeten und dann „im Westen“ übernommen wurden, und die unterschiedlichen industriellen Modernisierungswege werden kaum wahrgenommen. Die umfassenden Industrialisierungsprozesse in Ostasien oder Lateinamerika werden mit den „Weltmarktfabriken“ der 1970er Jahre gleichgesetzt und die Bedeutung der Arbeiterinnen für die Arbeiterbewegung und Organisation in den 1970ern und 1980ern übersehen.

3 In diesem Rahmen ist es nicht möglich auf die ökologische Globalisierung einzugehen, obwohl sie für die Geschlechterfrage zentral ist.

4 Hier können nur sehr grob einige generelle Trends angedeutet werden, ohne auf die unterschiedlichen nationalen oder regionalen Bedingungen einzugehen. Während z. B. der ArbeiterInnenbewegung in Südkorea durch ein hohes Engagement

eine breitere gewerkschaftliche Organisation und der Aufbau eines eigenständigen Arbeiterinnenverbandes gelang, hat die malaysische Regierung die gewerkschaftliche Organisierung der Elektroindustrie über Dekaden im Interesse der US-amerikanischen, europäischen und japanischen Investoren unterdrückt.

5 Mir liegt keine Untersuchung zur nationalen Umsetzung der Dekaden der Frau im internationalen Vergleich vor; die aktive Weiterführung und die Mobilisierung der Frauen-NROs durch sich öffnende Gelegenheitsstrukturen im politischen System z. B. in Südafrika, Japan oder Südkorea kontrastiert mit der geringen Beachtung und der wachsenenden Distanz zu den NROs unter der konservativ-liberalen Regierung in Deutschland.

6 Allerdings eröffnet die Modernisierung der Geschlechterverhältnisse Chancen zu internationalen Netzwerken und Kommunikationen wie etwa in der internationalen Frauenbewegung ab dem 19. Jh.

7 Die Definition der Commission of Global Governance lautet: „Ordnungspolitik bzw. Governance ist die Gesamtheit der zahlreichen Wege, auf denen Individuen, sowie öffentliche und private Instutionen ihre gemeinsamen Angelegenheiten regeln. Es handelt sich um einen kontinuierlichen Prozeß, durch den kontroverse oder unterschiedliche Interessen ausgeglichen werden und kooperatives Handeln initiiert werden kann. Der Begriff umfaßt sowohl formelle Institutionen und mit Durchsetungsmacht versehene Herrschaftssysteme als auch informelle Regelungen, die von Menschen und Institutionen vereinbart oder als im eigenen Interesse liegend gesehen werden. Auf globaler Ebene hat man unter Ordnungspolitik bisher vorwiegend das System der zwischenstaatlichen Beziehungen verstanden, doch heute müssen auch Nichtregierungsorganisationen, Bürgerbewegungen, multinationale Konzerne und der globale Finanzmarkt einbezogen werden. Mit diesen Gruppen interagieren globale Massenmedien, deren Einfluß dramatisch gewachsen ist" (nach Messner, Nuscheler 1996, S.18)

8 Vgl. Streeck 1998; Zukunftskommission der Friedrich-Ebert-Stiftung 1998; zu den Zukunftsstrategien zur Arbeit insgesamt vgl. Nickel.

9 Persönliche Mitteilung von Bettina Musiolek.

Literatur

Altvater, Elmar/Mahnkopf, Birgit (1996): Grenzen der Globalisierung. Ökonomie, Ökologie und Politik in der Weltgesellschaft. Münster

Anderson, Benedict (1988): Die Erfindung der Nation. Frankfurt a. M.

Beck, Ulrich (1997): Was ist Globalisierung? Irrtümer des Globalismus - Antworten auf Globalisierung. Frankfurt a. M.

Bergeij, Peter/van; Mensink, Nico (1997): Measuring Globalization. In: Journal of World Trade, 31.Jg., 3, S. 159-169

Bosch, Gerhard (Hg.) (1998): Zukunft der Erwerbsarbeit. Strategien für Arbeit und Umwelt. Frankfurt a. M./New York

Brunnengräber, Achim (1997): 'Global Governance' oder die Notwendigkeit eines neuen Globalkonzeptes - diskutiert am Beispiel der internationalen Klimapolitik.

In: Altvater, Elmar u. a. (Hg.): Vernetzt und verstrickt. Nicht-Regierungs-Organisationen als gesellschaftliche Produktivkraft, Münster, S. 249-286

Bulbeck, Chilla (1998): Reorienting Western Feminisms. Women's Diversity in a Postcolonial World. Cambridge

Cattero, Bruno (1999): Jenseits von Konvergenz und Pfadabhängigkeit - Über die Europäisierung der industriellen Beziehungen in Zeiten der Globalisierung. In: Schmidt, Gerd/Trinczek, Rainer (Hg.): Globalisierung. Ökonomische und soziale Herausforderungen am Ende des zwanzigsten Jahrhunderts, Soziale Welt Sonderband 13, Baden-Baden, S. 95-115

Connell, Robert (1999): Der gemachte Mann. Konstruktion und Krise von Männlichkeiten. Opladen

DAWN (1995): Securing our gains and moving forward to the 21st century. A position paper by DAWN for the Fourth World Conference on Women, Beijing

Dörre, Klaus (1997): Globalisierung - eine strategische Option. Internationalisierung von Unternehmen und industrielle Beziehungen in der Bundesrepublik. In: Industrielle Beziehungen, 4.Jg., 4, S. 265-290

Frevert, Ute (1995): „Mann und Weib und Weib und Mann“: Geschlechterdifferenzen in der Moderne. München

Gottschall, Karin (1998): Doing Gender while Doing Work? Erkenntnispotentiale konstruktivistischer Perspektiven für eine Analyse des Zusammenhangs von Arbeitsmarkt, Beruf und Geschlecht. In: Geissler, Birgit u. a. (Hg.): FrauenArbeitsMarkt. Der Beitrag der Frauenforschung zur sozio-ökonomischen Theorieentwicklung, Berlin, S. 63-95

Heintz, Bettina/Nadai, Eva/Fischer, Regula/Ummel, Hanns (1997): Ungleich unter Gleichen. Studien zur geschlechtsspezifischen Segregation des Arbeitsmarktes. Frankfurt a. M./New York

Heinze, Rolf/Strünck, Christoph/Voelzkow, Helmut (1997): Die Schwelle zur globalen Welt. Silhouetten einer regionalen Modernisierungspolitik. In: Bullmann, Udo/Heinze, Rolf G. (Hg.): Regionale Modernisierungspolitik. Nationale und internationale Perspektiven, Opladen, S. 317-346

Hirst, Paul/Thompson, Grahame (1996): Globalization in Question. The International Economy and the Possibilities of Governance. Cambridge

Höcker, Beate (Hg.) (1998): Handbuch politische Partizipation von Frauen in Europa. Opladen

Holthaus, Ines/Klingebiel, Ruth (1998): Vereinte Nationen - Sprungbrett oder Stolperstein auf dem langen Marsch zur Durchsetzung von Frauenrechten? In: Klingebiel, Ruth/ Randeria, Shalini (Hg.): Globalisierung aus Frauensicht. Bilanzen und Visionen, Bonn, S. 34-66

Kettner, Matthias (1997): Thesen zur Bedeutung des Globalisierungsbegriffs. In: Deutsche Zeitschrift für Philosophie, 45. Jg., S. 903-919

Kim, Kwan (1998): Global Integration, Capital and Labor: A North-South Comparative Perspective. In: Dabir-Alai, Parviz/Odekon, Mehmet (Hg.): Economic Liberalization and Labor Markets, Westport/London, S. 25-45

Klingebiel, Ruth (1996): Weltfrauenkonferenz in Beijing. Aktion für Gleichberechtigung, Entwicklung und Frieden? In: Messner, Dirk/Nuscheler, Franz (Hg.):

Weltkonferenzen und Weltberichte. Ein Wegweiser durch die internationale Diskussion, Bonn, S. 206-215

-/Randeria, Shalini (1998): Globalisierung aus Frauensicht. Bilanzen und Visionen. Bonn

Knaup, Bettina (1998): Frauen und politische Entscheidungsmacht: Von fernen Zielen und drohenden Rückschritten. In: Klingebiel, Ruth/Randeria, Shalini: Globalisierung aus Frauensicht. Bilanzen und Visionen, Bonn, S. 86-112

Lachenmann, Gudrun (1998): Frauenbewegungen als gesellschaftliche Kraft des Wandels. Beispiele aus Afrika. In: Ruppert, Uta (Hg.): Lokal bewegen, global verhandeln. Internationale Politik und Geschlecht, Frankfurt a. M./New York, S. 208-233

Lenz, Ilse (1995): Geschlecht, Herrschaft und internationale Ungleichheit. In: Becker-Schmidt, Regina/Knapp, Gudrun Axeli: Das Geschlechterverhältnis als Gegenstand der Sozialwissenschaften, Frankfurt a. M./New York,S. 19-47

-/Germer, Andrea/Hasenjürgen, Brigitte (Hg.) (1996): Wechselnde Blicke. Frauenforschung in internationaler Perspektive. Opladen

Lorber, Judith (1999): Gender-Paradoxien. Opladen

Messner, Dirk/Nuscheler, Franz (1996): Global Governance. Organisationselemente und Säulen einer Weltordnungspolitik. In: Messner, Dirk/Nuscheler, Franz (Hg.): Weltkonferenzen und Weltberichte. Ein Wegweiser durch die internationale Diskussion, Bonn, S. 12-37

Mückenberger, Ulrich (1999): Arbeitsrechtliche Gestaltung durch den europäischen Dialog. In: Schmidt, Gerd/Trinczek, Rainer (Hg.): Globalisierung. Ökonomische und soziale Herausforderungen am Ende des zwanzigsten Jahrhunderts, Soziale Welt Sonderband 13, Baden-Baden, S. 325-343

Musiolek, Bettina (Hg.) (1999): Gezähmte Modemultis. Verhaltenskodizes: ein Modell zur Durchsetzung von Arbeitsrechten? Eine kritische Bilanz. Frankfurt a. M.

Peripherie Nr. 59/60: Globalisierung

Pries, Ludger (1998): Transnationale soziale Räume. In: Beck, Ulrich (Hg.): Perspektiven der Weltgesellschaft. Frankfurt a. M., S. 55-86

Rodenberg, Birte (1998): Von der Mülltrennung zum Machtgewinn: internationale Frauen-Umweltpolitik. In: Ruppert, Uta (Hg.): Lokal bewegen, global verhandeln. Internationale Politik und Geschlecht, Frankfurt a. M./New York, S. 106-130

Rommelspacher, Birgit (1999): Neue Polarisierung und und neue Konvergenzen: Das Geschlechterverhältnis im Zeitalter der Globalisierung. In: Schmidt, Gerd/ Trinczek, Rainer (Hg.): Globalisierung. Ökonomische und soziale Herausforderungen am Ende des zwanzigsten Jahrhunderts, Soziale Welt Sonderband 13, Baden-Baden, S. 243-259

Ruppert, Uta (1998a): Theorien internationaler Beziehungen aus feministischer Perspektive. In: Dies. (Hg.): Lokal bewegen, global verhandeln. Internationale Politik und Geschlecht, Frankfurt a. M./New York, S. 27-56

-, (1998b): Perspektiven internationaler Frauen(bewegungs)politik. In: Dies. (Hg.): Lokal bewegen, global verhandeln. Internationale Politik und Geschlecht, Frankfurt a. M./New York, S. 233-256

-, (Hg.) (1998): Lokal bewegen, global verhandeln. Internationale Politik und Geschlecht. Frankfurt a. M./New York

RWI-Konjunkturbrief (1996): Deutsche Direktinvestitionen im Ausland: Export von Beschäftigung? Essen

Sarkhoch, Soussan (1996): Die internationale feministische Theorie neu hinterfragt. In: Lenz, Ilse/Germer, Andrea/Hasenjürgen, Brigitte (Hg.): Wechselnde Blicke. Frauenforschung in internationaler Perspektive, Opladen 1996, S. 78-115

Schmidt, Gerd/Trinczek, Rainer (Hg.) (1999): Globalisierung. Ökonomische und soziale Herausforderungen am Ende des zwanzigsten Jahrhunderts, Soziale Welt Sonderband 13, Baden-Baden

Schmidt, Verena (1999): Frauenpolitik in der Europäischen Union. Eine Literaturstudie. unveröffl. MS, Bochum

Statistisches Jahrbuch der Bundesrepublik Deutschland

Streeck, Wolfgang (Hg.) (1998): Internationale Wirtschaft, nationale Demokratie. Herausforderungen für die Demokratietheorie. Frankfurt a. M./New York

Trinczek, Rainer (1999): „Es gibt sie, es gibt sie nicht, es gibt sie, es..." - Die Globalisierung der Wirtschaft im aktuellen sozialwissenschaftlichen Diskurs. In: Schmidt, Gerd/Trinczek, Rainer (Hg.): Globalisierung. Ökonomische und soziale Herausforderungen am Ende des zwanzigsten Jahrhunderts, Soziale Welt Sonderband 13, Baden-Baden, S. 55-79

Ueno, Chizuko (1998): Nashonarizumu to jendâ. Tokyo

Villa, Paula-Irene (1999): Sexy Bodies: eine soziologische Reise durch den Geschlechtskörper, Opladen

Wetterer, Angelika (Hg.) (1995): Die soziale Konstruktion von Geschlecht in Professionalisierungsprozessen. Frankfurt a. M., New York

Wichterich, Christa (1995): Frauen der Welt. Vom Fortschritt der Ungleichheit. Göttingen

-, (1996): Wir sind das Wunder, durch das wir überleben. Die 4. Weltfrauenkonferenz in Peking. Köln

-, (1998): Die globalisierte Frau. Berichte aus der Zukunft der Ungleichheit. Reinbek

-, (1998a): Vom Haushalt zum Bruttosozialprodukt und zurück: Internationale feministische Diskurse zu Wirtschaftspolitik. In: Ruppert, Uta (Hg.): Lokal bewegen, global verhandeln. Internationale Politik und Geschlecht, Frankfurt a. M./New York, S. 183-208

Wiesenthal, Helmut (1999): Globalisierung als Epochenbruch - Maximaldimensionen eines Nichtnullsummenspiels. In: Schmidt, Gerd/Trinczek, Rainer (Hg.): Globalisierung. Ökonomische und soziale Herausforderungen am Ende des zwanzigsten Jahrhunderts, Soziale Welt Sonderband 13, Baden-Baden, S. 503-535

Young, Brigitte (1998): Genderregime und Staat in der globalen Netzwerkökonomie. In: Prokla 111, 28. Jg.,Heft 2, S. 175-199

Zukunftskommission der Friedrich-Ebert-Stiftung (1998): Wirtschaftliche Leistungsfähigkeit, sozialer Zusammenhalt, ökologische Nachhaltigkeit. Drei Ziele - ein Weg. Bonn

Petra Dannecker

Globalisierung und „Migration" von Produktions- und Geschlechterstrukturen: Fabrikarbeiterinnen in Bangladesch

Einleitung

Ökonomische Globalisierung bedeutet nicht nur die Wanderung von Kapital und die Zunahme von globalisierten Firmen und Unternehmen, sondern manifestiert sich seit den 70er Jahren auch über die mögliche und tatsächliche räumliche Verlagerung von Produktionsstätten, vor allem in den exportorientierten Industriezweigen, wie z. B. dem Elektronik-, Spielzeug- oder Bekleidungssektor. Eng verknüpft mit diesen Prozessen ist die „Feminisierung der Arbeit" (Standing 1989). Dieser Begriff beschreibt einerseits die zunehmende Integration von Frauen in die globale Ökonomie, vor allem als Erwerbstätige im sogenannten formellen Sektor, und andererseits die Transformation „typisch" männlicher Tätigkeiten in weibliche. In den explizit für den Weltmarkt produzierenden multinationalen, aber auch einheimischen Fabriken wird die Arbeitsmarktintegration von Frauen und die geschlechtsspezifische Segmentierung der Arbeitsmärkte besonders deutlich[1]. Frauen werden bevorzugt eingestellt, die Rekrutierung der Arbeiterinnen, die Organisation der Arbeit in den Fabriken und die Arbeitsprozesse folgen einem kodierten Muster, d. h. sie sind in all diesen Fabriken sehr ähnlich und können daher jederzeit mit den Fabriken „wandern". Die Arbeit in den asiatischen Bekleidungsfabriken zum Beispiel ist meist atomisiert, sehr stark standardisiert und wird fast ausschließlich von Frauen ausgeübt, unabhängig vom Entwicklungsgrad des jeweiligen Landes. Es scheint sich eine spezifische „transnationale" Geschlechterordnung um diese Form der Fabrikarbeit herausgebildet zu haben, die nahezu weltweit auf der Ideologie beruht, daß Frauen für die meist mechanischen Arbeiten am Fließband oder an Nähmaschinen besonders geeignet sind. Dementsprechend wird diese Form der Arbeit fast überall als unqualifiziert definiert und gering entlohnt. In den weltweit operierenden Fabriken hat sich ein spezifischer Arbeitsmarkt für Frauen und eine globale geschlechtsspezifische Arbeitsteilung herausgebildet. Letztere wird an unterschiedlichen Plätzen, zu unterschiedlichen Zeiten und in unterschiedlichen Gesellschaften und Kulturen reproduziert. Empirische Studien[2] zeigen, daß die Arbeitsprozesse und Einkommensstrukturen in den

Fabriken globalen Charakter haben, ebenso wie die Muster für die Auswahl der Arbeiterinnen. Gerade in den globalen Fabriken wird die Verallgemeinerung und „Migration" von Praktiken und Strukturen, die in der Globalisierungsdiskussion oft als Homogenisierung bezeichnet wird, deutlich. Die geschlechtsspezifische Kodierung sowohl der Arbeitsprozesse als auch die Rekrutierung der Arbeiterinnen unterstreicht diese Aussage. Es muß aber betont werden, daß sich trotz der analysierten Homogenisierungstendenzen das Lokale ständig neu konstituiert und transformiert. Globalisierungsprozesse und damit auch die für den Weltmarkt produzierenden Fabriken müssen sich immer in konkreten Lebenswelten und lokal ausgebildeten Strukturen verankern. Globalisierung ist also nicht nur ein ökonomischer Prozeß, der auf internationale Handels- und Finanzströme oder Produktionsstrukturen wie die globalen Fabriken reduzierbar ist. Globalisierungsprozesse haben auch umfassende soziale Auswirkungen und führen nicht nur zu neuen Formen der sozialen Ordnung, sondern auch zur Neuaushandlung der jeweiligen Geschlechterordnung.

Obwohl die Verlagerung von Produktionsstätten eine bedeutende Dimension der ökonomischen Globalisierungsprozesse darstellt und weitreichende Auswirkungen für die involvierten Akteure und Akteurinnen hat, wird Globalisierung in der Literatur immer noch als ein geschlechtsneutraler Prozeß analysiert und diskutiert. Gerade die „Feminisierung der Arbeit", die eng verknüpft ist mit diesen globalen ökonomischen Prozessen, wie der Auslagerung von Produktionsstätten, verdeutlicht jedoch, daß es vor allem Frauen sind, die die Prozesse der globalen Umstrukturierung entscheidend vermitteln und tragen. Die Arbeiterinnen in den globalen Fabriken sind eine der „neuen" Gruppen, die über Globalisierungsprozesse, d. h. die Integration nationaler Ökonomien in den Weltmarkt, eingebunden sind. Die globalen Fabriken sind demnach ein strategischer Knotenpunkt, an denen Globalisierungsprozesse untersucht werden können und gezeigt werden kann, daß Globalisierung ein geschlechtsspezifischer Prozeß ist (siehe Young 1998; Wichterich 1998).

Am Beispiel der Arbeiterinnen in den Bekleidungsfabriken in Dhaka, der Hauptstadt Bangladeschs, werden in diesem Artikel die dynamischen Beziehungen zwischen globalen und lokalen Strukturen anhand der Diskurse über die bestehende Geschlechterordnung nachgezeichnet. Der Einzug der hauptsächlich weiblichen ArbeiterInnen in die Fabrikhallen verdeutlicht nicht nur, daß und wie Frauen die Transformationsprozesse tragen und formen, sondern auch, daß Frauen nicht generell als Verliererinnen oder Gewinnerinnen dieser globalen Entwicklungen bezeichnet werden können. Globalisierung ist ein durch und durch widersprüchlicher Prozeß, der weder theoretisch noch empirisch auf Lohndiskriminierung und geschlechtsspezifische Beschäftigungsbereiche reduzierbar ist, auch wenn diese Praktiken die beobachtbaren Prozesse begleiten (siehe hierzu Elson/Pearson 1981; Fuentes/Ehrenreich 1983; Ward 1990). Die Gefahr bei diesen auf die konkreten Arbeitsbedingungen und -situationen fokussierenden Ansätzen ist, daß die involvierten Frauen als soziale Akteurinnen mit ihren Handlungslogiken meist unberücksichtigt bleiben bzw. die Arbeiterinnen als passive und fügsame Opfer dargestellt werden. Ebenso greifen meines Erachtens aber auch die Ansätze zu kurz (siehe Lenz 1988), die argumentieren, daß es vor allem Frauen sind, die von den globalen Umstrukturierungen profitieren (siehe hierzu Lim 1990; Joekes/Weston 1994; Moghadam 1993). Arbeitsplätze und damit Verdienstmöglichkeiten führen nicht automatisch zu größerer Unabhängigkeit oder Autonomie.

Ich möchte anhand meines empirischen Materials, das während einer einjährigen Feldforschung in Bangladesch[3] erhoben wurde, aufzeigen, daß durch die Integration von Frauen in die globale Ökonomie neue Räume für Frauen geschaffen werden und es zu Neuaushandlungsprozessen der bestehenden lokalen Geschlechterordnung kommt. Gleichzeitig ist es mir aber auch wichtig zu veranschaulichen, daß diese Prozesse von neuen Abhängigkeiten und Zwängen begleitet werden. Das empirische Material besteht aus ungefähr 80 biographischen Interviews mit Arbeiterinnen, die in unterschiedlichen Bekleidungsfabriken in Dhaka tätig waren[4]. Zur Kontextualisierung wurden ferner Interviews mit Fabrikbesitzern, dem mittleren Management, GewerkschaftsvertreterInnen und Nichtregierungsorganisationen, die in diesem Bereich tätig sind, durchgeführt.

Die Schaffung und Strukturierung neuer Räume

Während die Weltmarktfabriken von entscheidender Bedeutung für die Industrialisierungsprozesse in den südostasiatischen Ländern waren, hat Bangladesch erst Mitte der 80er Jahre den globalen Markt „entdeckt" und den Weg der exportorientierten Entwicklung eingeschlagen. Seit den 90er Jahren hat der Bekleidungssektor in Bangladesch die größte Zuwachsrate zu verzeichnen, während andere Industriezweige mit erheblichen Problemen konfrontiert sind[5]. Ungefähr eine Million meist junger Frauen arbeiten in den 2000 Bekleidungsfabriken, die vor allem in der Hauptstadt Dhaka entstanden sind und von einheimischen, südostasiatischen oder multinationalen Unternehmern betrieben werden und ausschließlich für den globalen Markt produzieren. Nicht allein die Zunahme der weiblichen Erwerbsarbeit im formellen Sektor, sondern vor allem das niedrige Alter der involvierten Frauen, die bisher aufgrund sozial sanktionierter Verhaltensnormen und -regeln *(purdah)* kaum außerhäuslicher Erwerbsarbeit nachgehen konnten, stellt ein für Bangladesch neues Phänomen dar.

Purdah bedeutet wörtlich übersetzt „Schleier" oder „Vorhang" und steht im Zentrum des islamisch geprägten Verhaltenskodex in Bangladesch. *Purdah* regelt einerseits die Interaktionen zwischen Männern und Frauen und definiert ihre getrennten Lebensräume, andererseits impliziert der Begriff aber auch einen strikten Verhaltenskodex für Frauen. Dieser Verhaltenskodex beinhaltet die Beschränkung weiblicher Mobilität auf den häuslichen Bereich bzw. die Verschleierung in öffentlichen Räumen. Besonders junge unverheiratete Frauen werden angehalten, diese Regeln zu befolgen, um der Ehre ihrer Familien gerecht zu werden (Siddiqi 1991; Kabeer 1991). *Purdah* wird als Statussymbol wahrgenommen; die Verletzung von *purdah* bedeutet Schande für die jeweilige Familie und wird daher sehr stark von den männlichen Familienmitgliedern kontrolliert.

Waren es bisher nur Frauen aus ökonomisch schlechter gestellten Familien, meist Witwen oder verheiratete Frauen mit Kindern, die aufgrund der Existenzsicherung ihrer Familien außerhäuslicher Erwerbsarbeit nachgegangen sind - vor allem als Tagelöhnerinnen im ländlichen und städtischen Bereich - und damit gegen *purdah* verstoßen haben, wächst die Zahl von jungen Frauen aus nahezu allen sozialen Schichten[6], die in den globalen Fabriken arbeiten. Besonders diese Frauen sind es, die *purdah* im jeweiligen Kontext neu definieren und somit nicht nur visuell neue Räume besetzen, wie z. B. durch den täglichen Gang zur Fabrik und wieder nach Hause, sondern sich auch selbst neue Räume schaffen und diese strukturieren.

Während die Literatur *purdah* als ein System physischer Seklusion und externer Kontrolle über Frauen behandelt, betonen die Arbeiterinnen die Bedeutung von *purdah* als individuelle Verantwortung und moralische Lebensführung und verstehen *purdah* nicht als ein statisches System. Trotzdem wird ihre Erwerbsarbeit und, damit eng verknüpft, ihre Sichtbarkeit in den Straßen als Verstoß gegen die bestehenden Normen und Werte definiert. Die Besetzung öffentlicher Räume, die Zusammenarbeit und die täglichen Interaktionen mit Männern sowohl innerhalb wie außerhalb der Fabrikhallen stellt die bestehende Geschlechterordnung - und somit *purdah* - als maßgeblichen Teil dieser Geschlechterordnung in Frage. Die Sichtbarkeit der Arbeiterinnen korrespondiert nicht mit den konstruierten Bildern von Weiblichkeit bzw. adäquatem weiblichem Verhalten; ein Grund für die gesellschaftliche Sanktionierung der Arbeiterinnen. Die Arbeiterinnen werden als abweichend definiert und bestimmte Verhaltensweisen werden ihnen zugesprochen, wie z. B. unmoralische Lebensführung. Besonders das Erstarken der islamischen Jamaati-i-Islami Partei in den 80er Jahren und damit die Forderung nach einer strikteren Einhaltung der Seklusion und des Tragens der *burka*[7] in der Öffentlichkeit trägt zu gesellschaftlichen Konflikten und Spannungen bei. Diese Konflikte spiegeln sich in den gesellschaftlichen Diskursen über die Fabrikarbeiterinnen wider[8]. Vor allem die jungen Frauen, die nicht unmittelbar aus ökonomischen Notwendigkeiten außerhäuslicher Erwerbstätigkeit nachgehen und sich in Räumen bewegen, die „nicht für sie gemacht" sind, stellen eine Herausforderung für das soziale Umfeld dar. Die Fabrikarbeiterinnen symbolisieren den sozialen Wandel, den die Integration der nationalen Ökonomie in den Weltmarkt mit sich gebracht hat.

Die „Feminisierung der Arbeit", die zu einer Zunahme weiblicher Erwerbsarbeit im formalen Sektor führt und zur Sichtbarkeit von Frauen, stellt also eine Bedrohung für die bestehenden geschlechtsspezifischen Normen und Werte dar. Die in Bangladesch beobachtbaren gesellschaftlichen Reaktionen sind kein Einzelfall, wie Studien aus anderen Ländern deutlich machen. Ong (1987), Jamilah (1984) und Buang (1993) heben in ihren Studien über malaiische Fabrikarbeiterinnen in unterschiedlichen Regionen des Landes hervor, daß den meist jungen Frauen von bestimmten Interessengruppen, z. B. den religiösen Organisationen, ein unmoralischer Lebensstil unterstellt wird und daß sowohl die Presse als auch Radio und Fernsehen zur Konstruktion des negativen Bildes beitragen. In West-Java, so Mather (1985), versuchen lokale islamische Führer die Arbeiterinnen zu überwachen, da angenommen wird, daß bei fehlender Kontrolle die jungen Frauen den jeweiligen Moralkodex verletzen. Auch wenn es auf den ersten Blick so scheint, daß die dominanten kulturellen Verhaltensmuster besonders in islamischen Ländern Frauen den Schritt in die außerhäusliche Erwerbsarbeit erschweren und für die Stigmatisierung von Arbeiterinnen verantwortlich sind, sollte doch betont werden, daß auch in nicht-islamischen Ländern solche Prozesse zu beobachten sind (siehe Kandiyoti 1991; Weiss 1994). Allerdings besteht hinsichtlich des Islams in der Literatur eine Tendenz, den religiösen Einfluß überzubewerten und damit die Unterschiede der kulturellen Milieus sowohl innerhalb einzelner Länder als auch zwischen ihnen zu negieren[9]. Häufig stellt die Erwerbstätigkeit von Frauen die materielle Basis der patriarchalen Kontrolle in Frage, in Bangladesch auf eine ganz spezifische Art und Weise, da außerhäusliche Erwerbsarbeit bisher, bis auf wenige Ausnahmen, eine männliche Domäne war.

Die Zunahme der weiblichen Erwerbstätigkeit und damit auch die Verdienstmöglichkeiten für Frauen bedrohen die „Rolle“ der Männer als Ernährer und Beschützer ihrer Familien. Interessanterweise spielt es hierbei keine Rolle, ob die Frauen dieser Form der Erwerbsarbeit aus eigenem Antrieb nachgehen, um z. B. ihre Schulbildung zu nutzen bzw. um für eine gewisse Zeit in der Stadt zu leben, oder aus der Notwendigkeit zur Existenzsicherung ihrer Familien. Unabhängig von der Motivation der Arbeiterinnen kommt es zur Verzerrung und Konfusion dessen, was als „männlich“ und „weiblich“ in den unterschiedlichen Lebenswelten konstruiert wird. Das erklärt auch, warum Frauen, die in als typisch weiblich angesehenen Arbeitsbereichen in Bangladesch tätig sind, beispielsweise Lehrerinnen, Krankenschwestern oder Ärztinnen, nicht den gleichen Stigmatisierungen unterliegen wie die Fabrikarbeiterinnen. Sie bedrohen nicht den Konsens hinsichtlich geschlechtsspezifischer Zuschreibungen und „besetzen“ keine „männlichen“ Räume, da diese Arbeitsbereiche als angemessen für Frauen definiert sind[10].

Die meisten der interviewten Arbeiterinnen sind sich sehr wohl bewußt, daß sie mit ihrer Arbeit und ihren Lebensformen dem dominanten Frauenbild widersprechen (so auch Kabeer 1997)[11]. Allerdings verwehren sie sich gegen den Vorwurf eines unislamischen Lebensstils. Sie konstruieren *purdah* neu und passen die der *purdah* inhärenten Normen und Werte den neuen Lebensräumen an. Die Arbeiterinnen stellen damit die normativen Praktiken nicht grundsätzlich in Frage, sondern leben sie gemäß den neuen Lebenssituationen. Der Weg zur Fabrik und zurück zum Beispiel, also das Betreten öffentlicher Räume, wird als notwendiger Gang im städtischen Kontext angesehen und widerspricht daher nicht den Normen. Oft verglichen die Frauen den Gang zur Fabrik mit dem Gang vom Haus zum Brunnen im ländlichen Bereich (siehe auch Siddiqi 1991). Dies ist legitim, solange die Arbeiterinnen direkt von der Arbeit nach Hause gehen. Gegen die Normen verstoßendes Verhalten wird neu definiert. Mit Männern auf der Straße zu „flirten“ oder von der Arbeit nicht direkt nach Hause zu gehen, sind die neuen Kriterien für unangemessenes weibliches Verhalten und werden per Selbstregulierung und gegenseitiger Kontrolle eingeführt. Die Folge ist die Ausgrenzung der Arbeiterinnen, die diesen selbst auferlegten Verhaltensnormen nicht Folge leisten[12]. Auffällig ist hierbei, daß bestimmte Verhaltensweisen im städtischen Kontext strenger beobachtet werden als im dörflichen Umfeld.

In den Fabriken versuchen die Frauen, durch die Einführung fiktiver Verwandtschaftsbeziehungen diese als „desexualisierte“ Räume zu präsentieren. Interaktionen zwischen Männern und Frauen, die nicht miteinander verwandt sind, werden über die Benutzung verwandtschaftlicher Begrifflichkeiten legitimiert (Kabeer 1991; Siddiqi 1991) und helfen den Arbeiterinnen sich in dem neuen Kontext „heimisch" zu fühlen. So wird der Vorarbeiter z. B. „großer Bruder" genannt oder die erfahrene Näherin „ältere Schwester". Natürlich beinhalten diese verwandtschaftlichen Begrifflichkeiten auch hierarchische Beziehungen zwischen den Geschlechtern, sowie zwischen den verschiedenen Altersgruppen. Diese werden aber erst dann von den Arbeiterinnen problematisiert, wenn gewisse Erwartungshaltungen, die diesen Beziehungen inhärent sind, z. B. Unterstützung durch den sogenannten großen Bruder oder Hilfe beim Erlernen der notwendigen Fähigkeiten durch die große Schwester, nicht umgesetzt werden.

Des weiteren werden in den Fabriken „symbolische" Räume konstruiert (Papanek/Minault 1982). Konkret bedeutet dies, daß versucht wird, die Arbeitsbereiche und Aufenthaltsmöglichkeiten von Männern und Frauen zu trennen. Kontakte zwischen Männern und Frauen werden auf das Wesentliche und Arbeitstechnische reduziert. Die Schaffung und Strukturierung eigener Räume in den Fabriken führt bedingt zu größerer Autonomie (Lachenmann 1997) und gleichzeitig zur Legitimation dieser Form der Erwerbsarbeit. Letzteres ist besonders hinsichtlich der Repräsentation der Fabriken nach außen wichtig und dient, wie die Interviews verdeutlichen, als Argumentationsgrundlage der Arbeiterinnen gegenüber ihren Familien[13].

Die Räume, die sich die Arbeiterinnen innerhalb der Fabriken geschaffen haben, dienen dabei auch dem Aufbau von Netzwerken und dem Informationsaustausch. Dabei werden nicht nur individuelle oder kollektive Verhandlungstaktiken mit dem Management besprochen, sondern auch Erfahrungen hinsichtlich anderer Fabriken und möglicher Wohnsituationen ausgetauscht. Auch wenn die Arbeiterinnen in den Fabriken streng kontrolliert werden und die disziplinarischen Maßnahmen den Aufsehern verschiedene Möglichkeiten geben, solche Interaktionen zu verhindern, finden die Arbeiterinnen immer wieder Räume für solche Treffen (Ong 1987). Beispiele sind hier die Gebetsräume, falls vorhanden, oder die Waschräume und Kantinen. Der Besuch dieser Örtlichkeiten wird in einigen Fabriken jedoch stark reglementiert, um diese Treffen zu unterbinden[14]. Fallstudien anderer Länder[15] zeigen, daß diese Formen der Disziplinierung und Kontrolle, die zum Teil physische Gewalt einschließen, ähnlichen Mustern folgen. Gleichzeitig wird aber auch deutlich, daß die Arbeiterinnen sich, je nach Kontext, immer wieder Nischen und Freiräume schaffen. Mit diesem Argument sollen weder die problematischen Arbeitsbedingungen noch die Ausbeutung der Arbeiterinnen relativiert werden, ebenso wenig wie die Tatsache, daß lokale

Geschlechterverhältnisse und lokale Machtstrukturen global genutzt und rekontextualisiert werden. Macht in den Fabriken drückt sich ganz explizit in und über Sozialbeziehungen aus, besonders zwischen den Geschlechtern, und wird nicht nur über die Organisation des Produktionsprozesses vermittelt. Damit sind die Sozialbeziehungen und Interaktionen ein konstituierendes Element der geschlechtsspezifischen ökonomischen Struktur. Trotzdem darf nicht übersehen werden, daß die Frauen trotz aller Zwänge und Einschränkungen in der Lage sind, Strategien zu entwickeln, mit denen sie ihre Handlungsspielräume erweitern und strukturieren.

Neuaushandlung der Geschlechterverhältnisse

Zur Neuaushandlung der bestehenden Geschlechterverhältnisse kommt es in verschiedenen Arenen und Lebensbereichen in denen sich die Arbeiterinnen bewegen, obwohl diese ganz unterschiedlich strukturiert sind. Durch eigene Gewichtung und Strukturierungsleistungen versuchen die Arbeiterinnen, diese aufeinander zu beziehen, und stellen somit die künstliche Grenze zwischen der sogenannten privaten und öffentlichen Sphäre in Frage. Netzwerke spielen hierbei eine entscheidende Rolle. Ich möchte im folgenden drei Bereiche ausführen, die meines Erachtens für das Verstehen der Geschlechterverhältnisse und deren Neuaushandlung durch die außerhäusliche Erwerbsarbeit zentral sind. Anhand der drei Bereiche, Einkommen, Heirat und neue Lebensformen, zeigt sich, daß sowohl die Abhängigkeiten als auch die Möglichkeiten, mit denen die Frauen konfrontiert sind, eng miteinander verknüpft sind.

Einkommen

Einkommen spielt bei der Neuaushandlung der Geschlechterverhältnisse eine entscheidende Rolle. Dies zeigt sich in den kontroversen Diskussionen, die in der Literatur zu finden sind. Den meisten ökonomischen Analysen der Beziehungen auf Haushaltsebene und ihrer Veränderung durch die Erwerbstätigkeit der weiblichen Mitglieder liegt immer noch die Grundannahme des männlichen „Brotverdieners“ zugrunde, d. h. das Modell der Kleinfamilie mit dem männlichen Ernährer als Haushaltsvorstand und einer nicht erwerbstätigen Ehefrau[16]. Die soziale Realität in vielen Ländern deutet allerdings schon lange darauf hin, daß es sich hierbei um einen Mythos handelt. Weder das Modell der Kleinfamilie dominiert die Haushaltskompositionen in den Ländern Asiens, Afrikas und Lateinamerikas, noch ist das männliche Einkommen in diesen Haushalten zur Versorgung der entsprechenden Mitglieder ausreichend (Ott 1999). Oft sichert erst das Einkommen der Frauen das Überleben der Familien (Anker/Hein 1986). Eng verknüpft mit diesem Mythos ist die generelle Annahme - am prominentesten von Becker (1981) vertreten -, daß in einem Haushalt das Einkommen der männlichen und weiblichen Mitglieder zusammengelegt wird und Entscheidungen über die Allokation von Zeit und Geld gemeinsam gefällt werden. Die Umverteilung erfolgt analog dieser Annahme gemäß dem gemeinsamen Interesse der Nutzenmaximierung auf Haushaltsebene. Diese Annahmen, ebenso wie der Mythos des männlichen „Brotverdieners", dominieren nicht nur ökonomische Analysen und theoretische Ansätze, sondern beeinflussen auch die unterschiedlichsten Politikfelder. Die meist feministische Kritik an diesen Ansätzen richtet sich vor allem gegen die artikulierten Grundannahmen der gemeinsamen Interessen aller Haushaltsmitglieder einerseits und der Gleichverteilung der Macht innerhalb der Haushalte andererseits. Sen (1990) und Ott (1999) zum Beispiel betonen, daß nicht von einem Altruismus oder gemeinsamen Interessen auf Haushaltsebene ausgegangen werden kann. Haushaltsmitglieder haben unterschiedliche, oft gegensätzliche Interessen und Präferenzen (Moore 1988; Lachenmann 1992; Smith/Wallerstein/ Evers 1984). Ferner wird der ökonomische Beitrag der Mitglieder unterschiedlich bewertet.

Während in neueren Studien die ungleiche Machtverteilung zwischen den Geschlechtern auf Haushaltsebene nicht mehr in Frage gestellt wird, stehen dort die Auswirkungen, die ein mögliches oder tatsächliches Einkommen von Frauen auf die asymmetrische Machtverteilung haben, im Mittelpunkt des Interesses. Differenzen lassen sich feststellen hinsichtlich der Definition von Macht und deren unterschiedlichen Dimensionen. Einige Studien setzen Einkommen mit größerer Macht gleich (siehe Lim 1990). Es wird davon ausgegangen, daß Einkommen die Verhandlungsposition der Frauen stärkt, d. h. eigenes Einkommen die patriarchalen Kontrollmechanismen unterläuft. Andere Studien heben hervor, daß Werte, Normen und Praktiken die Beziehung zwischen Einkommen und Verhandlungsmacht auf Haushaltsebene mediieren, d. h. die Frage der Verfügungsmacht über Einkommen stärker mit einbezogen werden muß. Nicht das Einkommen der einzelnen Haushaltsmitglieder ist entscheidend, sondern die jeweiligen Geschlechterverhältnisse und damit eng verknüpft die Fragen nach Ressourcen, Ressourcenzugang und Verteilung (siehe Whitehead 1985; Beneria/ Roldan 1987). Gemäß dieser Argumentationslinie vertreten einige Autorinnen die These, daß Fabrikarbeiterinnen, die einen Großteil ihres Einkommens an ihre Familien weiterleiten, zusätzlich ausgebeutet werden und sich in diesen Konstellationen ihre Verhandlungsmacht nicht nachhaltig verbessern kann (siehe Marther 1988;

Elson/Pearson 1981; Salaff 1981; Greenhalgh 1985; Wolf 1990). Die Prozesse allerdings, die zu diesen Konstellationen führen und in den Alltagswelten verankert sind, bleiben dabei meist unberücksichtigt. Gemäß den Aussagen der Arbeiterinnen in Bangladesch werden die kurz dargestellten Ansätze beleuchtet.

Es sei vorangestellt, daß das Einkommen der Fabrikarbeiterinnen in Bangladesch grundsätzlich weit unter dem per Arbeitsgesetz festgelegten Mindestlohn liegt. Hinzu kommt die gängige Praxis, daß die meisten der von mir für diese Studie befragten Frauen ihren Lohn nur sehr unregelmäßig ausbezahlt bekommen. Konkret bedeutet dies, daß z. B. Überstunden häufig nicht bezahlt werden oder ein Teil des Einkommens automatisch einbehalten wird. Die ausbezahlten Löhne reichen in den meisten Fällen gerade aus, um das Überleben der Frauen im städtischen Umfeld zu sichern. Es finden nur sporadische Transfers vom städtischen in den ländlichen Bereich statt, ebenso wie in der umgekehrten Richtung. Generell kann weder argumentiert werden, daß der ländliche Sektor den städtischen subventioniert, wie das gemäß der Studie von Lenz (1980) in Südkorea oder von Wolf (1992) in Java beobachtbar ist, noch trifft der entgegengesetzte Fall zu. Nur sehr wenige der Arbeiterinnen fühlen sich verpflichtet, ihre Familien direkt zu unterstützen. Die meisten der von mir interviewten Arbeiterinnen entwickelten und artikulierten eine klare Vorstellung von „ihrem“ Geld, zu Transfers kommt es nur in Krisenzeiten. Dagegen entwickeln sich neue Formen der Reziprozität zwischen den Arbeiterinnen, die auf nachbarschaftlicher Solidarität oder neuen, über die Fabrikarbeit entstandenen Beziehungen, basieren. Diese neuen Frauennetzwerke sind Teil der über Globalisierungsprozesse vermittelten Lokalisierungsprozesse und als solche direkt über die außerhäusliche Erwerbsarbeit vermittelt.

Indirekte Unterstützung der Familie, z. B. in Form von Geschenken, dient dazu, mögliche Einwände gegen diese Form der außerhäuslichen Erwerbsarbeit zu unterlaufen. Dies ist ein klares Indiz dafür, daß die Frauen nicht von seiten ihrer Familie zu dieser Form der Erwerbstätigkeit gezwungen werden. Letzteres trifft nur auf die Frauen zu, die aufgrund der Verdienstmöglichkeiten der Töchter in die Stadt migriert sind. Nur hier kann von einer gemeinsamen Allokation der Arbeit und des Einkommens aller Haushaltsmitglieder gesprochen werden. In allen anderen Fällen wird die Entscheidung über die eigene Arbeitskraft individuell getroffen, was auf Haushaltsebene entweder respektiert oder angefochten wird, meist allerdings von konflikthaften Dynamiken begleitet ist.

Generell kann, dem empirischen Material gemäß, davon ausgegangen werden, daß die Arbeiterinnen ihre Familien nur sporadisch unterstützen. Viele Familien sind schon dadurch entlastet, daß eine Person weniger versorgt werden muß. Nicht mehr abhängig zu sein, d. h. selbstverantwortlich den Lebensunterhalt zu bestreiten, stärkt nicht nur das Selbstbewußtsein, sondern auch die Verhandlungsposition in der Familie. Nicht das Einkommen per se ist entscheidend, sondern inwieweit dieses neue Räume eröffnet und den Frauen hilft, ihre Interessen durchzusetzen. Dabei werden aber nicht bewußt Normen und Werte in Frage gestellt oder umgestoßen, sondern innerhalb der bestehenden Beziehungsmuster Freiräume erarbeitet und neue Möglichkeiten geschaffen, wie z. B. die Verzögerung der Familiengründung. Einkommen wird strategisch eingesetzt, um langfristige Ziele und Handlungsoptionen innerhalb der bestehenden Geschlechterverhältnisse umzusetzen.

Dies trifft auch oder ganz besonders auf verheiratete Arbeiterinnen zu. Alle befragten verheirateten Arbeiterinnen leiteten den Großteil ihres Einkommen an ihre Ehemänner weiter und unterstützten damit in erster Linie deren Familien. Die finanzielle Unterstützung führte, den Interviews zufolge, zu größerer Mitsprache hinsichtlich Wohnort oder Zahl der Kinder. Ferner hoben alle Frauen hervor, sie hätten durch die Fabrikarbeit mehr Freiraum, da sie sich der häuslichen Aufsicht durch ihre Ehemänner und deren Familien, besonders der Schwiegermütter, entziehen könnten. Soziale Sicherheit, nicht über Einkommen, sondern über die sozialen Beziehungen mit Kolleginnen oder Nachbarinnen vermittelt, ist ein entscheidender Aspekt, den die außerhäusliche Erwerbsarbeit für die Frauen mit sich bringt[17].

Aushandlung der Zukunft: Heirat

Arrangierte Ehen sind in Bangladesch sowohl im ländlichen wie im städtischen Bereich die gängige Praxis. Mitgift, d. h. Zahlungen der Brautfamilie an die Familie des Bräutigams, spielten hierbei eine entscheidende Rolle. Die Mitgiftforderungen sind in den letzten Jahren nicht zuletzt aufgrund der zunehmenden Landlosigkeit und Verarmungsprozesse enorm gestiegen, d. h. immer mehr Familien versuchen, durch hohe Mitgiftforderungen den sozialen Abstieg zu verhindern. Obwohl in der Literatur immer wieder argumentiert wird, Frauen gingen außerhäuslicher Erwerbsarbeit nach, um für die Mitgiftzahlungen selbst aufkommen zu können(siehe Wolf 1990; Salaff 1981; Majmudar 1995), lassen die niedrigen Löhne in Bangladesch diesen Aspekt marginal erscheinen. Trotzdem hat sich das Mitspracherecht der jungen Frauen in der Planungsphase zukünftiger Familiengründungen erhöht. Die Arbeiterinnen lehnen arrangierte Ehen nicht unbedingt ab, aber sie mischen sich ein und werden verstärkt in Entscheidungsprozesse einbezogen. Ein Beispiel hierfür ist, daß das Heiratsalter von Fabrikarbeiterinnen in Bangladesch höher ist als im Landesdurchschnitt und daß die Frauen bei der Auswahl eines zukünftigen Bräutigams stärker involviert sind. Das Konzept der Eheschließung hat sich also nicht verändert, aber der Prozeß der Familienformation und der Entscheidungsfindung[18]. Die Frauen versuchen dabei nicht, über die Mitgift ihre Chancen auf dem Heiratsmarkt zu erhöhen, sondern über berufliche Qualifikation und Berufserfahrung. Sie nehmen sich also nicht mehr als Abhängige, sondern als Verdienende wahr (Kabeer 1997, S. 291). Im Ansatz ist schon eine Veränderung des Mitgiftsystems erkennbar. Immer mehr Arbeiterinnen und ihren Familien gelingt es, einen Ehepartner zu finden, ohne hohen Mitgiftzahlungen nachkommen zu müssen, wobei es vor allem die jungen Frauen sind, die dieses soziale Kapital, d. h. berufliche Qualifikation und außerhäusliche Erwerbsarbeit, in die Verhandlungsprozesse einbringen. Die einmalige finanzielle Zahlung wird ersetzt durch eine mögliche oder tatsächliche Berufstätigkeit der zukünftigen Ehefrau und Schwiegertochter, wie die Eheschließungen der verheirateten Arbeiterinnen zeigen.

Während in der Literatur (siehe Siddiqui 1991; Smith u. a. 1984) immer noch Heirat neben Verarmung, Ausbeutung und Naturkatastrophen als maßgebliche Ursache für die Migration von Frauen analysiert wird, verschiebt sich das Bild in Bangladesch. Oft sind es die Männer, die durch Eheschließung mit einer Fabrikarbeiterin vom ländlichen in den städtischen Bereich migrieren und dort versuchen, einen Arbeitsplatz zu finden. Diese neuen Migrationsmuster verweisen auf die neuen Zusammenhänge zwischen formaler Erwerbsarbeit, Haushaltskomposition und sich verändernden Geschlechterverhältnissen. Dies wird auch angesichts der wachsenden Zahl von verheirateten, geschiedenen oder verstoßenen Frauen in diesem Sektor deutlich. Besonders für letztere stellt die außerhäusliche Erwerbsarbeit eine Möglichkeit dar, ihre Existenzgrundlage zu sichern. Oft handelt es sich um Frauen, die vor ihrer Ehe und vor der Remigration in den ländlichen Bereich schon als Fabrikarbeiterinnen tätig waren und in Krisensituationen, wie z. B. Scheidung, sowohl auf ihre Berufserfahrung als auch auf schon existierende Netzwerke zurückgreifen können. Während zu Beginn des Erwerbslebens meist patrilineare Verwandtschaftsbeziehungen und Netzwerke relevant sind – für Migration oder die Vermittlung des ersten Arbeitsplatzes – werden diese im Verlauf der Berufstätigkeit durch Frauennetzwerke abgelöst. Deren zunehmende Bedeutung wird auch anhand der neuen Lebensformen deutlich.

Neue Lebensformen

Obwohl die Mehrzahl der Arbeiterinnen zumindest zu Beginn ihrer Erwerbstätigkeit in der Stadt bei Verwandten wohnt, steigt die Zahl derer, die sich im Laufe ihrer Berufstätigkeit neue Wohnformen schaffen. Zum ersten Mal in der Geschichte des Landes wählen Frauen eine Wohnform, die nicht um einen männlichen Beschützer[19] organisiert ist (Kabeer 1997). Auch wenn die neuen Lebens- und Wohnformen oft instabil und kurzfristig sind, werden sie dennoch als Alternativen gesehen und wahrgenommen.

Sowohl das Einkommen als auch die gestiegene Mobilität der Frauen eröffnen neue Möglichkeiten. Netzwerke spielen hierbei eine wichtige Rolle. Solche Netzwerke, die über die Haushaltsebene hinausgehen und eine wichtige Ressource darstellen, werden allerdings in den meisten ökonomischen Konzepten negiert (siehe hierzu Lachenmann 1992). Sie bieten nicht nur finanzielle Sicherheit in Krisenzeiten, sondern eröffnen auch neue Lebensentwürfe, die an neuen Wohnformen exemplarisch festzumachen sind. Zu nennen sind hier vor allem das Zusammenleben mit anderen Arbeiterinnen in gemieteten Unterkünften oder ein Platz in einem Wohnheim. Letzteres erfährt gesellschaftliche Akzeptanz, da das Wohnheim, im Gegensatz zu den Wohngemeinschaften, einen geschützten und kontrollierten Raum darstellt. Die Frauen, die das Zusammenleben mit anderen Arbeiterinnen in gemieteten Unterkünften bevorzugen, entscheiden sich für eine größere Autonomie und opfern die Sicherheit, die Konformität mit sich bringt. Der Bruch mit den unterschiedlichen Formen der Abhängigkeit, z. B. dem Zusammenleben mit Verwandten in der Stadt, beinhaltet allerdings immer ein hohes Risiko. Immer noch werden Frauen die allein leben als „leichtlebig“ stigmatisiert. Dies zeigt sich schon bei der Suche nach geeignetem Wohnraum. Viele Vermieter weigern sich, Räumlichkeiten an Frauen zu vermieten oder versuchen, die Frauen, an die sie Wohnraum vermieten, zu kontrollieren. Diese Versuche, Kontrolle zu etablieren, können aus dem ländlichen Kontext abgeleitet werden. Grundsätzlich kann argumentiert werden, daß sich alle Männer eines Dorfes für das moralische Verhalten der Frauen im Dorf verantwortlich fühlen und daß diese Verantwortlichkeiten im städtischen Kontext, z. B. von Vermietern oder Nachbarn, reproduziert werden.

Obwohl sich die Frauen, die sich bewußt für das Zusammenleben mit anderen Frauen entschieden haben, neue Räume geschaffen haben, die zu größerer Autonomie führen, stellt der fehlende männliche Schutz das größte Problem dar. Nicht nur die Angst vor sexuellen Belästigungen innerhalb und außerhalb der Fabrikhallen, denen besonders allein lebende Frauen ausgesetzt sind, sondern vor allem die fehlende soziale Sicherheit, die ein männlicher Beschützer symbolisiert, kann in dieser Phase noch nicht über die entstandenen weiblichen Netzwerke oder das Zusammenleben mit anderen Frauen hergestellt werden. Gegenseitige soziale Kontrolle, regelmäßiges Einkommen sowie die vielfältigen Versuche, die Werte und Normen streng zu befolgen, können die Bedeutung des männlichen Beschützers, der für die Ehre der Frauen steht, nicht ersetzen. Dies erklärt, warum diese Lebensformen oft recht kurzfristig angelegt sind, ein Wechsel in eins der wenigen von Nichtregierungsorganisationen etablierten Wohnheime angestrebt wird oder männliche Familienmitglieder aufgenommen und oft sogar mit versorgt werden.

Die Beispiele verdeutlichen, daß die außerhäusliche Erwerbsarbeit von Frauen zwar zur Erweiterung ihrer Handlungsspielräume und auch zur Neuaushandlung von Geschlechterverhältnissen führt, aber immer im Kontext der bestehenden Geschlechterverhältnisse gesehen werden muß. Das bedeutet konkret, daß nicht Konflikte mit der Familie oder dem neuen sozialen Umfeld die Basis für die angestrebten Veränderungen und Autonomiebestrebungen sind, sondern Kooperation und Aushandlung, d. h. „patriarchal bargaining" (Kandiyoti 1988). Auch wenn ein gewisses Maß an ökonomischer Unabhängigkeit erreicht werden konnte, zumindest hinsichtlich der Sicherung der Existenz durch das eigene Einkommen und die entstandenen Netzwerke, bleibt die soziale Abhängigkeit, die eng verknüpft ist mit dem Konzept des männlichen Schutzes, bestehen. Auch wenn die Zahl der Arbeiterinnen, die zum Beispiel ihre gewalttätigen Ehemänner verlassen, mit anderen Arbeiterinnen zusammenziehen oder sich ihren Ehepartner selbst auswählen, steigt und dies als Umsetzung ihrer geschlechtsspezifischen Interessen gedeutet werden kann, bleibt die Tatsache, daß die Frauen ihre Entscheidungen nicht unmittelbar als „empowerment", d. h. die Zunahme gesellschaftlicher Macht, interpretieren. Die Beispiele allerdings zeigen, daß die Integration in die globale Ökonomie neue Bezugsrahmen schafft, die sukzessive ausgetestet und genutzt werden, und zwar nicht nur außerhalb der Fabrikhallen, sondern auch innerhalb, wie im folgenden ausgeführt wird.

Widerstand und Organisationsaufbau

Frauen werden, so die Literatur, bevorzugt für diese Form der Fabrikarbeit eingesetzt, weil sie sich einfacher unterordnen und daher einfacher zu kontrollieren sind (siehe Foo/Lim 1989; Chant/McIlwaine 1995). Die geringe Beteiligung der Arbeiterinnen in der Gewerkschaftsbewegung in Bangladesch scheint diese These zu bestätigen. Bei näherer Betrachtungsweise allerdings wird deutlich, daß Widerstand nicht gleichgesetzt werden kann mit gewerkschaftlicher Organisation. Dies hängt einerseits mit den formalen Institutionen zusammen, andererseits mit der Definition von Widerstand. Widerstand in einem weiteren Sinne läßt sich nicht nur auf die Arbeitsbeziehungen reduzieren, sondern beginnt oft zu Hause, z. B. hinsichtlich Migration, Erwerbstätigkeit oder der Wahl des Wohnortes. Innerhalb der Fabrikhallen drückt sich Widerstand in vielerlei Hinsicht aus. Individuelle Formen des Widerstands bestimmen ebenso die Handlungslogik der Arbeiterinnen wie kollektive Aktivitäten, auch wenn diese meist noch sporadisch und kurzfristig angelegt sind. Widerstand in diesem Sinne kann nicht gleichgesetzt werden mit geplantem oder reflektiertem Aktivismus, welcher sich aus einem lang entwickelten politischen Bewußtsein ergibt, sondern ist immer relativ und kann nur im jeweiligen Kontext verstanden und interpretiert werden (siehe Gardner 1998). Widerstand ist somit Teil der täglichen Anstrengungen und Interaktionen, nicht nur zur Erreichung von Selbstwertgefühl und der Sicherung des täglichen Überlebens, sondern vor allem zur Schaffung von Möglichkeiten und Freiräumen innerhalb der ökonomischen und sozialen Transformationsprozesse.

Die Formen des Widerstands, die im folgenden ausgeführt werden, wurden bisher in Studien über Fabrikarbeiterinnen und formelle Organisationen, wie z. B. Gewerkschaften, meistens ignoriert oder unterbewertet, obwohl, und dies ist m. E. das Wichtigste bei dieser Betrachtungsweise, über diese Formen des Widerstand auch gezeigt werden kann, wie Macht in den Fabriken ausgeübt wird (Abu-Lughod 1990). Diese Widerstandsformen machen deutlich, daß Macht in den Fabriken nicht exklusiv über die Organisation der Produktion oder organisatorische Techniken ausgeübt wird, sondern durch diskursive Regulierung der Arbeit und damit vor allem über die Interaktionen zwischen Männern und Frauen, d. h. zwischen dem hauptsächlich männlichen Management und den weiblichen Arbeiterinnen. Macht ist damit nicht in den Fabriken selbst lokalisiert, d. h. in den Institutionen verortet, sondern zirkuliert innerhalb sozialer Beziehungen, in deren Vernetzung, und wird in den täglichen Interaktionen ständig neu ausgehandelt (siehe Foucault 1977).

Daher spielt auch die Konstruktion bestimmter Geschlechtercharakteristika eine entscheidende Rolle hinsichtlich des Widerstandes. Starke Emotionen wie z. B. Weinen werden als „typisch" weibliches Verhalten verstanden, implizieren mangelnde Selbstkontrolle und stellen somit einen Störfaktor für die soziale Ordnung und den geregelten Arbeitsablauf in den Fabrikhallen dar. Einige der Arbeiterinnen setzen diese zugeschriebene Verletzbarkeit gezielt ein, um sich gegen Forderungen der Vorgesetzten zu wehren[20]. Als

Instrumente des Widerstandes werden die zugeschriebenen weiblichen Attribute neu definiert und in übertriebener Form angewandt und taktisch eingesetzt (siehe Honegger/Heintz 1984). Dieses „weibliche" Verhalten stellt die Machtbeziehungen zwischen Männern und Frauen nicht in Frage. Im Gegenteil: Gerade das Verhalten der Frauen zwingt Männer zu bestimmten normativen Handlungen, wie etwa sich höflich oder beschützend zu zeigen und so die ihnen zugeschriebene männliche Geschlechterrolle auszufüllen. Auch die Diskurse über Moral und angemessenes männliches und weibliches Verhalten werden von den Fabrikarbeiterinnen aufgegriffen, um sich gegen den Mißbrauch von Abhängigkeitsverhältnissen zu wehren. Einige der Arbeiterinnen beschwerten sich zum Beispiel über männliche Kollegen oder Vorgesetzte, die die Trennung der Räume nicht einhalten oder anzügliche Andeutungen machten. In einigen Fällen wurden die männlichen Vorgesetzten bestraft, weil sie die gesetzten Grenzen mit ihrem Verhalten überschritten hatten. Die Arbeiterinnen verwiesen hier auf einen gesetzten Referenzrahmen, der im günstigsten Fall für Männer und Frauen gilt. Auch wenn diese Strategien bedingt Erfolge zeigen, z. B. bezüglich der Arbeitsanforderungen oder bezüglich verbaler und physischer Gewalt der männlichen Vorgesetzten gegenüber den Frauen, wird die Umsetzung dieser Strategien mit dem Wachsen des Bekleidungssektors und damit der zunehmenden Anonymisierung von Arbeitsbeziehungen immer schwieriger.

Folglich gewinnen die Netzwerke der Arbeiterinnen gerade im Zuge des Anwachsens dieses Sektors immer mehr an Bedeutung. Die Netzwerke dienen nicht nur zur Bewältigung des Alltags außerhalb und innerhalb der Fabrik, sondern auch Wissen, Taktiken, Einstellungen und Informationen werden zwischen den unterschiedlichen Lebenswelten ausgetauscht. Erfahrungen der Stärke in der Gruppe, wie sie durch kollektive Aktionen von Arbeiterinnen innerhalb der Fabrik gemacht werden, beeinflussen auch die Aushandlungsprozesse und Auseinandersetzungen im Haus und umgekehrt. Mit dem Ausdruck „when a strike comes marching home" (Borzeix/Maruani 1988) kann dieser Prozeß beschrieben werden. Gemeinsame Aktionen gegen einen Vorgesetzten, der eine Arbeiterin schlägt, oder umgekehrt gegen einen Hausbesitzer, der zu viel Miete verlangt, gründen auf diesen Netzwerken. Die Netzwerke basieren auf gemeinsamem Wissen und auf einem geteilten Erfahrungsschatz, sind aber weder ausschließlich auf die Arbeitswelt noch auf die Lebenswelten reduzierbar. Allerdings verhindert die Organisation der Arbeit, die häufige Rotation und die individuelle Bezahlung der Arbeiterinnen gemeinsame Vorgehensweisen (siehe auch Rott/Lenz 1984). Die Strategie, Löhne individuell auszuhandeln, stellt einen der vielen Versuche von seiten des

Managements dar, Arbeitskämpfe im Keim zu ersticken und eine Atmosphäre des Mißtrauens zu schaffen. Sind die Arbeiterinnen mit ihrer Bezahlung unzufrieden, wechseln sie eher den Arbeitsplatz, als gemeinsam für eine bessere Bezahlung zu kämpfen. Dennoch gibt es kollektive Aktionen, z. B. bei verspäteter Lohnzahlung. Das Stoppen der Nähmaschinen oder die Nichterfüllung des Arbeitspensums wären hier zu nennen.

Die bisher beschriebenen Vorgehensweisen und Strategien basieren vornehmlich auf individuellen Handlungen und informellen Netzwerken, die durchaus die Grundlage für einen Organisationsaufbau sein können, wie das Beispiel der bisher einzigen Frauengewerkschaft in Bangladesch zeigt. Diese Organisation hat es geschafft, über kulturelle Programme, gezielte Motivationsarbeit und ein breites Spektrum an Angeboten, wie z. B. rechtliche Beratung, Seminare und den Aufbau eines Gesundheitssystems, die unterschiedlichen Lebensbereiche der Arbeiterinnen in ihre Arbeit zu integrieren und damit auch eine neue öffentliche Sphäre zu schaffen.

Die eher traditionellen Gewerkschaften in Bangladesch haben die Arbeiterinnen in den Bekleidungsfabriken lange Zeit nicht wahrgenommen, und die neuen Organisationsversuche der letzten Jahre waren nicht sehr erfolgreich. Die Argumente, die für dieses Scheitern verantwortlich gemacht werden, decken sich mit Aussagen, die auch in der Literatur immer wieder aufgeführt werden. Mangelndes Bewußtsein, ländliche Herkunft und mangelnde Bildung werden immer wieder herangezogen, um das sogenannte Desinteresse der Arbeiterinnen an gewerkschaftlicher Arbeit zu begründen (siehe hierzu Martens/ Mitter 1995; Luchmun 1995; Elson 1983). Die gewerkschaftlichen Strukturen allerdings bleiben bei diesen Analysen oft unberücksichtigt. Der Erfolg der autonomen Frauengewerkschaften in Korea in den 70er Jahren (siehe Kang 1988; Kim 1997) ebenso wie die Organisation von Frauen im ländlichen oder informellen Bereich zeigen (siehe Rowbotham/Mitter u. a. 1994), daß jedes Milieu eigene organisatorische Strategien unter Berücksichtigung der spezifischen Lebens- und Arbeitswelten der involvierten Akteure erfordert. Die traditionell von Männern dominierten Gewerkschaften in Bangladesch haben die spezifischen weiblichen Bedürfnisse der Arbeiterinnen, wie z. B. die Verhinderung sexueller Gewalt oder die Organisation des nächtlichen Nachhausewegs von der Fabrik bislang nicht in ihre Programme aufgenommen. Demgegenüber deckt sich die Forderung nach der Bezahlung des gesetzlich vorgeschriebenen Mindestlohns nicht mit den Realitäten der Arbeiterinnen, deren Sorge ist, daß die Löhne überhaupt ausgezahlt werden. Andere Beispiele könnten hier angeführt werden. Das geringe Interesse der

Fabrikarbeiterinnen an gewerkschaftlicher Arbeit kann aber auch auf die gewerkschaftlichen Strukturen zurückgeführt werden. In den Fabriken sind die Arbeiterinnen tagtäglich mit Männern in übergeordneten Positionen, Machtstrukturen und Abhängigkeitsverhältnissen konfrontiert. Das autoritäre Verhalten der männlichen Gewerkschaftsfunktionäre ähnelt in vielen Aspekten dem der männlichen Vorgesetzten. Aber während die Frauen am Arbeitsplatz die Machtverhältnisse bedingt akzeptieren müssen, sind sie offensichtlich nicht bereit, auch in ihrer „Freizeit" diese autoritären Strukturen zu tolerieren. Ihre sogenannte Ignoranz, diese Organisationen zu unterstützen, kann durchaus innerhalb des Diskurses über alltagspolitisches Handeln oder „Politik von unten" (siehe Bayart 1986; Scott 1976; Lachenmann 1997) interpretiert werden.

Das Beispiel der Frauengewerkschaft verdeutlicht, daß informelle Netzwerke die Grundlage für Organisationsentwicklung sein können. Die Arbeiterinnen sind bereit, Organisationen zu gründen bzw. diese zu unterstützen, wenn sie ihren unterschiedlichen Lebensrealitäten und ihren Handlungslogiken Rechnung tragen und sie selbst Gestaltungsmöglichkeiten haben. Die unterschiedlichen Widerstandsformen der Arbeiterinnen sollten nicht nur instrumentell gesehen und analysiert werden, sondern auch vor dem Hintergrund, inwieweit die Widerstandsformen selbst die Möglichkeiten nach mehr Autonomie hinsichtlich ihrer unterschiedlichen Arbeits- und Lebensbereiche beeinflussen.

Gewinnerinnen oder Verliererinnen?

Die Arbeiterinnen in Bangladesch sind Teil der neuen ökonomischen Transformationsprozesse und sind sich dessen bewußt, wie die Diskurse über das *purdah*-System verdeutlichen. Sie begreifen die *purdah*-Normen als konditional und passen sie den neuen Arbeits- und Arbeitsbereichen an. In einem relativ kurzen Zeitraum haben die Frauen die neuen Arbeitsmöglichkeiten ihren Interessen gemäß genutzt, gleichzeitig aber auch neue Unsicherheiten und neue Formen der sozialen Kontrolle erfahren, in den Fabriken ebenso wie außerhalb. Damit stehen sie exemplarisch für die komplexen, interaktiven und nicht linearen Aspekte der Globalisierungsprozesse und die dynamischen Beziehungen zwischen globalen und lokalen Strukturen. Sie als Verliererinnen dieser Prozesse zu bezeichnen, was einfach wäre in Anbetracht der Arbeitsbedingungen, der Verdienstmöglichkeiten und der Machtstrukturen in den Fabriken, würde allerdings die Arbeiterinnen als Akteurinnen negieren. Sie sind durchaus in der Lage, sich neue Handlungsspielräume zu erarbeiten, vor allem über den Aufbau von Netzwerken, und aktiv an den Diskursen und der Konstruktion von Geschlechterverhältnissen mitzuwirken. Mehr Autonomie bedeutet für die Arbeiterinnen vor allem, sich der „Überwachung" der Familien bedingt entziehen zu können, Sozialkontakte außerhalb der Familiennetzwerke aufzubauen und neue Lebensformen auszuprobieren, z. B. das Zusammenleben mit anderen Frauen.

Nur wenn es gelingt, die weitreichenden globalen Veränderungen in den konkreten Lebenswelten aufzuspüren, wird deutlich, inwieweit Frauen die neuen Möglichkeiten nutzen und formen können. Die Arbeiterinnen romantisieren weder ihre Arbeit noch ihre anderen Lebensrealitäten. Sie sind sich der Ausbeutung bewußt, der schlechten Bezahlung und der Behandlung in den Fabriken und versuchen auch, diese zu verändern. Trotzdem sehen sie sowohl materielle wie persönliche Gewinne, die sie über diese neue Form der außerhäuslichen Erwerbsarbeit erlangen. Die globale Umstrukturierung und „Feminisierung der Arbeit" hat zumindest einigen Frauen größere Autonomie gebracht, aber auch neue Formen der Kontrolle kreiert.

Anmerkungen

1 Hierbei handelt es sich vor allem um den Textilbereich und den Elektronikbereich. Heyzer (1988; 1989) geht davon aus, daß in asiatischen Ländern 80% der Erwerbstätigen in diesen exportorientierten Sektoren Frauen sind.

2 Beispiele für asiatische Länder siehe: Addison/Demery 1988; Arregui/Baez 1991; Brinton 1993; Chant/McIlwaine 1995; Foo/Lim 1989; Gallin 1990; Grijns/Smith u.a. 1994; Heyzer 1988; Jamilah 1984; Kabeer 1991; Kim 1996; Kung 1983; Lenz 1988; Lim 1989; 1990; Maenner 1988; Mather 1985; Ong 1987; Rohini 1994; Rosa 1989; Salaff 1981; Wolf 1990. Für Südamerika siehe: Braig 1992; Faulkner/Lawson 1991; Fernandez-Kelly 1983; Humphrey 1985; Kelly 1986; Rott 1988. Für Europa siehe Elson/Pearson 1997.

3 Die einjährige Feldforschung fand 1995/1996 im Rahmen des Graduiertenkollegs „Market, State, Ethnicity" der Universität Bielefeld, Forschungsschwerpunkt Entwicklungssoziologie/Sozialanthropologie statt. Die daraus 1998 entstandene Dissertation trägt den Titel *Between Conformity and Resistance. Women Garment Workers in Bangladesh.*

4 Die Auswahl der Interviewpartnerinnen erfolgte analog eines „theoretical samplings", d.h. die Interviews wurden nach einer explorativen Phase an drei verschiedenen Orten außerhalb der Fabriken durchgeführt. Es wurden zum einen Arbeiterinnen befragt, die in einem Wohnheim wohnten, Arbeiterinnen, die an den Aktivitäten einer Frauengewerkschaft partizipierten, und Arbeiterinnen, die mit Kolleginnen oder mit Familienangehörigen zusammenlebten. Die Interviews dauerten im Schnitt zwischen 2 und 3 Stunden. Regelmäßige Treffen mit den Arbeiterinnen, Besuche zu Hause und spontane Gruppendiskussionen ergänzen das empirische Material. Interviews in den Fabriken konnten nicht durch-

geführt werden, auch wenn es mir möglich war, verschiedene Fabriken zu besichtigen und die Arbeitsprozesse zu beobachten.

5 Hier ist anzumerken, daß trotz Liberalisierungspolitik und staatlicher Förderung die traditionellen Sektoren wie Juteverarbeitung und Textilverarbeitung stagnieren, ebenso wie die „neuen" Industriezweige, wie z. B. der Zementsektor, die hauptsächlich auf den nationalen Markt ausgerichtet sind (siehe World Bank 1995; Norbye 1991).

6 Die Zusammensetzung der Arbeiterinnen ist sehr heterogen, wie das empirische Material verdeutlicht. Die meisten der Fabrikarbeiterinnen sind unverheiratet, kommen aber aus ganz unterschiedlichen sozialen Schichten. Während die Hälfte der interviewten Frauen kaum eine schulische Ausbildung hat, gibt es Frauen mit College Abschluß, die aus Mangel an adäquaten Arbeitsplätzen diese Form der Erwerbsarbeit gewählt haben. Ferner ist anzumerken, daß der größte Teil der Arbeiterinnen Migrantinnen aus dem ländlichen Bereich sind, allerdings meist mit Familiennetzwerken in der Stadt.

7 *Burka* ist ein meist schwarzer mantelartiger Überwurf, der besonders von Frauen getragen wird, die *purda* streng einhalten.

8 Dies trifft zumindest auf den städtischen Bereich zu. Im ländlichen Bereich sind es vor allem Frauen, die über Entwicklungshilfeprojekte meist nationaler NROs außerhäuslichen Tätigkeiten nachgehen, die ähnlichen Stigmatisierungen und Sanktionen ausgesetzt sind (siehe hierzu Women Living under Muslim Law 1996). Auch in diesen Fällen werden externe Ursachen, in diesen Fällen die ausländische Finanzierung der NROs, für die Veränderung der bestehenden Geschlechterverhältnisse und die Verletzung der *purdah*-Normen verantwortlich gemacht.

9 Siehe hierzu Mirza 1995.

10 Dies kann als „occuptional purdah" bezeichnet werden.

11 „Die meisten Leute denken, diese Form der Arbeit gehört sich nicht für Frauen. Sie denken, wir sollten nicht mit Männern zusammen in den Fabriken arbeiten (...). Manche denken, wir benehmen uns schlecht, wir flirten mit Männern auf der Straße oder gehen ins Kino (...). Vielleicht sind wir schlecht, weil wir uns in Dhaka bewegen, aber ich muß arbeiten, wie so viele andere auch, die ihre Familien unterstützen oder sich selbst. Ich kann in Dhaka nicht wie auf dem Dorf leben, ich muß auf die Straße, um zur Arbeit zu kommen. Trotzdem bete ich regelmäßig und rede nicht mit fremden Männern auf der Straße. Purdah ist in mir. (...)" (Nahar, 23 Jahre, Näherin).

12 Beispiele hierfür finden sich sowohl am Arbeitsplatz wie zu Hause. Die Arbeiterinnen beobachteten sehr genau, wie lange z. B. Nachbarinnen oder Kolleginnen für den Heimweg benötigen, wie sie ihr Geld ausgeben und mit wem sie ihre Freizeit verbringen.

13 Wichtig ist hier anzumerken, daß Seklusion innerhalb der Fabriken auch im Interesse der Fabrikbesitzer liegt, besonders um die ständig wachsende Nachfrage nach weiblichen Arbeitskräften kontinuierlich zu garantieren.

14 In vielen Fabriken finden Treffen zwischen den Arbeiterinnen in den Waschräumen oder Gebetsräumen statt, besonders wenn es um die Organisation von

kollektivem Widerstand geht, z. B. dem Stoppen der Maschinen. In einigen Fabriken wurde aus diesem Grund der Gang zum Waschraum auf zwei Mal pro Tag reduziert. Gesundheitliche Probleme sind oft die Folge dieser Maßnahmen.

15 Siehe zum Beispiel Ong 1987, Maenner 1988; Wolf 1992.

16 Zur Hausfrauisierung im Zuge der Ausbreitung des Kapitalismus siehe Mies/ Bennholdt-Thomson/ Werlhof 1983; Folbre 1994.

17 Zum Verlust von sozialen Beziehungen und Unterstützung nach der Heirat und dem Umzug in die Familie des Ehemanns siehe White (1992, S.110).

18 Zwar nimmt die Zahl der „self-made“ Ehen zu, allerdings stellt diese Form der Partnerwahl für die meisten der befragten Frauen immer noch einen unvorstellbaren Verstoß gegen die männliche Autorität in den Familien dar. Hinzu kommt, daß die Arbeiterinnen ein sehr negatives Bild von den „städtischen“ Männern haben. Sie werden als unzuverlässig und verantwortungslos bezeichnet.

19 Einen männlichen Beschützer (meist der Vater, Bruder oder ein älterer männlicher Verwandter) zu haben, kann als Teil des *purdah*-Systems definiert werden. Die Aufgabe des männlichen Beschützers ist es, die Ehre der unverheirateten Frauen zu überwachen, um die Familienehre nicht zu gefährden.

20 Mafuza, zum Beispiel, eine 22jährige Näherin berichtet: „Ich weiß, daß mein *supervisor* (Vorgesetzter) sofort weich wird, wenn eine Frau anfängt zu weinen. Er sagt immer, er kann Frauen nicht weinen sehen. Ich benutze dies manchmal, wenn er mich anschreit oder wenn ich die geforderte Stückzahl nicht schaffe. Er entschuldigt sich dann sofort für den ausgeübten Druck und reduziert die Stückzahl“.

Literatur

Abu-Lughod, Lila (1990): The romance of resistance: tracing transformations of power through Bedouin women. In: American Ethnologist 17, S. 41-55

Addison, Tony/Demery, Lionel (1988): Wages and Labour Conditions in East Asia. A Review of Case-study Evidence. In: Development Policy Review 6, S. 371-393

Anker, Richard/Hein, Catherine (1986): Sex Inequalities in Urban Employment in the Third World. London

Arregui, Marivi/Baez, Clara (1991): Free Trade Zones and Women Workers. In: Wallace, Tina/March, Candida (Hg.): Changing Perceptions. Writing on Gender and Development, Oxford, S. 30-39

Bayart, Jean Francois (1986): Civil Society in Africa. In: Chabal, Patrick (Hg.): Political domination in Africa: reflections on the limits of power, Cambridge, S. 109-195

Becker, Gary A. (1981): A Treatise on the Family. Chicago

Beneria, Lourdes/Roldan, Martha (1989): The Cross-roads of Class and Gender. Industrial Homework, Subcontracting and Household Dynamics in Mexico City. Chicago

Blumberg, Rae Lesser (1978): Stratification: Socioeconomic and Sexual Inequality. Dubuque

Borzeix, Anni/Maruani, Margaret (1988): When a Strike Comes Marching Home. In: Jenson, Jane/Hagen, Elisabeth/Reddy, Ceallaigh (Hg.): Feminization of the Labour Force. Paradoxes and Promises, Cambridge, S. 245-259

Braig, Marianne (1992): Mexiko - ein anderer Weg der Moderne. Weibliche Erwerbsarbeit, häusliche Dienste und Organisation des Alltags. Sozialwissenschaftliches Forum 27. Köln

Brinton, Mary (1993): Women and the Economic Miracle. Gender and Work in Postwar Japan. Berkeley

Buang, Amriah (1993): Development and Factory Women: Negative Perceptions from a Malaysian Source Area. In: Momsen, Janet H./Kinnard, Vivian (Hg.): Different Places, Different Voices. Gender and Development in Africa, Asia and Latin America, London, S. 197-210

Chant, Sylvia/McIlwaine, Cathy (1995): Women of a Lesser Cost. Female Labour, Foreign Exchange and Philippine Development. London

Dannecker, Petra (1998): Between Conformity and Resistance: Women Garment Workers in Bangladesh. Bielefeld (in print)

Elson, Diane (1983): Women Worker, Working Women. In: Chapkis, Wendy/Enloe, Cynthia (Hg.): Of Common Cloth. Women in the Global Textile Industry, Amsterdam, S. 49-53

-/Pearson, Ruth (1981): Nimble fingers make cheap work: An analysis of women's employment in the Third World export manufacturing. In: Feminist Review 7, S. 87-107

-/Pearson, Ruth (Hg.) (1989): Women's Employment in Multinationals in Europe. Basingstoke

Faulkner, Anne H./Lawson, Victoria A. (1991): Employment Versus Empowerment: A Case Study of the Nature of Women's Work in Ecuador. In: The Journal of Development Studies 4, S. 16-47

Fernandez-Kelly, Maria Patricia (1983): For We Are Sold, I and My People. Women and Industry in Mexico's Frontier. Albany

Folbre, Nancy (1994): Who pays for the kids? Gender and the structures of constraint. London

Foo, Gillian (1987): Work and Marriage: Attitudes of Women Factory Workers in Malaysia. Ann Arbor

-/Lim, Linda (1989): Poverty, Ideology and Women Export Factory Workers in South East Asia. In: Afshar, Haleh/Agarwal, Bina (Hg.): Women, Poverty and Ideology in Asia, Basingstoke, S. 212-231

Foucault, Michel (1977): Discipline and Punishment. New York

Fuentes, Annette/Ehrenreich, Barbara (1983): Women in the Global Factory. Boston

Gallin, Rita S. (1990): Women and the Export Industry in Taiwan: Muting of Class Consciousness. In: Ward, Kathryn (Hg.): Women Workers and the Global Restructuring, Cornell, S. 179-192

Gardner, Katy (1998): Women and Islamic Revivalism in a Bangladeshi Community. In: Jeffery, Patricia/Basu, Amrita (Hg.): Appropriating Gender, New York/London, S. 203-221

Grijins, Mies/Smyth, Ines/van Velzen, Anita/Machfud, Sugiah/Sayogyo, Pudjiwati (1994): Different Women, Different Work. Gender and Industrialization in Indonesia. Hants

Heyzer, Noeleen (1986): Working Women in South-East Asia. Development, Subordination and Emancipation. Milton Keynes

-, (Hg.) (1988): Daughters in Industry. Work Skills and Consciousness of Women Workers in Asia. Kuala Lumpur: Asian and Pacific Development Center

Honegger, Claudia/Heintz, Bettina (Hg.) (1984): Listen der Ohnmacht. Zur Sozialgeschichte weiblicher Widerstandsformen. Frankfurt a.M.

Humphrey, John (1985): Gender, pay, and skill: manual workers in Brazilian industry. In: Afshar, Haleh (Hg.): Women, Work, and Ideology in the Third World, London, S. 214-231

Jamilah, Ariffin (1984): Industrial development and rural-urban migration of Malay women workers in Peninsular Malaysia. Ph.D. Thesis, Australia: University of Queensland

Joekes, Susan (1985): Working for Lipstick? Male and Female Labour in the Clothing Industry in Morocco. In: Afshar, Haleh (Hg.): Women, Work and Ideology in the Third World, London, S. 183-213

-/Weston, Ann (1994): Women and the new trade agenda. New York: UNIFEM

Kabeer, Naila (1991): Cultural Dopes or Rational Fools? Women and Labour Supply in the Bangladesh Garment Industry. In: The European Journal of Development Research 1, S. 133-160

-, (1997): Women, Wages and Intra-household Power Relations in Urban Bangladesh. In: Development and Change 2, S. 261-302

Kandiyoti, Deniz (Hg.) (1991): Women, Islam and the State. Philadelphia

Kang, Chong-Sook (1988): Frauen in den selbständigen/demokratischen Gewerkschaften in Korea. In: Peripherie 30/31, S. 104-117

Kelly, Deirdre (1986): St. Lucia's Female Electronics Factory Workers: Key Components in an Export-oriented Industrialization Strategy. In: World Development 7, S. 823-838

Kim, Seung-Kyung (1996): 'Big companies don't hire us, married women': Exploitation and Empowerment among Women Workers in South Korea. In: Feminist Studies 3, S. 555-571

-, (1997): Women and the Labour Movement in South Korea. In: Visvanathan, Nalini (Hg.): The Women, Gender & Development Reader, London, S.378-382

Krais, Beate (1993): Gender and Symbolic Violence. In: Cahoun, Craig/LiPuma, Edward/Postone, Moishe (Hg.): Bourdieu: Critical Perspectives, Cambridge, S. 156-177

Kung, Lydia (1983): Factory Women in Taiwan. Ann Arbor

Lachenmann, Gudrun (1992): Frauen als gesellschaftliche Kraft im sozialen Wandel in Afrika. In: Peripherie 47/48, S. 74-93

-, (1995): Zivilgesellschaft und Entwicklung. Working Paper Nr. 221, Bielefeld

-, (1997): Zivilgesellschaft und Entwicklung. In: Schulz, Manfred (Hg.): Entwicklung. Die Perspektiven der Entwicklungssoziologie, Opladen, S. 187-213

Lenz, Ilse (1980): Frauen und das globale Fließband. In: Beiträge zur feministischen Theorie und Praxis 3, S. 90-104

-, (1988): Die Dekade der Frauen am Fließband: Frauenarbeit und exportorientierte Industrialisierung in Ostasien. In: Peripherie 33/34, S. 171-191

-/Rott, Renate (Hg.) (1984): Frauenarbeit im Entwicklungsprozeß. SSIP-Bulletin Nr. 53, Saarbrücken/Fort Lauderdale

Lim, Linda Y.C. (1989): Women Industrial Workers: The Specificities of the Malaysian Case. In: Arrifin, Jamilah/Smith, Wendy (Hg.): Malaysian Women and the Urban and Industrial Labour Force, Singapore: Institute of Southeast Asian Studies

-, (1990): Women's Work in Export Factories. In: Tinker, Irene (Hg.): Persistent Inequalities, Oxford, S. 101-122

Luchum, Dev (1995): Women in trade unions in the Mauritius export processing zones. In: Martens, Margaret Hosmer/Mitter, Swasti (Hg.): Women in Trade Unions, Geneva: International Labour Office, S. 175-184

Maenner, Ulrike (1988): Sozioökonomische Effekte exportorientierter Industrialisierung. Hamburg

Majumder, Pratima P. (1995): Empowering Women: Wage Employment in the Garment Industry. In: Empowerment, 2, S. 83-112

Martens, Margaret Hosmer/Mitter, Swasti (1995): Women in Trade Unions. Organizing the Unorganized. Geneva: International Labour Office

Mather, Celia (1988): Subordination of Women and Lack of Industrial Strife in West Java. In: Taylor, John G./Turton, Andrew (Hg.): Sociology of Developing Societies, Southeast Asia/Basingstoke, S. 147-157

Mies, Maria/Bennholdt-Thomson, Veronika/von Werlhof, Claudia (1983): Frauen die letzte Kolonie. Hamburg

Mirza, Jasmin (1995): Marktintegration durch Ausbildung in „Männerberufen"? Überlegungen zur einer Frauenförderung in der Islamischen Republik Pakistan. Working Paper Nr. 240. Bielefeld

Moghadam, Valentine M. (1993): Social Protection and Women Workers in Asia. Helsinki: World Institute for Development Economics Research

Moore, Henrietta (1988): Feminism and Anthropology. London

Norbye, Ole David Koht (Hg.) (1991): Bangladesh Faces the Future. Dhaka

Ong, Aihwa (1987): Spirits of Resistance and Capitalist Discipline. Factory Women in Malaysia. Albany

Papanek, Hanna/Minault Gail (Hg.) (1982): Separate Worlds. Studies of Purdah in South Asia. New Delhi

Pearson, Ruth (1994): Gender Relations, Capitalism and Third World Industrialization. In: Slair, Leslie (Hg.): Capitalism and Development, London, S. 339-358

Reskin, Barbara F./Hartmann, Heidi, I. (Hg.) (1986): Women's Work, Men's Work. Sex Segregation on the Job. Washington DC

Rohini, P.H. (1994): Women Workers in Manufacturing Industry in India: Problems and Possibilities. In: Afshar, Haleh (Hg.): Women, Development and Survival in the Third World, New York, S. 260-287

Rosa, Kumudhini (1989): Export-Oriented Industries and Women Workers in Sri Lanka. In: Afshar, Haleh/Agarwal, Bina (Hg.): Women, Poverty and Ideology, London, S. 196-211

Rott, Renate (1988): Fabrikarbeiterinnen in Brasilien. Eine Fallstudie über den Arbeitsmarkt, die Arbeits- und Lebensräume von Frauen in einer Großstadt des Nordostens. In: Peripherie 30/31, S. 8-31

Rowbotham, Sheila/Mitter, Swasti (Hg.) (1994): Dignity and Daily Bread. New forms of economic organising among poor women in the Third World and the First. London

Salaff, Janet W. (1981): Working Daughters of Hong Kong. Filial piety or power in the family?. Cambridge

Scott, James C. (1976): The Moral Economy of the Peasants. Rebellion and Subsistence in Southeast Asia. Newhaven

Sen, Amartya (1990): Gender and cooperative conflicts. In: Tinker, Irene (Hg.): Persistent Inequalities, New York/Oxford, S. 195-223

Siddiqi, Diane (1991): Discipline and Protect: Women Factory Workers in Bangladesh. In: ADAB-Quarterly, 2, Dhaka, S. 42-49

Sinclair, Thea M. (1991): Women, work and skill: economic theories and feminist perspectives. In: Redcliff, Nanneke M./Sinclair, Thea (Hg.): Working Women. International Perspectives on Labour and Gender Ideology, London, S. 1-24

Smith, Joan/Wallerstein, Immanuel/Evers, Hans-Dieter (Hg.) (1984): Households and the World-Economy. Beverly Hills

-/Khoo, Siew-Ean/Go, Stella (1984): The Migration of Women to Cities: A Comparative Perspective. In: Fawcett, James/Khoo, Siew-Ean/Smith, Peter (Hg.): Women in the Cities of Asia: Migration and Urban Adaptation, Boulder, S. 165-196

Standing, Guy (1989): Global Feminisation through Flexible Labor. In: World Development, 7, S. 1077-1095

Sweetman, Caroline (Hg.) (1996): Women, Employment, and Exclusion. Oxford

Ward, Kathryn (Hg.) (1990): Women Workers and the Global Restructuring. Cornell

Weiss, Anita (1994): Challenges for Muslim Women in a Postmodern World. In: Ahmed, Akbar S./Donnan, Hastings (Hg.): Islam, globalization and postmodernity, London/New York, S. 127-140

Wichterich, Christa (1998): Die globalisierte Frau. Hamburg

Wolf, Diane L. (1990): Female Autonomy, the Family and Industrialization in Java. In: Blumberg, Rae Lesser (Hg.): Gender, Family and the Economy: The Triple Overlap, Newbury Park, S. 128-148

-, (1992): Factory Daughters. Gender, Household Dynamics, and Rural Industrialization in Java. Berkeley

Women Living under Muslim Law (1996): Fatwas against Women in Bangladesh. Montpellier

World Bank Report (1995): Bangladesh. Recent Economic Developments and Priority Reform Agenda for Rapid Growth, Report No. 13875, Country Department I: South Asia Region

Young, Brigitte (1998): Editorial. Globalisierung und Gender. In: Prokola 111: Globalisierung und Gender 2, S. 168-175

Birgit Pfau-Effinger

Wohlfahrtsstaatliche Politik und Frauenerwerbstätigkeit im europäischen Vergleich – Plädoyer für eine Kontextualisierung des theoretischen Erklärungsrahmens

Die Erwerbstätigkeit von Frauen hat in vielen westeuropäischen Ländern in den letzten Jahrzehnten erheblich zugenommen. Diese Entwicklung war ein zentraler Bestandteil gesellschaftlicher Modernisierungsprozesse beim Übergang zur Dienstleistungsgesellschaft. Dabei gibt es allerdings erhebliche Differenzen in bezug auf Ausmaß und Formen, in denen Frauen in die Erwerbstätigkeit einbezogen sind. In neueren Ansätzen der international vergleichenden Sozialpolitikanalyse wird dem Wohlfahrtsstaat eine zentrale Bedeutung für die Erklärung solcher Differenzen zugesprochen. Die Frage der Politiken, auf deren Grundlage Wohlfahrtsstaaten die Erwerbstätigkeit von Frauen fördern oder ihr Schranken setzen waren in den neunziger Jahren Gegenstand der Entwicklung theoretischer Ansätze und zahlreicher Politikanalysen. Bislang mangelt es jedoch an einem theoretischen Rahmen für die Analyse, der systematisch die Art und Weise mit einbezieht, in der Wohlfahrtsstaaten in die jeweiligen Gesellschaften eingebettet sind, in den kulturellen Kontext wie auch in das Geflecht von Wechselbeziehungen zwischen den Institutionen. Überlegungen zu einem solchen theoretischen Rahmen sind Gegenstand des vorliegenden Aufsatzes. Es werden gängige Annahmen diskutiert, die in den bisher vorliegenden theoretischen Ansätzen dominieren, und es wird aufgezeigt und diskutiert, inwieweit darin die komplexen Wechselbeziehungen von Wohlfahrtsstaat, Kultur und Handeln vernachlässigt werden. Es geht vor allem um Annahmen, die sich auf die folgenden Fragen beziehen:

- auf die Frage, wie die wohlfahrtsstaatlichen Politiken das Verhalten von Frauen und sozialen Gruppen von Frauen beeinflussen,
- auf die Frage, in welcher Weise wohlfahrtsstaatliche Politiken zum „Empowerment" von Frauen beitragen können,
- und auf die Frage, wie sich internationale Differenzen in den Geschlechterpolitiken von Wohlfahrtsstaaten erklären lassen.

In dem Beitrag wird ein theoretischer Ansatz für die vergleichende Analyse vorgestellt, bei dem es darum geht, den internationalen Vergleich von wohlfahrtsstaatlichen Politiken auf der Grundlage von deren komplexen Wechselbeziehungen mit kulturellen Bedingungen, anderen zentralen Institutionen wie der Familie und dem Arbeitsmarkt und dem Handeln sozialer Akteure durchzuführen (vgl. Pfau-Effinger 1999 a,b,e).

Theoretische Ansätze zum Verhältnis von Wohlfahrtsstaat und Geschlecht

Von maßgeblicher Bedeutung für den internationalen Diskurs über diese Fragen seit den neunziger Jahren waren die Arbeiten der skandinavischen Ressourcentheoretiker Gösta Esping-Andersen und Walter Korppi, in denen der Zusammenhang von wohlfahrtsstaatlicher Politik und Erwerbstätigkeit eine wichtige Rolle spielt. Auf eine besonders starke Resonanz stieß in diesem Zusammenhang das Buch *Three Worlds of Welfare Capitalism* von Esping-Andersen (1990). Darin befaßt sich der Autor mit der Fragestellung, in welcher Weise Wohlfahrtsstaaten in westlichen Industriegesellschaften die Strukturen sozialer Ungleichheit beeinflussen. Esping-Andersen zufolge lassen sich verschiedene „Wohlfahrtsregime" identifizieren, in denen der Staat in unterschiedlicher Weise und mit differierenden Zielsetzungen in das Marktgeschehen interveniert und Einfluß auf die gesellschaftliche Verteilung von Ressourcen nimmt. Die Differenzen kommen dadurch zustande, daß jedem Wohlfahrtsregime eigene, spezifische kulturelle Prinzipien zugrunde liegen, an denen sich die Politik ausrichtet. Diese Wohlfahrtsregime werden anhand von drei Kriterien unterschieden: anhand der Qualität der sozialen Rechte, auf der Grundlage der Art und Weise, in der der Staat, der Markt und die Familie miteinander verbunden sind, und auf der Grundlage ihrer Auswirkungen auf die Strukturen sozialer Ungleichheit.

Für die Qualität der sozialen Rechte ist dieser Theorie zufolge der Grad der wohlfahrtsstaatlich bedingten „Dekommodifizierung" in einer Gesellschaft von besonderer Bedeutung. Damit meint Esping-Andersen den Grad, zu dem Individuen aufgrund von wohlfahrtsstaatlicher sozialer Sicherung in die Lage versetzt werden, auch außerhalb der Erwerbstätigkeit ihre Existenz zu sichern: „The degree to which individuals, or families, can uphold a socially acceptable standard of living independently of market participation" (1990, S. 37).

Das Ausmaß an Dekommodifikation der Arbeitskräfte hat nach Esping-Andersen selbst wiederum einen starken Einfluß auf die Bedingungen, unter denen die Individuen ihre Arbeitskraft verkaufen müssen, auf die Lohnhöhe, auf die Wohlfahrt und Sicherheit der Arbeitskräfte und auf deren Möglichkeiten, sich kollektiv für die eigenen Interessen zu organisieren.[1] Damit schafft der Staat, so die Argumentation, jeweils auch unterschiedliche Rahmenbedingungen für die Erwerbstätigkeit von Frauen (vgl. auch Kolberg/Esping-Andersen 1991). Esping-Andersen unterscheidet auf dieser Grundlage idealtypisch zwischen dem sozialdemokratischen, dem konservativ-korporatistischen und dem liberalen Wohlfahrtsregime.

Das *sozialdemokratische* Wohlfahrtsregime, das dem Autor zufolge vor allem die Wohlfahrtsstaaten der skandinavischen Länder kennzeichnet, zeichnet sich dadurch aus, daß die sozialen Bürgerrechte universal sind und das Maß der Dekommodifizierung hoch ist. Es ist dadurch charakterisiert, daß es tendenziell eher eine Nivellierung sozialer Ungleichheit fördert. Diesem Typ wohlfahrtsstaatlicher Politik - als Prototyp bezeichnet Esping-Andersen den schwedischen Wohlfahrtsstaat - liegt die Idee zugrunde, daß Frauen wie Männer voll in die Erwerbstätigkeit einbezogen sein sollen und daß im wesentlichen der Staat für die Produktion gesellschaftlicher Wohlfahrt zuständig ist. Der Wohlfahrtsstaat stellt dementsprechend ein umfassendes Angebot an sozialen Dienstleistungen bereit. Er wird damit auch zu einem wichtigen Arbeitgeber im Bereich der Frauenbeschäftigung (vgl. auch Leibfried 1993). Eine Voraussetzung, um dies realisieren zu können, ist eine hohe Besteuerung von Einkommen. Das setzt voraus, daß auch die Mittelschichten in den Konsens einbezogen werden. Dies wird dadurch erreicht, daß die sozialstaatlichen Leistungen auf einem qualitativ hohen Niveau, das auch den Ansprüchen der Mittelschichten genügt, angeboten werden.

Davon unterscheidet sich das *konservativ-korporatistische* Wohlfahrtsregime, das dem Ansatz von Esping-Andersen (1990) zufolge vor allem für Länder des kontinentalen Westeuropa typisch ist, wie etwa für Westdeutschland, Österreich und Frankreich. Dem Staat kommt hier eine wichtige Rolle in der Distribution von Wohlfahrt zu, und Dekommodifizierung ist ein wichtiges Element der Politik. Im Unterschied zum skandinavischen Wohlfahrtsregime ist die Sozialpolitik jedoch nicht an den Prinzipien von Solidarität und der Nivellierung sozialer Ungleichheit ausgerichtet, sondern bestrebt, die bestehenden Strukturen der vertikalen Ungleichheit zu reproduzieren. Dementsprechend variieren die Anrechte auf Leistungen des sozialen Sicherungssystems mit der Höhe des Einkommens. Der Familie kommt hier ein großer Stellenwert für die Produktion sozialer Dienstleistungen zu, staatliche Transferzahlungen und Dienstleistungen treten im Prinzip erst dann in Kraft, wenn die Familie diese Leistungen nicht erbringen kann. Das führt gleichzeitig dazu, daß die Erwerbstätigkeit von Frauen nicht gefördert wird, was sich etwa darin ausdrückt, daß der Staat keine speziellen Dienstleistungen vorsieht, die den Eintritt von Müttern in das Beschäftigungssystem begünstigen. Aus dieser Begrenzung der Erwerbstätigkeit resultiert allerdings ein grundsätzliches Problem, das Esping-Andersen zufolge darin besteht, daß ein verhältnismäßig kleiner Teil der Bevölkerung das Erwerbseinkommen erwirtschaften muß, mit dem auch die Existenz der nicht-erwerbstätigen Teile der Bevölkerung gesichert werden muß.[2]

Dem *liberalen* Modell des Wohlfahrtsstaates, das Esping-Andersen zufolge vor allem in den anglo-amerikanischen Ländern verwirklicht ist, liegen demgegenüber die liberalen Ideale zugrunde, wonach das „freie Spiel der Kräfte des Marktes“ die beste Gewähr dafür bietet, daß eine Verteilungsgerechtigkeit zustandekommt. Es gilt daher in dieser Logik für den Staat, möglichst wenig in den Markt einzugreifen und den Warencharakter der Arbeitskraft weitgehend aufrechtzuerhalten. Dem Staat kommt in diesem Wohlfahrtsregime eher nur eine residuale Funktion zu, die darin besteht, die gröbsten Auswirkungen von Armut abzufangen. Deshalb ist der Grad der Dekommodifizierung hier besonders gering, und alle erwachsenen Individuen sind tendenziell genötigt, ihren Lebensunterhalt auf der Basis einer Erwerbstätigkeit zu sichern. Die Leistungen, die im Rahmen sozialer Sicherungssysteme gewährt werden, fallen nur relativ gering aus. Mit dieser Politik verstärken liberale Wohlfahrtsregime, so Esping-Andersen, die bestehenden Strukturen sozialer Ungleichheit. Eine besondere Politik zur Förderung der Erwerbstätigkeit von Frauen, etwa durch die Einrichtung eines umfassenden staatlichen Angebots an Kindergartenplätzen, ist nicht vorgesehen, „concepts of gender matter less than the sanctity of the market“ (Esping-Andersen 1990, S. 28).

Demnach sind also in Wohlfahrtsstaaten vom Typ des *sozialdemokratischen* Wohlfahrtsregimes die Bedingungen besonders günstig dafür, daß Frauen in den Arbeitsmarkt integriert werden. Kolberg und Esping-Andersen (1991) zufolge lassen sich deshalb komplementär zu den drei Wohlfahrts-Regimen auch drei verschiedene Arbeitsmarkt-Regimes im Hinblick darauf voneinander unterscheiden, inwieweit der Wohlfahrtsstaat eine Funktion als Arbeitsplatzanbieter wahrnimmt. Dort, wo die Vollbeschäftigung von Frauen Bestandteil wohlfahrtsstaatlicher Politik ist, wie im sozialdemokratischen Wohlfahrtsregime, kommt dem Staat eine bedeutende Funktion als Arbeitgeber zu, insbesondere im Bereich der Frauenbeschäftigung. Umgekehrt nimmt er eine solche Rolle nur sehr eingeschränkt wahr, wo ihm ohnehin nur eine residuale Funktion zugeschrieben wird.[3]

Kommen wir nun zur Frage, warum sich die Politiken zwischen Wohlfahrtsstaaten so unterscheiden. Diese Unterschiede werden von Esping-Andersen in erster Linie damit erklärt, daß es der Sozialdemokratie historisch in unterschiedlicher Weise gelungen sei, Klassenkoalitionen einzugehen.

Gegenüber dieser Theorie lassen sich einige kritische Einwendungen formulieren. Auch wenn Esping-Andersen die Frage, inwieweit der Wohlfahrtsstaat die Erwerbstätigkeit von Frauen vorsieht, durchaus zu einem wichtigen Unterscheidungsmerkmal von Wohlfahrtsregimen erklärt hat, ist der Erklärungswert des Ansatzes, was die Erwerbsbeteiligung von Frauen betrifft, doch eingeschränkt. Denn der Schwerpunkt der theoretischen Argumentation liegt bei dem Verhältnis von Staat und Markt. Die Familie und die Tatsache, daß Frauen mit einem Teil ihrer Arbeitskraft unbezahlte Arbeit in der Familie leisten, wird zu wenig berücksichtigt, ebenso wie die geschlechtliche Arbeitsteilung mit ihren Implikationen für die Frauenbeschäftigung innerhalb des Erwerbssystems (Leitner 1999, Orloff 1993). Dadurch wird auch ausgeblendet, daß Frauen eine andere Stellung zum Arbeitsmarkt und zum Wohlfahrtsstaat haben als Männer (vgl. etwa Koven/Michel 1990, Lewis 1992, Ostner 1990, 1995, 1997b). Die Art und Weise, in der diese Institutionen darauf Einfluß nehmen, kann folgenreich für die Entscheidung von Frauen sein, ob sie in der Phase aktiver Mutterschaft erwerbstätig werden oder nicht.

So einleuchtend die Typisierung von Wohlfahrtsstaaten auch ist, die Esping-Andersen vornimmt, so erscheint seine Annahme, die allgemeinen Prinzipien wohlfahrtsstaatlicher Politik, die er herausarbeitet, seien jeweils auch mit einer ganz spezifischen Politik gegenüber der Erwerbsbeteiligung von Frauen verbunden, doch nicht ohne weiteres einleuchtend. Es ist nicht unmittelbar einsichtig, warum kulturelle Grundprinzipien einer Politik, die der Dekommodifizierung von Arbeitskräften einen hohen Stellenwert geben und eine möglichst egalitäre Sozialstruktur anstreben (wie im sozialdemokratischen Modell), logisch grundsätzlich mit der Idee verknüpft sein sollten, daß Frauen voll in den Arbeitsmarkt zu integrieren seien. Empirisch trifft das zwar für das schwedische Modell zu, das Esping-Andersen im Auge hat, noch weitergehend sogar für den finnischen Wohlfahrtsstaat (Pfau-Effinger 1996c, 1999d). In Norwegen und Dänemark etwa, Gesellschaften, deren Wohlfahrtsstaaten in ihrer Politik ebenfalls dem sozialdemokratischen Regime entsprechen, hat sich die Politik demgegenüber lange Zeit nicht an der Idee der Vollbeschäftigung von Frauen orientiert, was auch in den Daten zur historischen Entwicklung der Erwerbsbeteiligung von Frauen in der Nachkriegszeit zum Ausdruck kommt (vgl. Bang/Jensen/Pfau-Effinger 1999, Ellingsaeter 1999). Noch deutlicher wird die Diskrepanz zwischen den allgemeinen Prinzipien der wohlfahrtsstaatlichen Politik und der Politik im Hinblick auf die Erwerbsbeteiligung von Frauen, wenn wir die Entwicklung des niederländischen Wohlfahrtsstaates betrachten. Die allgemeinen Prinzipien, die der Politik in den letzten Jahrzehnten zugrundegelegt wurden, wiesen Esping-Andersen (1990) zufolge, zu einem wesentlichen Anteil Züge des sozialdemokratischen Wohlfahrtsregimes auf. In bezug auf die familiale und geschlechtliche Arbeitsteilung wurde aber bis in die achtziger Jahre hinein eine Politik betrieben, die daran ausgerichtet war, die Hausfrauenehe zu erhalten und die Möglichkeiten für Frauen zu fördern, in der Zeit, in der Kinder im Haushalt waren, zuhause zu bleiben. Die Förderung der Hausfrauenehe wird bei Esping-Andersen jedoch dem konservativ-korporatistischen Wohlfahrtsregime zugeordnet. Eine solche enge Koppelung von Wohlfahrtsregime und einem spezifischen Typ der Politik gegenüber der Erwerbstätigkeit von Frauen, wie sie Esping-Andersen vornimmt, ist daher nicht ohne weiteres haltbar. Man könnte eher vermuten, daß es zu jedem „Regime-Typ" eine bestimmte Bandbreite an Politiken gegenüber der Erwerbstätigkeit von Frauen gibt.

Zudem steht die Arbeiterklasse und deren Geschichte zu sehr im Mittelpunkt der sozio-historischen Erklärung für Differenzen zwischen den Wohlfahrtsregimen. Will man internationale Differenzen in der Geschlechterpolitik von Wohlfahrtsstaaten erklären, reicht es nicht aus, die Entwicklung des Wohlfahrtsstaates nur als Ergebnis von Konflikten und Aushandlungsprozessen zwischen Staat, Arbeitgebern und Arbeitnehmervertretungen zu analysieren. Es wäre vielmehr notwendig, diese auch als Ergebnis von Aushandlungsprozessen zwischen den Geschlechtern anzusehen.

Aufgrund solcher Einschränkungen der Erklärungskraft dieses Ansatzes wurden von seiten der Frauenforschung Vorschläge entwickelt, den Ansatz von Esping-Andersen zu erweitern. So hat Orloff (1993, S. 307) vorgeschlagen, Wohlfahrtsstaaten systematisch daran zu messen, welche Möglichkeiten des Zugangs zu bezahlter Arbeit für Frauen sie einräumen, da der Zugang zum Arbeitsmarkt Frauen eine autonome Existenz ermögliche und deshalb emanzipatorisch wirke. Es müsse demnach also als ein weiteres Kriterium in den Vergleich von Wohlfahrtsstaaten einbezogen werden, inwieweit der Staat die Erwerbstätigkeit von Frauen fördert, „the right to be commodified, if you will" (ebenda, S. 318).

Lewis und Ostner (1994) nehmen die Geschlechterpolitik von Wohlfahrtsstaaten zum Ausgangspunkt ihrer Argumentation. Sie gehen davon aus, daß gesellschaftliche Leitbilder, die die Existenz der Versorgerehe mit einem männlichen Familienernährer und einer davon abhängigen, unbezahlt arbeitenden Ehefrau sowie abhängigen Kindern postulieren, in verschiedenen Ländern in unterschiedlich starkem Maß in den Wohlfahrtsstaat eingebaut sind, was Konsequenzen für die Erwerbsbeteiligung von Frauen hat (ebenda, S. 1). Die

Unterschiede bestehen im wesentlichen darin, inwieweit Frauen nicht nur als Mütter, sondern auch als Erwerbstätige behandelt werden (ebenda, S. 9). Auf dieser Grundlage unterscheiden die Autorinnen zwischen Ländern mit einem stark ausgeprägten, mit einem mittelmäßig und mit einem schwach ausgeprägten Modell der männlichen Versorgerehe. Die Zuordnung richtete sich danach, wie jeweils das Verhältnis zwischen der öffentlichen Sphäre bezahlter Arbeit und der privaten Sphäre unbezahlter Betreuungsarbeit, wie die Zuweisung von Frauen und Männern zu den beiden Sphären beschaffen ist und in welchem Verhältnis dazu die Übernahme gesellschaftlicher Aufgaben durch den Wohlfahrtsstaat steht. Die Erwerbsbeteiligung von Frauen ist demnach dort am höchsten, wo die Politik an einem „schwachen Versorgermodell" ausgerichtet ist.

Dieser Ansatz kann wichtige Anknüpfungspunkte für die Entwicklung eines theoretischen Modells zur Erklärung der Unterschiede in den institutionellen Rahmenbedingungen der Frauenerwerbstätigkeit liefern. Es wäre allerdings zu fragen, ob das Modell der Versorgerehe tatsächlich so durchgängig das zugrundeliegende Raster für die geschlechtliche Arbeitsteilung in europäischen Gesellschaften abgibt, wie das in diesem Ansatz vermutet wird. Die Ergebnisse international vergleichender Studien der Autorin zeigen, daß es europäische Gesellschaften gibt, deren Geschlechter-Arrangement ein Gleichstellungsmodell statt der männlichen Versorgerehe zugrundeliegt (Pfau-Effinger 1996, 1999a). Mit dem Wandel wohlfahrtsstaatlicher Politik in Richtung eines „frauenfreundlicheren" Politiktyps befaßt sich der Ansatz nicht; ein Typ der wohlfahrtsstaatlichen Politik, der einen Wandel in Richtung eines Gleichstellungsmodells induziert, ist hier nicht vorgesehen.

Wie werden die Differenzen in den wohlfahrtsstaatlichen Politiken von Seiten der Frauenforscherinnen erklärt? Mósesdóttir (1996, 1999), die einen theoretischen Ansatz zu dieser Thematik vorgelegt hat, geht der Frage nach, welche sozialen Kräfte die Natur des Wohlfahrtsstaates als eines Regulators von Geschlechterbeziehungen beeinflußt. Ihrer Argumentation zufolge war vor allem auch die Rolle der Frauenbewegung in der Entwicklung moderner Wohlfahrtsstaaten für die Art und Weise von Bedeutung, welche Politiken diese gegenüber der Erwerbstätigkeit von Frauen verfolgen. Sie geht davon aus, daß kollektive Akteure wie die Frauenbewegung sich auf die Interessen der Gruppen, die sie repräsentieren, beziehen. Hier wäre zu ergänzen, daß sich soziale Akteure nicht nur auf Interessen, sondern auch auf „Ideen" beziehen. Man kann davon ausgehen, daß die Frauenbewegung im allgemeinen nicht nur bestrebt ist, die gesellschaftlichen Verteilungsmodi zugunsten von Frauen zu verändern, sondern auch versucht, innovative kulturelle Leitbilder zu den Geschlechterbeziehungen als Bezugspunkt staatlicher Politiken zu etablieren.

Mit der Frage, welcher Typ von Wohlfahrtsstaaten eine Gleichstellung von Frauen über die Erwerbsarbeit am ehesten fördert, haben sich insbesondere skandinavische Sozialpolitikforscherinnen befaßt (Hernes 1987, Siim 1994). Sie gehen davon aus, daß potentiell eine „Partnerschaft" zwischen dem Wohlfahrtsstaat und den Frauen hergestellt werden kann. Diese kann zum „Empowerment" von Frauen beitragen, soweit wohlfahrtsstaatliche Institutionen zur Verbesserung der Situation von Frauen als Erwerbstätige, Mütter und citizens beitragen. In dem Ansatz des „Empowerment" geht es gleichzeitig darum, Bedingungen zu identifizieren, die dazu führen, daß Wohlfahrtsstaaten eine solche Politik betreiben und damit ein Wandel in der Situation von Frauen hervorgerufen wird, der u.a. dazu beiträgt, daß Frauen verstärkt in die Erwerbsarbeit integriert werden. Siim (1994) geht davon aus, daß es einen engen Zusammenhang zwischen politischen und sozialen Bürgerschaftsrechten im Sinne einer „positiven Rückkoppelungsschleife" gibt. Demnach können neue soziale Rechte für Frauen (wie etwa ein Recht auf einen Kindergartenplatz) dazu beitragen, daß Familienaufgaben kein Hindernis mehr für ihre politische Partizipation darstellen. Dies kann, Siim zufolge, zur Mobilisierung von Frauen als politische Staatsbürgerinnen beitragen und es ihnen ermöglichen, über ihre verstärkte Partizipation an politischen Entscheidungsprozessen das Interesse von Frauen an einer verstärkten Integration in das Erwerbssystem durchzusetzen. Der „Empowerment"-Ansatz erlaubt es, die Dimension „Geschlecht" in die Analyse wohlfahrtsstaatlicher Bedingungen einzubeziehen, und bringt Frauen als Akteure bei der Durchsetzung ihrer spezifischen Interessen ins Spiel.

Trotz ihrer Kritik an dem Ansatz von Esping-Andersen kommen auch die Frauenforscherinnen in ihrer Mehrheit zu dem Ergebnis, daß die folgenden Instrumente wohlfahrtsstaatlicher Politik für die Arbeitsmarkt-Integration von Frauen von entscheidender Bedeutung seien:

a) das Ausmaß, zu dem der Staat den Familien und damit vor allem den Frauen die Betreuung („care") von Kindern und älteren Menschen den Familien (und damit vor allem den Frauen) abgenommen hat;
b) sowie das Ausmaß, zu dem der Wohlfahrtsstaat Frauen-Arbeitsplätze geschaffen hat.

Der Maßstab, den Esping-Andersen ebenso wie die Frauenforscherinnen an die wohlfahrtsstaatliche Politik anlegen, ist dabei allerdings nicht unproblematisch. In den meisten Fällen wird die Annahme zugrundegelegt, es liege primär im Interesse von Frauen, finanzielle Autonomie zu erreichen. Die Interessen von Frauen sind demnach allein auf der Grundlage ihrer kontinuierlichen und vollzeitigen Integration in die Erwerbsarbeit und die der Kinder in die öffentlichen Kinderbetreuungssysteme gesichert (Siim 1993, Schunter-Kleemann 1998, Lewis 1993). Knijn und Kremer (1997) haben die einseitige Ausrichtung auf die Erwerbsarbeit kritisiert und vorgeschlagen, die Förderung von „care" in das Zentrum der vergleichenden Analyse des Verhältnisses von Sozialpolitik und Geschlecht zu stellen. Wohlfahrtsstaaten sollen demnach daran gemessen werden, inwieweit sie den Individuen das soziale Recht einräumen, die Betreuung und Pflege von betreuungsbedürftigen Menschen zu übernehmen, ebenso wie alle StaatsbürgerInnen einen Anspruch darauf haben sollten, im Fall der Bedürftigkeit betreut zu werden.

In beiden Fällen wird der Maßstab abstrakt entwickelt, und es wird unterstellt, daß das, was im Interesse von Frauen liegt, überall dasselbe sei, ohne daß auf den gesellschaftlichen Kontext Bezug genommen wird. Tatsächlich haben Frauen in Europa aber unterschiedliche Vorstellungen darüber entwikkelt, was Gleichstellung bedeuten soll. So zielen diese etwa in Finnland vorrangig darauf ab, daß Frauen und Männer gleichermaßen kontinuierlich und in Vollzeit in die Erwerbstätigkeit einbezogen sein sollten. Demgegenüber wird etwa in Dänemark und in den Niederlanden in breiten Teilen der Bevölkerung eher ein Gleichstellungsmodell favorisiert, bei dem Frauen und Männer gleichermaßen in Teilzeit erwerbstätig sind und sich auf dieser Grundlage die Familienaufgaben gleichberechtigt aufteilen (Bang/Jensen/Pfau-Effinger 1999, Knijn/Kremer 1997, Pfau-Effinger 1998). Selbst innerhalb einer Gesellschaft können mehrere Modelle dominieren - ein aktuelles Beispiel ist die Koexistenz zweier Modelle im vereinigten Deutschland. Wenn die Vorstellungen von Frauen darüber, wie eine Gleichstellung aussehen könnte, im Ländervergleich aber derart variieren, läßt sich nicht ein einheitlicher Typ der Gleichstellungspolitik pauschal für alle Länder als die „richtige", „frauenfreundliche" Politik bestimmen (vgl. auch Veil 1997).

Meine Kritik läßt sich dahingehend zusammenfassen, daß die wohlfahrtsstaatlichen Geschlechterpolitiken in der Theorieentwicklung der Frauenforschung weitgehend losgelöst von der jeweiligen Gesellschaft behandelt werden, in die sie eingebettet sind. Will man internationale Differenzen in den wohlfahrtsstaatlichen Politiken angemessen verstehen und in ihren Wirkungen erklären, so geht es darum, sie in ihrem gesellschaftlichen Kontext zu analysieren.

Zur Kontextualisierung der vergleichenden Analyse wohlfahrtsstaatlicher Politiken

Was bedeutet eine solche Kontextualisierung der Analyse von Politiken? – Es geht darum zu verstehen:
welches die Wechselwirkungen der wohlfahrtsstaatlichen Politik mit kulturellen Bedingungen sind,
in welcher Wechselbeziehung der Wohlfahrtsstaat mit anderen Institutionen wie etwa dem intermediären Sektor, dem Arbeitsmarkt und der Familie steht,
welche Rolle den sozialen Akteuren auf der Grundlage ihrer kulturellen Orientierungen und Interessen für die Stabilität bzw. den Wandel von Politiken zukommt
und welche Wandlungsdynamiken in diesem Geflecht von Wechselwirkungen entstehen?

Um internationale Differenzen in der wohlfahrtsstaatlichen Geschlechterpolitik zu erklären und Bedingungen herauszuarbeiten, unter denen Staaten die Erwerbstätigkeit von Frauen im Rahmen von Gleichstellungsstrategien fördern, gilt es zu berücksichtigen, daß in verschiedenen Gesellschaften unterschiedliche kulturelle Traditionen der gesellschaftlichen Integration von Frauen und Männern existieren können und daß auch die Vorstellungen über eine Gleichstellung in den Geschlechterbeziehungen variieren können. Dementsprechend läßt sich das, was eine „frauenfreundliche“ Politik sein kann, nicht ohne Ansehen des kulturellen Kontextes ermitteln.

Was bedeutet es nun aber, die Analyse wohlfahrtsstaatlicher Politiken und sozialer Rechte zu kontextualisieren? Ich stelle einen theoretischen Ansatz vor, in dem es darum geht, die Wechselbeziehungen von wohlfahrtsstaatlichen Politiken mit Kultur, sozialen Strukturen und sozialen Akteuren im Rahmen des jeweiligen Geschlechter-Arrangements zu erfassen und die Wandlungsdynamiken einzubeziehen, die in diesem Geflecht wechselseitiger Beziehungen entstehen können (Pfau-Effinger 1999a). Ein Geschlechter-Arrangement beruht auf den jeweils dominierenden geschlechterkulturellen Modellen und ihren Wechselbeziehungen mit den sozialen Institutionen, den Akteurskonstellationen und deren sozialstrukturellen Grundlagen (Pfau-Effinger 1996, 1999a).[4] Es stellt das Ergebnis von Konflikten, Aushandlungsprozessen und Kompromissen sozialer Akteure mit unterschiedlichem Zugang zu Machtressourcen in einem früheren Stadium der historischen Entwicklung dar.

Ich schlage auf dieser Grundlage eine Erweiterung des theoretischen Rahmens für die international vergleichende Analyse wohlfahrtsstaatlicher

Geschlechterpolitiken vor. Dabei geht es darum, die Politik auf der Grundlage ihrer Einbettung in das Spannungsfeld von Kultur, Struktur und sozialen Akteuren zu analysieren. Ich gehe davon aus, daß die Politik in einem spezifischen Wechselverhältnis mit der kulturellen und der strukturellen Ebene, anderen Institutionen und mit den daraus abgeleiteten Ideen und Interessen sozialer Akteure steht. Mit den „Ideen" sozialer Akteure sind die kulturellen Werte und Leitbilder gemeint, auf die sich diese in ihrem Handeln beziehen. Die Interessen sozialer Gruppen und Akteure wiederum stehen im Zusammenhang mit ihrer Stellung in den sozialen Strukturen, welche auch durch weitere Institutionen wie etwa den Arbeitsmarkt, die Familie, das Bildungssystem und den intermediären Sektor geprägt werden. Ideen und Interessen stehen in Wechselbeziehung zueinander, aber auch in einem Verhältnis relativer Autonomie (vgl. Lepsius 1992, Archer 1996). Mit der Betonung der Wechselbeziehungen zwischen der kulturellen und der institutionellen Ebene und der Bedeutung sozialer Akteure im Rahmen von Geschlechter-Arrangements beziehe ich mich auf theoretische Annahmen von Max Weber, David Lockwood (1964) and Margaret Archer (1996), in denen die theoretische Konzeptionalisierung dieser Wechselbeziehungen als Grundlage dafür angesehen werden, sozialen Wandel zu analysieren (vgl. Pfau-Effinger 1999a).

Ideen – die kulturelle Ebene

Im kulturellen System jeder Gesellschaft gibt es einen bestimmten Komplex von Werten und Leitbildern, der sich auf die geschlechtliche Arbeitsteilung bezieht. Ich bezeichne diesen als „geschlechterkulturelles System". Die auf dieser Ebene dominierenden Werte und Leitbilder sind das Ergebnis von Konflikten, Aushandlungsprozessen und Kompromissen zwischen sozialen Akteuren und von den Machtbeziehungen im Feld der Akteure in einem früheren Stadium der historischen Entwicklung. Sie sind deshalb auch wandelbar. Die Leitbilder, die sich auf das Geschlechterverhältnis beziehen, enthalten kulturelle Annahmen darüber, wie die Formen der geschlechtlichen Arbeitsteilung, die Abhängigkeitsbeziehungen zwischen Frauen und Männern sowie die Verknüpfung der Geschlechterbeziehungen mit den Generationsbeziehungen beschaffen sein sollten. Das geschlechterkulturelle System ist von maßgeblicher Bedeutung für das soziale Handeln und für institutionelle Politiken im Geschlechter-Arrangement. Es bildet eine zentrale Grundlage für die sozialen Praktiken jeder neuen Generation von Akteuren und ist eine wichtige Grundlage für die Politiken auf der Ebene des Wohlfahrtsstaates. Wohlfahrtsstaatliche Politiken beziehen sich auf bestehende Leitbilder und tragen zu deren Reproduktion oder zu deren Wandel bei.

Wenn wir Differenzen zwischen Gesellschaften im Hinblick auf die wohlfahrtstaatliche Geschlechterpolitik erklären wollen, geht es darum, diese in ihrem Wechselspiel mit den dominierenden geschlechterkulturellen Modellen und mit Veränderungen auf der kulturellen Ebene zu analysieren. Dafür ist es sinnvoll, solche geschlechterkulturellen Modelle zu typisieren. Ich gehe davon aus, daß die geschlechtliche Arbeitsteilung auf der Grundlage solcher Leitbilder geregelt ist. Es überschneiden sich darin Ideen zur geschlechtlichen Arbeitsteilung mit Ideen zu den Generationenbeziehungen. Dies drückt sich auch darin aus, daß die Erwerbsarbeit von Frauen in der Phase aktiver Mutterschaft der entscheidende Faktor ist, hinsichtlich dessen sich die europäischen Gesellschaften unterscheiden, wenn es um die Integration von Frauen in die Erwerbstätigkeit geht (vgl. Rubery/Fagan/Smith 1995).

Ich schlage vor, die kulturellen Leitbilder zum Geschlechterverhältnis auf der Basis allgemeiner Kriterien zu typisieren, und zwar auf der Basis der Vorstellungen (1) über die zentralen Sphären der sozialen Integration von Frauen und von Männern, (2) über die gesellschaftliche Bewertung jeder dieser Sphären, (3) über den zentralen gesellschaftlichen Bereich und die Zuständigkeiten, bezogen auf das Aufziehen von Kindern, (4) über die Abhängigkeitsbeziehungen in der Ehe und (5) über den gesellschaftlichen Stellenwert der Familie im Vergleich zu anderen privaten Lebensformen. Auf dieser Basis lassen sich für Westeuropa mindestens fünf kulturelle Modelle voneinander unterscheiden, die für die Entwicklung der Geschlechterpolitiken in den letzten Jahrzehnte von Bedeutung waren oder es heute sind.

1) *Das familienökonomische Modell:* findet sich vor allem in Agrargesellschaften. Die kulturelle Konstruktion sieht vor, daß der Ehemann und die Ehefrau gleichermaßen mit ihrer vollen Arbeitskraft im landwirtschaftlichen Familienbetrieb partizipieren. Kindheit gilt nicht als eigenständige Lebensphase.
2) *Das Hausfrauenmodell der männlichen Versorgerehe.* Dies ist sozusagen Parsons' Familie mit ihrer Arbeitsteilung zwischen dem erwerbstätigen Ehemann und der Hausfrau-und-Mutter zuhause und einer kulturellen Konstruktion von Kindheit als privater, individualisierter Familienkindheit.
3) *Bei dem Vereinbarkeitsmodell der männlichen Versorgerehe* handelt es sich um eine modernisierte Version, in der die Ehe kulturell nur für die Phase aktiver Elternschaft als Versorgerehe angelegt ist. Teilzeitarbeit wird als die angemessene Form der Erwerbstätigkeit von Müttern angesehen.

4) *Bei dem Doppelversorgermodell mit staatlicher Kinderbetreuung* handelt es sich um die Idee eines Doppelernährer-Modells, in dem Frauen wie Männer grundsätzlich in Vollzeit erwerbstätig sind. Die Kinderbetreuung gilt im wesentlichen als Aufgabe des Staates.
5) *Das Doppelversorger/Doppelbetreuer-Modell* ist ebenfalls ein Doppelversorgermodell. Es ist aber vorgesehen, daß beide Elternteile in Teilzeit erwerbstätig sind und sich die häuslichen Betreuungsaufgaben partnerschaftlich aufteilen.

Innerhalb des Geschlechter-Arrangements einer Gesellschaft können ein oder mehrere geschlechterkulturelle Modelle dominieren. Das gilt etwa auch für die Bundesrepublik Deutschland nach der Wiedervereinigung. Es ist dabei wichtig, daß die Klassifikation nicht als statisch anzusehen, sondern Prozesse des Wandels einzubeziehen. So können sich die Geschlechter-Arrangements in Zeiten kulturellen Wandels von einem zu einem anderen dominanten Modell wandeln, oder es können statt eines Modells mehrere verschiedene Modelle den Bezugspunkt des Handelns und von wohlfahrtsstaatlichen Politiken bilden. Weiter kann auch die Reichweite der jeweils dominierenden Modelle innerhalb der Gesellschaft variieren, es können daneben in bestimmten ethnischen Gruppen, Schichten oder Altersgruppen abweichende Modelle von Bedeutung sein.

Geschlechterpolitiken von Wohlfahrtsstaaten und deren Entwicklungspfade lassen sich auf der Basis des jeweiligen geschlechterkulturellen Modells oder der Modelle, auf die sie sich beziehen, sinnvoll typisieren (vgl. Pfau-Effinger 1999a). Dabei ist zu beachten, daß sich die Art und Weise, in der sich Wohlfahrtsstaaten auf die jeweils im geschlechterkulturellen System dominierenden Modelle beziehen, differieren kann. Die Beziehung mag geordnet oder von Diskrepanzen und Ungleichzeitigkeiten geprägt sein.

Die Frage, welche Politiken zum Empowerment von Frauen beitragen und Gleichstellungstendenzen im Geschlechterverhältnis fördern, lässt sich, so meine Argumentation, erst dann angemessen beantworten, wenn der kulturelle Kontext einbezogen wird. Die Idee der Gleichstellung ist in einem kulturellen Kontext wie dem finnischen mit der vollen und vollzeitigen Integration von Frauen in das Erwerbssystem verbunden, während sie etwa im niederländischen Kontext als gleiche und gleichberechtigte Aufteilung von Pflege- und Erwerbsarbeit auf der Grundlage von Teilzeitarbeit definiert wird. Wohlfahrtsstaaten sind deshalb auch daran zu messen, inwieweit sie den jeweils unter Frauen vorherrschenden Vorstellungen über Gleichstellung Rechnung tragen. Je nachdem in welche Richtung sich die Gleichstellungsvorstellungen bewegen, können unterschiedliche Lösungen angemessen sein.

Die Unterschiede in den kulturellen Leitbildern zum Geschlechterverhältnis, auf die sich die wohlfahrtsstaatliche Geschlechterpolitik jeweils bezieht, bilden auch eine wichtige Grundlage, um zu erklären, warum sich diese Politiken im internationalen Maßstab unterscheiden. Die Art und Weise, in der jeweils neue kulturelle Leitbilder, die sich in der Bevölkerung entwickelt haben, von der staatlichen Politik aufgegriffen werden, hängt dabei maßgeblich von den Konflikten und Aushandlungsprozessen der wichtigsten sozialen Akteure ab. Um die Differenzen in den Geschlechterpolitiken erklären zu können, gilt es also nicht nur, das Zusammenspiel von kulturellen Bedingungen und wohlfahrtsstaatlicher Politik zu analysieren, sondern auch das Feld der sozialen Akteure. Von besonderer Bedeutung ist in diesem Zusammenhang auch die Rolle der Frauenbewegung. Die kollektiven Akteure tragen nicht nur Konflikte, Aushandlungsprozesse und Kompromißbildungen aus, bei denen es darum geht, die staatliche Politik stärker auf die Interessen der sozialen Gruppen zuzuschneiden, die sie repräsentieren. Die Auseinandersetzungen beziehen sich vielmehr auch auf die kulturellen Leitbilder, die die Basis der wohlfahrtsstaatlichen Politik bilden.

Vergleich von Wandel in den wohlfahrtsstaatlichen Politiken im gesellschaftlichen Kontext

Dieser theoretische Rahmen bietet theoretische Ansatzpunkte dafür, Wandel der Geschlechterpolitik international zu vergleichen und zu erklären. Wandel kann dann zustande kommen, wenn sich innerhalb oder zwischen der kulturellen und der strukturellen Ebene im Rahmen des jeweiligen „Geschlechter-Arrangements" Widersprüche oder time lags entwickelt haben. In dem Fall besteht die Möglichkeit, daß bestimmte Gruppen von sozialen Akteuren versuchen, neue kulturelle Leitbilder durchzusetzen und einen veränderten kulturellen Kompromiß herbeizuführen. Durch Veränderungen der dominierenden Leitbilder in der Bevölkerung oder von Interessen auf seiten bestimmter sozialer Gruppen kann der Wohlfahrtsstaat unter Druck geraten, die kulturellen Grundlagen seiner Politiken zu verändern, er kann andererseits auch selbst zu solchen Wandlungsprozessen beitragen.

Kulturelle Differenzen leisten, so das Ergebnis der von mir durchgeführten empirischen Studien (Pfau-Effinger 1996, 1999a), einen besonders wichtigen Beitrag, differierende Entwicklungspfade von Geschlechterpolitiken zu erklären. Gesellschaften, die sich im Hinblick auf die geschlechterkulturellen Traditionen deutlich unterscheiden, haben sich dementsprechend auch entlang unterschiedlicher Entwicklungspfade gewandelt. Diese Unterschiede in der Entwicklung lassen sich vor allem mit der long durée kultureller Leitbilder erklären. So fördert beispielsweise der Staat in den Niederlanden die Teilzeitbeschäftigung von Frauen und Männern explizit als eine Gleichstellungsstrategie, während in Finnland die volle und vollzeitige Integration aller Erwachsenen in das Erwerbssystem seit langem das erklärte Ziel wohlfahrtsstaatlicher Politiken ist.

Das läßt sich vor allem damit erklären, daß in diesen Ländern bis weit in die Nachkriegszeit hinein das Hausfrauenmodell der männlichen Versorgerehe eine starke kulturelle Vormachtstellung hatte und damit die Idee, daß Kinder die Phase ihrer Kindheit primär im Rahmen des privaten Haushaltes und dort vor allem unter der Obhut ihrer Mutter verbringen sollten. Die Idee der „privaten" Kindheit spielt bis heute in diesen Ländern eine wichtige Rolle. Auf dieser Grundlage ist zu erklären, warum in den Niederlanden die Politik bis heute nicht auf die volle und vollzeitige Integration von Frauen in die Erwerbsarbeit ausgerichtet ist. Das kulturelle Modell, das heute in breiten Teilen der Bevölkerung kulturell verankert ist, entspricht dem Doppelversorgermodell mit partnerschaftlicher Kinderbetreuung, das eine Vereinbarkeit von Familie und Beruf für Frauen und Männer auf der Basis von Teilzeitarbeit vorsieht. Auf seiten der Männer wurde es bisher allerdings erst in Ansätzen realisiert (Pfau-Effinger 1999a).

In Finnland hat demgegenüber traditionell noch bis in die fünfziger Jahre ein familienökonomisches Modell die zentrale kulturelle Grundlage für die soziale Praxis gebildet, das eine volle Integration von Frauen in die gesellschaftliche Produktion vorsah. Hier hat das Modell der männlichen Versorgerehe nie eine größere kulturelle Bedeutung gehabt. Den Bezugspunkt der finnischen Geschlechterpolitik bildet schon seit mehr als drei Jahrzehnten das Doppelversorgermodell mit staatlicher Kinderbetreuung. Auf dieser Basis hat die Sozialpolitik die vollzeitige Integration aller erwachsenen Frauen in die Erwerbsarbeit gefördert, kombiniert mit einem stark ausgebauten System der öffentlichen Kinder- und Altenbetreuung (Pfau-Effinger 1999a).

Die wohlfahrtsstaatliche Geschlechterpolitik wandelt sich aber nicht nur in Reaktion auf kulturelle Leitbilder. Sie gerät auch unter Veränderungsdruck, wenn sich die Interessenlagen sozialer Gruppen im sozialen Wandel verändern und die kollektiven Akteure, die deren Interessen repräsentieren, neue Anforderungen an den Staat artikulieren, wobei dieser Wandel in einem engen Zusammenhang mit dem kulturellen Wandel stehen kann.

Die geänderten Interessen und kulturellen Orientierungen von Frauen wurden in europäischen Wohlfahrtsstaaten in erster Linie von der Frauenbewegung als einer neuen sozialen Bewegung artikuliert. Darin artikulierte sich vor allem eine neue Fraktion von Frauen, die sich aufgrund der erhöhten Bildungs- und Erwerbsbeteiligung von Frauen in den mittleren und höheren Mittelschichten herausgebildet hat.

Es gibt insgesamt deutliche Unterschiede zwischen Ländern mit ähnlichen kulturellen Entwicklungspfaden im Hinblick darauf, wie stark die Geschlechterpolitik jeweils die Realisierung neuer, stärker egalitärer Leitbilder gefördert hat. Hier spielen zum einen die jeweiligen Arten der Machtbeziehungen zwischen sozialen Akteuren eine wichtige Rolle und deren Basis in den sozialen Schichten und Klassen. So gibt es etwa deutliche Unterschiede im Hinblick darauf, in welcher Weise die Frauenbewegung die kulturellen Orientierungen und Interessen von Frauen artikuliert hat, in welcher Breite dabei unterschiedliche soziale Gruppierungen von Frauen Berücksichtigung fanden und inwieweit die von Frauen artikulierten Gleichstellungsinteressen und -orientierungen im angestammten Feld der politischen Akteure, die auf die wohlfahrtsstaatlichen Politiken Einfluß nehmen, aufgegriffen wurden.

Dabei ist die spezifische Kombination der Geschlechterpolitik und des Wohlfahrtsregimes, das sich im Sinne von Esping-Andersen auf die Beziehungen von Arbeit und Kapital ausrichtet, von Bedeutung. So hat der Wohlfahrtsstaat in den Niederlanden in den letzten zehn Jahren die Ablösung des traditionellen Ernährermodells durch ein neues, eher egalitäres geschlechterkulturelles Modell wesentlich stärker gefördert als in Deutschland; in Finnland unterstützt der Staat schon seit mehreren Jahrzehnten die Realisierung eines egalitären Gleichstellungsmodells. Offenbar tendieren Wohlfahrtsstaaten, deren Politik tendenziell an sozialdemokratischen Prinzipien im Sinne von Esping-Andersen ausgerichtet ist, eher dazu, stärker egalitäre Leitbilder zum Geschlechterverhältnis zu fördern als andere, auch wenn die Inhalte solcher Gleichstellungsideen zum Teil erheblich variieren.

Der Wandel der wohlfahrtsstaatlichen Politik folgt jedoch nicht quasi automatisch den Veränderungen von kulturellen Leitbildern und Interessen, sondern vollzieht sich möglicherweise erst mit erheblicher zeitlicher Verzögerung. Die Politik kann besonders in solchen Prozessen von Ungleichzeitigkeiten und Widersprüchen gekennzeichnet sein.

Auswirkungen der Geschlechterpolitik auf das soziale Handeln von Frauen

Auf der Grundlage des von mir vorgeschlagenen Ansatzes ist auch die Art und Weise, in der sich die Geschlechterpolitiken auf das Verhalten auswirken, als ein komplexer Prozeß zu verstehen. Im sozialen Handeln von Frauen - und Männern - überschneiden sich die Einflüsse kultureller Leitbilder mit den sozialpolitischen Rahmenbedingungen und auch mit den Arbeitsmarktbedingungen. Erst auf der Grundlage der Wechselbeziehungen zwischen diesen Ebenen lassen sich die Auswirkungen der Politik auf die soziale Praxis vergleichend analysieren. Ein Beispiel bietet die Entwicklung der Erwerbsbeteiligung von Frauen in den Niederlanden seit Beginn der siebziger Jahre. Bis dahin hatte das Hausfrauenmodell der männlichen Versorgerehe nahezu ein kulturelles Monopol. Ende der sechziger Jahre vollzog sich jedoch so etwas wie eine kulturelle Revolution in den Niederlanden mit einer Lockerung der rigiden Norm der Hausfrauenehe. In der Folge gab es einen dramtischen Anstig von Frauen, die - auf der Suche nach Teilzeitstellen - auf den Arbeitsmarkt strömten. Der Staat hielt dagegen noch bis Mitte der achtziger Jahre unverändert am alten Modell der Hausfrauenehe fest. Bis dahin existierte nicht einmal in nennenswertem Umfang ein öffentliches Angebot zur Kinderbetreuung. Frauen haben ihre neuen kulturellen Orientierungen also zum Teil auch ohne den Wohlfahrtsstaat durchgesetzt, wenn auch unvollständig und mit erheblichen Problemen.

Fazit

Als Fazit möchte ich festhalten: Die internationale Diskussion zur Frage, wie sich ein adäquater theoretischer Rahmen für den Vergleich wohlfahrtsstaatlicher Geschlechterpolitiken entwickeln läßt, behandelt die staatlichen Politiken bisher weitgehend losgelöst von den jeweiligen Gesellschaften, in die sie eingebettet sind. Will man den theoretischen Rahmen der vergleichenden Analyse jedoch so anlegen, daß er uns in die Lage versetzt, internationale Differenzen in den Politiken und deren Wandel zu erklären und die Auswirkungen der Politiken auf die soziale Praxis zu erfassen, so erfordert dies theoretische Konzepte, die die wohlfahrtsstaatliche Politik in ihren gesellschaftlichen Kontext stellen. Dabei geht es darum, die Wechselbeziehungen der Sozialpolitik mit kulturellen Bedingungen, mit den sozialen Strukturen und anderen Institutionen sowie die Rolle sozialer Akteure systematisch einzubeziehen. Erst im jeweiligen kulturellen Kontext läßt sich letzten Endes auch bestimmen, was eine frauenfreundliche Politik sein könnte.

Welches sind Bedingungen für die Herausbildung einer „frauenfreundlichen“ Politik, also einer Politik zur Förderung der Erwerbsintegration von Frauen, die an deren kulturellen Orientierungen anknüpft? Offenbar bieten Wohlfahrtsstaaten, die dem sozialdemokratischen Wohlfahrtsregime im Sinne von Esping-Andersen entsprechen, besonders günstige Bedingungen für die Realisierung einer solchen Politik. Diese haben am ehesten auch einen Typ der politischen Kultur entwickelt, der die Integrationsansprüche neuer sozialer Bewegungen integriert. Dabei können die Inhalte von Gleichstellungsideen jedoch durchaus differieren.

Anmerkungen

1 „As commodities, people are captive to powers beyond their control ... If workers actually do behave as discrete commodities, they will by definition compete; and the fiercer the competition, the cheaper the price. As commodities, workers are replaceable, easily redundant, and atomized. De-commodification is ..., as Polanyi argued, necessary for system survival. It is also a precondition for a tolerable level of individual welfare and security. Finally, without de-commodification, workers are incapable of collective action; it is, accordingly, the alpha and omega of the unity and solidarity required for labor-movement development" (Esping-Andersen 1990:37).

2 Der „Pferdefuß" dieses Regimes liegt darin, daß strukturell ein Verteilungskonflikt zwischen Erwerbstätigen und Nicht-Erwerbstätigen eingebaut ist.

3 Leibfried (1993: 141f.) fügt dem noch den „rudimentären" Typ des Wohlfahrtsregimes hinzu, der seiner Argumentation zufolge in den südwesteuropäischen Ländern dominiert. Es handelt sich dabei um Staaten, so Leibfried, die in ähnlicher Weise wie die anglo-amerikanischen Wohlfahrtsstaaten nur eine residuale Funktion wahrnehmen. Jedoch existieren hier teilweise noch traditionelle Versorgungssysteme auf der Grundlage der Subsistenzwirtschaft und eines großen informellen Sektors.

4 Der Begriff des „Geschlechter-Arrangements" wurde auch von Aulenbacher (vgl. Aulenbacher/Siegel 1995) verwendet, allerdings in einer theoretisch nicht weiter ausgearbeiteten und auf den Einzelbetrieb bezogenen Bedeutung.

Literatur

Archer, Margaret S. (1996): Culture and agency. The place of culture in social theory. Cambridge

Aulenbacher, Brigitte/Siegel, Tilla (Hg.)(1995): Die Welt wird völlig anders sein. Denkmuster der Rationalisierung, Soziologische Studien, Bd. 17

Bang, Hendrik/Jensen, Per/Pfau-Effinger, Birgit (1999): The societal context of social citizenship. In: Duncan, Simon S./Pfau-Effinger, Birgit (Hg.): Gender, Work and Culture in the European Union. London

Bussemaker, Jet/Drenth, Annemieke/Knijn, Trudie, Plantenga, Janneke (1997): Lone Mothers in the Netherlands. In: Lewis, Jane (Hg.): a.a.O., S. 96-120

Duncan, Simon S./Pfau-Effinger, Birgit (Hg.)(1999): Gender, Work and Culture in the European Union. European Science Foundation Network 'Gender Inequality and the European Regions'. London

Ellingsaeter, Anne Lise (1995): Women's Right to Work, the Male Breadwinner Norm and the Impact of Unemployment. The case of Norway. Schriftliche Fassung eines Vortrags zur Second European Conference of Sociology at Budapest, August

Esping-Andersen, Gösta (1990): Three Worlds of Welfare Capitalism. Cambridge/ Oxford

Hernes, Helga Maria (1987): Welfare States and Woman Power: Essays in State Feminism. Oslo

Knijn, Trudi (1994a): Social Dilemmas in Images of Motherhood in the Netherlands, The European Journal of Women's Studies 1, S. 183-206

-, (1994b): Fish without Bikes: Revision of the Dutch Welfare State and its consequences for the (in)dependence of single mothers. In: Social Politics, H. 1, S. 83-105

-/Kremer, Monique (1997): Gender and the Caring Dimension of Welfare States: Toward Inclusive Citizenship. In: Social Politics, H. 3, S. 328-361

Kolberg, John E./Esping-Andersen, Gösta (1991): Welfare States and Employment Regimes. In: Kolberg, J.E. (Hg.): The Welfare State as Employer. International Journal of Sociology, H. 21, S. 3-35

Koven, Seith/Michel, Sonya (1990): Womenly Duties: Maternalist Politics and the Origins of Welfare States in France, Germany, Great Britain and the United States, 1880-1920. In: American Historical Review, Jg. 95, Herbst, S. 1076-1108

Leibfried, Stephan (1993): Towards a European welfare state? On integrating poverty regimes into the European Community. In: Jones, C. (Hg.): New perspectives on the welfare state in Europe, London/New York, S. 133-156

Leitner, Sigrid (1999): Frauen und Männer im Wohlfahrtsstaat. Europäische Hochschulschriften. Frankfurt a. M.

Lepsius, Rainer M. (1990): Interessen, Ideen und Institutionen. Opladen

Lewis, Jane (1992): Gender and the Development of Welfare Regimes. In: Journal of European Social Policy, H. 3, S. 159-173

-, (1997): Lone Mothers in European Welfare Regimes. London/Philadelphia

-, (1997): Gender and Welfare Regimes: Further Thoughts. In: Social Politics, H. 2, S. 160-177

-/Ostner, Ilona (1994): Gender and the Evolution of European Social Policy, ZeS-Arbeitspapier Nr. 4

Lockwood, David (1964): Social integration and system integration. In: Zollschan, G.K./Hirsch, W. (Hg.): Explorations in Social Change. Boston/Houghton/Mifflin

Mósesdóttir, Lilja (1995): The State and the Egalitzarian, Ecclestiastiacal and Liberal regimes of Gender Relations. In: British Journal of Sociology, Bd. 46, H. 4, S. 623-642

-, (1999): Pathways towards the Dual Breadwinner Model. The Role of the Swedish, German and the American State. Paper presented at the COST A 13 Workshop Gender, labour markets and Citizenship, 19.-20. März, Wien

Orloff, Anne Shola, (1993): Gender and social rights of citizenship, American Sociological Review 58, S. 303-328

Ostner, Ilona (1990): Das Konzept des weiblichen Arbeitsvermögens. In: Autorinnengemeinschaft (Hg.): Erklärungsansätze zur geschlechtsspezifischen Strukturierung des Arbeitsmarktes. Paderborn, Arbeitspapiere aus dem Arbeitskreis SAMF 1990-1, S. 22-39

-, (1995): Arm ohne Ehemann? Sozialpolitische Regulierung von Lebenschancen für Frauen im internationalen Vergleich. In: Aus Politik und Zeitgeschichte. Beilage zur Wochenzeitung Das Parlament, B 36-37, 1. September 1995, S. 3-12

-, (1997): Alleinerziehen vor und nach der deutschen Einigung. Ein Testfall für die Logik deutscher Sozial- und Familienpolitik. In: Sozialwissenschaftliche Literaturrundschau, H. 34, S. 53-72,

Pfau-Effinger, Birgit (1996): Analyse internationaler Differenzen in der Erwerbsbeteiligung von Frauen - theoretischer Rahmen und empirische Ergebnisse. In: Kölner Zeitschrift für Soziologie und Sozialpsychologie, H. 3, S. 462-492

-, (1998): Der Mythos von der Hausfrauenehe. Entwicklungspfade der Familie in Europa. In: Soziale Welt, H. 2, S. 167-182

-, (1999a): Kultur, Wohlfahrtsstaat und Frauenarbeit im europäischen Vergleich. Opladen

-, (1999b): Change of family policies in the socio-cultural context of European Societies. In: Leira, Arnlaug (Hg.): Family Policies. Yearbook Comparative Social Research, Stamford

-, (1999c): Welfare Regimes and the Gendered Divion of Labour in Cross-National Perspective - Theoretical Framework and Empirical Results. In: Christiansen, Jens/Kovalainen, Anna/Koistinen, Pertti (Hg.): Working Europe - reshaping European Employment Systems, Aldershot

-, (1999d): The Modernisation of Motherhood in Western Europe in Cross-national Perspective. In: Crompton, Rosemary (Hg.): The Decline of the „Male Breadwinner"?, Oxford

-, (1999e): Defizite der Theoriebildung zu den Grenzen wohlfahrtsstaatlicher Geschlechterpolitik. In: Hradil, S. (Hg.): Verhandlungen des 29. Kongresses der Deutschen Gesellschaft für Soziologie, des 16. Österreichischen Kongresses für Soziologie und des 11. Schweizerischen Kongresses für Soziologie „Grenzenlose Gesellschaft?" in Freiburg, Bd. 1: Plenumsveranstaltungen, Freiburg (im Erscheinen)

Rubery, Jill/Fagan, Colette/Smith, Mandy (1995): Changing patterns of work and working time in the European Union, and the impact on gender relations. V/6203/95-EN. Brussels: European Commission (DGV-Equal Opportunities Unit)

Siim, Birte (1993): The Gendered Scandinavian Welfare States. In: Jane Lewis (Hg.): Women and Social Policies in Europe. Work, Family and the State, Aldershot/Brookfield

-, (1994): Engendering Democracy - the interplay between Citizenship and Political Participation. In: Social Politics: International Studies in Gender, State and Society, Vol. 1, No. 4, S. 286-306

Veil, Mechthild (1997): Zwischen Wunsch und Wirklichkeit: Frauen im Sozialstaat. Ein Ländervergleich zwischen Frankreich, Schweden und Deutschland. In: Aus Politik und Zeitgeschichte. Beilage zur Wochenzeitung Das Parlament, B 52/97, S. 29-38

Teil II
Veränderungsprozesse in der Arbeitsorganisation und -kultur

Ursula Hornung

Let's do „Gender". And don't forget „Sex"!? Reflexionen über berufliche Gleichstellung, A-Sexualisierung und Frauenförderung am Beispiel mittlerer Dienstleister[1]

Frauenförderung: Ein in Theorie und Praxis widerlegter politischer Ansatz?

Die Frauenförderung ist in Verruf geraten. Vor wenigen Jahren noch von vielen Frauen nahezu euphorisch begrüßt und mit hoffnungsfrohen Erwartungen befrachtet[2], ist sie heute nicht nur Vertreterinnen und Vertretern von Wirtschaft und Politik suspekt. Skepsis und Zweifel gegenüber der Frauenförderung mehren sich seit geraumer Zeit, selbst in Frauenbewegung wie Frauen- und Geschlechterforschung. Bilanzierungen sorgen für Ernüchterung. „Viel passiert und nichts bewegt", konstatiert Angelika Wetterer kurz und bündig (Wetterer 1994, S. 93; zit. nach Roloff 1996, S. 8). Barbara Holland-Cunz (1995) spricht etwas wohlwollender von einem erfolgreichen Scheitern, und Eva Brumlop und ich (1994; Hornung 1993) fragen angesichts der Ergebnisse einer Analyse frauenfördernder Konzepte in westdeutschen Großunternehmen konsterniert, ob Frauenförderung in ihrer dort dominierenden Form nicht sogar eher zur Verfestigung geschlechtshierarchischer Beziehungen beitragen könnte denn zu deren Auflösung.

Für wahrhaft radikalen Zweifel am politischen Ansatz der Frauenförderung sorgt indes weniger die empirische Bestandsaufnahme[3] als vielmehr die neuere, diskursanalytisch, sozial-konstruktivistisch orientierte feministische Theorie über die soziale Konstruktion von Zweigeschlechtlichkeit. Sie legt Gedanken nahe, wonach Frauen tatsächlich Gefahr laufen, sich mit binär codierten, differenzpolitischen Konzepten wie der Frauenförderung ihrer gleichstellungspolitischen Handlungsfähigkeit für Ziele zu berauben, die jenseits der tradierten „Geschlechter-Zwangs-Figurationen" (Knapp 1994) liegen[4]. Denn in der Tat transportiert die Vision von der gesellschaftlichen, insbesondere beruflichen Gleichstellung von Frau und Mann – unbestrittenes Ziel aller bisherigen Frauenförderpolitik – in naiv ontologisierender Weise die bipolaren und heterosexuellen (Zwangs-?)Vorstellungen einer „natürlichen" Zweigeschlechtlichkeit. Sogar die Adaption der anglo-amerikanischen Unterscheidung von „sex" (i.d.R. übersetzt als „biologisches" Geschlecht) und „gender" (i.d.R.

übersetzt als „soziales" Geschlecht) durch die bundesrepublikanische Frauen- und Geschlechterforschung löst dieses Dilemma nicht, transportiert doch selbst diese Unterscheidung - wenn sie naiv verwendet wird - tradierte Ontologismen über eine biologisch determinierte Zweigeschlechtlichkeit noch immer mit.

Derlei Gedanken werden durch die neuere feministische Theoriebildung gehörig durcheinandergewirbelt und auf grundsätzlicher, so vor allem erkenntnistheoretischer Ebene problematisiert. Die Frauenförderung - wie im übrigen Frauenpolitik überhaupt - muß sich angesichts dessen die Frage gefallen lassen, ob sie sich am Ende nicht nur für die Herstellung einer beruflichen Gleichstellung derjenigen stark macht, welche der „richtigen" Klasse und Ethnie angehören, sondern darüber hinaus noch über die „richtige" Geschlechtsorientierung verfügen. Wenn ferner die soziale Konstruktion von Zweigeschlechtlichkeit - wesentlich vermittelt über sozio-kulturelle, binär codierte betriebliche Prozesse von „doing gender" - unabdingbar verknüpft ist mit der etablierten frauendiskriminierenden Geschlechterhierarchie, wie z. B. Regine Gildemeister und Angelika Wetterer (1992, Wetterer 1995 a und b,1998) aus ethnomethodologischer Sicht betonen, dann ist es mit der Vorstellung, Frauenförderung bewirke berufliche Gleichheit, ohnehin vorbei. Zwischenbilanz: Frauenförderung ist ein differenztheoretischer Ansatz, der auf die Herstellung beruflicher Gleichheit zielt, und zwar im Kontext binär konzipierter Zweigeschlechtlichkeit. So gesehen wäre es dann ziemlich gleichgültig, ob wir es im einzelnen mit Frauenförderkonzepten zu tun haben, welche die „Differenz" der Geschlechter in essentialisierenden Begründungszusammenhängen entwickeln oder sozial-konstruktivistisch bestimmen. Frauenförderung, letztlich Frauenpolitik im allgemeinen, wäre dann nicht mehr als eine politische Sackgasse und daher schleunigst zu verlassen. Fazit: Nicht die Frauen(förder)politik, sondern die Geschlechterpolitik - im Sinne offensiv gesetzter, sozio-kultureller Vielgeschlechtlichkeit: „doing gender(s)" - scheint denn auch aus sozial-konstruktivistischer Perspektive den eigentlichen Einstieg in den Ausstieg aus der - keineswegs ausschließlich - betrieblich vermittelten, beruflichen Benachteiligung und Diskriminierung von Frauen zu eröffnen (so Teubner 1995).

Im folgenden stelle ich vor dem Hintergrund der momentanen Theoriedebatte einige empirisch begründete Reflexionen über Stand, Reichweite und Wirkungsmöglichkeiten betrieblicher Frauenförderung und institutionalisierter Gleichstellungspolitik zur Diskussion. Diese Überlegungen entwickle ich am Beispiel empirischer Befunde, die Ursula Fries und ich in einer Untersuchung über das mittelständische Dienstleistungsgewerbe erarbeitet haben

(Fries/Hornung 1996)[5]. Ziel der Studie war herauszufinden, wie es um die Frauen(-förder)politik bei mittleren Dienstleistern bestellt ist - von uns exemplarisch untersucht am Beispiel des Kreditgewerbes, der ambulanten Alten- und Krankenpflege, dem Reinigungsgewerbe sowie dem Medienbereich. Die Studie ist regional auf das Ruhrgebiet, speziell eine große Kommune im Ruhrgebiet ausgerichtet. Untersucht haben wir zweierlei: Erstens an welchen Stellen es in den ausgewählten Unternehmen Chancen für eine optimierte Gleichstellung von Frauen gibt bzw. wo die Barrieren liegen. Aufs engste damit verbunden ist der zweite Fragenkomplex: Wie beeinflussen die vom Land, insbesondere der Kommune eingerichteten Frauenförderinstitutionen diesen in den Betrieben ablaufenden Prozeß positiv, d. h. im Sinne von Chancengleichheit, bzw. inwieweit beeinflussen sie ihn überhaupt. Der mittelständische Dienstleistungssektor ist ein privatwirtschaftlicher Bereich, der in Industriesoziologie, Frauen- und Geschlechterforschung eher vernachlässigt wird. Dies ist wissenschaftlich bedenklich, weil damit die Chance vertan wird, bisherige Forschungsergebnisse zu überprüfen und ggf. zu relativieren und zu präzisieren. Politisch bedenklich ist es, weil der größte Teil der weiblichen Erwerbstätigen der privaten Wirtschaft in kleineren und mittleren (Dienstleistungs-)Betrieben arbeitet und mittelbetrieblichen Organisationsstrukturen und -abläufen - glaubt man aktuellen Prognosen - die ökonomische Zukunft gehört.

Mittelständisches Management, berufliche Gleichstellung und Frauenförderung: Kurze Skizze einer problematischen Konstellation

Der in Politik, Wirtschaft und Wissenschaft gängige Hinweis auf die Zukunftsträchtigkeit mittelgroßer Dienstleistungsunternehmen verfügt über eine hohe, empirisch begründbare Überzeugungskraft. Er verdeutlicht die arbeitsmarkt- und beschäftigungspolitisch und allein schon deshalb gleichstellungspolitisch hohe Bedeutung dieses Wirtschaftsbereichs. Gleichwohl verstellt die Betonung ökonomischer Prosperität und organisationaler Innovationsfähigkeit, die mittlere Dienstleistungsbetriebe auszeichnen soll, in der gegenwärtigen politischen und z. T. auch wissenschaftlichen Debatte den Blick auf die ökonomisch angespannte, oftmals prekäre und schwer überschaubare Situation, in der viele dieser Unternehmen operieren, wie ebenso auf deren organisatorische, insbesondere unternehmenskulturelle Vielfältigkeit. Im Unterschied dazu zeigt die genauere Betrachtung, daß es sich beim mittleren Dienstleistungsgewerbe um einen ausgesprochen heterogenen wirtschaftlichen Sektor handelt. Verallgemeinerbare Aussagen, also auch solche über die betrieblichen Voraussetzungen und Bedingungen, die maßgeblich sind für gleichstellungspolitische Handlungschancen und Perspektiven, lassen sich folglich nur schwer treffen.

Die in unsere Untersuchung einbezogenen Branchen und Betriebe zeigen im großen und ganzen die bekannten, z. T. „mittelstandstypischen" Merkmale moderner Dienstleister. Alle Unternehmen prosperieren zum Untersuchungszeitpunkt kontinuierlich, wenngleich in unterschiedlichem Ausmaß. Sie befinden sich in einem größtenteils ausgesprochen harten Wettbewerb. Das macht die ökonomische Lage unübersichtlich, die Perspektiven unsicher und schwer kalkulierbar. Bei alledem sind die Kapital- und Personalressourcen - zumal im Vergleich zu Großunternehmen - eher schmal. Organisatorisch zeichnen sich die Betriebe durch eine vergleichsweise geringe Anzahl von Hierarchieebenen aus, mit entsprechend kurzen Entscheidungswegen und insgesamt weniger formalisierten, weniger anonymisierten, relativ flexibel handhabbaren Entscheidungsprozeduren. Im Bereich der qualifizierten und hochqualifizierten Beschäftigung sowie auf Führungspositionen dominiert die sozialversicherungspflichtige Vollzeitbeschäftigung. Doch zeigt die genauere Betrachtung nicht unerhebliche Unterschiede im Hinblick auf Größe, Umsatzzahlen, die ökonomische Situation überhaupt, den organisationalen Aufbau und Ablauf, und hier vor allem bezüglich personalpolitisch relevanter, unternehmenskultureller Faktoren, wie z. B. flexible, Neuem gegenüber aufgeschlossene Umgangsformen. Derlei Differenzen treten hauptsächlich, aber nicht nur, zwischen den einzelnen Branchen, sondern ebenso zwischen den ihnen angehörenden Betrieben auf. Hinsichtlich der Belegschaftsstrukturen, wie der Arbeits(zeit)- und Beschäftigungssituation der Mitarbeiterinnen und Mitarbeiter verhält es sich nicht anders. Was die geschlechtsspezifische Ausprägung der Belegschaften angeht, so ist allen untersuchten Branchen/Betrieben gemeinsam, daß Frauen - im Unterschied zu den bekannten „männerdominierten" Wirtschaftssektoren, hauptsächlich denen der Industrie - als wichtiger und bedeutsamer Teil der Belegschaft bereits seit längerem fest etabliert sind. Allerdings arbeiten die weiblichen Beschäftigten in sehr unterschiedlichen betrieblichen Einsatzfeldern und auf im einzelnen sehr unterschiedlichen Stufen der betrieblichen Hierarchie. Entsprechend variieren Beschäftigungsverhältnisse, Arbeits(zeit)- und Qualifikationsanforderungen, Entlohnung, Fort-, Weiterbildungs- wie Aufstiegschancen dieser Frauen beträchtlich.

Einige wenige Angaben zu den untersuchten Branchen und Betrieben sollen dies verdeutlichen. Sie markieren allgemeine, typische Merkmale, welche im einzelnen von Sparte zu Sparte, von Betrieb zu Betrieb differieren können. Sie stellen nicht mehr, aber auch nicht weniger dar als Orientierungsgrößen für die Identifizierung von betrieblichen Ansatzpunkten für die Frauenförderung, ebenso wie für die Einschätzung der Reichweite und Wirkungsmöglichkeiten der institutionalisierten Gleichstellungspolitik:

Das Kreditgewerbe

Hierbei handelt es sich um eine traditionsreiche, etablierte Branche mit gewachsenen betrieblichen Strukturen und Abläufen sowie einer über die Jahre eingespielten, klar umrissenen Unternehmenskultur. Der Konkurrenzdruck zwingt zu umfassenden technischen wie organisatorischen Neuerungen. Diese sollen bewältigt werden, ohne daß die Ausstrahlung bürgerlicher „Seriosität" und „Solidität" - beides tradierte, wichtige Bestandteile der „Corporate Identity" - nach außen wie nach innen Einbußen erleidet. Die Arbeits- und Beschäftigungsbedingungen konstituieren und verändern sich auf der Grundlage gewachsener, tariflicher und betrieblicher Regulierungen. In qualifizierten und hochqualifizierten betrieblichen Einsatzbereichen wie auf Führungspositionen dominiert die „klassische" Vollzeitarbeit; Teilzeitarbeitsplätze sind selten und nahezu ausschließlich von Frauen besetzt. Sie finden sich in geringer Zahl im Bereich der qualifizierten Arbeit, überwiegend aber auf solchen Arbeitsplätzen, die einfache Qualifikationen voraussetzen und zunehmend abgebaut werden. Das gilt, wenn auch nicht in demselben Umfang, für alle betrieblichen Teilbereiche: Die Zahl der Arbeitsplätze wird insgesamt reduziert; sukzessive, in kleinen, aber regelmäßigen Schritten und möglichst „sozialverträglich", sprich: über die „natürliche" Fluktuation, auf dem Wege von Verrentung oder Kündigung, zu der Mitarbeiterinnen sich ab und an aus familiären Gründen gezwungen sehen. Insofern läßt sich die Beschäftigungssicherheit allenfalls als - noch! - vergleichsweise günstig bezeichnen. Ähnlich verhält es sich mit den Fort- und Weiterbildungsmöglichkeiten oder den Aufstiegschancen der beschäftigten Männer. Für die beschäftigten Frauen trifft das nicht zu: Zwar gibt es einen hohen Anteil qualifizierter, z. T. hochqualifizierter Beschäftigter, in dem Frauen etwa paritätisch vertreten sind. Das gilt allerdings - selbstverständlich? - nicht für die höheren Hierarchieebenen.

Die ambulante Kranken- und Altenpflege

Sie ist eine junge, boomende Branche. Aufbaustimmung prägt das Betriebsklima, die betrieblichen Umgangsformen sind flexibel, die „eigene" Unternehmenskultur muß erst noch geschaffen werden. Die Aufbauphase der

Branche, gekennzeichnet durch permanente betriebliche Neugründungen und Auflösungen, ist zumindest in der untersuchten Kommune zu Ende. Die Konkurrenzdichte hat im Laufe nur weniger Jahre stark zugenommen, der Markt gilt als aufgeteilt. Die Betriebe wollen sich behaupten, z. T. vergrößern, indem sie eine breitgefächerte, qualitativ hochwertige Pflegepalette auf hohem medizinischen Niveau offerieren. Organisatorisch geht es um die Konsolidierung und Ausdifferenzierung betrieblicher Strukturen und Abläufe. Die Lösung anstehender Gestaltungsaufgaben - so in Arbeitszeit- oder Personalentwicklungsfragen - erfolgt im Do-It-Yourself-Verfahren, das nahezu ohne Hilfe von außen auskommt, sogar wenn diese durchaus erwünscht ist. Die Betriebsleitungen setzen in der Pflege, in der nahezu alle Mitarbeiter/-innen tätig sind, nur einschlägig qualifiziertes Personal ein, das fest angestellt ist und zumeist - in manchen Pflegediensten nahezu ausschließlich - über staatlich anerkannte Berufsabschlüsse verfügt. Es herrscht ein stetiger Mangel an qualifiziertem Personal. Dieses bedarf regelmäßiger Fort- und Weiterbildung, um den steigenden und sich verändernden Anforderungen in der Pflege gerecht zu werden. Die Belegschaften bestehen zu über 90 % aus Frauen, allerdings versuchen in letzter Zeit verstärkt Männer, in der Branche Fuß zu fassen. Die praktizierten Arbeitszeitmodelle sind auffallend unterschiedlich. Im Durchschnitt arbeiten etwa zwei Drittel der Mitarbeiter/-innen Vollzeit, etwa ein Drittel geht einer Teilzeitbeschäftigung nach, die bis auf wenige Ausnahmen oberhalb der Sozialversicherungsgrenze liegt. Die Aufstiegsmöglichkeiten sind allerdings begrenzt: Es gibt selbst bei größeren Pflegediensten nur sehr wenige Führungspositionen, die oft mit Frauen besetzt sind. Die Bezahlung, wie in klassischen „Frauenbranchen" üblich, ist demgegenüber eher bescheiden und erfolgt in loser Anlehnung an den öffentlichen Dienst.

Das Reinigungsgewerbe

Es ist eine eingesessene, etablierte Branche. Die Betriebe setzen in der harten Konkurrenz auf permanente, z. T. weitreichende Umstruktierungen. Moderne mittelständische Gebäudereinigungsunternehmen - die „Facility-Manager" von heute - verfügen im Vergleich zu früher über ein deutlich verbreitertes Dienstleistungsangebot (Verwaltung, Instandhaltung und -setzung, Bewachung von Gebäuden) und legen großen Wert auf die Qualität der angebotenen Dienstleistungen. Nicht zuletzt aufgrund der Auflagen öffentlicher und privater Auftraggeber setzen die Unternehmensleitungen verstärkt auf die Einführung von „Quality-Management-Systemen" und dokumentierte, organisationale Kompetenz. Die betrieblichen Folgen: Der Fort- und

Weiterbildungsbedarf steigt - in allen betrieblichen Einsatzbereichen. Die Nachfrage nach qualifiziertem (Vollzeit-)Personal, das über nachweisbare Qualifikationen - sprich: eine abgeschlossene berufliche Ausbildung verfügt - wächst. Unternehmenskulturell wird ein hoher Wert auf die Schaffung eines hauptsächlich von außen akzeptierten Erscheinungsbildes gelegt. Der nach wie vor sehr hohe Anteil angelernter Beschäftigter, von denen viele Migrantinnen sind, wird in diesem Kontext zum Problem: Man fürchtet, die Belegschaft sei, nicht zuletzt aufgrund ihrer kulturellen Unterschiedlichkeit, nicht in der Lage, den heutigen Anforderungen der Auftraggeber gerecht zu werden, im Hinblick etwa auf den geforderten Arbeitsstandard, wie z. B. Sauberkeit, das Auftreten oder die Umgangsformen. Das Reinigungsgewerbe ist - allen Veränderungen zum Trotz - noch immer eine klassische „Frauenbranche". Hier arbeiten in überwiegender Mehrzahl Frauen, zumeist in betrieblichen Einsatzfeldern, die nur eine mindere Qualifikation erfordern, minder bezahlt und oftmals minder gesichert sind. Zugleich aber haben Frauen, auch solche ohne Berufsabschluß, traditionell Zugang zur unteren Führungsebene, wie z. B. zur Position der Objektleiterin. Allerdings: Diese Möglichkeit wird ihnen zusehends genommen. Die dringende Notwendigkeit frauenfördernder Maßnahmen zur Schaffung „humaner" Arbeitsplätze, d. h. ebenso sozialversicherungspflichtiger Vollzeit- und/oder Teilzeitarbeitsverhältnisse, muß kaum eigens betont werden. Es geht heute aber ferner darum, Frauen den Zugang zu attraktiveren, z. T. neuen, qualifizierteren, höher dotierten Arbeitsplätzen und Führungspositionen zu verschaffen bzw. zu bewahren. Diese Arbeitsplätze scheinen derzeit in erster Linie an Männer vergeben zu werden.

Der Medienbereich

Das ist eine Branche, die sich im Aufbruch und in permanentem Umbruch befindet. Sie umfaßt neben Neugründungen eingesessene, etablierte Betriebe, die sich im Zuge betrieblicher Umstrukturierungen zu modernen Medienunternehmen gewandelt haben. Die Betriebe weisen in unternehmenskultureller Hinsicht gravierende Unterschiede auf, in jungen Betrieben dominieren im Unterschied zu den Älteren sehr flexible Umgangsformen. Konkurrenz- und Leistungsdruck sind demgegenüber generell extrem hoch, die ökonomischen Perspektiven extrem unübersichtlich, kalkuliert wird in extrem kurzfristigen Zeiträumen. Die Branche bietet eine Vielzahl qualifizierter und hochqualifizierter, vergleichsweise gut dotierter Beschäftigungsmöglichkeiten. Die Arbeits(zeit)bedingungen und Beschäftigungsverhältnisse variieren allerdings beträchtlich. Zwar dominiert die Vollzeitbeschäftigung, gleichwohl bieten die Unternehmen - in unterschiedlichem Ausmaß und in differierenden Modellen - Möglichkeiten qualifizierter, gesicherter Teilzeitarbeit, Führungspositionen ausgenommen. Die Mehrzahl der Mitarbeiter/-innen ist in fester Anstellung, doch ist der Anteil von Freiberuflern, unter denen viele Frauen sind, in neu gegründeten Betrieben z. T. recht hoch. Die Arbeitsbedingungen sind - entgegen landläufiger Auffassungen - vielfach hoch belastend, wie z. B. überlange Arbeitszeiten bei hohem Zeit- und Leistungsdruck. Dem stehen aber vergleichsweise attraktive Betätigungsfelder gegenüber, mit Möglichkeiten zu selbstbestimmtem und kreativem Arbeiten. Davon profitieren auch Frauen, oft jedoch um den Preis zeitlich sehr beanspruchender, belastender, z. T. sehr unsicherer Arbeitsplätze. Führungspositionen allerdings sind selbst in dieser Branche „Männersache", obwohl Frauen dort häufiger anzutreffen sind als in anderen Sparten.

Wie sieht es nun im Bereich der mittleren Dienstleister - gerade aus dem Blickwinkel der neueren feministischen Diskussion betrachtet - aus mit der Frauenförderung, die als differenzpolitischer Ansatz heute sogar vielen gleichstellungspolitisch engagierten Frauen grundsätzlich suspekt ist?

Tatsächlich ist - und zwar branchenübergreifend - das Credo der mittelständischen, nahezu ausschließlich männlichen und vielfach jüngeren Führungskräfte zum Thema Frauenfördererung einhellig: Frauenförderung, das haben sie nicht nötig. In ihren „modern" und „aufgeklärt" geführten Dienstleistungsbetrieben sind Frauen und Männer vollkommen gleichberechtigt und haben entsprechend gleiche berufliche Chancen. So antwortet ein Reinigungsunternehmer auf die Frage nach Auswahlkriterien für Fortbildungsmaßnahmen: „Ich weiß nicht, warum ich eine Frau bevorzugen sollte. Gleichberechtigt sind sie ja."[6] Auch der Personalleiter einer mittelständischen Bank versichert: „Bei uns kann jeder eine Fortbildung machen, egal ob Männlein oder Weiblein, das spielt keine Rolle." Allerdings: Für den beruflichen Aufstieg benötigt man in dieser Branche einen einjährigen Fortbildungskurs, der zentral in einer etwa 100 km entfernten Stadt stattfindet - eine Unmöglichkeit für Frauen mit Familienpflichten. „Ja", sagt der Banker nachdenklich, „da muß man sich eben entscheiden." Kritische Nachfragen der Interviewerinnen vermögen derartige Einstellungen kaum zu erschüttern. „Alles nur eine Frage der Zeit!" - meint ein Personalverantwortlicher aus dem Medienbereich, der gleichfalls für die konsequente personalpolitische Gleichbehandlung von Frauen und Männern und den Verzicht auf betriebliche Frauenförderung plädiert. Die Leiterin eines Pflegedienstes schließlich, die aus gleichstellungspolitischer Neugier dem Interview zustimmte, hat in Sachen Frauenförderung ein etwas anders gelagertes Problem, kommt aber zu demselben Ergebnis. Sie geht davon aus, daß ihr Betrieb nicht „Frauenförderung“, sondern „Männerförderung“ von Nöten habe: Die Dominanz weiblicher Beschäftigter begreift sie als einen Verstoß gegen die Gleichbehandlung von Frau und Mann, zu Lasten letzterer. Betriebliche Ansatzpunkte für die Notwendigkeit und Möglichkeit frauenfördernder Intervention und Innovation konnte denn auch diese Personalverantwortliche zunächst nicht entdecken.

Bereits die Rede von der „Frauenförderung“ hat, so die Führungskräfte, etwas Politisches und Ideologisches an sich. Man verbindet damit keine Aktion, „die allen etwas bringt“, wie es gelegentlich in gleichstellungspolitischen Broschüren frohgemut verkündet wird. Wohl läßt man sich, wie es die Verhaltensnormen und vielleicht die Neugier erfordern, über das Thema befragen, aber im betrieblichen Alltag spielt Frauenförderung keinerlei Rolle. In die neueren Produktions- und Managementkonzepte, die bei mittleren Dienstleistern auf hohe Akzeptanz stoßen, paßt sie schon gar nicht hinein: Frauenförderung in ihren bisherigen institutionalisierten Formen bedeutet Regulierung - und die schreckt ab, allerdings nicht erst neuerdings. Hier liegt derzeit bei mittelständischen Führungskräften eine für die klassische Frauenförderung nur schwer zu überwindende Hürde.

Sämtliche von uns befragten Unternehmensleiter und Personalverantwortlichen gehen grundsätzlich davon aus, daß Frauenförderung „auf der politischen Schiene kommt“: Allein aus diesem Grund ist sie für die meisten suspekt, zumindest aber mit Vorsicht zu betrachten. So sind die Betriebe denn keineswegs stolz darauf, Frauenförderung zu betreiben oder betrieben zu haben. Ein Beispiel: Wenn in einem Betrieb eine höhere Position mit einer Frau besetzt ist, war es den Befragten wichtig zu betonen, daß die betreffende Frau ihre Karriere allein deshalb gemacht habe, weil sie „gut“ sei - nicht etwa aufgrund irgendwelcher Frauenfördermaßnahmen. Der Befund ist deprimierend. Er bedeutet nämlich, daß es in gut zehn Jahren nicht gelungen ist, den Frauenfördergedanken - d. h. Frauenförderung als betriebliche Politik, als Personalpolitik - in die mittelständischen Betriebe zu transportieren.

Keiner der Personalverantwortlichen konnte uns auf Anhieb sagen, wieviel Frauen und Männer das Unternehmen beschäftigt: Die Belegschaftszahlen sind nicht geschlechtsspezifisch aufgeschlüsselt. Das gilt sogar für kleine Unternehmen mit rund 30 Beschäftigten; auch hier mußte erst „durchgezählt“ werden. In dem schon klassisch gewordenen „Leitfaden zur Frauenförderung in Betrieben“[7], der in den 80er Jahren vom Bundesministerium für Jugend, Familie, Frauen und Gesundheit herausgegeben, häufig nachgedruckt und weit verbreitet wurde, ist die „Bestandsaufnahme des Ist-Zustandes" die Grundvoraussetzung gezielter Frauenpolitik, der erste kleine Schritt zur Chancengleichheit. Schon dieser Schritt wird in mittelständischen Unternehmen nicht gemacht: Das Ergebnis interessiert die Personalleiter nämlich nicht. Keiner benachteiligt bewußt eine Frau, weil sie Frau ist. Derlei irrationale Entscheidungskriterien können sich die Betriebe, so scheint es, gar nicht mehr leisten; dafür sind der Konkurrenzdruck und damit verbunden die Leistungsfixierung viel zu hoch. So wenig den Befragten eine bewußte Benachteiligung ihrer weiblichen Beschäftigten nachgewiesen werden kann, so klar ist aber, daß gerade für die betrieblichen (Teil-)Bereiche, die attraktive - sprich: gut dotierte, qualifizierte, mit Aufstiegs- und Einflußmöglichkeiten ausgestattete - Beschäftigungsmöglichkeiten bieten, oft keine Bereitschaft besteht, auf die unterschiedlichen Ausgangsbedingungen von Frauen und Männern einzugehen. Man könnte formulieren: In modernen, flexiblen Dienstleistungsunternehmen spielt die Kategorie „Geschlecht" offensichtlich keine Rolle - oder zumindest eine ganz unerwartet geringe: Die Personalverantwortlichen setzen - und zwar branchenübergreifend - auf die personalpolitische Gleichbehandlung der Beschäftigten, unabhängig vom Geschlecht.

Damit scheinen mittelständische Führungskräfte der Gefahr zu entgehen, über eine „Dramatisierung der Geschlechter-Differenz" (Gildemeister/Wetterer 1992, S. 250) die patriarchal-hierarchische Geschlechterklassifizierung zu „re-ifizieren" (ebenda) und so zur Aufrechterhaltung bestehender Ungleichbehandlungen zwischen Frauen und Männern beizutragen. Aus Sicht der neueren Debatte ist die Frauenförderung in Paradoxien verstrickt, die sie politisch konservativ aussehen lassen, ohne es doch zu wollen (ebenda, S. 248). Die entschieden vertretene Personalpolitik konsequenter Gleichbehandlung mittelständischer Führungskräfte hingegen scheint diesem Dilemma enthoben zu sein. Zugespitzt formuliert: Es hat den Anschein, als lösten die zumeist jüngeren Unternehmensleiter und Manager mittelständischer Betriebe die Forderung nach der „Entdramatisierung" der Geschlechterdifferenz - als Voraussetzung beruflicher Gleichheit - in ihrer personalpolitischen Alltagspraxis längst ein. Stellen damit diese Männer heutzutage die eigentlichen Garanten beruflicher Gleichstellung dar und nicht Frauenförderaktivistinnen, die in Frauenförderung und -politik eine, gar „die" Voraussetzung der Herstellung beruflicher Gleichheit sehen?

Dem steht entgegen, daß die Kategorie Geschlecht in mittelständischen Dienstleistungsbetrieben personalpolitisch denn doch nicht ganz so bedeutungslos ist, wie die befragten Unternehmensvertreter/-innen meinen: So geben sie auf der anderen Seite an, daß eine „gesunde Mischung" von Männern und Frauen erheblich zum guten Betriebsklima beiträgt, was i.d.R.

keineswegs als Plädoyer für eine paritätische Besetzung aller Hierarchieebenen mißzuverstehen ist. Was sie unter „gesund“ verstehen und warum und wie sich genau der Kontakt beider Geschlechter für die Arbeit belebend auswirkt, konnten unsere Experten und Expertinnen nicht sagen. Es ist für sie ein Erfahrungswert, nach dem sie handeln - im Prinzip einer Meinung, im Detail je nach Branche unterschiedlich. So ist es z. B. im Bankgewerbe, in dem etwa 50 v.H. der Berufsanfänger weiblich sind, wichtig, daß Frauen mit einem gewissen Anteil ebenso in höheren Positionen zu finden sind: Das motiviert die Einsteigerinnen, wie man uns in einem Interview erläuterte. Die notwendige „Mischung“ betreffend, ist zu erinnern, daß Frauen in den von uns untersuchten Branchen schon seit längerem etabliert sind - auf welchem z. T. geringen Level im einzelnen auch immer. Ob ebenso in männerdominierten Branchen - zumindest verbal - der gemischtgeschlechtlichen Personalstrategie gehuldigt wird, wäre nachzuprüfen.

Die Anwesenheit von Frauen hebt nicht nur betriebsintern das Klima, sie wird in manchen der Dienstleistungsbereichen vom Kunden geradezu erwartet. Das gilt unbestreitbar für den „klassischen“ Frauenbereich Pflege: Patienten, und zwar weibliche wie männliche, möchten zumeist lieber von Frauen als von Männern gewaschen und gepflegt werden. Es gilt aber ebenso für Teilbereiche der Medien: Zuschauer, d. h. Kunden, sehen gern Frauen auf dem Bildschirm. Moderatorinnen sind, wie uns die Experten versicherten, genauso gefragt und genauso gut bezahlt wie ihre männlichen Kollegen. Jenseits des Optischen - „Blondchen-Schema“ nannte ein Medienvertreter den frauenspezifischen Bonus - gibt es offenbar noch ein schwer faßbares, spezifisch weibliches Vermögen, das bei der Fernseharbeit gefragt ist und „ankommt“. Es setzt sich zusammen aus Verbindlichkeit, dem Akzeptieren anderer Meinungen, der Fähigkeit zu „ganzheitlichem“ Denken. Die befragten Personalleiter machen sich wenig Gedanken darüber, ob es sich dabei tatsächlich um eine spezifisch weibliche Qualifikation handelt. Sie orientieren sich daran: Eingestellt wird schließlich nicht nach wissenschaftlichen Standards, sondern nach Intuition. Sie weist den Weg, wenn es darum geht, die „richtige“ Person auf den „richtigen“ Platz zu setzen, und gewinnt um so mehr an Gewicht, je weniger Bedeutung Berufsabschlüssen, festgelegten, kontinuierlichen Laufbahnmustern, formalisierten Personalauswahlkriterien u.a.m., beigemessen wird - was in qualifizierten und hochqualifizierten Teilbereichen der Medien deutlich, ansatzweise in der Alten- und Krankenpflege sowie im Reinigungsgewerbe erkennbar ist.

Diese Befunde stehen in diametralem Gegensatz zu zentralen Annahmen der aktuellen Debatte über die soziale Konstruktion von Zweigeschlechtlichkeit, wie sie vor allem Regine Gildemeister und Angelika Wetterer entwikkelt haben: Wo mittelständische Führungskräfte die Kategorie „Geschlecht" personalpolitisch ins Spiel bringen, scheint dies Frauen beruflich nicht nur nicht zu schaden, sondern sogar zu nützen - jedenfalls dann, wenn die Frauen als Frauen zugeschriebenen geschlechtsspezifischen Qualifikationen und Attribute dem ökonomischen Kalkül der Personalverantwortlichen entgegenkommen. Weniger die „Entdramatisierung" der Geschlechterdifferenz also scheint in mittelständischen Dienstleistungsunternehmen - nur dort? - Frauen Chancen zu eröffnen, sondern - ganz im Gegenteil - die „Dramatisierung" dieser Differenz. Die Studie gibt sehr deutliche Hinweise darauf, daß zumindest in mittleren Dienstleistungsunternehmen Frauen da berufliche Chancen finden, wo ihre Differenz betont wird: Die Differenz, das ist im sozialen Bereich ihre Zugewandtheit, in Teilsektoren der Medien ihre kommunikative und soziale Kompetenz. Diese Zuschreibungen wirken, ob sie nun der Realität entsprechen oder nicht. Wo Frauen ihnen zugeschriebene Stärken ausspielen können, d. h. wo personalpolitisch „Differenz" betont und positiv bewertet wird, da haben Frauen Arbeits- und Aufstiegschancen: Sie werden gefördert, weil dies nach Einschätzung der Führungskräfte den Betrieben zugute kommt. Wo hingegen die Personalpolitik auf „Gleichheit" setzt, wie z. B. im Bankgewerbe, bleiben Frauen in den unteren Rängen der Hierarchie stecken - trotz guter bis sehr guter qualifikatorischer Ausgangsbedingungen. Entpuppen sich mittelständische Manager - spontaner Zuneigung zum Frauenfördergedanken gänzlich abhold - nun ebenso aus Sicht überzeugter Frauenförderaktivistinnen als pfiffige Wegbereiter der beruflichen Gleichstellung und schlagen mit unternehmerischem Pragmatismus, der keine Widersprüche scheut, sämtlichen Skeptikerinnen ein Schnippchen?

Berufliche Gleichstellung und die personalpolitische A-Sexualisierung von Arbeitskraft: Eine Chance für die Frauen?

Unsere Ergebnisse zeigen, daß differenzierter als bisher argumentiert werden muß - empirisch, wie theoretisch[8]. Empirisch muß in erster Linie zwischen Branchen und Betrieben unterschieden werden, die Differenz positiv bewerten, und solchen, bei denen der Gleichheitsgedanke akzentuiert wird. Für die ersten - in unserem Sample sind das hauptsächlich Teilbereiche der Medien und der Alten- und Krankenpflege - gilt, daß geschlechtsspezifische Zuschreibungen - d. h. die Betonung der „Differenz" - die Erwerbsmöglichkeiten von Frauen durchaus erweitern können; nämlich sobald tradierte geschlechtsspezifische Zuschreibungen personalpolitischen Zwecken und Erfordernissen entgegenkommen, die wiederum betrieblichen Anforderungen unterschiedlicher Provenienz entspringen können. In solchen Momenten erfahren und bewerten die Personalverantwortlichen „Weiblichkeit" (Frau-Sein) bzw. bestimmte Aspekte davon als „positiv" und - für die Erwerbschancen von Frauen der eigentlich zentrale Punkt - zeigen Bereitschaft, entsprechend zu handeln; immer vorausgesetzt, sie sind dazu in der Lage. Das heißt die betroffenen Frauen lassen sich auf die ihnen gebotenen Bedingungen ein, was der Normalfall ist, oder aber jene lassen sich ohne große Schwierigkeiten den Bedürfnissen der Beschäftigten anpassen, was schon seltener geschieht. Die Führungskräfte tun das nicht - zumindest nicht primär - aus politischen, sondern aus betrieblichen Erwägungen heraus, qua ihrer Funktion als personalpolitische Entscheidungsträger. Das Alltagsdenken der Manager, ihre weitreichende Vorurteilslosigkeit und Offenheit gegenüber Frauen als Beschäftigte spielt hierbei zweifelsohne eine Rolle. Dies scheint aber, ebensowenig wie vorgängige, gute berufliche Erfahrungen mit Frauen, nicht der ausschlaggebende Faktor dafür zu sein, daß die Führungskräfte bestimmter Dienstleistungsunternehmen Frauen größere Chancen einräumen als anderswo.

Aber auch bei Betrieben des zweiten Typs, in dem „Weiblichkeit" (Frau-Sein) keinen speziellen Bonus bedeutet, gilt nicht automatisch, daß es zu Diskriminierungen aufgrund des Geschlechts kommt. Konkrete Beispiele dafür, daß selbst in diesen Unternehmen die „heimliche Männerförderung" zugunsten von Frauen durchbrochen wird, finden sich häufig. Hier versprechen sich die Personalverantwortlichen keine, zumindest keine relevanten betrieblichen Vorteile von spezifisch „weiblichen" Qualifikationen: Frauen als Frauen zugeschriebene informelle Qualifikationen interessieren sie nicht. Aber ebensowenig gehen die Manager automatisch davon aus, daß der Einsatz weiblicher Beschäftigter mit betrieblichen Nachteilen verbunden ist. Die Voraussetzung dafür, daß die Kategorie „Geschlecht" im Denken und Handeln der Führungskräfte keine Bedeutung erlangt, ist allerdings, daß Frauen bereit sind, sich auf das Leitbild allseits motivierter, qualifizierter, rundum verfügbarer Mitarbeiter mit räumlich und zeitlich fast unbegrenztem Engagement einzulassen. Rücksicht auf spezifisch weibliche Zwänge - Belastung durch Kinder, Haushalt, Altenpflege - wird hier nicht genommen. Das ist - etwas bissig formuliert - nur konsequent: Geschlechtsspezifische Rücksichtnahmen akzentuieren „Differenz", nicht „Gleichheit".

Es ist in diesen Fällen das Denken in Kategorien der „Gleichheit", und zwar im Sinne eines a-sexualisierten Verständnisses menschlicher Arbeitskraft, und nicht das Denken in Kategorien binärer, geschlechtlicher „Differenz", das als Vehikel der Benachteiligung von Frauen fungiert - allen beruflichen Entwicklungsmöglichkeiten zum Trotz, die selbst diese mittelständischen Dienstleister weiblichen Beschäftigten bieten. Ausgegrenzt und hierarchisiert wird dennoch, wenn auch nicht in dem Maße, wie in solchen Wirtschaftszweigen, in denen Personalverantwortliche nach wie vor ausgeprägte geschlechtsbezogene Vorbehalte gegenüber berufstätigen Frauen hegen. So ehrlich es - im Unterschied dazu - die befragten Manager mit der beruflichen Gleichbehandlung von Frauen und Männern denn meinen, so gilt im Falle mittlerer Dienstleister vielmehr: Um einen Zugang zu attraktiven, gut dotierten Arbeitsplätzen zu finden, oder gar um aufzusteigen, sind Frauen - hauptsächlich im Bankenbereich, aber ebenso in Teilsektoren der Medien - gezwungen, sich „wie Männer" in einer sogenannten Normalarbeits-Karriere zu verhalten, hochmotiviert und jederzeit zeitlich und mental verfügbar. Vor allem aber darf es keine Brüche in der Erwerbsbiographie geben: keine Teilzeitarbeit, keine Familienpause, möglichst keine Kinder. Dies Arbeitsmodell fällt Männern leichter - aufgrund der immer noch dominierenden, für sie außerordentlich günstig geregelten geschlechtsspezifischen Aufteilung von sogenannten Familienpflichten (Hausarbeit, Kindererziehung usw.).

Diese betrieblichen Benachteiligungen von Frauen vermitteln sich wesentlich über die institutionell starren, unbeweglichen Strukturen der betrieblichen Organisation, so hauptsächlich über Normierungen, die auf eine Angleichung und Vereinheitlichung der Beschäftigten nach Maßgabe kontinuierlicher Vollzeitarbeit hinauslaufen. In der betrieblichen Alltagspraxis handelt es sich dabei um personalpolitische Prozesse, die in a-sexualisierter Form daherkommen, Frauen aber das Nachsehen lassen. Personalpolitische Entscheidungen nach „Sachlage" und „unabhängig vom Geschlecht" sind - zumindest unseren Befunden zufolge - frauendiskriminierend: Frauen werden dadurch beruflich behindert, ohne daß eine explizit geschlechtsbegründete Benachteiligung, gestützt etwa auf tradierte Geschlechterstereotype, die Frauen als das „Besondere-Mindere-Andere" (Knapp 1987, S. 290) setzen, erfolgt.

Auf die Idee, daß hier eine Crux beruflicher Gleichheit liegen könnte, kommt keiner der Führungskräfte, „natürlicherweise" möchte frau da fast sagen: Die A-Sexualisierung von Arbeitskraft im Alltagsdenken mittelständischer Führungskräfte kommt zwar - wenngleich nur bestimmten! - Frauen zugute, eröffnet ihnen Chancen, die sie in diesem Ausmaß allemal dort nicht finden, wo „Weibliches" negativ bewertet wird. Männer hingegen profitieren nicht allein von der Entwertung dessen, was an Frauen als „weiblich" gilt, wie in sozial-konstruktivistischen Argumentationen betont wird. Ihnen nützt darüber hinaus ebenso die Nichtberücksichtigung von „Geschlecht", und zwar als Geschlecht. Sogar jene, welche sich einen Ausstieg aus der „männlichen" Berufsrolle wünschen und feststellen, daß ihnen dies betrieblich nicht ermöglicht wird, profitieren hiervon beruflich. Deshalb kann man sagen: Die von mittelständischen Personalverantwortlichen favorisierte, a-sexualisierte Variante der beruflichen Gleichstellung privilegiert Männer, zumindest solange die Rahmenbedingungen in und außerhalb der Betriebe so bleiben, wie sie sind.

Der „dekonstruktivistische Guerillakrieg" (Wetterer 1995b) im Sinne einer Aufkündigung der Mitarbeit an der Konstruktion der „Differenz" besteht aus der Sicht dieser Befunde wesentlich in einer Aufkündigung der Mitarbeit an der Konstruktion einer a-sexualisierten Fassung von beruflicher Gleichstellung, die zu Lasten der Differenzen von Frauen geht. Politisch betrachtet markiert dies eine eindeutige Grenze traditioneller Gleichstellungspolitik und begründet zugleich die Notwendigkeit von Frauenförderung und -politik.

Bezogen auf die Akzeptanz von Frauenförderung bedeutet die A-Sexualisierung[9] von Arbeitskraft im Denken der Personalverantwortlichen allerdings: Frauen wird keine spezifische Förderung zugestanden. Es ist für betriebliche Akteure vielfach nicht einsehbar, weshalb Frauen Sonderbedingungen erhalten sollten. Manch ein Personalverantwortlicher möchte am liebsten gar jegliche Regelung beschnitten sehen, die auf das „Geschlecht" rekurriert und – in seinen Augen – Frauen „privilegiert", wie zum Beispiel gesetzliche Regelungen von „Mutterschutz" und „Elternurlaub". Tatsächlich, so das Argument, richte sich der vermeintliche Schutz in der Regel gegen die Geschützten, hier die Frauen, selbst: Er sichere nicht ihre Arbeitsplätze, sondern nehme ihnen Chancen. So warb der Personalleiter eines modernisierten Reinigungsunternehmens, der neu entstandene, qualifiziertere und höher dotierte Arbeitsplätze nahezu ausschließlich an Männer vergibt, für seine Position mit den Worten: „Seien Sie doch mal ehrlich! Das würden Sie genauso machen!" Diese Antwort läßt sich als Hinweis auf den potentiell konservativen Charakter von Frauenförderung interpretieren – in der Terminologie von Gildemeister/Wetterer (1992) formuliert: Im Gesetz wird eine Dramatisierung der Geschlechterdifferenz vorgenommen, die die „Geschlechterklassifizierung re-ifiziert" und sich zum Nachteil von Frauen auswirkt. Diese Aussage trifft zu, allerdings nur für solche Branchen und Betriebe bzw. Betriebsteile, in denen Personalpolitiker bei der Besetzung qualifizierter, attraktiver Arbeitsplätze auf die allseitige, zeitlich umfassende Verfügbarkeit und Berechenbarkeit ihrer Mitarbeiter/-innen mit Nachdruck drängen – ohne Rücksicht auf deren Geschlecht. Mit gleichstellungspolitischer Aufgeklärtheit hat das allenfalls vordergründig zu tun. Die Berücksichtigung von „Geschlecht" paßt - in diesem Fall - schlichtweg nicht in das betriebliche Konzept.

Angesichts dieser Befunde läßt sich der vieldiskutierten und etwas bangen Frage „Can we avoid doing gender?" (West/Zimmermann 1991, S. 32) nur ein entschiedenes: „Let's do gender. And don't forget sex!" entgegensetzen. Es sind keineswegs nur sozio-kulturelle Prozesse von „doing gender", die im Kontext binärer Geschlechterlogik zur Diskriminierung von Frauen beitragen. Es ist ebenso die A-Sexualisierung von menschlicher Arbeitskraft, die zur Aufrechterhaltung tradierter Geschlechterhierarchie führt. A-sexualisierendes ist ebenso wie geschlechterdifferentes Denken im Alltagsbewußtsein männlicher wie weiblicher Führungskräfte fest verankert und strukturiert deren Wahrnehmung und Erfahrung. Beides wird in der Regel nicht auf seine grundsätzliche, sondern allenfalls auf seine situative Triftigkeit hinterfragt: Nämlich ob und inwieweit jeweils vom Geschlecht der Beschäftigten abstrahiert werden sollte bzw. ob und inwieweit es gedanklich einbezogen werden sollte. So verwundert es nicht, daß der a-sexualisierende Blick auf Mitarbeiter/-innen dominieren kann, sobald bürgerlich-aufgeklärtes, gleichheitsbezogenes Denken und - hauptsächlich - die Anforderungen des betrieblichen Alltags dies nahelegen. Während es andererseits kein Problem bereitet, geschlechterdifferentes Denken dann zu aktivieren, wenn es betrieblich nützlich erscheint.

Freilich gilt ebenso: Geschlechtsbezogenem Denken, auch in Gestalt einer bewußten Abstraktion von „Geschlecht" im Sinne gleichheitsbezogener Überlegungen, kommt im betriebswirtschaftlich-kaufmännisch dominierten Alltagsdenken von Personalverantwortlichen nur eine nachgeordnete Bedeutung zu. Die personalpolitische Antwort auf betriebsbezogene Erfordernisse, wie z. B. von Produktion und Absatz, erfolgt in Gestalt klarer Anforderungen an (potentielle) Mitarbeiter/-innen, etwa im Hinblick auf deren Leistungsbereitschaft, Berechen- und Verfügbarkeit oder „Verkäuflichkeit". Es sind derartige betriebs- und personalwirtschaftliche, zunächst einmal durch und durch geschlechtsunabhängige Überlegungen, welche in den Betrieben die Charakteristika bestimmen, in denen in der Folge Zweigeschlechtlichkeit personalpolitisch gedacht, bewertet und ausagiert wird. Personalpolitisches Denken und Handeln in Kategorien der Zweigeschlechtlichkeit, die eher die „Gleichheit" von Frauen und Männern betonen oder aber deren „Differenz", ist denn keineswegs so fiktiv und so austauschbar, wie die gegenwärtige Diskussion in der Frauen- und Geschlechterforschung suggeriert. Es macht „Sinn" - und zwar zuallererst einen ökonomischen. Ob der am Ende immer nur dem patriarchalen Machterhalt, also der tradierten Geschlechterhierarchie, zugute kommt, ist jedoch gleichfalls eine politische Frage. Hier liegen bereits jetzt

Chancen für die Frauenförderung, ebenso wie für die institutionalisierte Frauenförderpolitik.

Deren Perspektiven liegen primär dort, wo sie in attraktiven Erwerbsbereichen, wie z. B. auf Führungspositionen, auf betriebliche Verhältnisse hinarbeiten, die mehr erlauben als unterschiedslose Gleichmacherei. Diese Chancen finden Frauen ansatzweise bereits jetzt in solchen Branchen und Betrieben, in denen die Bereitschaft, sich auf personal- und arbeitszeitpolitische Experimente einzulassen, besonders groß ist. Das heißt in betrieblichen Kontexten, die in struktureller und kultureller Hinsicht eine vergleichsweise große Offenheit auszeichnet, in unserem Sample besonders ausgeprägt in Sektoren der neuen Medien und der ambulanten Alten- und Krankenpflege. Auf diese Seite der Problematik verstellt die gegenwärtige Debatte über die soziale Konstruktion von Zweigeschlechtlichkeit - ganz entgegen der eigenen Absicht - ein Stück weit den Blick. Das Problematische zweigeschlechtlichen Denkens liegt - bezogen auf die Konstituierung von Zweigeschlechtlichkeit und Hierarchie - nicht nur in der Reproduktion binär konstruierter, naturalisierender Geschlechterstereotype, die Frauen benachteiligen und Männer privilegieren. Problematisch ist ebenso die betrieblich - also auch: organisatorisch-strukturell - vermittelte Forderung nach unterschiedsloser „Gleichheit", die in attraktiven Erwerbsbereichen auf Vereinheitlichung hinausläuft, das Vorhandensein von Differenzen nicht anerkennt und tabuisiert (vgl. Becker-Schmidt 1996).

Genau hier verläuft, zumindest in den von uns untersuchten Bereichen, die zentrale Konfliktlinie im Geschlechterstreit. Dabei geht es durchaus um Veränderungen einer binär codierten Variante von Zweigeschlechtlichkeit. Diese allerdings konstituiert sich unter den gegebenen Verhältnissen auf einer strukturellen Ebene der betrieblichen Organisation und tritt personalpolitisch als A-Sexualisierung in Erscheinung, zu Gunsten von Männern und zu Lasten von Frauen. Qualifizierte Frauen in mittelständischen Dienstleistungsbetrieben beherrschen - nur dort? - das distanzierende Spiel mit überkommenen geschlechtlichen Identifizierungen und deren selbstbewußte Umdefinition durchaus. „Doing gender" aber bedeutet für sie zumeist nicht mehr als die Anpassung an das „männliche" Vorbild, wenn sie einen attraktiven Arbeitsplatz behalten oder beruflich weiterkommen möchten. Frauen tun das, wie wir erfahren haben, häufig nicht freiwillig und nicht ohne Zorn. Von einer offensiv nach außen getragenen Umformulierung dieser Variante der beruflichen Gleichstellung, die das aufgreift, was Frauen sich - auch als Frauen - wünschen, wurde uns, außerhalb des klassischen Frauenbereichs der Alten- und Krankenpflege und Teilsektoren der Medien, nur selten berichtet.

Angesichts dessen erweist sich - bezogen auf mittlere Dienstleister - weniger das Denken in Kategorien binärer Zweigeschlechtlichkeit als das „Trojanische Pferd" (Wetterer 1998, S. 54), das eine kritische Auseinandersetzung lohnt, sondern vielmehr das Denken in a-sexualisierenden Kategorien von menschlicher Arbeitskraft, das das traditionelle Verständnis von beruflicher Gleichstellung und Gleichstellungpolitik akzentuiert. Insbesondere hierüber vermitteln sich - unter den gegebenen betrieblichen wie außer-betrieblichen Voraussetzungen und Bedingungen - Prozesse, die zur Aufrechterhaltung der tradierten Geschlechterhierarchie in den Unternehmen beitragen. Sie zeichnen sich dadurch aus, daß sie keinen direkten Bezug auf das Geschlecht der Beschäftigten nehmen, und sorgen gerade hierüber dafür, daß das Ergebnis geschlechtshierarchisch ist. Man kann formulieren: Die soziale Konstruktion hierarchisierter Zweigeschlechtlichkeit vollzieht sich in diesen Momenten über betriebliche Prozesse der A-Sexualisierung von Arbeitskraft, die wiederum eingebunden sind in ökonomisch dominierte, organisationale Kontexte, die nicht binär, sondern mono-geschlechtlich - und zwar: „männlich" - „codiert" sind. Die Folge: „Doing gender" im Sinne der Etablierung zweigeschlechtlich-hierarchisierter Beziehungen und Verhältnisse kann sich paradoxerweise über Prozesse personalpolitischer A-Sexualisierung vollziehen. Die ausgeprägte empirische wie theoretische Fokussierung auf die sozio-kulturellen Bestimmungsmomente von Zweiggeschlechtlichkeit, die die gegenwärtige Diskussion auszeichnet, trübt hierfür den Blick. Sie vernachlässigt die ökonomisch dominierten, organisatorisch-strukturell präformierten Dimensionen hierarchisierender, frauendiskriminierender Vergeschlechtlichungsprozesse, die ohne direkte Bezugnahme auf die Kategorie „Geschlecht" auskommen - mit dem Ergebnis, daß potentielle Ansatzpunkte für individuelle und kollektivpolitische Handlungschancen von Frauen unsichtbar bleiben. Deren Optionen sind im Rahmen traditioneller Gleichstellungspolitik nur sehr begrenzt zu verwirklichen. Sie gesteht - bildlich formuliert - Frauen keine eigene Stimme zu, eine dezidierte Frauen(förder)politik hingegen forciert genau dies.

Freilich gilt wie eingangs betont zugleich: Traditionelle Gleichstellungspolitik wie Frauen(förder)politik sind politische Ansätze, die auf die Herstellung von Geschlechtergleichheit zielen, und zwar im Kontext einer binär konzipierten Zweigeschlechtlichkeit - da beißt die Maus keinen Faden ab. Insbesondere wer von Frauenförderung redet, gerät mitten in die Problematiken hinein, die mit problematischen essentialisierenden Argumentationen verbunden sind. Sogar der Verzicht auf die gedankliche Trennung von „sex" und „gender" zugunsten von „gender", wie von sozial-konstruktivistisch orientierten Autorinnen verschiedentlich vorgeschlagen wird, hilft hier nicht weiter; tendenziell biologistische Argumentationen würden nur durch tendenziell soziologistische ersetzt. Nur: Der Verweis darauf, angesichts dessen die „sex"-"gender"-Problematik ganz sein zu lassen und - wie gehabt - lieber mit der originären deutsch-sprachigen Variante zu arbeiten, also nach wie vor einfach von „Geschlecht" zu reden, wie wiederum andere meinen, löst nicht die Aufgabe, wie biologische und soziologische Dimensionen von „Geschlecht" in ihrer gesellschaftlichen - also ebenso: betrieblichen - Vermittlung zu erklären sind. Aber genau darauf kommt es bei der Analyse geschlechtshierarchischer Ungleichheitsbeziehungen und der Ausformulierung einer darauf bezogenen Politik an. Wie Gudrun-Axeli Knapp anschaulich formuliert, kann

> „von 'sex' ... 'gender' potentiell, wenn auch nicht aktuell, weggedacht werden; nicht ebenso 'sex' von 'gender'. Es bleibt ein irreduzibler 'Rest' mit einer eigenen Materialität, die, auch wenn man sie nur im Denken vorstellen kann, doch nicht durch Denken hervorgebracht ist" (Knapp 1994, S. 277).

Essentialisierende Aussagen, die ich mache, wenn ich von Frauen, Frauenförderung oder Frauenpolitik rede, sind immer fiktiv und real zugleich. Diese Problematik liegt - erkenntnistheoretisch betrachtet - Vergeschlechtlichungsprozessen in und außerhalb der Betriebe zugrunde. Hieraus erklärt sich die ausgeprägte Willkürlichkeit, in der dabei verfahren werden kann, wie ebenso die dringende Notwendigkeit, herrschenden Interpretationen die eigenen entgegenzusetzen. Insofern kommt der Auflösung identitätslogischer Kurzschlüsse, also der naiv-identifizierenden Gleichsetzung von abstrahierender Begrifflichkeit und darunter gefaßter „Sache", sowohl bei der Analyse geschlechtshierarchischer Beziehungen und Verhältnisse, wie bei der Entwicklung von Frauen(förder)politik eine große Bedeutung zu (vgl. Becker-Schmidt 1996, Knapp 1994,1997). Hierin liegt eine Voraussetzung dafür, Vorstellungen über berufliche Gleichheit im Kontext einer gesellschaftlich vermittelten, sozio-kulturell, aber z. B. ebenfalls ökonomisch geprägten Konstituierung von Zweigeschlechtlichkeit entwickeln zu können, die das Denken der „Gleichheit" von Frauen und Männern in ihrer „Differenz" und jenseits von Hierarchie zuläßt. Dem stehen die gesellschaftliche - hier vor allem: betriebliche - (Ir-)Relevanz und die dominierenden Bedeutungsgehalte von (beruflicher) Gleichstellung entgegen. Diese sind so beschaffen, daß sie Frauen abverlangen, sich an vorgegebene Realitäten anzupassen, ohne auf deren Gestaltung Einfluß nehmen zu können. Daher bedarf es einer Politik, die so gedacht und so konzipiert ist, daß sie „Gleichheit" in der „Differenz" überhaupt bewirken kann. Politisch führt diese Situation zu der Paradoxie, daß die institutionalisierte Gleichstellungspolitik von Fall zu Fall und durchaus in strategischer Absicht die „Differenz" von Frauen und Männern aufgreifen und betonen muß, wenn sie politisch deren „Gleichheit" erzielen will. Genau hier ist die Frauen(förder)politik im übrigen ausbauwürdig im Hinblick auf den Abbau anderer, zusätzlicher Formen geschlechtlich vermittelter, beruflicher Ungleichheiten, wie z. B. rassistischer und (homo)sexueller Diskriminierung und Benachteiligung. Es muß sich zeigen, ob Frauen bereit sind, diese Möglichkeit zu nutzen: für sich selber und (damit?) für andere, die „anders" sind.

Mittelständische Dienstleister – ein „harter Brocken" für die institutionalisierte Frauenförderpolitik?

Im mittleren Dienstleistungsgewerbe allerdings ist man nicht bereit, sich auf „Politik" - und speziell auf Frauen(förder)politik - einzulassen, wenn es nicht „etwas bringt" und zwar möglichst kurz-, mindestens aber mittelfristig. Ein „Talk" zwischen politischen Institutionen und Unternehmen, wie er mit Großbetrieben in vielerlei Gremien und Gesprächsrunden gepflegt wird, ist für Mittelständler nicht attraktiv. Tatsächlich ist er nicht einmal möglich: Die Personalressourcen sind zu knapp. Die Gleichstellungspolitikerinnen wissen um diese Problematik und haben - vielleicht nicht einmal in bewußter Absicht - ihre Konsequenz daraus gezogen: Frauenförderpolitik richtet sich an Großunternehmen aus; ihre Konzepte sind für Betriebe jenseits der 500-Beschäftigten-Grenze gemacht. Wieweit die hier in imagebewußten Großbetrieben erzielte Akzeptanz der Frauenförderpolitik eher symbolisch als real - eher verbal als praktisch - ist, soll an dieser Stelle nicht weiter erörtert werden. Wissenschaft und Politik des „main"-, sprich „male"- stream hingegen haben den Mittelstand schon seit langem entdeckt. Dies gilt für das dauerkriselnde Ruhrgebiet und für NRW in spezieller Weise: Hier wird alle Hoffnung auf die mittelständischen (Dienstleistungs-)Betriebe gesetzt. Innovative Technik, Strukturwandel, neue Arbeitsplätze - all diese Zauberformeln erwartet die Politik nicht von den häufig angeschlagenen, z. T. maroden Großkonzernen, sondern vom Mittelstand der als flexibel, marktorientiert und hochmodern gilt. Eine andere Frage ist allerdings, ob den öffentlichen Lobpreisungen die entsprechenden staatlichen Hilfen und Fördermittel folgen. Mehrere Untersuchungen des Bonner Institutes für Mittelstand belegen: Geworben wird um die Kleinen, gezahlt wird an die Großen.

Die institutionalisierte Gleichstellungspolitik aber wirbt nicht einmal um den Mittelstand - oder nur äußerst zaghaft.[10] Der Sachverhalt, daß sich die Regionalstelle in der untersuchten Kommune, deren Aufgabe die betriebliche

Frauenförderung ist, nahezu ausschließlich mit den „pflegeleichten“ Großunternehmen befaßt, ist um so bedenklicher, als die Regionalstellen in NRW ursprünglich anders konzipiert waren, und eine ihrer Aufgaben - laut Fördergrundsätzen des Landes[11] - in der Initiierung und Begleitung frauenfördernder Maßnahmen in klein- und mittelständischen Betrieben besteht. Dieser Ansatz ging im Laufe der Jahre verloren: Es gibt keine Konzepte, wie der „härteste Brocken“ - so eine Vertreterin der kommunalen Gleichstellungspolitik - aufgeknackt werden könnte. Sind mittelständische Unternehmen - allemal in einer Situation, in der selbst qualifizierte Arbeitskräfte in nahezu beliebiger Menge auf dem Markt zu kriegen sind - für Frauenförderung generell nicht ansprechbar? In diesem Fall hätte institutionalisierte Frauenförderpolitik[12], zumal mit den vorhandenen schmalen Personal- und Geldressourcen, keine Chance; die weitgehende Vernachlässigung frauenfördernder Intervention bei mittelständischen Unternehmen wäre realitätstüchtige Politik. Nur: So eindeutig ist die Lage nicht.

Die untersuchten mittelständischen Dienstleistungsbetriebe lassen sich in drei Typen einteilen. Dabei handelt es sich um idealtypische Konstruktionen: Betriebe, die sämtliche Merkmale eines Typs in großer Reinheit aufweisen, dürften kaum zu finden sein. Allerdings ist davon auszugehen: Wenn bestimmte Merkmale, die z. T. branchentypisch sind, in einem Betrieb zusammenkommen, so liegt eine darauf abgestimmte Grundeinstellung zur politisch unterstützten Frauenförderung nahe.

Typ A: Die gänzlich Desinteressierten oder: Die entschiedenen Anhänger eines a-sexualisierten Verständnisses von beruflicher Gleichheit

Betriebe dieser Kategorie gehen davon aus, keinerlei Beratungsbedarf zum Thema Frauenförderung zu haben. Gegen eine Zusammenarbeit mit frauenpolitischen Gremien zeigen sie starke Abneigung, tatsächlich sind sie nicht einmal an Frauen-Fördergeldern interessiert. Hier scheint politisch induzierte Frauenförderung derzeit fast chancenlos zu sein. Was zeichnet nun die „gänzlich Desinteressierten“ aus?

- Sie zählen zu den etablierten Branchen und bieten eine Vielzahl attraktiver Arbeitsplätze, was ihre Unzugänglichkeit für die Frauenförderpolitik um so bedenklicher macht - Die Betriebe wollen - und können - ihre Angelegenheiten selber regeln und schotten sich nach außen hin ab. Sie verfügen über ausreichend Kapital und sind daher nicht auf Fördergelder angewiesen.
- Sie bilden intern aus und haben ein verzweigtes, gut aufeinander abgestimmtes eigenes Fortbildungssystem. An öffentlich finanzierten Qualifizie-

rungsmaßnahmen, die einen erheblichen Teil der Frauen-Förderprogramme und der Programmgelder ausmachen, sind diese Betriebe nicht interessiert; so vor allen Dingen nicht an der Übernahme extern qualifizierter Frauen. Aber selbst an einer Zusammenarbeit mit externen Anbietern von Fortbildungsmaßnahmen haben sie kein Interesse.

- In den Unternehmen wird großer Wert auf eine vereinheitlichende Unternehmenskultur gelegt. Mitarbeiterinnen müssen in den Betrieb passen. Das wird durch Rekrutierung des Personals aus den Reihen der eigenen Auszubildenden gesichert.
- Die Betriebe verfügen über gewachsene, d. h. gefestigte - verfestigte? - betriebliche Strukturen und Abläufe. Das Leitbild des vollzeitarbeitenden, rundum verfügbaren Mitarbeiters als Bezugspunkt und Maßstab personalpolitischer Entscheidungen - und damit von beruflicher Gleichstellung - ist fest verankert und soll es bleiben. „Quereinsteigerinnen" gibt es nicht. Wiedereinsteigerinnenprogramme - d. h. unterstützende Programme für Frauen, die nach einer längeren Erwerbsunterbrechung wieder in den Beruf wollen (oder müssen!) - sind hier ebenfalls nicht gefragt.
- In den Betrieben besteht ein generelles Ressentiment gegen „die Politik", die man als ständigen, lästigen Beschneider wirtschaftlicher Freiheiten versteht. Einer Zusammenarbeit mit politischen Stellen steht man mißtrauisch gegenüber.

Typische Betriebe der Kategorie A sind mittelständische Banken.

Typ B: Die am Geld Interessierten oder: Die für „Differenz" offenen Anhänger beruflicher Gleichheit

Betriebe dieser Kategorie stehen der „auf der politischen Schiene kommenden" Frauenförderung an sich skeptisch, z. T. desinteressiert gegenüber - sie sind jedoch für eine Zusammenarbeit zu gewinnen, wenn sie sich davon finanzielle Vorteile versprechen. „Ist doch klar", kommentiert ein Unternehmensvertreter, „wenn ich einen Tausender mitnehmen kann, wäre ich der Letzte, der das nicht tut." Unverbindliche Gespräche mit den Institutionen der Frauenpolitik oder gar Appelle an das gleichstellungspolitische Gewissen sind nicht gefragt, wohl aber Gelder aus Förderprogrammen. Für Betriebe dieser Kategorie sind folgende Kriterien charakteristisch:

- Sie befinden sich in einer Aufbruchs- oder Umbruchsituation - auch in unternehmenskultureller Hinsicht. Gravierende Veränderungen und Umwälzungen innerhalb der Branche machen die Lage außerordentlich unübersichtlich.

- Konkurrenz- und Leistungsdruck sind hoch; die Unternehmen kalkulieren extrem knapp, planen in kurzfristigen Zeiträumen und halten sich flexibel.
- Sie sehen sich betrieblichen Gestaltungsanforderungen gegenüber, die in kurzer Zeit, bei dünner Kapitaldecke und mit beschränkten personellen Ressourcen bewerkstelligt werden sollen. Vieles wird einfach ausprobiert, denn gehandelt werden muß. Rat und - finanzkräftige - Tat von außen sind durchaus willkommen; hauptsächlich dann, wenn sie nichts kosten, gar Geld bringen und - sehr wichtig - unbürokratisch zu haben sind.
- Die Betriebe zeichnen sich in unternehmenskultureller Hinsicht durch eine relative Offenheit und Vielfältigkeit aus. Sie sind auf der Suche nach Orientierung und Neuem gegenüber aufgeschlossen, so es betrieblich weiterhilft. Das gilt ebenso in arbeits(zeit)- und beschäftigungspolitischer Hinsicht: Kontinuierliche Vollzeitarbeit gilt sogar in qualifizierten und hochqualifizierten Einsatzbereichen nicht als das Nonplusultra, berufliche Quereinsteiger und Quereinsteigerinnen sind keine Seltenheit.
- Fort- und Weiterbildungsbedarf für die Beschäftigten in qualifizierten Einsatzbereichen ist vorhanden. Das haben die Personalverantwortlichen klar vor Augen, - daß die Sache teuer ist ebenso. Qualifizierungshilfen von Land und Kommune sind daher willkommen, über damit verbundene Frauenförderaspekte kann geredet werden - die Lage macht ansprechbar; „gute" Erfahrungen mit Frauen tun ein übriges.
- Die Betriebe sind „politik-gewohnt", d. h. sie haben aufgrund ihrer Tätigkeit häufig Kontakt mit „der Politik" - z. B. im Rahmen arbeits- oder beschäftigungspolitischer Auseinandersetzungen - und zeigen schon deshalb keine Berührungsängste.

Betriebe dieser Kategorie finden sich in so unterschiedlichen Branchen wie dem Medienbereich und dem Reinigungsgewerbe. Dies irritiert zunächst. Es muß aber beachtet werden, daß es hier bei der Bildung von Betriebstypen nicht um eine generelle Ähnlichkeit von Betriebsabläufen, Aufstiegschancen usw. ging. Herausgearbeitet werden sollte vielmehr, welche Kriterien offenbar erfüllt sein müssen, damit ein Betrieb einen bestimmten Grad an Offenheit und Interesse für die institutionalisierte Frauenförderpolitik aufbringt.

Typ C: Die frauenpolitisch Interessierten oder: Die nicht ganz freiwilligen Anhänger einer beruflichen Gleichheit in der „Differenz"

Betriebe dieser Kategorie interessieren sich sowohl für Fördergelder und -programme, wie für die Thematik der Frauenpolitik: Berufliche Gleichheit ist ein Thema. Engere Kontakte, verschiedene Kooperationsformen, selbst eine Art frauenpolitisches „Netzwerk" - was immer das im einzelnen heißen mag - können sich die Unternehmensvertreter-/innen hier vorstellen. Welche Merkmale weisen Betriebe auf, die das Herz einer jeden Frauenpolitikerin höher schlagen lassen müßten?

- Die Betriebe gehören relativ neuen, wachsenden Branchen an, man befindet sich im Aufbruch und auf der Suche - auch in unternehmenskultureller Hinsicht; Rat und Hilfestellung Dritter bei der Bewältigung betrieblicher Gestaltungsaufgaben sind erwünscht, dürfen aber nicht teuer und aufwendig zu haben sein. Die ökonomischen und personellen Ressourcen sind extrem knapp.
- Es herrscht Mangel an fachlich geschultem Personal.
- Es sind überwiegend Frauen, die über die geforderten fachlichen Qualifikationen verfügen. Das fördert die Offenheit gegenüber frauentypischen Problemlagen, auf deren Lösung frauenfördernde Maßnahmen abheben.
- Die Personalverantwortlichen orientieren sich nicht automatisch an männlichen Erwerbsbiographien und -mustern. Das schafft zusätzliche Offenheit für Frauenpolitik und Frauenförderung.
- Ausgebildet wird extern. Es handelt sich um eine staatlich anerkannte Ausbildung. Um das Personalproblem zu lösen, ist man also auf den Staat angewiesen - das legt Kooperationsbereitschaft nahe.
- Fort- und Weiterbildungsbedarf ist vorhanden, seine Realisierung aber teuer.
- Die berufliche Tätigkeit erfordert „Herz", d. h. Menschlichkeit und soziale Kompetenz werden als Ware mitverkauft. Dieses sensible Gut verkauft sich leichter, wenn das Betriebsklima entsprechend ist. Eine gewisse Rücksichtnahme auf die Wünsche und Bedürfnisse speziell weiblicher Beschäftigter, die erst Chancengleichheit ermöglicht, ist in diesen Betrieben auch daher eher zu erwarten.

Typische Betriebe dieser Kategorie finden sich unter den kleineren Privatunternehmen der Ambulanten Alten- und Krankenpflege.

Der vergleichende Blick auf die drei Betriebstypen zeigt, daß die Offenheit für frauenfördernde, politische Intervention und Innovation in erheblichem Ausmaß von der finanziellen Situation der Betriebe abhängt: Die eingangs beschriebene, allenthalben vorhandene Skepsis gegenüber der politischen Frauenförderung scheint um so nachdrücklicher dem Interesse zu weichen, je enger es um die finanziellen Ressourcen eines Betriebes bestellt ist. Eine hohe, von der institutionalisierten Gleichstellungspolitik unterschätzte Bedeutung kommt ebenso den Einstellungen und Erwartungen zu, die die Betriebe gegenüber der Zusammenarbeit mit außerbetrieblichen Institutionen, insbesondere denen der Politik, haben. Diese können, wie bei Typ A, als massive Barriere wirken, welche - vermittelt über konkrete kooperative Erfahrungen, wie bei Typ B - an Bedeutung verlieren kann. Das ist ein deutlicher Hinweis darauf, wie wichtig es für die politische Frauenförderung ist, sich aktiv um Kooperationsbeziehungen mit mittleren Dienstleistern zu bemühen. Organisationsstrukturelle und -kulturelle Merkmale hingegen spielen im Hinblick auf die politischen Initiierungschancen von betrieblicher Frauenförderung eine nachgeordnete, wenngleich nicht zu unterschätzende Rolle: Sie stellen innerbetriebliche Basisfaktoren für die Innovationsoffenheit in Sachen Frauenförderung zur Verfügung, sind aber nicht ausschlaggebend dafür, daß die Betriebe gegenüber der politischen Frauenförderung ein nachdrückliches Interesse entwickeln. Wenig Bedeutung für die Frage, ob ein Unternehmen bzw. eine Branche Chancen für die Initiierung frauenfördernder Aktionen bietet, scheint demgegenüber der Prozentsatz weiblicher Beschäftigter zu haben: Eine gewisse Frauenquote muß allerdings erfüllt sein; Frauen müssen im Betrieb bereits Fuß gefaßt haben.

Gleichstellungspolitik als Frauenförderpolitik: Plädoyer für eine nachdrückliche Entscheidung für die Frauenpolitik!

Die institutionalisierte Gleichstellungspolitik muß sich weitaus stärker als bisher auf mittlere und kleinere (Dienstleistungs-)Betriebe hin orientieren. Hieran führt kein Weg vorbei. Voraussetzung dafür ist, daß sie ihre bisherige Arbeit - Themen, Informationswege, Programme u.a.m. - daraufhin überprüft, wieweit sie ausschließlich auf Großunternehmen zugeschnitten sind. Die erforderliche Neukonzeption muß adressatendifferenziert sein, d. h. zum Beispiel die für mittlere Unternehmen typischen Voraussetzungen und Bedingungen - bestimmte Betriebsabläufe, Verhaltensmuster etc. - berücksichtigen und gleichzeitig so offen sein, daß der Heterogenität der einzelnen Branchen und Betriebe entsprochen werden kann. Das ist eine schwierige Aufgabe, zu der es aber keine Alternative gibt, wenn Gleichstellungspolitik auf dem Gebiet betrieblicher Frauenförderung eine Zukunft sucht.

Das aber sollte sie mit Entschiedenheit tun: Traditionelle Gleichstellungspolitik stößt auf Grenzen, wenn es um die Verwirklichung der beruflichen Gleichheit von Frauen und Männern geht. Sie befördert Frauen in betriebliche Verhältnisse hinein, die Männer privilegieren - und zwar als Geschlecht. Als Vehikel dienen dabei, zumindest im mittleren Dienstleistungsbereich, nicht primär, wie in der neueren feministischen Debatte behauptet, soziokulturelle Prozesse des „doing gender", die Frauen gegenüber Männern benachteiligen, sobald zweigeschlechtliches Denken den beruflichen Alltag bestimmt. Hierzu trägt vor allem die A-Sexualisierung menschlicher Arbeitskraft in den Köpfen besonders, aber nicht allein, der Personalverantwortlichen bei, mit dem Ergebnis, daß Frauen, die sich beruflich behaupten möchten, dies, wenn überhaupt, nur über weitreichende Anpassungs- und Verzichtleistungen bewerkstelligen können, die Männern so nicht abverlangt werden. Traditionelle Gleichstellungspolitik verfügt über keine Mittel, diesen Teufelskreis zu durchbrechen. Sie läuft - salopp formuliert - darauf hinaus, Frauen anzutragen, sich Männern anzupassen, wenn sie „gleiche" berufliche Chancen haben wollen. Wem das zuwenig ist, und wer darüber hinaus davon überzeugt ist, daß allein die sozio-kulturelle Setzung von „Vielgeschlechtlichkeit" - in sozial-konstruktivistischer Terminologie also: „doing gender(s)" - die Problematik geschlechtsbezogener Diskriminierung und Benachteiligung nicht lösen wird, weil sie nicht ausschließlich sozio-kulturell begründet ist, kann auf eine entschiedene Frauen(förder)politik nicht verzichten: Brauchen wir also, wennschon - dennschon, zumindest einen „dekonstruktivistischen" Frauenförderplan, wie Angelika Wetterer (1995b, S. 224) ironisierend mutmaßt? Ich denke, daß wir eben einen solchen durchaus benötigen. In dessen Zentrum würde ich - zumindest im Falle mittelständischer Dienstleister - jedoch nicht die „Dekonstruktion" althergebrachter, bipolarer und naturalisierender Attribute von „Weiblichkeit" und „Männlichkeit" stellen, sondern die politisch-praktischen Schlußfolgerungen einer vorrangigen „Dekonstruktion" a-sexualisierender, ökonomisch bestimmter und organisatorisch-strukturell vermittelter Attribute von beruflicher Gleichheit: „Let's do gender. And don't forget sex!", also?

Anmerkungen

1 Der vorliegende Aufsatz ist die erweiterte und überarbeitete Fassung eines Vortrages, den ich auf der Jahrestagung der Sektion Frauenforschung der DGS 1997 in Potsdam gehalten habe. Helga Bürger und Ursula Fries danke ich für wichtige Anregungen und Kritik, ebenso den Herausgeberinnen dieses Bandes, insbesondere Ilse Lenz und Birgit Riegraf.

2 Diese frühe Phase der Frauenförderung ist in einer Vielzahl von Texten dokumentiert, exemplarisch seien hier angeführt: Däubler-Gmelin/Pfarr/Weg (1985) sowie Weg/Stein (1988).

3 Es liegen eine ganze Reihe empirischer Untersuchungen vor, die - bezogen auf einzelne Branchen, Betriebe, Handlungsfelder, Implementierungsvarianten etc. - einen differenzierten Einblick in die Problematiken betrieblicher Frauenförderung erlauben. Einen Überblick bieten Beckmann/Engelbrech (1994), S. 773ff; an neueren Einzelstudien seien genannt: Riegraf (1996), Weber (1998), Schön (1999).

4 Vgl. Butler (1991), Knapp/Wetterer (1992), Benhabib u.a. (1993), Feministische Studien 2 (1993), Wobbe/Lindemann (1994), Institut für Sozialforschung (1994), Hark (1996), Gottschall (1997,1998), Bauhardt/von Wahl (1999).

5 Die Untersuchung wurde bei Prof. Dr. Ursula Beer, Fachbereich Gesellschaftswissenschaften der Universität Dortmund, durchgeführt. Die empirischen Erhebungen fanden zwischen 1994 und 1996 in zwei aufeinanderfolgenden Phasen statt. Die Erhebungsrunde I „Politik" schloß neben der Aufarbeitung arbeitsmarkt- und betriebspolitisch bedeutsamer Daten und Materialien die Auswertung verschiedenster, für Frauenförderpolitik relevanter schriftlicher Materialien von Land und Kommune ein. Im Zuge der mündlichen Befragungen wurden - neben diversen Hintergrundgesprächen mit Experten/-innen für Gleichstellungspolitik und Mittelstand - Interviews mit gleichstellungspolitisch relevanten Vertreter/-innen der Landes- und Kommunalpolitik, der IHK des Arbeitsamts sowie sämtlicher für den Dienstleistungsbereich relevanten Einzelgewerkschaften geführt. Im Zentrum der Erhebungsrunde II „Betriebe" stand die Untersuchung von zwölf Unternehmen des mittelständischen Dienstleistungssektors. Neben Betriebsbegehungen, der Auswertung betriebsbezogener Daten und Materialien basieren diese Befunde auf Gesprächen mit Personalverantwortlichen der Unternehmen. Sämtliche Interviews wurden mit Hilfe halbstandardisierter Leitfäden geführt und hatten eine Dauer von jeweils rund 2 Stunden.

6 Alle Interviewzitate stammen aus Interviews, die für die Studie geführt wurden.

7 abgedruckt z. B. in Demmer (1988).

8 Ich habe den gesellschaftstheoretischen Begründungskontext, in dem die hier vorgestellte Argumentation steht, auf der Grundlage von Arbeiten Ursula Beers skizziert in: Hornung (1993), S. 140-146.

9 Zum Zusammenhang der Ausgrenzung von weiblicher Sexualität in betrieblichen Organisationen und männlicher Vorherrschaft vgl. Müller (1993).

10 Ausführlicher hierzu vgl. Fries/Hornung (1997).

11 Vgl. Ministerium für Wirtschaft, Mittelstand und Technologie des Landes NRW: Fördergrundsätze. Regionalstellen „Frau und Beruf" (internes Papier, ohne Ort und Jahr).

12 Gemeint sind folgende politische Instrumentarien: Die Frauenpolitik der Landesregierung, speziell des Landesministeriums für die Gleichstellung von Frau und Mann, wie sie in den Förderprogrammen zum Ausdruck kommt - und die Gleichstellungspolitik der untersuchten Stadt, die für den beruflichen Bereich vor allem von der Regionalstelle betrieben wird. Regionalstellen sind ein Spezifikum nordrhein-westfälischer Frauenpolitik: Überwiegend vom Land, aber auch von den Kommunen finanziert, sind sie in allen größeren Städten NRWs vertreten - manche Städte teilen sich eine Regionalstelle. Aufgabe der personell unterschiedlich ausgestatteten Stellen ist die Durchsetzung beruflicher Gleichstellung von Frau und Mann auf regionaler Ebene.

Literatur

Bauhardt, Christine/Von Wahl, Angelika (Hg.) (1999): Gender and Politics. 'Geschlecht' in der feministischen Politikwissenschaft. Opladen

Becker-Schmidt, Regina (1996): Einheit-Zweiheit-Vielheit. Identitätslogische Implikationen in feministischen Emanzipationskonzepten. In: ifg-Zeitschrift für Frauenforschung, Heft 1 und 2, S. 5-18

Beckmann, Petra/Engelbrech, Gerhard (Hg.) (1994): Arbeitsmarkt für Frauen 2000 - ein Schritt vor oder ein Schritt zurück. Kompendium zur Erwerbstätigkeit von Frauen. Nürnberg

Benhabib, Seyla u.a. (Hg.) (1993): Der Streit um Differenz. Feminismus und Postmoderne in der Gegenwart. Frankfurt a. M.

Brumlop, Eva/Hornung, Ursula (1994): Betriebliche Frauenförderung - Aufbrechen von Arbeitsmarktbarrieren oder Verfestigung traditioneller Rollenmuster. In: Beckmann, Petra/Engelbrech, Gerhard (Hg.), S. 836-851

Butler, Judith (1991): Das Unbehagen der Geschlechter. Frankfurt a. M.

Däubler-Gmelin, Herta/Pfarr, Heide/Weg, Marianne (Hg.) (1985): Mehr als nur gleicher Lohn. Handbuch zur beruflichen Förderung von Frauen. Hamburg

Demmer, Christine (Hg.) (1988): Frauen im Management. Von der Reservearmee zur Begabungsreserve. Frankfurt a. M.

Feministische Studien (1993): Kritik der Kategorie 'Geschlecht', Heft 2

Fries, Ursula/Hornung, Ursula (1996): Betriebliche Frauenförderung in mittelständischen Dienstleistungsunternehmen. Unveröffentlichter Abschlußbericht. Dortmund

-/Hornung, Ursula (1997): 'Ob Männlein oder Weiblein - das spielt keine Rolle'. Frauenförderung, Gleichstellungsideologie und Politik im Mittelstand. In: WSI-Mitteilungen, Heft 1, S. 31-37

Gildemeister, Regine/Wetterer, Angelika (1992): Wie Geschlechter gemacht werden. Die soziale Konstruktion der Zweigeschlechtlichkeit und ihre Reifizierung in der Frauenforschung. In: Knapp, Gudrun-Axeli/Wetterer, Angelika (Hg.), S. 201-254

Gottschall, Karin (1997): Das Erkenntnispotential sozialkonstruktivistischer Perspektiven für die Analyse von sozialer Ungleichheit und Geschlecht. In: Hradil, Stefan (Hg.): Differenz und Integration. Die Zukunft moderner Gesellschaften. Verhandlungen des 28. Kongresses der Deutschen Gesellschaft für Soziologie in Dresden. Frankfurt a. M./New York, S. 479-496

- (1998): Doing Gender While Doing Work? Erkenntnispotentiale konstruktivistischer Perspektiven für eine Analyse des Zusammenhangs von Arbeitsmarkt, Beruf und Geschlecht. In: Geissler, Birgit/Maier, Friederike/Pfau-Effinger, Birgit (Hg.): FrauenArbeitsMarkt. Der Beitrag der Frauenforschung zur sozio-ökonomischen Theorienentwicklung. Berlin, S. 63-94

Hark, Sabine (1996): Deviante Subjekte. Bewegung-Diskurs-Politik. Paradoxien lesbischer Identitätspolitik. Opladen

Holland-Cunz, Barbara (1995): Frauenpolitik im schlanken Staat. Die 'Poetik' der lean administration und ihre Realität. In: ifg-Zeitschrift für Frauenforschung, Heft 1 und 2, S. 16-27

Hornung, Ursula (1993): Tarifliche und betriebliche Vereinbarungen zur Frauenförderung: Ein Weg zur beruflichen Gleichstellung der Geschlechter? In: Aulenbacher; Brigitte/Goldmann, Monika (Hg.): Transformationen im Geschlechterverhältnis. Frankfurt a. M./New York, S. 131-168

Institut für Sozialforschung (Hg.) (1994): Geschlechterverhältnisse und Politik. Frankfurt a. M., New York

Knapp, Gudrun-Axeli (1987): Arbeitsteilung und Sozialisation: Konstellationen von Arbeitsvermögen und Arbeitskraft im Lebenszusammenhang von Frauen. In: Beer, Ursula (Hg.): Klasse Geschlecht. Feministische Gesellschaftsanalyse und Wissenschaftskritik. Bielefeld, S. 267-287

-, (1994): Politik der Unterscheidung. In: Institut für Sozialforschung (Hg.), S. 262-287

-, (1997): Differenz und Dekonstruktion: Anmerkungen zum 'Paradigmenwechsel' in der Frauenforschung. In: Hradil, Stefan (Hg.): Differenz und Integration. Die Zukunft moderner Gesellschaften. Verhandlungen des 28. Kongresses der Deutschen Gesellschaft für Soziologie in Dresden. Frankfurt a. M./New York, S. 497-513

-/Wetterer, Angelika (Hg.) (1992): Traditionen. Brüche. Entwicklungen feministischer Theorie. Freiburg

Ministerium für Wirtschaft, Mittelstand und Technologie des Landes NRW (o.J.): Fördergrundsätze. Regionalstellen 'Frau und Beruf'. Ohne Ort

Müller, Ursula (1993): Sexualität, Organisation und Kontrolle. In: Aulenbacher, Brigitte/Goldmann, Monika (Hg.): Transformationen im Geschlechterverhältnis. Frankfurt a. M./New York, S. 97-114

Riegraf, Birgit (1996): Geschlecht und Mikropolitik. Das Beispiel betrieblicher Gleichstellung. Opladen

Roloff, Christine (1996): Hochschulstrukturreform und Frauenpolitik. In: ifg-Zeitschrift für Frauenforschung, Heft 3, S. 5-22

Schön, Christine (1999): Szenarien betrieblicher Gleichstellungspolitik. Chancengleichheit als Unternehmensleitbild versus Gleichberechtigungsgesetz - eine exemplarische Studie in Banken und Sparkassen. Königstein/Taunus

Teubner, Ulrike (1995): Das Fiktionale der Geschlechterdifferenz. Oder: wie geschlechtsspezifisch ist die Kategorie Geschlecht? In: Wetterer, Angelika (Hg.) (1995a), S. 247-262

Weber, Susanne (1998): Organisationsentwicklung und Frauenförderung. Eine empirische Untersuchung in drei Organisationstypen der privaten Wirtschaft. Königstein/Taunus

Weg, Marianne/Stein, Otti (Hg.) (1988): Macht macht Frauen stark. Frauenpolitik der 90er Jahre. Hamburg

West, Candace/Zimmermann, Don (1991): Doing Gender. In: Lorber, Judith/Farell, Susan (Hg.): The Social Construction of Gender. Newbury Park/ London/ New Delhi, S. 13-37

Wetterer, Angelika (1994): Rhetorische Präsenz - faktische Marginalität. Zur Situation von Wissenschaftlerinnen in Zeiten der Frauenförderung. In: ifg-Zeitschrift für Frauenforschung, Heft 1 und 2, S. 93-109

-, (Hg.) (1995a): Die soziale Konstruktion von Geschlecht in Professionalisierungsprozessen. Frankfurt a. M./New York

-, (1995b): Dekonstruktion und Alltagshandeln. Die (möglichen) Grenzen der Vergeschlechtlichung von Berufsarbeit. In: Dies. (1995a), S. 223-246

-, (1998): Professionalisierung, soziale Schließung und berufsspezifische Konstruktionen der Geschlechterdifferenz. In: Von Wrangell, Ute u.a.(Hg.): Frauenbeauftragte. Zu Ethos, Theorie und Praxis eines jungen Berufes. Königststein/ Taunus, S. 29-56

Wobbe, Theresa/Lindemann, Gesa (Hg.) (1994): Denkachsen. Zur theoretischen und institutionellen Rede vom Geschlecht. Frankfurt a. M.

Ursula Müller

Asymmetrische Geschlechterkultur in Organisationen und Frauenförderung als Prozeß – mit Beispielen aus Betrieben und der Universität[1]

Zur „Herstellung" von Geschlechterdifferenz

In dem folgenden Beitrag geht es um Aspekte einer problematischen „Geschlechterkultur", die den gesellschaftlichen Alltag prägt und sich auch in Organisationen vorfindet - dort hat sie verschiedene Ausdrucksformen, die mit der Art der Organisation, dem Organisationszweck, der Organisationsstruktur u.a. variieren. Elemente dieser Geschlechterkultur sind Symbolisierungen von Männlichkeit und Weiblichkeit (z. B. Kleidung, Geschlechterbilder in den Medien o.a.) und Kommunikations- und Wahrnehmungsformen, die unser „kulturelles System der Zweigeschlechtlichkeit" immer wieder hervorbringt.[2] Diese Geschlechterkultur ist problematisch, weil sie häufig mit einer quantitativen und positionalen männlichen Dominanz einhergeht, wie etwa im Wissenschaftsbetrieb und auf dem Arbeitsmarkt, und weil „männliche" Situationsdeutungen meist noch höhere Durchsetzungskraft haben als „weibliche". Eine solche Geschlechterkultur können wir „asymmetrisch" nennen.

Ein wesentliches Element von asymmetrischer Geschlechterkultur in Organisationen ist die „Herstellung" von *Differenz* zwischen den Geschlechtern, wenn sie in einer Weise vorgenommen wird, daß die eine Seite dieser Differenz - die „männliche" - maßstabbildend und die andere Seite - die „weibliche" - auf diesen Maßstab bezogen definiert wird. Die Unterscheidung verläuft dann nicht nach dem Muster „A = B", sondern nach dem Muster „A = nicht-A". Es findet damit keine gleichwertige und gleichgewichtige Unterscheidung von Männern und Frauen statt, sondern Frauen erscheinen als das „andere" der Männer. Von hier ist der Schritt zur Abwertung des auf diese Weise Abgegrenzten nicht mehr groß (vgl. hierzu Klinger 1995; Luhmann 1988; Heintz et al. 1997).

In der heutigen Zeit verringern sich die Möglichkeiten, Differenzen zwischen den Geschlechtern in der Weise zu konstruieren, daß „Frauen" oder „Weiblichkeit" abgewertet werden, von Tag zu Tag. Bildung, Leistung, Berufsmotivation, Ansprüche an Berufsarbeit der seit dem zweiten Weltkrieg geborenen Frauengenerationen werden denen der Männer immer ähnlicher, so daß die Legitimationsbasis für den noch fortbestehenden Ausschluß von Frauen aus bestimmten Tätigkeitsbereichen und den meisten einflußreichen Positionen immer brüchiger wird. Symbolische und kommunikative Mittel werden zur Herstellung von Separierungen der Geschlechter in dem Ausmaß immer bedeutsamer, in dem formale Grenzen wegfallen und in der Gesellschaft insgesamt die Sensibilität für geschlechtsdiskriminierende Maßnahmen wächst (Heintz et al. 1997, S. 225); um die Herstellung einer für Frauen nachteiligen Geschlechterdifferenz nach wie vor möglich zu machen, muß sehr viel mehr „kulturelle Arbeit" (Cockburn 1991) geleistet werden, wenn nicht die Biologie überstrapaziert werden soll. *Eine* Differenz zwischen Männern und Frauen - daß erstere nämlich keine Kinder gebären können, letztere aber wohl (zumindest prinzipiell) - wird bekanntlich gern übermäßig betont, um frauenspezifische Benachteiligungen im Erwerbsleben als quasi unausweichlich, wenn auch bedauerlich, darzustellen. Obwohl die Bundesrepublik Deutschland immer noch ein Land mit einer mächtigen konservativen Ideologie der Mütterlichkeit ist, können wir auch hier einen Wandel im gesellschaftlichen Diskurs feststellen, der letzlich ein Erfolg der feministischen Bewegung und Gesellschaftskritik ist. Einige Aspekte der beginnenden Veränderung deuten sich in dem steigenden Bewußtsein darüber an, daß Kinder vielleicht nicht nur Privatsache der Frauen sind, daß Betriebe und Staat sowie die Väter der Kinder hier auch eine Verantwortung haben und übernehmen sollen, daß eine zufriedene Mutter für das Kind besser ist als eine, die unzufrieden, aber immer anwesend ist. Wenn sich aber nicht einmal mehr das Kinderkriegen als unhinterfragbarer Inhalt zur Konstruktion von Differenz zwischen Männern und Frauen und zur Legitimation des Frauenausschlusses aus bestimmten Tätigkeitsfeldern und Positionen eignet, die gleichberechtigte Integration beider Geschlechter in den gesellschaftlichen Prozeß aber aus verschiedenen Gründen noch etwas hinausgezögert werden soll, bietet sich die Ebene der „Kultur" an. Hier, so versuche ich in diesem Aufsatz zu zeigen, lassen sich in der Tat einige Bemühungen erkennen, erreichte Erfolge des feministischen Diskurses zu verleugnen. Eine Art „diskursive Enteignung" findet statt, die aber letztlich, wie ich zeigen möchte, selbst als Element des Wandels von einer asymmetrischen hin zu einer symmetrischeren Geschlechterkultur zu deuten ist.[3]

„Geschlecht" und „Organisation"

Die Organisationsforschung hat die Rolle, die das Geschlecht der Beschäftigten im Alltag von Organisationen spielt, lange Zeit nicht beachtet. Vielmehr ist es gerade das Grundverständnis moderner Organisationen, das ihre formalen Abläufe, die Erfüllung von Funktionen und Anforderungen *unabhängig* von Alter, Geschlecht, Haarfarbe, ethnischer Zugehörigkeit oder sonstiger Merkmale der Personen garantieren sollen die in diesen arbeiten.

Daß dem in der Realität nicht so ist, wurde lange Zeit nur in populärwissenschaftlicher Literatur, z. B. in den sog. Karriere-Ratgebern für Frauen angesprochen.[4] Die Ratgeber der 70er Jahre rieten aufstiegswilligen Frauen zu Kostümen in Herrenjacket-Form, zur weißen Bluse und zur zurückhaltenden Frisur; dringend abgeraten wurde von glitzerndem Schmuck, auffälligem Make-up und jeder Art der Körperbetonung. Die Leitlinie für Verhalten war: lernen, die Spiele der Männer mitzuspielen. Wurde in den 70er Jahren der Schlüssel zum Erfolg in der maximalen Angleichung der Frauen an die Männer gesehen, so geben die Ratgeber spätetestens seit Mitte der 80er Jahre ein anderes Signal. Nunmehr sollen Karrierefrauen die Abweichung vom Männlichen in (für Männer) erträglichem Ausmaß repräsentieren. Weiche Kleider, längere Haare werden empfohlen; der Wahlspruch heißt: „Stehen Sie zu Ihrer Weiblichkeit"; dringend abgeraten wird davon, eine Kopie von Männern darstellen zu wollen.[5]

In der Diskussion über diese Entwicklung können wir Elemente einer „Geschlechterkultur" in Organisationen erkennen, wie ich sie bisher abstrakt beschrieben habe: Weiblichkeits- (und Männlichkeits-)Zuschreibungen und die Symbole, über die sie sich vollziehen (Jacket versus Kleid) finden sich hier. Auch zeigt sich eine - zunächst nicht offensichtliche - Asymmetrie: Die Festlegung, was „weiblich" ist, orientiert sich an der Abgrenzung von oder der Ähnlichkeit zu dem, was „männlich" ist (so ähnlich wie möglich oder in gekonnter Abgrenzung). Das Spektrum „zulässiger" Weiblichkeit in Karrierepositionen hat sich erweitert, aber der Maßstab für das „Zulässige" wird noch nicht von Frauen selbst bestimmt. Ein weiterer Hinweis auf das Vorhandensein einer „asymmetrischen Geschlechterkultur" ist darin zu sehen, daß für Frauen in Karrierepositionen *überhaupt* Bekleidungshinweise, „Styling-Tips" etc. gegeben werden, während sie in Karriere-Ratgebern für Männer fehlen.

Wir finden hier einen Widerschein dessen, was die amerikanische Organisationssoziologin Rosabeth Moss Kanter bereits 1977 über die Situation von Frauen in männerdominierten Organisationen bzw. Positionen gesagt hat. Anders als Männer reicht es nicht aus, ihr Verhalten als organisationelles zu managen; sie müssen es auch als „persönliches" inszenieren. Die kulturell tradierte Vorstellung, „Weiblichkeit" und ernsthafte Berufstätigkeit schlössen einander aus, begegnet ihnen als tägliche Anforderung, ihre „Weiblichkeit" und die beruflichen Anforderungen miteinander in Balance zu bringen. Hierzu ein Beispiel aus meinen ersten Tagen als neu berufene Professorin:

In meinem ersten Jahr als Professorin war ich sofort in eine Vielzahl von Gremien hineingewählt worden; ferner war der Lehrstuhl lange Zeit vakant gewesen, und eine Vielzahl von Studierenden warteten mit einer Unzahl von Arbeiten auf Betreuung. In diesem Jahr verließ ich auf einer der ersten Sitzungen der Fakultätskonferenz drei- bis viermal den Sitzungsraum und kehrte kurz darauf wieder zurück. Später bekam ich von gleichfalls Anwesenden (Frauen) über mehrere Ecken die Botschaft übermittelt, ich sei ja auf der letzten Sitzung wieder sehr nervös gewesen und mehrfach hinausgegangen; da könne man eben sehen, daß Beruf und Kinder doch nicht zusammenpassen. (Meine Kinder waren damals vier und acht Jahre alt, was allgemein bekannt war). - Meine männlichen Kollegen verließen und verlassen Sitzungen auch des öfteren, aber ohne diese Kommentierung. - Ich war zunächst sehr verdutzt, dann aber ausgesprochen dankbar für diese Erfahrung. Mir wurde schlagartig klar, daß ich in sehr viel umfassenderer Weise aufmerksam beobachtet wurde als meine männlichen Kollegen, und ich habe mich in meinem Verhalten darauf eingestellt.

Damit habe ich in dem Sinne reagiert, den Kanter schon 1977 andeutete: Frauen in männerdominierten Organisationen fühlen sich bemüßigt, mit ihrer Weiblichkeit reflektiert umzugehen. Oder um es mit einer neueren Arbeit von Judith Lorber zu sagen: Frauen müssen sich mit den Weiblichkeitserwartungen ihres männlich dominierten Umfeldes auseinandersetzen (Lorber 1996). Dieser Befund, der heute anhand neuerer Ergebnisse differenziert werden muß, gab schon vor zwanzig Jahren Hinweise darauf, wie unterschiedlich Frauen und Männer ihren Alltag in Organisationen erleben und daß dies ein wesentlichens Element des Alltags in Organisationen ist.

Organisationskultur und Geschlechterpolitik

Welche *Funktion* übernimmt die kulturelle Ebene in Organisationen? Anders als in der Ende der 80er Jahre sich entwickelnden Literatur über Organisationskultur (vgl. Dülfer 1988) interessiert hier weniger der Aspekt, daß „kulturelle Aspekte" im Rahmen einer zu entwickelnden „corporate identity" zur Leistungssteigerung nach japanischem bzw. us-amerikanischem Vorbild beitragen können.[6] Wenn wir uns der gängigen Auffassung anschließen, daß die Ebene der Organisationskultur Werte und Normen transportiert, denen das Organisationshandeln explizit folgt, sowie ebenso eine Reihe informeller Regeln, Situationsdeutungen, Interpretationen von formal definierten Handlungsanforderungen etc., so wird „Geschlechterkultur in Organisationen" als explizite oder implizite Wahrnehmungs- und Umgangsweisen bestimmbar, die das Verhältnis der Geschlechter in Organisationen zueinander regeln bzw. legitimieren. Im Unterschied zur Situation, die Kanter 1977 beschrieb, sehen wir heute eine Vielzahl kultureller Akteurinnen und Akteure am Werke. Zwar herrschen meist noch „männliche" Interpretationsmuster vor, Frauen in Organisationen sind aber auf vielfältige Weise eingetreten in den Aushandlungs- und Auseinandersetzungsprozeß darüber, wessen Stimme in einem Diskurs zählt und wessen Situationsdeutung sich durchsetzt. Dies kann auch als „Politisierung der Geschlechterdifferenz" (Heintz et al. 1997, S. 245) aufgefaßt werden. Dadurch wird deutlich, daß jede Organisation, ob es ihr bewußt ist oder nicht, „Geschlechterpolitik" betreibt.

Daß „Geschlecht" in Organisationen erst dann eine Rolle spiele, wenn Frauen in den Organisationen Positionen einnehmen, ist eine gängige Sichtweise, die in der neueren, durch feministische Kritik inspirierten Organisationsforschung wirksam kritisiert worden ist. In Arbeiten aus den 80er und 90er Jahren wurde gezeigt, wie Organisation unter Ausschluß von Frauen als System funktionaler Differenzierung konzipiert und zugleich als geschlechtsneutral imaginiert wurde (Burrell 1984; Witz/Savage 1992; Müller 1993). Mit der Vorstellung einer entkörperlichten Arbeitskraft (Acker 1991) ging die Sexualisierung von Frauen einher, die historisch betrachtet deren Ausschluß aus Organisationen begründete und rechtfertigte (Klöster und Armeen ließen zunächst Frauen zu, schlossen sie dann aber sukzessive aus), während männliche Arbeitskraft nicht nur als entsexualisierte, sondern auch als „entkörperlichte" betrachtet wurde. Als angeblich „körperfreies", abstrahiertes Subjekt entsprach und entspricht das so konstruierte männliche Arbeitsvermögen eher der Vorstellung des idealen Organisationsmitgliedes als das weibliche und rechtfertigt die Privilegierung des männlichen (siehe auch Rastetter 1994, S. 81 ff.). Die Marginalisierung von Frauen und die Privilegierung von Männern in Organisationen konnte auf diese Weise zweifach durchgesetzt werden. Zum einen betont die Sexualisierung von Frauen ihre Dysfunktionalität für Organisationen und wird zum Mittel der Dominanzsicherung von Männern; zum anderen kann die Marginalisierung von Frauen mit organisationellen Mitteln betrieben werden, wie z. B. dem Zuschnitt von Arbeitsinhalten und Tätigkeitsanforderungen, der Einordnung von Positionen in die Organisationshierarchie u.a.m., die die Marginalisierung der Frauen als Ergebnis sachlicher Entscheidungskriterien erscheinen lassen.

Zusammengefaßt hat die feministisch inspirierte Organisationsdiskussion den Blick geöffnet für die *gendered substructure* von Organisationen (Acker), die aber einer detaillierteren Analyse noch harrt. Sie hat ferner die Vorstellung von „Organisation" und „Bürokratie" als monolithische Blöcke, in denen Weiblichkeit *immer* abgewertet wird und Frauen *immer* „Opfer" von Macht und Hierarchie sind, verlassen zugunsten einer flexibleren Sichtweise (vgl. Halford/Savage/Witz 1997, S. 17). In dieser Perspektive ist es z. B. durchaus möglich zu postulieren, daß Teile der Organisation Gleichstellungspolitik als Personalpolitik ablehnten, während andere dies befürworten, aktiv betreiben oder gar enthusiastisch begrüßen (Halford et al. a.a.O.). Geschlechterpolitik in Organisationen kann Element organisationeller Innovation sein oder aber auch - in traditioneller, hierarchisierender Form - Innovationsblockade (vgl. Rudolph/Grüning 1996).

Die Veränderung von Geschlechterkultur in Organisationen interessiert hier insbesondere unter dem Aspekt, statt der traditionellen und tendenziell immer noch vorherrschenden asymmetrischen Geschlechterkultur eine symmetrische zu etablieren. Dieser Prozeß wird aus der Perspektive von Gleichstellungsinteressen heraus notwendig, wenn auch die Organisations*struktur* geschlechtersymmetrisch werden soll. In der Vorstellungswelt relevanter Akteure muß der Gedanke der Geschlechtersymmetrie Platz greifen, um bei Arbeitsstrukturierungs- und Personalentscheidungen nicht immer wieder unterzugehen zu Gunsten der traditionellen und gewohnten Asymmetrie. Umgekehrt muß die Vorstellung der Geschlechtersymmetrie bei relevanten Akteuren entwickelt werden, wenn auf struktureller Ebene bereits Veränderungen eingetreten sind, die stabilisiert oder akzeptabel gemacht werden sollen.

In der Diskussion um Organisationskultur wird u.a. deren Funktion benannt, bei der Bewältigung von *Angst* zu helfen. Veränderungen zu erreichen, ist schwer. Dies zeigt ein Blick in die Unternehmenskulturforschung, z. B. ein Beitrag von Schreyögg von 1988. Er führt die Angst reduzierende Funktion von Unternehmenskulturen als eine wesentliche Begründung für die Existenz von solchen Kulturen an. Hintergrundkonzept seiner Theorie ist die nicht unproblematische Vorstellung vom Menschen als Mängelwesen, der in einer Welt voller Unsicherheit und Komplexität Orientierungshilfen braucht (S. 162), die ihm helfen, mittels Selektion aus der Vielfalt möglicher Reaktionen einige auszuwählen und damit in eine überschaubare und bewältigbare Interaktion mit der Umwelt einzutreten (ebd.). „Indem sie ein beschränktes, aber verstehbares Weltbild entwerfen, stabilisieren ...(Organisationen) die Handlungswelt des Individuums und bauen die Angst ab, in der unübersehbaren Komplexität und Unsicherheit zu ‚ertrinken'„ (ebd.). Systemtheoretisch formuliert handelt es sich um die Reduktion von Komplexität, mit der ein System zur Grenzbildung befähigt wird und sein Überleben sichert. Beide Sichtweisen machen klar, weshalb eine Veränderung der Unternehmenskultur eine Bedrohung darstellt, weil sie in der ersten Sichtweise sichere Handlungsgrundlagen zerstört und Orientierungslosigkeit befürchten läßt, in der zweiten Sichtweise den Bestand des Systems selbst gefährdet. Die Abwehr von Veränderungen ist daher in beiden Sichtweisen ein quasi natürlicher Reaktionsmodus auf den Versuch, Kulturmuster zu verändern.

Die auftretende Angst in Organisationen angesichts eines intendierten oder bereits in die Wege geleiteten Gleichstellungsprozesses speist sich aus mindestens zwei Quellen. Die eine ist die mit Hilfe von Schreyögg gekennzeichnete Unsicherheitsreaktion, die bei Veränderungen *jedweder* Art eintreten würde. Die andere ist eine in sich vielfältige, komplexe und tiefliegende, die mit dem kulturellen Verständnis von „Weiblichkeit" und „Männlichkeit" zusammenhängt. Diese Angst erscheint als Abwehr von Gleichrangigkeit des Weiblichen, auf die traditionelle Männlichkeit in unserer Gesellschaft nach wie vor angewiesen zu sein scheint. Weiblichkeit muß dann immer noch als entwertende Differenz konstruiert werden; so zeigen sich traditionelle Männer beispielsweise in einigen Untersuchungen davon überzeugt, daß Frauen keinen Rasenmäher bedienen können (Collinson 1992; Hochschild 1989) und auf keinen Fall dieselben Maschinen bedienen können wie Männer (Cockburn 1988).[7]

Auch wenn eine nicht unbeträchtliche Minderheit der berufstätigen Männer in der Bundesrepublik dieser Gruppe noch zugehören mag (Metz-Göckel/ Müller 1986) und auch europaweit der Traditionalismus noch verbreitet zu sein scheint (EU 1983 ff.), so kann doch davon ausgegangen werden, daß im Zeitverlauf und unter Einwirkung von Frauenbewegungen und der Entwicklung professionalisierter Frauenpolitik dieser Anteil sich immer mehr zurückentwickelt. Tieferliegend und schwerer anzugehen sind jedoch die kulturgeschichtlichen Begründungszusammenhänge, die zur Amalgamation von „Männlichkeit" und „Arbeitskraft" sowie von „Weiblichkeit" und „defizitärer, weil sexualisierter Arbeitskraft" geführt haben.[8]

Daß gerade der Ausschluß von „Sexualität" im Sinne geschlechtlicher Aktivität aus großen Organisationen ein Hauptmittel der Kontrolle ist, die Bürokratien über ihre Mitglieder ausüben, hat Burrell (1984) zufolge historische Wurzeln, die weit in die vorindustrielle Zeit zurückreichen.[9]

Strukturelle und kulturelle Momente greifen in diesem Prozeß ineinander. Eine asymmetrische Geschlechterkultur kommt zustande durch strukturelle Asymmetrien und dient - nicht nur, aber auch - der Verschleierung ihres Ursprungs. Auch Tendenzen der Veränderung werden ebenfalls zu verschleiern versucht. Sie wird immer wieder hergestellt durch Enteignungsprozesse von Definitionsmacht, die sich Frauen als gesellschaftliche Gruppe erstritten haben.

Feministische Erfolge versus diskursive Enteignung

Der feministische Diskurs hat u.a. Forderungen formuliert, Geschlechtersymmetrie in Organisationen zu gewährleisten - auf der strukturellen wie auf der kulturellen Ebene.[10] Er stellt damit einen Versuch der „Uminterpretation" als Element veränderter Geschlechterpolitik in Organisationen dar. Seinen Einfluß, so meine These, sehen wir in zweierlei Hinsicht: Als direkte oder indirekte Erfolge, z. B. in der allenthalben eingetretenen Sensibilisierung für Geschlechterdiskriminierung, in der Entwicklung einer Frauenöffentlichkeit innerhalb von Organisationen aller Art, etc.; und als bereits erfolgte *Gegenreaktion*.

Die intendierte Uminterpretation der Geschlechterdifferenz auf dem Wege der Politisierung wird teils bekämpft, teils durch unbewußte Indolenz erschwert. Patriarchale Differenzkonstruktionen herrschen noch vor. Dies zeigt sich am Beispiel der Frauenförderung.

Viele Personalverantwortliche, gleich ob auf Arbeitgeber-, ob auf Arbeitnehmerseite, und viele männliche Kollegen stehen, wenn es um Frauenförderung geht, vor dem Problem, daß ihrer Meinung nach auf einmal „Geschlecht" gelten soll, wo bisher ausschließlich „Qualifikation" gegolten habe. Wenn wir einmal diejenigen beiseite lassen, die hieraus lediglich ein taktisches Argument machen, so bleiben doch genug männliche Beschäftigte übrig, die in der Tat der Meinung sind, die nachteilige Situation der Frauen sei ausschließlich Resultat historischer Umstände (Nachholbedarf auf Qualifikationen etc.) oder aber der rückständigen gesellschaftlichen Strukturen, die es immer noch so erzwängen, daß in aller Regel Frauen zu Hause bleiben, um Kinder zu versorgen. In dieser Sichtweise ist die Entscheidung für den Mann das Wahrscheinliche, aber auch das sozial Gewohnte, das, was als „normal" gilt und - das, was nichts mit Geschlecht zu tun hat!

Dabei stehen die faktischen Erfolge der Frauenfördermaßnahmen gemessen am Abbau von Geschlechterasymmetrie bisher in keinem Verhältnis zu den Gegenmaßnahmen, die ergriffen werden, um sie zu verhindern. Es vollzieht sich vielmehr eine Umdeutung der tatsächlichen Verhältnisse: Frauen erscheinen als die Angreiferinnen, die ungerechtfertigterweise aufgrund ihres Geschlechts Vorteile erringen wollen; Männer erscheinen als die Sachwalter und Verteidiger von geschlechtsneutraler Gerechtigkeit (vgl. z. B. für die Hochschule Wetterer 1995). Damit wiederholt sich ein aus der Geschichtem der Frauenbewegung bekanntes Phänomen: Nicht der gesellschaftliche Skandal als solcher - Geschlechterdiskriminierung gegenüber Frauen - steht im Mittelpunkt der Kritik, sondern diejenigen Personen und/oder Maßnahmen, die ihn aufzeigen und auf ihn reagieren. Dies bezeichne ich als Strategie der „diskursiven Enteignung“.

Gleichstellungsbeauftragte, die ihre Arbeit ernstnehmen, laufen Gefahr, öffentlich als verbohrte Prinzipienreiterinnen dargestellt zu werden, die lediglich am Erhalt ihrer eigenen Privilegien interessiert seien (vgl. als Beispiel aus neuerer Zeit Gaschke 1998). Männer, die noch nicht ihren Selbstansprüchen entsprechend Karriere gemacht haben, fühlen sich benachteiligt und sind der Meinung, als Frau wären sie schon längst befördert worden (vgl. Wetterer 1995).

Ein anderes Gebiet, auf dem sich diskursive Enteignung abspielt, ist das von Sexismus und sexueller Belästigung in Organisationen. Cockburn hat in ihrer Untersuchung mit Betrieben und Verwaltungen, die schon einige Jahre Erfahrung mit antidiskriminierenden Maßnahmen haben (Cockburn 1991), Anzeichen hierfür angetroffen:

> Schwiegermutterwitze könnten einen Mann heutzutage schon den Job kosten, meinen männliche Beschäftigte einer Firma, in der sexuelle Belästigung explizit verboten ist. Auch stünden in den Fahrstühlen jetzt immer mehr Männer mit fest an die Hosennaht gepreßten Händen, um ja nicht versehentich eine Kollegin zu berühren und in Belästigungsverdacht zu geraten.

Daß Sexismus und sexuelle Belästigung Strategien sind, die Frauen dauerhaft in ihrem Wohlgefühl am Ausbildungs- und Arbeitsplatz beeinträchtigen und häufig auf ihre weitere berufliche Entwicklung negative Auswirkungen haben, kann ebenso als nachgewiesen gelten wie das beträchtliche Ausmaß, in dem Sexismus und sexuelle Belästigung auftreten (vgl. BMJFFG 1991; Holzbecher/Kneissler/Müller 1994). In Film, Theater und Nachrichten dominieren zur Zeit die umgekehrten Situationen: Verführerische Frauen verstricken hochgestellte Männer mit dem Ziel, sie zu verderben. Filme wie „Enthüllung“, Theaterstücke wie „Oleanna“ und Bücher wie „Der Campus“ haben eines gemeinsam: Sexuelle Belästigung erscheint als - selbstverständlich falsche - Konstruktion von Frauen, die im Konkurrenzkampf von Männern untereinander als Waffe eingesetzt werden kann.

Durch die Diskussion über „political correctness“ (als Metapher für kontrollierendes Spießertum), die anstelle einer Auseinandersetzung über täglichen Sexismus geführt wird, fühlen sich viele weibliche Organisationsmitglieder in ihrem Selbstgefühl zusätzlich verunsichert, durch Übergriffe verbaler, körperlicher oder sonstiger Art verletzt worden zu sein (vgl. Großmaß 1995; Müller 1996). Großmaß zeigt am Beispiel einer Studentin, die sie Petra nennt, diesen Zusammenhang auf:

Petra traut sich nicht mehr, in die Universität zu gehen, und es ist schwierig, mit ihr einen Beratungstermin zu vereinbaren. Schließlich wird ein Modus gefunden, wie sie die Beratung aufsuchen kann, ohne die Universitätshalle durchqueren zu müssen. Nach längeren Sitzungen stellt sich heraus, daß Petra - eine äußerst erfolgreiche Studentin, die bereits als Hilfskraft in einem Projekt arbeitete und ein eigenes Büro hatte - über Wochen und Monate von einem jungen Mann, vermutlich von einem Kommilitonen, anonym telefonisch in ihrem Universitätsbüro belästigt worden ist; dieser erzählte ihr mehrfach am Tag, er habe sie durch die Halle gehen sehen, was sie dabei angehabt hätte, wie das auf ihn gewirkt hätte, etc. Dieses Erlebnis war aber verschüttet. Es wurde als Problem verharmlost und verdrängt, da es nicht mit ihrem Selbstempfinden als emanzipierter Frau, die sich von so etwas nicht beeindrucken läßt, zusammenpaßte. So hat sie es „vergessen" und auf diese Weise ihre Selbstverbannung aus der Universität vollzogen. Die „grundlose Angst", die Universität zu betreten, die sie anfangs in der Beratung schildert, zeigt, daß sie sogar ihr Angstgefühl vor sich selbst entwertet - ein sicher extremer, aber nicht unüblicher Effekt „diskursiver Enteignung".

An diesem Beispiel können wir sehen, daß der vorherrschende Diskurs in Organisationen ein „Gleichheitsdiskurs" ist: Gleichheit zwischen Frauen und Männern - im Grundgesetz und überall; Gleichheit als Bürgerinnen und Bürger - im Prinzip ja (daß die zahlenmäßige Mehrheit der Bevölkerung, die Frauen, nur zu einem Fünftel im Bundestag vertreten sind, wird von der dortigen Männermehrheit nicht als Problem betrachtet); Gleichheit auch - wie im Falle der Universität - zwischen Lehrenden und Lernenden, sind doch die Lehrenden die Lernenden von früher und die Lernenden, zumindest prinzipiell, die Lehrenden von morgen. *Unterhalb* findet sich jedoch ein „Subtext" der Geschlechterasymmetrie; der vorherrschende Gleichheitsdiskurs überdeckt die fortwirkende Konstruktion von für Frauen nachteiliger Geschlechterdifferenz.[11] Die Botschaft lautet: Einer sozusagen „schwerelos" emanzipierten Frau (die keinen Feminismus und keine Frauenförderung nötig hat) stehen heutzutage alle Türen offen. Die Frau, die alle (widersprüchlichen) Anforderungen an Professionalität und Weiblichkeit problemlos miteinander verbindet „und diese gelungene Synthese in angenehmer Weise für alle sichtbar darstellt" (Brückner 1994, S. 40), ist gefragt. Der idealen Frau, die bereits heute vollendet frei ist, obwohl die Rahmenbedingungen dies nicht im entferntesten befördern, würde auch jeder die gerade mit einem Mann besetzte ehedem vakante hohe Position gegeben haben - wäre sie doch nur vorhanden gewesen. „Nicht zuletzt dieses Wunschbild einer emanzipierten modernen Frau, die alles kann und jedes Problem meistert, macht deutlich, daß (ihm) jede in der Öffentlichkeit real existierende Frau nur mehr oder weniger mangelhaft Genüge zu leisten vermag. Sie scheint mit ihrer Person den Beweis dafür zu liefern, daß zwar ideale, nicht aber die tatsächlich vorhandenen Frauen für wichtige Positionen geeignet sind" (Brückner a.a.O.,

S. 41). Dieses Bild schwereloser Emanzipation wirkt als starker Druck insbesondere auf junge Frauen, die erwarten, im vorgegebenen Rahmen einen selbstverständlichen Platz vorzufinden und die sich Anerkennung verschaffen wollen, ohne speziell „gefördert“ zu werden. Diskriminierungserfahrungen gelten im dominanten Diskurs als Einzelfälle und nicht als Teil eines allgemeinen Musters.

Dies entspricht dem Kern der Gleichheitsauffassung seit dem Zeitalter der Aufklärung: Individuen, nicht Gruppenmitglieder sind die rechtliche Basis. Erfolg bzw. Mißerfolg sind das Ergebnis individueller Bemühungen oder von deren Ausbleiben. Maßnahmen, die spezifische Gruppen identifizieren und darauf Politiken aufbauen, verstoßen gegen diese Gleichheitsauffassung (Liff/ Cameron 1997). Bei den betroffenen Frauen selbst können widersprüchliche Ansichten wie „Frauen haben die gleichen Chancen“ und „Frauen müssen mehr leisten als Männer, um weiterzukommen“ auf diese Weise nebeneinander bestehen bleiben (Heintz et al. 1997, S. 203). „Geschlecht“ immer wieder zum Thema zu machen, ist zentrales Element des feministischen Diskurses, wirkt sich aber innerhalb von Organisationen meist als Marginalisierung von Frauen aus und bestätigt damit ohnehin vorhandene Stereotype. Dies ist beispielsweise weiblichen Studierenden in der Hochschule auch bewußt, wie sich an Äußerungen zeigt wie der folgenden: „... und da wollte ich nicht schon wieder diejenige sein, die die ‚Frauenfrage‘ stellt.“ Uminterpretationen im Rahmen einer diskursiven Enteignung, also als Gegenreaktion zum feministischen Diskurs, können wir nicht nur in actu beobachten, vielmehr treten sie uns auch als angebliche Faktizität entgegen. Hierzu ein Beispiel:

Eine mögliche Aussage wäre: In dieser Region werden 3.000 Frauenarbeitsplätze wegfallen. Wir fragen: „Wieviele Männerarbeitsplätze fallen denn weg?“ Antwort: „Keine!“ Männerarbeitsplätze gibt es nicht, sondern nur „Arbeitsplätze“. Während Frauenarbeitsplätze ein Geschlecht zu haben scheinen, haben Männerarbeitsplätze offenbar keines. Wir können daraus ersehen, daß „Frauenarbeitsplätze“ nicht nur ein destriptiver, sondern auch ein präskriptiver Begriff ist. Sie bezeichnet die Arbeit, die Frauen machen sollen, aber auch die Arbeit, die Frauen nicht machen sollen.

Der Begriff „Frauenarbeitsplätze“ zeigt an, daß der Konflikt um Arbeitsplätze bereits zu Gunsten von Männern und zu Ungunsten von Frauen vorentschieden ist; Frauen werden sichtbar als legitime und vorab festgelegte Opfer der Krise, für den Fall, daß sie eintrifft (Douglas 1991; Eckart 1995). Der Begriff stellt somit die geronnene Zustimmung zu geschlechtshierarchischen Zuweisungsprozessen dar, die vorgängig erfolgt sind.

Daran wird auch klar, wie sehr wir daran gewöhnt sind, viele Themen als „Frauenthemen“ oder „Frauenprobleme“ zu sehen. Die Berechtigung dieser

Zuordnung muß in Zweifel gezogen werden. Ich schlage daher eine neue Bestimmung des Begriffs „Frauenproblem“ vor, die lautet wie folgt:

„Frauenprobleme“, so meine Definition, verweisen auf Konflikte zwischen den Geschlechtern, die bisher in unserer Gesellschaft - in einer Allianz aus Patriarchat und Kapital - zu Gunsten von Männern und zu Ungunsten von Frauen „gelöst“ worden sind. Der asymmetrischen Aufteilung des Arbeitsmarktes entspricht eine ebensolche Aufteilung des Denkens, eine Aufteilung der Kategorien, in denen wir Phänomene wahrnehmen.

Wir können also sehen: Bereits die Problem*definition* kann entscheidend sein dafür, ob „Fraueninteressen“ politikfähig gemacht und gehalten werden können bzw. ob es gelingen kann, Geschlechterdifferenz in Organisationen zu politisieren und damit als *Thema* der Organisation zu etablieren.

Von der Gegen- zur Interventionskultur: Frauenförderung als paradoxe Intervention

Die feministische Kritik hat Themen, die zuvor nicht politikfähig waren, Schritt für Schritt politikfähig gemacht: Gewalt gegen Frauen, sexuelle Belästigung, Lohndiskriminierung aufgrund weiblicher Geschlechtszugehörigkeit, Sexismus in der Sprache, Diskriminierung bei Einstellung und Beförderung u.a.m. Die innovativen Potentiale dieser politischen Offensiven werden jedoch im Zuge ihrer administrativen Behandlung verdrängt (Eckart 1995). Durch die Übersetzung der Forderung „keine Diskriminierung aufgrund des Geschlechts!“ in Verwaltungsvorschriften wird berechtigte Kritik von Organisationen behandelt wie andere Verwaltungsvorschriften auch: hinhaltend, als Belästigung und Behinderung empfunden, zögernd (Kirsch-Auwärter 1996). Auf diese Weise wird „institutionalisiertes Vergessen“ (Douglas 1991) erzeugt. Zum einen ist der Ursprung der letztlich eingeführten Maßnahme nicht mehr erkennbar; es handelt sich nicht mehr um die Initiative von Frau X und/oder ein Resultat innerorganisatorischer Geschlechterauseinandersetzung, sondern um eine Maßnahme der Organisation. Zum anderen erkennen die ursprünglich initiativ gewordenen Akteurinnen auch kaum noch einen Zusammenhang zwischen dem Gegenstand ihres Engagements und der umgesetzten Maßnahme. Dieser Prozeß erleichtert es auch, die Ebene personalisierter Kritik in den Vordergrund zu schieben. Diese ist nicht die entscheidende, kann aber zu einer solchen gemacht werden, wie z. B.: „Im Grunde bin ich der Idee der Frauenförderung gegenüber ja aufgeschlossen, aber in der Art wie *Sie* sie hier vertreten, kann ich einfach nicht zustimmen.“ Symptome werden hier als Ursache behandelt; das Scheitern individueller

Frauen mit ihren Ansprüchen auf Veränderung verdeckt den Blick auf die Institutionen, die es zu verändern gelten würde (Eckart 1995).

„Frauenprobleme", so habe ich argumentiert, sind eigentlich Geschlechterfragen und daher gesellschaftliche Probleme. Daß sie als Frauenprobleme gehandhabt haben, sagt mehr über unsere Gesellschaft als über Frauen aus. Was „Frauenarbeit" wäre unter der Bedingung von Geschlechtergleichheit; welche Inhalte sie hätte, unter welchen Bedingungen sie sich vollzöge; und schließlich: Ob wir sie dann überhaupt noch „Frauenarbeit" nennen würden - dies alles kann heute noch nicht gesagt werden, wo das Merkmal „Frau" Arbeits- und Lebenschancen noch einschränkt. Frauenförderung ist insofern eine „paradoxe Intervention" (Wetterer 1995). Sie nimmt eine „Überbetonung" des Merkmals „Frau" vor in der Absicht, dieses Merkmal in seiner Bedeutung für die Verteilung von Arbeits- und Lebenschancen in der Zukunft zu minimieren.

Frauenförderung, so erläutert Kirsch-Auwärter (1996a) am Beispiel der Hochschulen, basiert auf einer feministischen Kritik, die als Klientelpolitik begonnen hat, heute aber immer mehr zur Struktur- und Steuerungskritik wird. Sie hat die Diagnose gestellt: Transformationsbedarf der Institutionen. Damit hat Frauenförderung das Ziel, Optionen zu eröffnen, neue Formen der Interaktion zu ermöglichen, neue Professionalitätskriterien durchzusetzen, Qualifikationskriterien zu hinterfragen, auf verschwiegene, aber hochwirksame Zulassungsvoraussetzungen - z. B. männliche Geschlechtszugehörigkeit - hinzuweisen u.a.m. Hierzu greift sie manchmal zum Mittel „irritierender Inszenierungen" (Kirsch-Auwärter a.a.O.).

Die Kritik an herkömmlichen Professionalisierungsprozessen und Professionalitätskriterien, deren vorgebliche Geschlechtsneutralität Frauen bisher erfolgreich ausgrenzt, gilt für Kirsch-Auwärter als Beispiel für gelungene praktische Dekonstruktionsprozesse. Dies gilt z. B. für die Altersgrenzen bei der Besetzung von wissenschaftlichen Nachwuchsstellen: Sie sind traditionell orientiert am Lebenslauf einer Person, die schnurgerade vom ersten akademischen Abschluß aus weiter an ihrer Qualifikation arbeitet, ohne große Anteile ihrer Zeit auf die Sorge für andere verwenden zu müssen. Hier hat die seit Jahrzehnten massiv vorgetragene Kritik aus der Selbstorganisation von Frauen im Wissenschaftsbetrieb zumindest an einigen Hochschulen und in einigen Bundesländern zu Veränderungen geführt.[12] Professionalisierungsprozesse und -kriterien sind ferner orientiert auf eine Gruppe von Menschen, denen die herrschende Kultur eine Kultur der Ermutigung bedeutet - und dies scheint fast noch wichtiger für die Herstellung und Verfestigung von Geschlechterasymmetrie als das Argument der Orientierung an traditionell männlichen Lebensläufen. Jungen Frauen tritt z. B. die Hochschule als eine Kultur der Entmutigung entgegen; „unsichtbare Schilder" signalisieren ihnen an vielen Stellen: „Dieser Platz ist nicht für dich".[13] Gerade wegen ihrer hohen Berufsorientierung tendieren junge Frauen dazu, die Hochschule frühzeitig zu verlassen und sich auf dem außeruniversitären Arbeitsmarkt eine entsprechende Position zu suchen. Dementsprechend länger sind ihre Wege, wenn sie dann doch in eine akademische Laufbahn einmünden wollen. Für *diese* tiefliegendere Ebene von Geschlechterasymmetrie helfen die angedeuteten veränderten Voraussetzungen noch nicht weiter; eine Kultur der Aufmerksamkeit und Ermutigung für vielversprechenden weiblichen Nachwuchs muß erst noch etabliert werden. Dies gilt für Hochschulen wie für öffentlichen Dienst und Betriebe der Privatwirtschaft gleichermaßen.

Letztlich hat die feministische Kritik nach Kirsch-Auwärter die Auswahlprozeduren und -kriterien noch nicht zu grundsätzlich anderen Resultaten bringen können; sie hat aber ein Schwinden der Legitimation der herkömmlichen Praxis bewirkt und ein Brüchigwerden der Strukturen.

Frauenfördermaßnahmen lassen sich als wichtiges Element von kulturellem Wandel in Organisationen begreifen. Wie in den vorherigen Kapiteln ausgeführt, sehen sie sich starkem kulturellem Widerstand ausgesetzt. Ein Grund liegt darin, daß das Thema Frauenförderung selbst in sich eine Tendenz birgt zu

> „stark emotionalisierten Auseinandersetzungen über individuelle und gesellschaftliche Wertvorstellungen hinsichtlich der Geschlechtsrollen von Männern und Frauen. Dies ist ein Effekt der bei der Umsetzung von Frauenfördermaßnahmen bestehenden Geschlechterkonkurrenzen, der die Möglichkeit zur Durchsetzung von sachgerechten und effektiven Problemlösungen verringert. Vor diesem Hintergrund erscheint es besonders wichtig, die Entscheidungssaufgabe ... einzugrenzen und konkret festzulegen" (Jüngling 1995, S. 137).

Vor dem oben ausgeführten Argument, daß nämlich Angstreduktion eine wichtige, wenn auch selten bewußte Aufgabe in und von Organisationen ist, erscheint dieser Ratschlag der pragmatischen Ein- und Abgrenzung auch als ein Ausdruck der Notwendigkeit, Angstbewältigungsstrategien anzubieten. Um das so schwierige und beängstigende Thema Frauenförderung überhaupt behandeln zu können, soll die zu erfüllende Aufgabe so konkret und fest umrissen - und damit auch beschränkt - wie nur eben möglich gehalten werden.

Prozesse der Veränderungen sind auch deshalb brisant, weil ein kultureller Wandel in der Organisation kein Selbstzweck ist, sondern mit Wandel auf anderen Ebenen einhergeht, diesen vorbereiten oder legitimieren soll. So wirkt sich kultureller Wandel auf organisatorische Entscheidungsprozesse aus, und er wirkt in die Verteilung immaterieller, aber auch materieller Ressourcen hinein, indem er Verteilungskriterien definiert und damit Macht und Einflußchancen festlegt. Insofern heißt Kulturwandel immer auch Machtwandel im Sinne einer Neuverteilung von Macht und Einflußchancen (Schreyögg 1988, S. 164).

Die Heftigkeit der Kontroversen um Frauenförderung hängen auch damit zusammen, daß die objektiven Grundlagen für männliche Dominanz immer brüchiger werden. Die Legitimität von Frauendiskriminierung schwindet. Die Verbindung von Qualifikation und Fortkommen legitimiert die meritokratische Ideologie von Organisationen; von daher wird Geschlechterdifferenz als Diskriminierungsstruktur „objektiv" obsolet. Frauen sind gleich und vielfach besser qualifiziert, aber ihr „Lohn" bleibt aus.

Der feministische Diskurs rührt an die Vorstellungen, die Organisationen von sich selbst haben, indem er die Kriterien offenlegt, anhand derer sie *tatsächlich* funktionieren (Kirsch-Auwärter 1996b). Insofern drücken diese vordergründig problematischen Entwicklungen auch *Erfolge* der Frauenforschung aus und damit eine Art paradoxer Anerkennung. Institutionalisierungen von Frauenforschung und Frauenförderung treten ein in die Auseinandersetzung darum, wessen Stimme in einem Diskurs zählt. Dies ist für Organisationen wie die Universität von entscheidender Bedeutung, da ihre Realität in vieler Hinsicht - nach Meinung einiger Autoren sogar in entscheidendem Ausmaß (Neuberger 1995) - eine diskursive ist.

Themen in Diskussionen zu verändern oder diese Veränderung zu verhindern, hat statusgenerierende Funktion (vgl. Kotthoff 1993). Dies geschieht auch mit Frauenförderung oder Frauenforschung; beide sind Akteurinnen in einem Diskurs und verfolgen die Strategie der Themen*generierung*; die Reaktionsbildung auf sie versucht sich in der Strategie der Themen*verhinderung*. Interpretationen von Bedeutungen sind symbolische Hüllen, die auf Geschlechtersymmetrie gerichtete Ansprüche umdefinieren in Ansprüche auf ungerechtfertigte Bevorzugung von Frauen. Insofern helfen sie auch bei der Zurückweisung dieser Ansprüche, und zwar differenzierter als früher. In diesem Prozeß sind viele aktiv Handelnde in der Frauenforschung und der Frauenförderung aufgrund ihrer Erfahrung häufig enttäuscht, weil sich ohnehin durch die Übersetzung ihrer Forderungen im Verwaltungshandeln bzw. Organisationshandeln Forderungen und Ziele in einer Weise verändern, daß der Bezug zu ihrem Ursprung schwierig herzustellen scheint (vgl. auch Douglas 1991).

Diese spezifischen Uminterpretationen führen dazu, daß feministische Akteurinnen sich häufig nicht in dem wiedererkennen, was ihr Handeln in Institutionen bereits zur Konsequenz gehabt hat. Resignation und Verallgemeinerung von backslash-Erfahrungen, alles sei umsonst gewesen und die Frauenbewegung am Ende, können hier die Folge sein. Hier ist es bedeutsam, festzuhalten, daß die Übersetzung von Bewegungsforderungen in Verwaltungshandeln auch ein *Erfolg* der Frauenbewegung ist. Es ist ihr gelungen, ihre Forderungen in Problem- und Aufgabendefinitionen hineinzubringen, die bedeutsame Organisationen zu bearbeiten haben. Diese „Übersetzung" geschieht aber nicht in einem gesellschaftsfreien Raum, sondern innerhalb einer *asymmetrischen Geschlechterkultur*.

Schließungsprozesse sind das Gängige in Organisationen gegenüber Abweichlern und Abweichlerinnen aller Art; Frauenförderung ist hier ein Moment von Öffnungsstrategie. Sie hat als Klientelpolitik begonnen, wird aber immer mehr zur Struktur- und Steuerungspolitik, da sie auf die zentralen Strategien von Verteilung und Allokation der organisationellen Ressourcen zielt. Daher kann auch die Tendenz der Informalisierung von Entscheidungsabläufen in Organisationen für Frauen fatale Folgen haben. Wenn z. B. Gruppenarbeit an „gewachsenen Strukturen" anknüpfen soll, wird oft das Anknüpfen an die „gewachsene" Geschlechterhierarchie am Arbeitsplatz die Konsequenz sein (vgl. Goldmann 1994). Informalisierung birgt Gefahren bei einem unreflektierten, „vergeschlechtlichten" Subtext (vgl. Halford/Savage/Witz 1997).

Die Reaktionsbildung von Organisationen gegen Ansprüche auf Geschlechtersymmetrie betrifft bisher historisch aus dem Entscheidungsprozess Ausgeschlossene (Frauen), die sich seit ca. zwei Jahrzehnten auf dem Weg von „außen" nach „innen" befinden (vgl. Kirsch-Auwärter 1996a). Deren Erfahrungen mit Ausgrenzungspraktiken sind mittlerweile immens. Vor allen Dingen haben sie gelernt, diese Ausgrenzungspraktiken zu *thematisieren* und damit ein Tabu zu brechen, das z. B. für die Universität als Organisation bisher zentral ist: Nämlich die Praktiken zu benennen, die sie *tatsächlich* in ihrem Status quo stabilisieren.

„Infolge der schwindenden legitimatorischen Kraft von Geschlechterdifferenzen wird auch die durch Geschlechterhierarchien gestützte Arbeitsteilung in den Institutionen fortfährend brüchiger. Das heißt nicht, daß aus der Erkenntnis von Diskriminierung schon ein Abbau von Diskriminierung folgen würde, geschweige denn, daß Frauen jetzt Interessen leichter durchsetzen könnten (...) Was subjektiv zunächst als eine *backlash*-Erfahrung wahrgenommen werden kann, entpuppt sich vom Standpunkt der Organisation her als etwas sehr Brisantens, als der Beginn einer geschlechtssensibilisierten, reflektierenden Analyse von Qualifikationskriterien, von Qualifikations-

Zuschreibungsverfahren, von Prozessen der Dokumentation und der Erzeugung von Reputation ..." (Kirsch-Auwärter 1996b, S. 53).

Feministische Kritik erhellt die verleugneten problematischen Voraussetzungen des heutigen Status quo, sie erschüttert „Versteinerungen in Institutionen und Gewohnheitsrechte" (Eckart 1995, S. 89) und kann bei ihrer Aufklärungsarbeit zunächst nicht auf fortschreitende kommunikative Rationalität hoffen, sondern muß mit affektgeladener Abwehr rechnen (ib.).[14] Diese massiven Abwehrreaktionen auf der *Erfahrungsebene* sind aber mehr als nur „Backlash": Sie sind auf der *Strukturebene* bereits Teil des Innovationsprozesses, den Frauenforschung und Frauenförderung in Gang gesetzt haben.

Ein Ausblick

Die herrschende Kultur ist noch nicht flächendeckend zu der Einsicht gelangt, eine frauenzentrierte Uminterpretation gängiger Deutungsmuster zumindest als gleichberechtigt anzuerkennen. Die Etablierung einer Kultur der Anerkennung eines „Weiblichen", das auf dem Wege ist, sich männlicher Festlegung zu entziehen, ist noch nicht vollzogen. Gleichwohl wird ihre Notwendigkeit immer deutlicher. Hierzu ein Beispiel:

In den Vorverhandlungen zur Übernahme des Dekansamtes durch mich Anfang der 90er Jahre wurde auf einer Sitzung des Lehrkörpers darüber verhandelt, wer denn mein Prodekan und damit prospektiver Nachfolger sein könnte. Ich wünschte mir als Prodekanin eine Kollegin, die ich auch namentlich nannte. Sofort war sich der Lehrkörper einig: Das ginge so nicht, da müßte „ein Mann dazwischen". Eine aggressive Zurückweisung erfolgte nicht; der Provokationscharakter meiner im Grunde ganz einfachen Vorstellung, die ich auch unbefangen geäußert hatte, für die Kollegen war mir jedoch auf der Stelle deutlich. Damit hatten sie nicht gerechnet. Die weiteren Verhandlungen über dieses Thema wurden einer kleinen Gruppe von Kollegen unter der Leitung eines sehr geachteten und erfahrenen älteren Kollegen anvertraut, und als Ergebnis kam schließlich heraus eine „bunte Reihe": Als Dekanin - ich; als Prodekan - Kollege A; als darauffolgende, vom Lehrkörper für die nächsten Jahre schon vorgeschlagene Prodekanin/Dekanin - Kollegin B; und als ihr nachzufolgender Prodekan/ Dekan Kollege C. Damit war Kollegin B, die von mir vorgeschlagen worden war, in die Liste aufgenommen, aber durch einen Mann von mir getrennt worden. Wie ich später hörte, ging es in der Verhandlung u. a. darum, einen Kollegen zwischen uns zu plazieren, der „es mit den Frauen kann". So war die Wahl schließlich auf den Kollegen A gefallen, der dieses Kriterium erstaunlich fand und ambivalent, es aber nicht ungeehrt aufnahm.

In dem Kriterium, man müsse jemanden finden, der es auch mit den Frauen könne, erkennen wir den Widerschein des Kanterschen Arguments zur Begründung homosozialer Kooptation von 1977: Zu einem Mann kann man sich problemlos verhalten, bei einer Frau weiß man es nie so genau. Wir sehen auch ein Argument, das Cockburn 1991 zur Sprache gebracht hat: Männer können Frauen nicht mehr von höheren Positionen fernhalten, tragen aber dafür Sorge, daß ihre Vereinzelung erhalten bleibt, um die Bildung von Loyalitäten und Koalitionen unter Frauen zu verhindern oder mindestens zu kontrollieren.

Das Argument von Kanter hat in diesem Beispiel aber eine entscheidende Wendung genommen: Für den Umgang mit Frauen ist eine spezielle Qualifikation erforderlich, die meine Kollegen nicht jedem zutrauen oder zuschreiben, auch sich selbst nicht unbedingt. Damit ergibt sich eine nicht vorausgeahnte Umdefinition der Qualifikationen, die für die Übernahme dieses Amtes erforderlich ist. Zwar erfolgt diese Umdefinition fallbezogen, nämlich bezogen auf die Zusammenarbeit mit mir bzw. Kollegin B; das Kriterium ist aber darüber hinaus von Bedeutung, weil es in den Kreis zulässiger Eignungskriterien für das Amt des Dekans bzw. der Dekanin aufgenommen wurde. Ob es diesen Status behält, hängt davon ab, inwieweit es gelingt, Fraueninteressen politikfähig zu halten. Ob dies wiederum möglich ist, hängt von strukturellen und kulturellen Aspekten der Organisationsentwicklung ab. Werden Gleichstellungsaspekte zum Evaluationskriterium für die Organisationsentwicklung (siehe Krell 1997)? Entscheiden sich immer mehr Männer in Organisationen gegen vorherrschende männerbündische Elemente, weil sie diese als Innovationshindernis erkannt haben?[15]

„Fraueninteressen" in Organisationen sind, wie gezeigt wurde, als Geschlechterauseinandersetzung zu dekonstruieren. Organisationstheoretisch bedeuten sie einen Innovationskonflikt, den die Organisation mit verschiedenen Strategien bewältigen kann, von denen einige den Konflikt verleugnen (und ferner diese Verleugnung wiederum verleugnen), andere ihn umlenken und wiederum andere schließlich ihn konstruktiv bezogen auf das Organisationsziel wenden können. Förderlich für eine integrative Strategie wäre die Etablierung von Aufmerksamkeitsstrukturen für die Geschlechterthematik, die Akzeptanz frauenzentrierter Uminterpretation gängiger Deutungsmuster, die Schaffung wertschätzender Kontexte gegen kulturell vorherrschende Muster der Abwertung. Bisher finden wir einen Kampf um Definitionsmacht vor, in dem sich noch keine Einigung abzeichnet. Aus verschleierten Geschlechterdifferenzen müssen artikulierte Kontroversen werden (vgl. Eckart 1995). „Geschlecht" muß in Entscheidungsprozesse und routinisierte Abläufe hineingebracht werden, in denen bisher geschlechtsblinde Akteure die Hauptrolle gespielt haben.

Grundsätzlich bestehen für Männer in Organisationen gegenüber der kulturellen Herausforderung der Frauen, die auf strukturelle Veränderungen gerichtet ist, zwei Reaktionsmöglichkeiten: Neugier und Interesse *oder* Abwehr und Abgrenzung, einhergehend mit vernichtender Entwertung (vgl. auch Minssen/Müller 2000). Auf der *Erfahrungsebene* weiblicher Akteure dominieren bisher als Reaktion auf ihr Voranschreiten Projektionen von Unterlegenheitsängsten; sie erleben häufig, wie bei einer Schönen nach intellektuellen und bei einer Klugen nach Schönheitsdefiziten gesucht werden muß. Da aber in Organisationen Schließungsprozesse eher das Gängige sind, Frauenförderung aber ein Moment der Öffnung darstellt, erleben sie auch den Prozeß, wie sich Männer noch vereinzelt, aber doch hin und wieder aus der Kultur der Abwertung des Weiblichen befreien.

Anmerkungen

1 Der folgende Artikel ist (1998) in Rastetter, Daniela (Hg): Geschlechterdifferenzen und Personalmanagement, Zeitschrift für Personalforschung, Schwerpunktheft, Jg.12 , Heft 2, S.123-142 abgedruckt worden. Wir danken Ursula Müller, dem Rainer Hampp Verlag und Daniela Rastetter für ihr Bereitschaft einer zweiten Veröffentlichung zuzustimmen.

2 Mit diesem Begriff bezeichnete Carol Hagemann-White erstmals im deutschen Sprachraum die theoretische Vorstellung, daß die Zweigeschlechtlichkeit des Menschen weniger biologisch als vielmehr sozio-kulturell definiert ist. Während im Alltagsverständnis davon ausgegangen wird, biologische Merkmale führten zur sozialen Zuschreibung von männlicher oder weiblicher Geschlechtszugehörigkeit, geht dieses Konzept im Gegenteil davon aus, daß die soziale Zuschreibung der Geschlechtszugehörigkeit vorrangig ist und die „passende" Körperlichkeit unterstellt wird. Das kulturelle System der Zweigeschlechtlichkeit stellt ein grundlegendes, aber weitgehend unbewußtes Wahrnehmungs- und Vorstellungsmuster in unserer gesellschaftlichen Ordnung dar. Die Geschlechter werden in diesem System als einander ausschließend und polarisiert betrachtet; fließende Übergänge, wie etwa „weibliche" Aspekte innerhalb der „Männlichkeit", sind hierbei ebenso wenig vorgesehen wie die Möglichkeit, sich für das Geschlecht einer Person einfach nicht zu interessieren.

3 Mit den Begriffen „symmetrische" und „asymmetrische" Geschlechterkultur beziehe ich mich auf die Machtverteilung zwischen Männern und Frauen, bezogen auf die Verfügung einer Geschlechtsgruppe über Prozesse und Ressourcen der anderen. Eine Geschlechtersymmetrie wäre gegeben bei einer polyzentrischen Verteilung von Macht, die in bestimmten - gleichen oder ungleichen - Schlüsselbereichen zusammenfließt, so daß sich eine Balance ohne einseitiges Dominanzverhältnis von seiten einer Geschlechtsgruppe herstellt. „Symmetrie umschreibt die prozeßhafte Balance von heterogenen Kräften, denen „gleiches Gewicht" in den vielfältigen Entscheidungen des sozialen Lebens zukommt" (Lenz 1990; S.56). Meist

dominiert noch die Asymmetrie; eine Geschlechtsgruppe, und zwar die männliche, verfügt über Ressourcen der anderen, wie z. B. über deren Zeit, Geld, Renommee, aber auch über deren Arbeitsleistung und über Strukturen der Arbeitsteilung. Die Arbeitsteilung innerhalb von Organisationen läßt sich aber als Ressource der Geschlechterkonstruktion begreifen. Anders herum können wir auch sagen: Geschlecht dient als Ressource für Hierarchiekonstruktionen (Wetterer 1995). Sinnliche Alltagserfahrungen korrespondieren oft mit tradierten Geschlechterhierarchien: So werden z. B. Dienstleistungs- und Zulieferarbeiten vor allem von Frauen für Männer erbracht, selten umgekehrt.

4 Zwar führte die „Entdeckung" der informellen Strukturen in Arbeitsorganisationen in den 40er Jahren zu einer Differenzierung dieser Sichtweise, ließ „Geschlecht" als möglicherweise strukturbildende Kategorie aber außen vor.

5 Näheren Aufschluß über diese Literatur und deren Realitätsbezug bei Weber (1995); Müller (1995); Rastetter (1994).

6 Allerdings wäre es ein interessanter Aspekt für künftige Forschung, das Thema der „Geschlechterkultur" in Organisationen auch im Rahmen von „corporate identity"-Strategien zu untersuchen. Reskin/Roos (1990) haben bereis darauf hingewiesen, daß unter der Bedingung öffentlicher Thematisierung von Geschlechterdiskriminierung Arbeits- und Bildungsorganisationen sich durchaus bemüßigt sehen können, zur Erreichung ihrer Organisationsziele antidiskriminierende Maßnahmen zu entwickeln. In einer neueren Publikation zum Thema „Familienfreundliche Organisationen" wird sogar explizit die „Familienfreundlichkeit" einer Arbeitsorganisation als Mittel zur Leistungssteigerung bezogen auf das Organisationsziel definiert (Lewis/Lewis 1996).

7 Einige Autorinnen und Autoren verweisen darauf, daß Differenzbildung im Sinne der starken Betonung von Geschlechtergrenzen überwiegend ein männliches Bedürfnis zu sein scheint (vgl. Rubin 1975; Tyrell 1986; Knapp 1995; Braun 1993 u.a.m.).

8 Um diese Entwicklung verstehen zu können, müssen wir die Geschichte der Industrialisierung betrachten, wie sie z. B. Thompson (1965) geschildert hat, und sie als Geschichte der Geschlechterpolitik re-interpretieren (wie es z. B. Kathrin Braun 1993 mit der Untersuchung der Gewerbeordnungsnovelle von 1891 getan hat, in der die weitestgehende Trennung der Geschlechter am Arbeitsplatz im deutschen Sprachraum als Norm festgelegt wurde.)

9 Große Organisationen wie Armeen und Klöster, die zunächst, wenn auch begrenzt, die Beteiligung von Frauen zuließen, schlossen Frauen in der Folge mehr und mehr aus und verbannten, so Burrell, die Sexualität aus ihrem Bereich, um ihre Mitglieder zu kontrollieren und ebenso die Aktivitäten der Organisationen als ganzer. Der Ausschluß der Frauen diente somit dem Ausschluß von (Hetero)-Sexualität aus der Organisation. Wir könnten genauso auch formulieren: Die Frauen wurden ausgeschlossen, aber die (Hetero-)Sexualität (im Sinne von geschlechtlicher Aktivität) war gemeint. Oder war es umgekehrt ...? (Siehe hierzu Müller 1993).

10 Zum Verhältnis von Struktur und Kultur scheint mir die neuere, von Halford/Savage/Witz 1997 formulierte Sichtweise weiterführend, daß vorfindbare Organisationsstrukturen, -praktiken und -kulturen, sofern sie stabil sind, Mittel dar-

stellen, mit deren Hilfe vergangene Formen von Handeln „aufbewahrt" oder sedimentiert worden sind. Organisationspraktiken in ihrer gesamten Bandbreite (z. B. Kämpfe, Herausforderungen) werden in dieser Sichtweise Instrumente, die es den jeweiligen „Siegern" erlauben, ihren Erfolg in eine dauerhaftere Form zu bringen. Oft gibt es aber keine klaren Sieger, und damit kommt es häufig zu widersprüchlichen Ergebnissen. Verbündete an für unwahrscheinlich gehaltenen Orten oder Zustimmung durch einen Teil der Organisation bei heftiger Bekämpfung durch einen anderen zur gleichen Zeit können die Folge sein. Von daher ist es schwierig, harte und schnelle Unterscheidungen zwischen Strukturen und Kulturen in Organisationen festzulegen (a.a.O., S.18 f.).

11 Joan Acker (1991) hat dies die „gendered substructure" von Organisationen genannt. Ein weiteres Anzeichen für diskursive Enteignung ist es, daß es zunehmend als „out" gilt, Diskriminsierungserfahrungen aufgrund weiblicher Geschlechtszugehörigkeit zu thematisieren.

12 An Hochschulen in Nordrhein-Westfalen werden z. B. Zeiten der Kinderbetreuung, Doppelstudien, Forschungstätigkeiten im Ausland u.a.m. als „verjüngend" im Sinne der Laufbahnvoraussetzungen betrachtet.

13 Junge Männer haben große Chancen, von hochgestellten Personen des gleichen Geschlechts in die Wissenschaft eingeführt zu werden; bei einem Professorinnenanteil von 6,2 % bundesweit ist diese Chance für junge Frauen nur äußerst selten gegeben.

14 Dies ist jedoch nicht simpel mit befürchtetem Machtverlust von Männerseite zu erklären; vielmehr repräsentieren Frauen in unserer, noch vielfach durch die bürgerliche Geschlechterdichotomie gekennzeichneten Kultur für viele immer noch das „Andere" der Männer, das Abgespaltene, unter Schmerzen und Konflikten Verdrängte; sie symbolisieren häufig auch das Unkonventionelle und erinnern Männer an schmerzhafte eigene Anpassungsprozesse, deren Sinn sie in Frage stellen, und sie konfrontieren Männer mit ungelebten Lebensmöglichkeiten von sich selbst (vgl. Müller 1993; Eckart 1995; Minssen/Müller 2000). Frauen in Organisationen aller Art sind immer wieder mit dem Versuch konfrontiert, diese Anteile abzuspalten, auf Frauen zu projizieren und bei diesen dann unter Kontrolle zu halten. – Diese Aussage verweist auf die *unbewußte* Analyseebene und stellt keine Beschreitung der alltäglichen Wirklichkeit dar; hier mag durchaus das Bild der angepaßten Frau mindestens ebenso bedeutsam oder noch bedeutsamer sein als das der unkonventionellen oder rebellischen.

15 Rastetter weist zu Recht darauf hin, daß in Zeiten unsicherer werdenden Frauenausschlusses die Tendenz zur Verfestigung von Männerbünden sich verstärken kann (vgl. 1994, S.242) – Michael Hartmann vertritt ferner – allerdings ohne Reflexion der Homosozialität – die These, daß die Globalisierung der Wirtschaft letztlich zur Verstärkung der Elitebildung im Management führt und die ohnehin schon vorhandene hohe Exklusivität und Selektivität eher verstärken als mildern wird (1992). Die immer komplexer werdenden Entscheidungslagen im Zeitalter der Globalisierung führen seiner Meinung nach zu einem wachsenden Bedürfnis nach Reduktion von Komplexität. Dies wiederum führt, wie schon Kanter 1977 richtig erkannte, zu einer Verschärfung der homosozialen Auswahl und damit zur Absicherung des Ausschlusses von Frauen.

Literatur

Acker, Joan (1991): Hierarchies, Jobs, Bodies: A Theory of Gendered Organizations, In: Lorber/Farell (Hg.), S. 162-179

Braun, Kathrin (1993): Gewerbeordnung und Geschlechtertrennung: Klasse, Geschlecht und Staat in der frühen Arbeitsschutzgesetzgebung, Baden-Baden

Brückner, Margrit (1994): Geschlecht und Öffentlichkeit. Für und wider das Auftreten als Frau oder als Mensch, In: dies./Meyer, Birgit (Hg.), Die sichtbare Frau, Freiburg, S. 19-56

Bundesministerium für Jugend, Familie, Frauen und Gesundheit (Hg.) (1991): Sexuelle Belästigung am Arbeitsplatz, Band 260 Schriftenreihe (Untersuchung von Monika Holzbecher/Anne Braszeit/Ursula Müller/Sibylle Plogstedt), Stuttgart/Berlin/Köln/Mainz

Burrell, Gibson (1984): Sex and Organizational Analysis, In: Organization Studies, Vol.5 No.2, S. 97-118

Cockburn, Cynthia (1988): Die Herrschaftsmaschine. Geschlechterverhältnis und technologisches Know-how, Berlin/Hamburg

- (1991): In the Way of Women. Men's Resistance to Sex Equality in Organizations, Basingstoke/London

Collinson, David (1992): Managing the Shop Floor. Subjectivity, Masculinity and Workplace Culture, Berlin/New York

Douglas, Mary (1991): Wie Institutionen denken, Frankfurt/M.

Eckart, Christel (1995): Feministische Politik gegen institutionelles Vergessen, In: Feministische Studien 1, S. 82-90

EU-Kommission (Hg.) (1983): Männer und Frauen in Europa, Brüssel

Gascke, Susanne (1998):Im Auftrag von Frau Meier. In: Die Zeit vom 12.2.1998

Goldmann, Monika (1994): Perspektiven von Frauenarbeit bei neuen Produktions- und Managementkonzepten - Zusammenfassung, In: dies., Perspektiven von Frauenarbeit bei neuen Produktions- und Managementkonzepten. Eine Recherche im Auftrag der IG Metall, Dortmund, S. 3-18

Großmaß, Ruth (1995): Psychische Folgen sexueller Übergriffe auf Studentinnen, In: ZSB-Jahresbericht, Hg. Zentrale Studienberatung, Universität Bielefeld

Hagemann-White, Carol (1993): Die Konstrukteure des Geschlechts auf frischer Tat ertappen? Methodische Konsequenzen einer theoretischen Einsicht, In: Feministische Studien 2, S. 68-78

- (1988): Wir werden nicht zweigeschlechtlich geboren ..., In: dies./Rerrich, Maria S. (Hg.), FrauenMännerBilder, Bielefeld, S. 224-234

Halford, Susan/Savage, Mike/Witz, Anne (1997): Gender, Careers and Organizations. Current Developments in Banking, Nursing and Local Government, Basingstoke/London

Hartmann, Michael (1995): Deutsche Topmanager: Klassenspezifischier Habitus als „Karrierebasis", In: Soziale Welt, Heft 4, 46.Jg., S. 440-468

Heintz, Bettina/Nadai, Eva/Fischer, Regula/Ummel, Hanns (1997): Ungleich unter Gleichen. Studien zur geschlechtsspezifischen Segregation des Arbeitsmarktes, Frankfurt/New York

Hochschild, Arlie Russell, with Anne Machung (1989): The Second Shift. Working Parents and the Revolution at Home, New York

Jüngling, Christiane (1995): Politik, Macht und Entscheidungen in Projektgruppen. Entscheidungen über Frauenförderung und Personalbeurteilung - Eine Analyse, Münster

Kanter, Rosabeth Moss (1977): Men and Women of the Corporation, New York

Kirsch-Auwärter, Edit (1996): Anerkennung durch Dissidenz. Anmerkungen zu einer Kultur der Marginalität, In: dies./Modelmog, Ilse (Hg.), Kultur in Bewegung, Freiburg, S. 25-47

- (1996b): Emanzipatorische Strategien an den Hochschulen im Spannungsverhältnis von Organisationsstrukturen und Zielvorstellungen, In: VBWW-Rundbrief 12, S. 51-55

Klinger, Cornelia (1995): Beredtes Schweigen und verschwiegenes Sprechen: Genus im Diskurs der Philosophie, In: Bußmann, Hadumod/Hof, Renate (Hg.), Genus. Zur Geschlechterdifferenz in den Kulturwissenschaften, Stuttgart, S. 34-59

Knapp, Gudrun-Axeli (1995): Unterschiede machen: Zur Sozialpsychologie der Hierarchisierung im Geschlechterverhältnis, In: Becker-Schmidt, Regina/Knapp, Gudrun-Axeli (Hg.), Das Geschlechterverhältnis als Gegenstand der Sozialwissenschaften, Frankfurt/M./New York, S. 163-194

Kotthoff, Helga (1993): Kommunikative Stile, Asymmetrie und „Doing Gender". Fallstudien zur Inszenierung von Expert(inn)entum in Gesprächen, In: Feministische Studien 2, S. 79-95

Krell, Gertraude (Hg.) (1997): Chancengleichheit durch Personalpolitik. Gleichstellung von Frauen und Männern in Unternehmen und Verwaltungen, Wiesbaden

Lenz, Ilse (1990): Geschlechtersymmetrische Gesellschaften. Neue Ansätze nach der Matriarchatsdebatte, In: dies. und Luig, Ute (Hg.): Frauenmacht ohne Herrschaft, Berlin, S. 17-74

Lewis, Suzan/Lewis, Jeremy (Hg.) (1996): The Work-Family Challenge. Rethinking Employment, London/Thonsand Oaks/New Delhi

Lorber, Judith (1966): Beyond the Binaries: Repolarizing the Categories of Sex, Sexuality, and Gender, In: Sociological Inquiry, Vol. 66, No.2, S. 143-159

Luhmann, Niklas (1988): Frauen, Männer und George Spencer Brown, In: Zeitschrift für Soziologie, 1, S. 47-71

Metz-Göckel, Sigrid (1996): Konzentration auf Frauen - Entdramatisierung von Geschlechterdifferenzen. Zur feministischen Koedukationskritik, In: beiträge zur feministischen theorie und praxis 43/44, S. 13-29

-/Müller, Ursula (1986): Der Mann, Weinheim/Basel

Minssen, Angela/Müller, Ursula (2000): Attraktion und Gewalt. Psychogenese und Soziogenese männlicher Gewaltbereitschaft gegenüber Frauen, Opladen (i.V.)

Müller, Ursula (1993): Sexualität, Organisation, Kontrolle, In: Aulenbacher, Brigitte/ Goldmann, Monika (Hg.), Transformationen im Geschlechterverhältnis, Frankfurt/New York, S. 97-114

- (1996): Frauen und Führung. Fakten, Fabeln und Stereotypisierungen in der Frauenforschung, In: Wetterer, Angelika (Hg.), Die Konstruktion von Geschlecht in

Professionalisierungsprozessen, Frankfurt/New York 1995, S. 101-117 (abgedruckt In: Polizei-Führungsakademie (Hg.), Schlußbericht über das Seminar „Frauen in Führungspositionen in der Polizei", Münster

- (1996): Asymmetrische Geschlechterkultur an der Hochschule und Frauenförderung als Prozeß am Beispiel von „Sexismus" und „sexueller Belästigung", Projektantrag Universität Bielefeld, gefördert vom Ministerium für Wissenschaft und Forschung des Landes Nordrhein-Westfalen

- (1997): Von der Gegen- und Interventionskultur: „Frauenforschung" als institutionalisierte Sozialwissenschaft, In: Metz-Göckel, Sigrid/Steck, Felicitas (Hg.), Frauenuniversitäten. Initiativen und Reformprojekte im internationalen Vergleich, Opladen, S. 157-177

-/Stein-Hilbers, Marlene (1996): Arbeitsplatz Hochschule - kein Platz für Frauen; In: Kleinau, Elke/Opitz, Claudia (Hg.): Geschichte der Mädchen- und Frauenbildung, Bd.2, Frankfurt/New York

Neuberger, Oswald (1995): Von sich reden machen. Geschichtsschreibung in einer organisierten Anarchie, In: Volmerg, Birgit et al., Nach allen Regeln der Kunst. Macht und Geschlecht in Organisationen, Bd.2, Freiburg, S. 25-72

Pringle, Rosemary (1989): Secretaries Talk: Sexuality, Power and Work, London/New York

Rastetter, Daniela (1994): Sexualität und Herrschaft in Organisationen. Eine geschlechtervergleichende Analyse, Opladen

Reskin, Barbara F./Roos, Patricia A. (1990): Job Queues, Gender Queues: Explaining Women's Inroad into Male Occupations, Philadelphia

Rudolph, Hedwig/Grüning, Marlies: Frauenförderung: Kampf- oder Konsensstrategie?, In: Beckmann, Petra/Engelbrech, Gerhard (Hg.), Arbeitsmarkt für Frauen 2000 - Ein Schritt vorwärts oder ein Schritt zurück?, BeitrAB 179, Nürnberg 1994, S. 773-795

Schreyögg, Georg (1988): Kann und darf man Unternehmenskulturen ändern?, In: Dülfer, Eberhard (Hg.), Organisationskultur. Phänomen - Philosophie - Technologie, Stuttgart, S. 201-214

Savage, Mike/Witz, Anne (Hg.) (1992): Gender and Bureaucracy, Oxford

Thompson, Edward P. (1965): The making of the English working class, London

Tyrell, Hartmann (1986): Geschlechtliche Differenzierung und Geschlechterklassifikation, In: KZSS 38/2, S. 450-489

Weber, Claudia (1995): Welche Maske zu welcher Gelegenheit? Anmerkungen zur Debatte um Frauen und Management, In: Müller-Jentsch, Walther (Hg.): Profitable Ethik - effiziente Kultur. Neue Sinnstiftungen durch das Management, München/Mering, S. 209-228

Wetterer, Angelika (1995): Soziale Schließung als Modus der sozialen Konstruktion von Geschlecht. Beitrag zur 5. Arbeitstagung „Profession und Geschlecht", Loccum (unveröff. Man.)

Witz, Anne/Savage, Mike (1992): The Gender of Organizations, In: Savage, Mike/ Witz, Anne (Hg.): Gender and Bureaucracy, Oxford

Birgit Riegraf

Organisationswandel, Organisationslernen und das Geschlechterverhältnis

Einleitung

In der Organisationssoziologie lassen sich seit Jahren anhaltende Diskussionen beobachten, die unter Schlagworten, wie „Organisationslernen", „Organisationsverstand", „Organisationsgedächtnis" und „Organisationswissen" geführt werden und die die Reaktionen von Organisationen auf veränderte Umweltbedingungen thematisieren (vgl. bspw.: Albach u.a. 1998; Senge 1998; Dogdson 1993; Hedberg 1981). Die Attraktivität dieser Ansätze läßt sich u.a. auf den Abschied von deterministischen Vorstellungen über Organisationsentwicklungen und -ziele zurückführen, durch den verstärkt akteurszentrierte und handlungsorientierte Sichtweisen in den Mittelpunkt der Aufmerksamkeit rücken. Während in den traditionellen Konzepten Organisationsentwicklungen und -ziele lediglich aus ökonomischen und technischen Zwängen abgeleitet betrachtet werden, betonen die aktuellen organisationssoziologischen Diskussionen die Handlungsmöglichkeiten von Akteuren bzw. Akteurinnen und Akteursgruppen sowie die jeweils spezifischen Gestaltungsspielräume von Organisationen innerhalb von „Handlungskorridoren". Organisationsentwicklungen und –ziele sind aus neuerer Perspektive nicht lediglich durch ökonomische und funktionale Sachzwänge bestimmt, vielmehr stellt sich die Rationalität von Organisationen als gestaltbar und als in sozialen Kontexten entstanden dar. Organisationen werden nicht lediglich als „Resonanzkörper" (Wiesenthal 1995, S. 142) ökonomischer und technologischer Entwicklungen betrachtet, sondern sind aktiv an der Gestaltung ihrer Umwelt beteiligt. Ein zentraler Ausgangspunkt der Organisationsanalysen bildet konsequenterweise das Handeln von Akteuren, Akteurinnen und Akteursgruppen im Rahmen von Organisationen (vgl. bspw. Küpper/ Ortmann 1984).

Im Zuge dieser Debatten rückt nun die Fähigkeit von Organisationen, lernend auf veränderte Umweltanforderungen, zu reagieren ins Zentrum des Interesses. Organisationslernen scheint dann sozialwissenschaftliche Aufmerksamkeit zu erfahren, wenn „das diskretionäre Entscheidungsverhalten korporativer Akteure, z. B. als Folge beschleunigten technologischen Wandels, der Globalisierung ökonomischer Handlungssphären und (u.a. dadurch) gesteigerten Anforderungen an die politische Moderierung gesellschaftlicher Prozesse, eine Aufwertung erfährt" (Wiesenthal 1995, S. 138). „Organisationslernen" gilt dabei in der organisationssoziologischen Diskussion als Ansatzpunkt, um „viel zu allgemeine" und „unspezifische" Begriffe, wie Organisationswandel und -entwicklung zu konkretisieren (ebenda, S. 138).

Die Suchrichtungen in der Organisationssoziologie zu „Organisationslernen", „Organisationsverstand" , „Organisationsgedächtnis" und „Organisationswissen" treffen sich in zentralen Ausgangsüberlegungen mit den Erkenntnisinteressen feministischer Organisationssoziologie. Auch in der feministischen Organisationstheorie rücken in den letzten Jahren verstärkt handlungs- und akteurszentrierte Ansätze ins Zentrum der Aufmerksamkeit (vgl. bspw. Kutzner 1999; Kirsch-Auwärter 1996; Riegraf 1996; Müller in diesem Band). Die Diskussionen über „Geschlecht und Organisation" zeigen, daß entscheidende Weichenstellungen für Wandlungsprozesse bzw. Beharrungstendenzen im Geschlechterverhältnis vor allem innerhalb von Organisationen geschaltet werden und eine Veränderung des „asymmetrischen Geschlechterverhältnisses" ohne die Berücksichtigung der unterschiedlichen organisationsspezifischen Handlungs- und Gestaltungsspielräume kaum möglich ist. Auch in den Analysen zu „Geschlecht und Organisation" wird deutlich, daß theoretische Modelle, die Organisationsentwicklungen ausschließlich durch ökonomische und technologische Sachzwänge bestimmt betrachten, zu kurz greifen. Diese Perspektiven können die soziale Konstruiertheit von Organisationsentwicklungen und -zielen, die organisationsinternen sozialen und politischen Aushandlungs- und Entscheidungsprozesse und damit die geschlechtsspezifischen Interessen nicht begreifen, die in Organisationsentwicklungen und Organisationszielen um Ausdruck kommen.

Die Bedingungen, unter denen in Organisationen Maßnahmen zum Abbau der Geschlechterasymmetrie „gelernt" werden können, die Grenzen und die Chancen eines Organisationswandels hin zu mehr Geschlechtersymmetrie werden in der feministischen Organisationssoziologie nicht nur in den ökonomischen und technologischen Entwicklungen, sondern zunehmend auch in dem jeweils spezifischen sozialen und politischen Spannungsfeld innerhalb von Organisationen vermutet. Aus dieser Sichtweise bilden Organisationen eine zentrale Schnittstelle für den Abbau der Geschlechterungleichheiten. Die Frage nach der Gestaltbarkeit und Veränderbarkeit von Organisationen rückt damit verstärkt in den Mittelpunkt des Interesses. Der Fokus der Frauen- und Geschlechterforschung verlagert sich auf die sozialen und politischen Prozesse bei der Entwicklung, Ausgestaltung und Implementation von Gleichstellungsmaßnahmen (Riegraf 1996); er richtet sich auf Veränderungsmöglichkeiten für den Abbau von Asymmetrien in Organisationen über „paradoxe Interventionen" (Wetterer 1994) und beleuchtet betriebliche Alltagspraktiken, die auf den Abbau „asymmetrischer Geschlechterkultur" (Müller in diesem Band) verweisen.

Im Zentrum der herkömmlichen Debatten über „Organisationslernen" stehen folgende Fragen:
Was kann eigentlich unter „Organisationslernen" verstanden werden? Was, unter welchen Umständen und zu welchem Zeitpunkt lernen Organisationen? In welchem Ausmaß sind Organisationen überhaupt in der Lage zu lernen? Wie wird Wissen in Organisationen generiert und in handlungsrelevanter Form im „Organisationsgedächtnis" gespeichert? An welches „Wissen" wird in Veränderungsprozessen von Organisationen angeknüpft, welches Wissen wird erinnert und angenommen?
Aus Perspektive der Frauen- und Geschlechterforschung schließen sich folgende, bislang offene Fragen an diese Diskussionen über „Organisationslernen" an:
Mit welchen Prozessen und Strategien reagieren Organisationen auf die Forderung nach Gleichberechtigung zwischen den Geschlechtern? Unter welchen Bedingungen sind Organisationen überhaupt in der Lage, das Thema aufzugreifen, oder stößt die „Geschlechterfrage" auf selektive Taubheit (Douglas 1991, S. 17)? In welchen Kontexten reproduzieren sich bzw. reduzieren sich Asymmetrien zwischen den Geschlechtern?
Oder in die Begrifflichkeiten der Lerntheorien übersetzt: In welchem Rahmen können Lernprozesse zum Abbau der asymmetrischen Geschlechterverhältnisse angestoßen werden? In welchem Ausmaß sind Organisationen überhaupt fähig, Maßnahmen zum Abbau von Geschlechterasymmetrien zu lernen? Wie kann organisationelles „Wissen" im Sinne der Geschlechtergleichheit verändert und in handlungsrelevanter Form gespeichert werden? Unter welchen Umständen wird bereits vorhandenes Wissen über Maßnahmen zum Abbau der Geschlechterungleichheit dem Prozeß des „institutionellen Vergessens" (ebenda, S. 133) unterworfen? Unter welchen Voraussetzungen kann an dieses existierende Wissen über asymmetrische Geschlechterverhältnisse angeknüpft werden?

Die Diskussionen, die in der herkömmlichen Organisationssoziologie zu Themen wie „Organisationslernen", „Organisationsverstand", „Organisationsgedächtnis" und „Organisationswissen" geführt werden, klammern bislang die Erkenntnisse der Frauen- und Geschlechterforschung weitgehend aus. Analysen zum Organisationslernen wurden bisher zum Beispiel bei Privatisierungsprozessen der Deutschen Bahn oder zu Reaktionen von Forschungsinstituten im Prozeß der Transformation durchgeführt (vgl. Albach u.a. 1998). Eine Diskussion aus Perspektive der Frauen- und Geschlechterforschung und ein Versuch, die Ansätze zum Organisationslernen für Gleichstellungspolitiken fruchtbar zu machen, unterblieb bislang. Im folgenden werden Forschungsergebnisse der herkömmlichen Organisationssoziologie aufgegriffen und mit den Erkenntnissen der Frauen- und Geschlechterforschung konfrontiert. Die Analysepotentiale der Diskussion zum „Organisationslernen" sollen auf ihre „Tauglichkeit" für die Frauen- und Geschlechterforschung hin überprüft werden.

Geschlecht und Organisation

Die in der herkömmlichen Organisationssoziologie lange Zeit vorherrschende Annahme, daß Organisationen, wie Verwaltungen und Betriebe, geschlechtsneutrale Gebilde darstellen, sind angesichts der Ergebnisse der Frauen- und Geschlechterforschung nicht mehr haltbar (vgl. bspw.: Ferguson 1984; Acker 1991; Witz/Savage 1992; Aulenbacher/Goldmann 1993; Riegraf 1996; Müller 1996; Müller 1999). In kritischer Auseinandersetzung mit der Herrschafts- und Bürokratiesoziologie geraten Organisationen nicht lediglich als Vermittlungs- und Reproduktionsinstanz gesellschaftlicher Benachteiligung zwischen den Geschlechtern in den Blick, sondern die Prozesse in den Organisationen selbst sind „the crux of the problem" (Witz/Savage 1992, S. 6). Aus der Perspektive der Frauen- und Geschlechterforschung werden Organisationen, wie Unternehmen, Verwaltungen, Hochschulen etc., als eine der zentralen „Schaltstellen" von Geschlechterpolitik perzipiert. Ein wichtiger Ansatzpunkt dieser Debatten ist die Feststellung, daß selbst - nach üblichen Kriterien - vergleichbare Organisationen keineswegs in gleicher Weise auf die Forderung nach einem Abbau geschlechtsspezifischer Asymmetrien reagieren.

Organisationsziele und -entwicklungen werden in der feministischen Organisationssoziologie als geschlechtsspezifisch konzipiert, die - da sie eben nicht allein durch ökonomische und technologische Sachzwänge bestimmt betrachtet werden - von den jeweils dominanten organisationsinternen Diskursen abhängen. Sie stellen sich damit als relativ und in sozialen Zusammenhängen konstituiert dar. In der Literatur zu „Geschlecht und Organisation" wird darüber hinaus der räumlich und historisch unterschiedliche Charakter von Organisationen hervorgehoben: „We argue that it is essential to move away from general notions of bureaucratic organizing, which can be shown to rest upon particular gendered foundation. The modern western bureaucracy, as dissected by Weber, is only one way of organizing social relations and it depends upon particular configurations of gender relations" (Witz/Savage 1992, S. 5). Neuere Untersuchungen zeigen zudem, daß selbst innerhalb von Organisationen erhebliche Unterschiede in der Reaktion auf Gleichstellungsforderungen erkennbar sind: So können in bezug auf die Geschlechterfrage innovative von weniger innovativen Unternehmensbereichen unterschieden werden (vgl. bspw. Rudolph/Grüning 1994). Diese Varianzen über alle Ähnlichkeiten hinweg machen eine genauere Betrachtung der Fähigkeit von einzelnen Organisationen, das „Geschlechterthema" aufzugreifen und in diesem Feld zu „lernen", interessant.

Geschlecht und Organisationswandel

Die Forschungsergebnisse zu „Geschlecht und Organisation" geben wichtige Hinweise auf die geschlechtsspezifische Strukturierung von Organisationen. Diese Untersuchungen analysieren ungleichheitsstiftende Prozesse und Strategien von Organisationen sowie Gegenreaktionen auf Gleichheitsforderungen der Frauenbewegung, ohne allerdings bislang Organisationsentwicklungsprozesse und -wandelsprozesse zu spezifizieren und beispielsweise Lernebenen von Lerntypen und Lernprozessen zu unterscheiden. Eine Betrachtung der Ansätze feministischer Organisationstheoretikerinnen zeigt zunächst, daß Organisationen unterschiedlich große Handlungs- und Gestaltungsspielräume beim Abbau geschlechtsspezifischer Diskriminierung zugeschrieben werden und sich aus der Sicht verschiedener theoretischer Standpunkte unterschiedliche Maßnahmen zur Aufhebung der geschlechtsspezifischen Benachteiligung ableiten lassen. Während in der Arbeit von Kanter a priori davon ausgegangen wird, daß die Benachteiligung von Frauen im Rahmen der herkömmlichen Organisationen abgeschwächt werden kann, schwindet diese Möglichkeit beispielsweise in der Untersuchung *Secretaries talk* von Pringle (1988) und wird in der Analyse *The feminist case against bureaucracy* von Ferguson (1984) vollständig ausgeschlossen.

Aus der Perspektive der bereits klassischen Studie von Kanter ist Organisationswandel hin zu einem Abbau asymmetrischer Geschlechterverhältnisse dadurch möglich, daß mehr Frauen in Machtpositionen gelangen (Kanter 1977). Inzwischen gilt die vieldiskutierte Annahme von Kanter, ein quantitativer Anstieg von Frauenbeschäftigung in „untypischen" Tätigkeitsbereichen ziehe eine Auflösung geschlechtstypischer Rollenbilder nach sich und trage unmittelbar zur Auflösung geschlechtsspezifischer Diskriminierung in Organisationen bei, als widerlegt (vgl. bspw.: Allmendinger/ Hackman 1993). Kanter nimmt in ihrer Untersuchung (in Anlehnung an Max Weber) eine Unterscheidung nach formeller und informeller Ebene vor und verlagert die geschlechtsspezifische Benachteiligung auf die informelle Ebene von Organisationen. Sie geht davon aus, daß der formale Aufbau moderner Organisationen tatsächlich ausschließlich an herkömmlichen Vorstellungen über Zweck- und Zielorientierung erfolgt und damit unabhängig ist von den gesellschaftlich zugeschriebenen Eigenschaften der Funktionsträger - also auch unabhängig vom Geschlecht. Die Ausgrenzung von Frauen aus bestimmten Tätigkeitsbereichen wertet Kanter als überholtes und irrationales Relikt patriarchaler Gesellschaftsstrukturen, welches auf informeller Organisationsebene in Form von tätigkeits- und eigenschaftsspezifischen Rollenstereotypen fortexistiert. Wandlungsprozesse im Geschlechterverhältnis im Rahmen von Organisationen führen deshalb über einen quantitativen Anstieg von Frauen in untypischen Tätigkeitsbereichen, was zwangsläufig eine Auflösung von geschlechtsspezifischen Stereotypen auf informeller Ebene nach sich ziehe. Die auf informeller Ebene angesiedelte „asymmetrische Organisationskultur“ (Müller 1998) wird in diesem Ansatz der Schlüssel zum Abbau geschlechtsspezifischer Benachteiligungen und zum „progressiven“ Bestandteil von Organisationen.

Während Kanter vom Idealbild der formalen Organisation ausgeht, die von individuellen Merkmalen ihrer Mitglieder nicht tangiert ist, weist die neuere feministische Organisationssoziologie darauf hin, daß auch formale Strukturen ein Geschlecht haben und Reformen auf der informellen Organisationsebene keineswegs automatisch zu mehr Geschlechtersymmetrie führen (z. B. Acker 1991; Acker 1992; Mills/Tancred 1992; Müller 1999). Geschlechterungleichheiten werden demnach nicht nur symbolisch und interaktiv hergestellt, sondern verfestigen sich auch in Organisationsstrukturen (vgl. hierzu: Heintze u.a. 1997, S. 50). Acker bestimmt dieses Verhältnis wie folgt:

> „In organizational logic, both jobs and hierarchies are abstract categories that have no occupants, no human bodies, no gender. However, an abstract job can exist, can be transformed into a concrete instance, only if there is a worker. In organizational logic, filling the abstract job is a disembodied worker who exists only for the work. (...) The closest the disembodied worker doing the abstract job comes to a real worker is the male worker whose life centers on his full-time, liflong job, while his wife or another women takes care for his personal needs and his children“ (Acker 1991, S. 170).

Formale Strukturen sind aus der Perspektive von Acker durch eine „gendered substructure“ geprägt. Müller betont im Anschluß an diese Diskussion, daß das Verhältnis zwischen formeller und informeller Organisationssphäre bislang noch ungeklärt ist, der Zusammenhang zwischen beiden Sphären aber keineswegs so verstanden werden darf, daß sich erst die informelle Seite von Organisationen wandle und sich dann automatisch die formelle Ebene verändere (Müller in diesem Band).

In ihrer Analyse *The feminist case against bureaucracy* hebt Ferguson die Trennung zwischen einer formellen und einer informellen Organisationssphäre auf. Sie betont den Stellenwert eines „bureaucratic discourse" in Organisationen, über den Normen, Werte und Leitbilder und damit auch Machtverhältnisse zwischen den Geschlechtern vermittelt werden. Der „bureaucratic discourse" stellt eine Verbindung von Organisation und Organisationsumwelt her. Der gesellschaftliche Diskurs über die Geschlechter spiegelt sich in Organisationen wider und stellt nach Ferguson ein Kontrollinstrument von Männern gegenüber Frauen dar. Die disziplinierenden Techniken des Diskurses durchdringen dabei sowohl die informelle als auch die formale Struktur von Organisationen; sie prägen auch das individuelle Verhalten der Organisationsmitglieder. In dem Ansatz von Ferguson wird Macht mit Männlichkeit gleichgesetzt und ist ein zentraler Bestandteil der Interaktion zwischen den Geschlechtern. Im Geschlechterverhältnis ist „Männlichkeit" somit immer höher bewertet als „Weiblichkeit", und dieses Verhältnis spiegelt sich auch in den Diskursen in Organisationen wider. Das „Weibliche" ist demnach in der betrieblichen Rangordnung per se abgewertet und stets unterhalb der am niedrigsten eingestuften „Männlichkeit" angesiedelt. Diese Abwertungen des „Weiblichen" diene der Sicherung des Selbstwertgefühls und der Solidarität der männlichen Beschäftigten in Organisationen. Die dominierende Männlichkeit wird über betriebliche Institutionen, Regeln und Verfahren vermittelt. Der dominante Diskurs des männlichen Geschlechts befindet sich aus dieser Perspektive nicht nur auf der informellen Sphäre von Organisationen, sondern ist zentral mit der Konstitution der formalen Organisationssphäre verknüpft und durchdringt diese. Nach Ferguson mystifiziert ein abstrakter Diskurs über Rationalität, Regeln und Verfahren die Geschlechtsspezifik von Organisationen. Der übliche Verweis auf allgemein verbindliche, neutrale und rationale Regeln und Ziele von Organisationen verschleiert in dieser Sichtweise die Klassen- und Geschlechtsinteressen, die tief in den Regelsystemen verankert sind. Aus dem Ansatz von Ferguson kann gefolgert werden, daß Gleichstellungspolitik in Organisationen ihr Ziel eines Abbaus geschlechtsspezifischer Diskriminierung a priori nicht erreichen kann.

Monolithische Betrachtungsweisen von „Organisation“ und „Bürokratie“, in denen (wie bei Ferguson) davon ausgegangen wird, daß „Weiblichkeit“ immer abgewertet und Frauen immer Opfer von Macht und Hierarchie sind, sind in den letzten Jahren zugunsten einer flexibleren Betrachtungsweise aufgegeben worden (vgl. Müller 1999, S. 56f; siehe auch: Müller in diesem Band). Heintz u.a. (1997) können in ihrer Studie über die geschlechtsspezifische Segregation auf dem Arbeitsmarkt durchaus Unterschiede in der Erwerbsarbeitssituation von Frauen feststellen und kommen zu folgendem Schluß:

> „Auf welche Formen der Benachteiligung Frauen stoßen und in welchem Ausmaß, ist variabel. Es ist abhängig von ihrem zahlenmäßigen Anteil, von der Geschwindigkeit, mit der sie als Neulinge in einen traditionellen Männerberuf eindringen, und davon, ob es sich um einen traditionell männlichen Beruf mit Gemeinschaftskultur oder um ein individualisiertes und noch wenig typisiertes Tätigkeitsfeld handelt“ (Heintz u.a. 1997, S. 43).

Gheradi beispielsweise kann diese Differenzen auch auf der Ebene von Organisationen ausmachen und zeigt in einer Reihe von Fallstudien, daß es unterschiedlichste Muster gibt, mit denen Organisationen auf die Konfrontation mit einer als „unüblich“ geltenden Frau reagieren (Gheradi 1995, vgl. hierzu auch: Müller 1999). Auch Müller greift diese unterschiedlichen Reaktionsmuster auf und verweist auf die durchaus mögliche Situation, daß Bereiche der Organisation Gleichstellungspolitik als Personalpolitik ablehnen, während andere Abteilungen diese Entwicklungen befürworten, aktiv betreiben oder gar enthusiastisch begrüßen (Müller in diesem Band). Die Dimensionen, die diese Differenzen auf der Ebene der Organisationen bestimmen, bleiben allerdings bislang ungeklärt.

In der diskursanalytischen Untersuchung von Pringle ist der Wandel von Organisationen zu mehr Geschlechtersymmetrie - wie im Ansatz von Kanter und im Gegensatz zu Ferguson - grundsätzlich möglich. Auch Pringle hebt die Trennung zwischen einer formellen und einer informellen Organisationsebene auf. Die Autorin konzentriert sich in der empirischen Studie *Secretaries Talk* (Pringle 1988) auf die Frage, wie Machtverhältnisse zwischen Männern und Frauen am Arbeitsplatz diskursiv hergestellt werden. Aus ihrer Perspektive können Frauen in Organisationen Gegenmacht erringen, indem sie die übliche Fiktion einer geschlechtsneutralen Rationalität in Frage stellen, die dort unterdrückte Sexualität entwickeln und die herkömmliche Vorstellung einer entsexualisierten Organisation entlarven. Ihrer Ansicht nach läßt sich das Konzept einer getrennten geschlechtsneutralen formalen Organisationsstruktur und einer informellen Sphäre, in der Stereotype weiterexistieren, aber keine Funktion in der formalen Organisationsstruktur übernehmen, am Beispiel des „Chef-Sekretärinnen"-Arbeitsverhältnisses am deutlichsten widerlegen. In ihrer Untersuchung werden die geschlechtsspezifischen Diskurse in Organisationen detaillierter herauskristallisiert als bei Ferguson.

Pringle geht davon aus, daß Bürokratien nicht entsexualisierte und unparteiische Sphären bilden, sondern in ihnen Diskurse über soziale Beziehungen existieren. Diese Diskurse bilden einen zentralen Bestandteil der Funktionsweise von Organisationen. Die geschlechtsspezifischen Machtverhältnisse am Arbeitsplatz basierten auf einer Vielzahl solcher Diskurse. Nach Pringle fußt die Rationalität von Bürokratien auf einer heterosexuellen Konstruktion von Arbeitsplatzbeziehungen. Diese Konstruktion nehme auf außerorganisatorische Verhältnisse Bezug, wie familiäre und sexuelle Vorstellungen. Die Diskurse über soziale Beziehungen definierten beispielsweise Sekretärinnen ausschließlich im Rahmen familiärer und sexueller Begrifflichkeiten, etwa als Büro-Ehefrau, -Geliebte, -Mutter, -Kindermädchen oder -Tochter. Die vergeschlechtlichten Diskurse fänden sich in Anordnungen sowie Zuschreibungen von Arbeitsplätzen in vielfältiger Weise wieder: über Bilder, Sprache und die Vorstellung einer Kleiderordnung. Die Diskurse eröffneten Vorgesetzten umfassende Zugriffs- und Kontrollmöglichkeiten auf die Arbeitskraft von Sekretärinnen. wenn sie diesen z. B. Tätigkeiten wie Kaffeekochen, aber auch die Erledigung von Hausarbeiten - wie Bügeln - im Rahmen ihrer Arbeitsbeziehung übertrügen. Diese geschlechtsspezifischen Diskurse bildeten einen zentralen Bestandteil von Bürokratien. Die Trennung zwischen formaler Rationalität und informeller irrationaler Organisationssphäre, in der Geschlechterstereotype weiterexistieren, ist damit aufgehoben. Pringle stellt somit die herkömmliche Vorstellung von Rationalität in Organisationen in Frage. Nach Pringle ist der Rekurs der Arbeitskräfte auf diese Diskurse jedoch nicht einseitig. Auch die Sekretärinnen identifizieren sich demnach mit ihrer Tätigkeit. Sie verfügten über Machtpotentiale und könnten vielfältige Formen des Widerstandes entwickeln.

In den vorgestellten Ansätzen der feministischen Organisationssoziologie steht der Stellenwert von Macht, Emotionen, Sexualität und Geschlecht in Organisationen im Zentrum. Cockburn (1988) zeigt, wie grundlegend das Geschlechterverhältnis in Organisationen eingelassen ist und in Umstrukturierungsprozessen asymmetrische Geschlechterverhältnisse immer wieder neu hergestellt werden. In ihrer Analyse technisch-arbeitsorganisatorischer Umstrukturierungsprozesse in Unternehmen verdeutlicht sie, daß die Rekonstruktion der horizontalen und vertikalen Segregation von Männern und

Frauen ein grundlegender Bestandteil des Wandels ist. Wie eine aus diskursanalytischer Perspektive definierte Macht von Männern in Organisationen bei der Abwehr der Gleichheitsansprüche von Frauen zur Wirkung kommen kann, ist Gegenstand einer weiteren Analyse von Cockburn (1991). Cockburn greift die Vorstellung der „männlichen Hegemonie" in Organisationen auf. Sie faßt die Geschlechterbeziehung in Organisationen als Kampf zwischen hegemonialen und subversiven Ideen zusammen. Die hegemoniale Dominanz der Männer wird durch die subversiven Ideen von Frauen in Frage gestellt (Cockburn 1991, S. 169). Auch die Untersuchung von Hüning, Nikkel u.a. mit dem Titel „Frauen im betrieblichen Transformationsprozeß der neuen Bundesländer. Zu weiblichen Handlungsoptionen in der Finanzdienstleistung und der Verkehrsbranche" (Nickel 1998, S. 7) zeigt, daß und wie das Geschlechterverhältnis sich in Veränderungsprozessen reproduziert. Die Studie kommt zu dem Ergebnis, daß der betriebliche Transformationsverlauf entlang der Unternehmensphilosophie zwar sehr unterschiedlich gestaltet wird. Sie betont, daß es aber eine „Pfadabhängigkeit der (Re)Strukturierung des Geschlechterverhältnisses" gibt

> „mit dem Effekt, daß strukturelle Asymmetrien des bundesdeutschen (innerbetrieblichen) Arbeitsmarktes zuungunsten von Frauen eine ‚selbstregulative' Tendenz haben: Trotz individueller ‚Widerständigkeit', entgegengesetzter subjektiver Interessen und partnerschaftlicher Orientierungen von Frauen und Männern stellen sie sich tendenziell auch in Ostdeutschland her. Diesem strukturellen Zwang der Verhältnisse ist nur mit politisch-institutioneller Gegensteuerung wirksam zu begegnen, und zwar in arbeitsmarkt- und mikropolitischer Hinsicht" (ebenda, S. 7).

Angesichts der skizzierten Analysen stellt sich die Frage nach geeigneten gleichstellungspolitischen Interventionsstrategien zum Abbau der geschlechtsspezifischen Benachteiligung in Organisationen. Die bislang vorgestellten Ansätzen verdeutlichen, wie grundlegend das Geschlechterverhältnis in Organisationen verankert ist. Es bleibt in diesen Diskussionen jedoch weitgehend offen, wie weibliche Beschäftigte angesichts der allumfassenden und hegemonialen Macht der männlichen Beschäftigten sowie der „Pfadabhängigkeit" bei der (Re-)Organisation des Geschlechterverhältnisses weitergehende Gleichheitsansprüche in Organisationen durchsetzen könnten. Die Frage nach Veränderungsstrategien in Organisationen bleibt letztlich unbeantwortet.

Gleichstellungsprogramme: Wirksame Instrumente eines erfolgreichen Organisationswandels?

In den 80er Jahren wurden Gleichstellungsprogramme entwickelt und vor allem im öffentlichen Sektor sukzessive implementiert. Die zentrale Zielsetzung dieser (organisations-) politischen Programme und Instrumente ist es, einen grundlegenden Wandel des asymmetrischen Geschlechterverhältnisses in Organisationen hin zu mehr Geschlechtersymmetrie einzuleiten. In den letzten Jahren wurden die Erfolge bisheriger Gleichstellungsinstrumente und -politik kritisch bilanziert: In diesen Debatten herrscht weitgehend Einigkeit darüber, daß sich die horizontale und vertikale Segregation von Arbeitsmärkten mit ihren nachteiligen Auswirkungen auf die Berufs- und Karrierechancen von Frauen durch die praktizierten Instrumente und Politiken nicht wesentlich verändert hat (vgl. bspw. Wetterer 1994, Brumlop/Hornung 1994). Die Debatten in der Frauen- und Geschlechterforschung zeigen aber auch, daß die Entwicklung und die Implementation „richtiger" und „adäquater" Instrumente allein nicht ausreichen, um einen grundlegenden organisatorischen Wandlungsprozeß in Richtung einer Geschlechtergerechtigkeit in Gang zu setzen (Riegraf 1996). In den Diskussionen über Wirksamkeit, Reichweite und Grenzen von Gleichstellungspolitiken und -maßnahmen besteht aber zugleich ein breiter Konsens darüber, daß gerade in Zeiten grundlegender gesellschaftlicher Veränderungsprozesse (Stichworte: Globalisierung; Transformationsprozessen in den neuen Bundesländern, etc.), wirtschaftlicher Krisen und zunehmender Verteilungskämpfe institutionell abgesicherte Gleichstellungspolitiken unverzichtbar sind. Die Frage nach den Ansatzpunkten von Gleichstellungsinstrumenten und Gleichstellungspolitik stellt sich damit neu.

Aus der Perspektive von Kirsch-Auwärter besteht nun gegenwärtig insgesamt eine günstige Situation für Gleichstellungsforderungen in Organisationen. Kirsch-Auwärter (Kirsch-Auwärter 1996) betrachtet in ihrer Analyse die Gleichstellungspolitik an Hochschulen in den letzten Jahren und untersucht die Ergebnisse „paradoxer" Interventionen durch Gleichstellungsprogramme (vgl. auch Müller in diesem Band). Gleichstellungspolitik und jegliche auf Geschlechtersymmetrie in Organisationen abzielende Strategie lassen demnach die Widersprüche in den institutionellen und kulturellen Strukturen zutage treten, mit deren Verdeckung die Organisation zuvor beschäftigt war. Gerade die Unsichtbarkeit und Verschleierung der asymmetrischen Geschlechterbeziehungen war zur Aufrechterhaltung der Eigeninterpretation der Organisationen notwendig und nützlich. Gleichstellungspolitik und -instrumente stellen meritokratische Eigeninterpretationen der Organisation in Frage, in denen Leistung belohnt wird und Geschlecht (formal) nicht in die Bewertungskriterien einfließt. Kirsch-Auwärter betont, daß das Mitwirken von Frauen an organisationalen Hierarchien „selbst schon ein Moment der Sprengkraft entfaltet und den sozialen Wandel in den Institutionen vorantreibt" (Kirsch-Auwärter 1996, S. 51). Ein zentraler Stellenwert von Gleichstellungspolitik kann demnach in der Aufdeckung der Ausschlußmechanismen liegen. So kann z. B. über die Beteiligung von Frauenbeauftragten an Bewerbungsverfahren eine stärkere Formalisierung und Transparenz in Auswahlverfahren ermöglicht werden. Heintz u. a. bestätigen diese Erkenntnisse und betonen:

„Die Tendenz, Personalentscheidungen nicht aufgrund individueller Leistungen, sondern auf der Basis von (vermuteten) Gruppenmerkmalen zu treffen, kommt besonders dann zum Tragen, wenn die Selektions- und Beförderungsverfahren wenig normiert sind. Umgekehrt scheint die Formalisierung der Entscheidungskriterien und die Offenlegung des Entscheidungsprozesses der statistischen Diskrimination entgegenzuwirken" (Heintz, u.a. 1997, S. 50).

Nach Kirsch-Auwärter stößt Gleichstellungspolitik in Organisationen einen Wandel an, der dadurch Rückhalt findet, daß die Geschlechterdifferenz allmählich ihren legitimatorischen Charakter einbüßt: „Wo Legitimation und althergebrachte Selbstverständnisse bröckeln, sind auch tradierte Machtverhältnisse und Privilegien gefährdet. Mit ihnen scheint auch die ‚Geschäftsgrundlage' unserer Institutionen zur Disposition zu stehen" (ebenda, S. 52).

Die Erfolge bzw. Mißerfolge (betrieblicher) Gleichstellungsprogramme sind auch Gegenstand mikropolitischer Analysen. Mikropolitische Untersuchungen betonen den Stellenwert des jeweiligen sozialen und politischen Spannungsfeldes in Organisationen und rücken Machtkonstellationen in Organisationen ins Zentrum der Aufmerksamkeit. Aus dieser Sichtweise werden die Reichweite, die Wirksamkeit und die Grenzen von Gleichstellungsmaßnahmen und -instrumenten als Resultat jeweils spezifischer Aushandlungs- und Entscheidungsprozesse betrachtet. Politische und soziale Prozesse in Organisationen gelten als in einem hohen Maße von unterschiedlichen, oft gegensätzlichen Interessen einzelner Beschäftigter, betrieblicher Gruppen und Koalitionen geprägt, die in Entscheidungssituationen in Konflikt geraten können. In Unternehmen finden fortwährend Aushandlungs- und Entscheidungsprozesse statt. In diesen Konzepten werden sowohl Organisationsstrukturen als auch -ziele als Inhalt und Resultat von Verhandlungen gedacht. Fragmentierte, mehrdeutige und zuweilen widersprüchliche Anforderungen der Umwelt werden in einem Prozeß der Selektion, Interpretation und Dis-

kussion in Handlungserfordernisse transformiert. In mikropolitischen Analysen wird davon ausgegangen, daß alle Akteure bzw. Akteurinnen und Akteursgruppen in Organisationen über begrenzte Rationalitäten verfügen und damit Veränderungsstrategien als „Top-down"-Modelle nicht umstandslos umsetzbar sind. Vielmehr sind Wandlungsprozesse von folgenden Dimensionen abhängig (Riegraf 1996, S. 18):
Welche Beschäftigte treten in Organisationen in welcher Weise als Akteurinnen und Akteure bei der Problemdefinition auf? Wie definieren und vertreten die unterschiedlichen Akteure bzw. Akteurinnen und Akteursgruppen ihre Interessen?

- Mit welchen Ressourcen sind diese Beschäftigten jeweils ausgestattet?
- Welche soziale Stellung haben die Akteure, Akteurinnen und Akteursgruppen in Organisationen inne?
- Wie agieren die anderen internen, aber auch externen Akteure, Akteurinnen und Akteursgruppen?
- Welche institutionellen und informellen Formen der Konfliktaustragung existieren?
- Herrschen konfliktive oder konsensuale Handlungsorientierungen vor?

Resümierend kann festgehalten werden:

> „Der gegenwärtige Stand der Auseinandersetzung ist der neuesten Literatur zufolge wie folgt zu kennzeichnen: Die historisch-kulturelle Herausforderung, die im Anspruch auf Geschlechtersymmetrie in Organisationsstruktur und -kultur enthalten ist, ist in den Organisationen angekommen, hat zu einigen Veränderungen, aber auch zu einer Fülle von Gegenreaktionen geführt, die am traditionellen, asymmetrischen Geschlechter-Status quo festhalten wollen" (Müller 1998, S. 10).

Zur Relevanz der Diskussion über Organisationslernen

Mit der Abwendung von deterministischen Vorstellungen in der Organisationssoziologie und der wachsenden Bedeutung mikropolitischer Ansätze rückt die Thematisierung des organisatorischen Wandels in den Mittelpunkt der Aufmerksamkeit. Traditionelle organisationstheoretische Ansätze gehen von einem „one-best-way" der Organisationsziele und -entwicklung aus. Aus dieser Perspektive sind Mechanismen der Beharrung oder eben auch Determinanten der Veränderung von Organisationen kaum interessant, da Organisationshandeln auf das Erreichen eines eindeutig vorgegebenen Zieles ausgerichtet ist. Eine Weiterentwicklung der Vorstellung von Organisationen als „monolithischen Blöcken" besteht im situativen Ansatz, der durchaus die

Relevanz politischer und sozialer Konstellationen in Organisationen anerkennt, allerdings von einem optimalen „Fit“ zwischen Organisationsstrukturen und ihren Umwelten ausgeht. Diesen optimalen „Fit“ gilt es für Organisationen zu erkennen und in der Organisationsentwicklung umzusetzen. Aus der Perspektive situativer Ansätze bleibt Organisationen bzw. den dominanten Koalitionen letztlich nur eine Gestaltungsalternative, die es zu erkennen gilt - oder die Organisation wird als Strafe „untergehen“. Die Vorstellung des situativen Ansatzes beinhaltet ebenfalls einen „one-best-way“ im Sinne eines ökonomischen Determinismus. Die (klassischen) situativen Ansätze gehen davon aus, daß Organisationen grundsätzlich veränderungsfähig sind, und sie sich - allerdings im Sinne eines ökonomischen Determinismus - an die jeweiligen Kontextbedingungen anpassen müssen. Prozesse und Strategien, die über schlichte Adaption hinausgehen sowie soziale und politische Konstellationen in Organisationen, die als Triebkraft oder Blockierung von Veränderungsprozessen wirken, können jedoch aus dieser Perspektive nicht erfaßt werden (vgl. hierzu: Türk 1989). Die Ablösung von deterministischen Ansätzen wirft nahezu automatisch die Frage nach den Mechanismen von individuellen und kollektiven Lernprozessen innerhalb von Organisationen auf.

Die in der Organisationssoziologie unter Schlagworten, wie „Organisationslernen“, „Organisationsverstand“ und „Organisationsgedächtnis“ geführten Diskussionen, thematisieren - wie einleitend bereits angedeutet - die Prozesse und Strategien, mit denen Organisationen auf veränderte Umweltbedingungen reagieren. Vorstellungen einer „lernenden“ Organisation, die mit einem „Gedächtnis“ und einem „Verstand“ ausgestattet ist, bedienen sich dabei weniger definierten theoretischen Konzepten, sondern benutzen diese Metaphern, um eine bislang noch häufig diffuse Ähnlichkeit individueller und organisationaler Eigenschaften zu assoziieren (Vollmer 1996, S. 320). „Organisationslernen“ wird ganz allgemein als nicht-deterministischer organisationstheoretischer Ansatz verstanden, der vor allem Wandel und Entwicklung von Organisationen hervorhebt. Ein wichtiger Anknüpfungspunkt der Diskussionen ist die Erkenntnis, daß scheinbar sehr ähnliche Unternehmen in ihrer Lern- und Innovationsfähigkeit völlig unterschiedlich ausgeprägt sind. Dierkes/Albach formulieren das Interesse an der Debatte wie folgt: „Wie können Anpassungsprobleme und Innovationschancen als Erscheinungen moderner Gesellschaften verstanden werden, wenn nicht auch die Lernfähigkeit von Organisationen und Institutionen in den verschiedenen gesellschaftlichen Sektoren zentraler Forschungsgegenstand ist?“ (Dierkes/Albach 1998, S. 16).

Bislang liegen lediglich ansatzweise theoretische Zugänge zu dem Thema „Organisationslernen" vor. Willke kennzeichnet eine lernende Organisation als Organisation, „die neues Wissen produziert und ein aktives Wissensmanagement betreibt, indem sie *als Organisation* nach dem erforderlichen und förderlichen *kollektiven Wissen* sowie der umwelt- und problemadäquaten Form des „collective mind" fragt" (Willke 1996, S. 291). Die wichtigste Form des Wissensspeichers stellt nach Willke der institutionelle Rahmen der Organisation dar, d.h. die organisationsinternen Regelsysteme, die Verhaltensänderungen erzwingen können.

„Organisationales oder institutionelles Wissen steckt in den personen-unabhängigen, anonymisierten Regelsystemen, welche die Operationsweise eines Sozialsystems definieren. Vor allem sind dies Standardverfahren („standing operating procedures"), Leitlinien, Kodifizierungen, Arbeitsprozeß-Beschreibungen, etabliertes Rezeptwissen für bestimmte Situationen, Routinen, Traditionen und die Merkmale der spezifischen Kultur einer Organisation" (ebenda, S. 281f).

Der Systemtheoretiker Pawlowsky definiert organisationales Lernen wie folgt:

„Organisationales Lernen ist ein Prozeß der Veränderung (oder auch Erweiterung) der Wissensbasis von Organisationen in einem Wechselspiel zwischen Individuum und Organisation und in der Interaktion der internen und der externen Umwelt. Es kann - und soll oft - der Systemanpassung und/ oder erhöhter Problemlösungsfähigkeit dienen. Organisationales Lernen bewegt sich demgemäß im Kontext von Handlung (in Form von Interaktionen) und Struktur (in Form von vorhandener und zu verändernder Wissensbasen)" (Pawlowsky 1992, S. 204).

„Organisationslernen" wird also ganz allgemein als Innovationsverarbeitungs- und Interpretationsprozeß verstanden, im Rahmen dessen auf der Basis der vorhandenen Wissenssysteme Informationen aus der - als zunehmend turbulent gedachten - Umwelt aufgenommen und umgesetzt werden. Neues „Organisationswissen" muß im Rahmen der Organisation verarbeitet und in handlungsrelevanter Form im „Organisationsgedächtnis" gespeichert werden. Organisationen halten demnach dieses gespeicherte Wissen (z. B. über das Wissen der Organisationsmitglieder oder Schriftstücke und Dateien - je nach theoretischem Zugang wird der Stellenwert der „Wissensspeicher" verschieden gewichtet) für den Abruf bereit. Organisationswissen kann dabei durchaus auch in nicht verschriftlichter Form bewahrt werden, z. B. über die Erfahrung und die Qualifikation einzelner Organisationsmitglieder oder Gruppen. Das organisationale Wissen kommt jedenfalls in den Aktivitäten der Organisationsmitglieder und -gruppen zum Ausdruck; die Organisationsangehörigen werden in ihren Handlungen durch das kollektive Gedächtnis der Organisationen geleitet (jedoch nicht determiniert), das Regeln, Normen und Verhaltensroutinen einschließt. Hervorzuheben ist, daß die Annahmen über die soziale Natur, die Struktur und den Stellenwert von Wissensspeichern in neueren organisationssoziologischen Analysen erheblich differieren (vgl. hierzu bspw.: Wiesenthal 1995, S. 140).

Die wie auch immer gespeicherten Formen gemeinsam geteilten Wissens (in der Literatur häufig auch als „Organisationskultur" beschrieben) übernehmen ihrerseits eine Art „Filterwirkung" bei der Aufnahme weiterer Informationen und sind mit bestimmend dafür, was und wie zukünftig gelernt wird. Es ist zu vermuten, daß lediglich die „anschlußfähigen" Informationen schließlich ins vorhandene Wissenssystem aufgenommen werden. Wie und was Organisationen lernen, ist Resultat der Interpretationen, die durch die etablierten „Filter" gesteuert werden: „Neues Wissen muß sich erst im vorhandenen Deutungsrahmen als sinnhaft erweisen, um als relevant identifiziert und akzeptiert zu werden" (Wiesenthal 1995, S. 150). Die „cognitive maps" verkörpern die soziale und politische Ordnung der Organisation und strukturieren den Handlungsrahmen der Akteure, bzw. Akteurinnen und Akteursgruppen.

In der Literatur wird eine Unterscheidung nach *Lerntypen* und *Lernebenen* vorgenommen, anhand derer die Dimensionen des Organisationslernens konkretisiert und spezifiziert werden sollen: In den Theorien zum Organisationslernen wird zwischen einem einfachen, einem komplexen und einem reflexiven *Lerntypus* unterschieden. Diese Differenzierung der Lerntypen geht auf Argyris (1976) und Argyris/Schön (1978) zurück und ist der Ausgangspunkt einer Vielzahl von Arbeiten zum Organisationslernen.

Während die *Lerntypen* sich nach der Form ausdifferenzieren, wie auf relevante Umweltkontexte reagiert wird, beziehen sich die *Lernebenen* auf die Frage, wo in Organisationen gelernt wird. Es wird dabei zwischen den individuellen, den kollektiven und institutionellen Lernebenen unterschieden (Rudolph/Schüttpelz 1999, S. 14):

- individuelles Lernen setzt kognitive Prozesse einzelner Organisationsmitglieder voraus;
- kollektives Lernen betont die Relevanz von Lernprozessen bestimmter Teilgruppen;
- institutionelles Lernen unterstellt, daß die Organisation als Ganzes Subjekt von Lernprozessen ist.

Die verschiedenen Ansätze zum Organisationslernen versuchen die Lernebenen auf unterschiedlichste Weise miteinander zu verknüpfen. Über die verschiedenen Konzeptionen hinweg besteht jedoch weitgehend Einigkeit darüber, daß sich Organisationslernen nicht auf die Summe individueller Lernprozesse reduzieren läßt, wobei das individuelle Lernen gewöhnlich als Basis für Organisationslernen verstanden wird.

Ansätze zum Organisationslernen: Argyris/Schön

In der organisationssoziologischen Literatur gilt als ein zentraler Ausgangspunkt der Diskussion über Organisationslernen das bereits 1978 erschienene (anwendungsorientierte) Buch *Organizational Learning. A Theory of Action Perspective* von Argyris/Schön. Ein wichtiger Ansatzpunkt der Analyse von Argyris/Schön ist die Annahme, Organisationen seien grundsätzlich gestaltbar. In der handlungstheoretischen Konzeption von Argyris/Schön sind Organisationen zwar in ihre Umwelt eingebettet, sie zeichnen sich jedoch auch durch Handlungs- und Gestaltungsspielräume innerhalb von „Handlungskorridoren" aus und haben ihrerseits Einfluß auf die Organisationsumwelt. Die Gestaltbarkeit von Organisationen kann aus der Perspektive von Argyris/Schön durch das Wissen über die Funktionsweise der Lernebenen und Lerntypen gezielt beeinflußt werden. Argyris/Schön benutzen „Organisationslernen" als Metapher für Prozesse, in denen „members of the organization act as learning agents for the organization, responding to changes in the internal and external environments of the organizations by detecting and correcting errors in organizational theory in use, and embedding the results of their inquiry in private images and shared maps of the organization" (Argyris/Schön 1978, S. 29). Ziel ihrer Analysen zum „Organisationslernen" ist es, Aussagen darüber zu erhalten, wie handlungsrelevantes Wissen in Organisationen generiert und im „Organisationsgedächtnis" gespeichert wird.

Nach Argyris/Schön hat eine Organisation eine inhaltlich differenzierte Handlungstheorie („theory-in-use") mit einer großen Menge implizitem und von den Organisationsmitgliedern gemeinsam geteiltem Wissen („shared public maps"), welches sich auf die individuellen Sichtweisen („private images") auswirkt. In der Konzeption von Argyris/Schön verbindet die organisationale Handlungstheorie individuelles Wissen miteinander, sie stiftet Identität und sichert die Kontinuität in Organisationsentwicklungsprozessen. Die organisationale Handlungstheorie steuert die Handlungen aller Organisationsmitglieder und formt die Perzeption der Organisationsentwicklung und -ziele. Die theory-in-use übernimmt eine Art „Filterfunktion" bei der Aufarbeitung von Umweltveränderungen, und es kommt zu einer selektiven Wahrnehmung der Umweltanforderungen und der passenden Verhaltensweisen.

In dem Ansatz von Argyris/Schön wird eine „theory-in-use" (expliziter und impliziter Teil der Handlungstheorie) von einer „espoused theory" (explizite, geäußerte Handlungstheorie) unterschieden (vgl. hierzu auch: Wiegand 1996, S. 168ff): Handlungen von Individuen im Rahmen von Organisationen werden nach Argyris/Schön nicht von der espoused theory, sondern von der theory-in-use gesteuert. Die espoused theory wird als (z. B. in sozialwissenschaftlichen Befragungen) geäußerte Handlungstheorie verstanden, die Wissen bündelt und längerfristig verfügbar hält, die jedoch für die Organisationsmitglieder nicht unbedingt unmittelbaren handlungsrelevanten Charakter hat. Espoused theories stellen den expliziten Teil der Handlungstheorie dar. Argyris/Schön konzipieren die geäußerte espoused theory als Anpassung von Organisationsmitgliedern an die in der Organisation geltenden Werte und Normen. In sozialwissenschaftlichen Befragungen besteht demnach die Gefahr, daß lediglich die (eben nicht unmittelbar handlungsrelevante) espoused theory erfaßt werden kann.

Im Gegensatz zur espoused theory hat die theory-in-use handlungsrelevanten Charakter und setzt sich aus den expliziten und den impliziten Elementen der organisationalen Handlungstheorie zusammen. Die theory-in-use wird wie folgt definiert:

„Theories in use, however their assumption may differ, do all include assumptions about self, others, the situation and the connections among actions, consequence, and situation ... theories-in-use include knowledge about the behavior of physical objects, the making and use of artifacts, the market-place, organizations, and every other domain of human activity. In other words, the full set of assumptions about human behavior that function in theories in use constitutes a psychology of everyday life" (Argyris/Schön 1978, S. 28).

Theory-in-use repräsentiert also zum großen Teil das implizite Wissen der organisationalen Handlungstheorie. Wiegand führt aus, daß implizites Wissen dabei im Sinn von Polanyi definiert wird, der menschliches Handeln ausgehend von der Tatsache betrachtet, „daß wir mehr wissen als wir erkennen". Menschen sind demnach fähig „etwas Verborgenes zu sehen (...) die Ahnung eines Zusammenhanges bislang unbegriffener Einzelheiten zu haben" (Wiegand 1996, S. 168). Damit wird implizites Wissen als sprachlich nicht mittelbare Andeutung des „noch Verborgenen" (also stillschweigender, weil selbstverständlicher Regeln der Zusammenarbeit) verstanden, deren Entdeckung und Entschlüsselung nach Polanyi aber grundsätzlich möglich ist. Organisationen verfügen demnach über eigenständige Theorien, von denen zwar nicht alle „Theorieelemente" unmittelbar sprachlich zugänglich sind, sie dennoch handlungsrelevant werden können (ebenda, S. 168).

Aus der Perspektive von Argyris/Schön wird das Wissen der Organisation (also die organisationale Handlungstheorie) betont, das im „Organisationsgedächtnis“ gespeichert ist und die Handlung der Organisationsmitglieder leitet. Organisationswissen wird dabei verstanden als die „Gesamtheit des Wissens, das Organisationsmitglieder in der Interaktion miteinander oder mit der Umwelt kommunikativ aktualisieren können“ (ebenda, S. 168). So setzt z. B. regelorientiertes Handeln von Organisationsmitgliedern Wissen von geltenden Regeln voraus, das im Organisationsgedächtnis gespeichert wird: „Als Speicher des normativen und kognitiven Organisationswissens ist das Organisationsgedächtnis ein Kollektivphänomen“ (Wiesenthal 1995, S. 143). Das „Organisationsgedächtnis“ wird in der Organisationssoziologie als gespeichertes Wissen (über Organisationsmitglieder oder über Schriftstükke, Dateien) begriffen, das diese für den Abruf bereithalten: „As Individuals develop their personalities, personal habits, and beliefs over time, organizations develop world views and ideologies. Members come and go, and leadership changes, but organizations‘ memories preserve certain behaviors, mental maps, norms and values over time“ (Hedberg 1981, S. 6).

Argyris/Schön versuchen in ihrer Untersuchung, das Verhältnis zwischen Individuen, Gruppen und Organisationen zu konzeptionalisieren, um darüber den Zugang zu Mechanismen und Typen des „Organisationslernens“ zu erhalten. Organisationsmitglieder handeln und lernen nach Argyris/Schön ausschließlich auf der Grundlage der organisationalen Handlungstheorie: „In their capacity as agents of organizational learning, individuals restructure the continually changing artifact called organizational theory-in-use“ (Argyris/Schön 1978, S. 28) Organisationslernen kann aus der Perspektive von Argyris/Schön ebenfalls nicht auf das Lernen von Individuen in Organisationen reduziert werden und wird in ihren Arbeiten als Verknüpfung zwischen individuellem Lernen, Gruppenlernen und Organisationslernen begriffen:

„It is necessary, we believe, to show how organizations, which act only through the agency of individuals, cannot be reduced to the collections of individuals. It is necessary to explain how organizations themselves are theories of action - theories of action which are maintained and transformed by individuals who occupy roles within organizational structures and live in the behavioral world draped over those structures“ (ebenda 1978, S. 28).

Die Generierung und Veränderung der organisationalen Handlungstheorie ist immer zugleich eine kollektive Handlung im Sinne einer Vervollständigung oder Veränderung der individuenspezifischen „private images“: „It is this continual, concerted meshing of individual images of self and others, of one's own acitivity in the context of collective interaction, which constitutes an organization's knowledge of its theory-in-use" (ebenda, S. 29).

Neben der Bestimmung des Verhältnisses der drei Lernebenen unterscheiden Argyris/Schön im wesentlichen drei Lerntypen:

A. Single-loop-learning (Einfacher Lerntypus)
Der „einfache Lerntypus" gilt der Aufrechterhaltung des durch die „theory-in-use" definierten Zustandes. Dieser Lerntypus bezeichnet eine Reaktion der Organisation auf Umweltanforderungen im Rahmen der geltenden Regeln, Normen und Routinen. Als „einfacher Lerntypus" wird die Identifikation von Problemen und die Fehlerkorrektur innerhalb vorhandener Denk- und Normstrukturen verstanden. Die Implikationen der organisationalen Handlungstheorie, die darauf basierenden Regeln, Normen und Verhaltensroutinen der Organisation werden durch diesen Lerntypus nicht in Frage gestellt. Einfaches Lernen zielt auf die präzise Anwendung der in Rollenbeschreibungen und Aufgabenprogrammen definierten Regeln, Normen und Verhaltensroutinen durch die Organisationsmitglieder sowie auf das Bemühen um höhere Effizienz ab. Umweltveränderungen oder neuartige Situationen können durchaus einen Wandel von „randständigen" Regeln, Normen und Routinen bewirken, die sich in der Anpassung als hinderlich erweisen. Dieser Lerntypus löst jedoch keine grundlegende Transformation von zentralen Annahmen und „Kernelementen" der organisationalen Handlungstheorie aus. Die Reaktion auf veränderte Umweltanforderungen zeichnet sich durch eine allmähliche Anpassung aus, wobei die sonstigen Verhaltensparameter beibehalten werden (Wiesenthal 1995, S. 140).

Lernanlaß bildet die Feststellung einer Diskrepanz zwischen dem vorgegebenen Soll-Zustand und den Ist-Werten. „Primäres Lernresultat ist die gesteigerte Regeltreue des Handelns und folglich die Berechenbarkeit des Organisationsprozesses in Kategorien formaler Regelhaftigkeit" (ebenda, S. 140). Korrektes Lernen bedeutet nichts anderes als die dogmatische Befolgung der Norm - unabhängig von den situativen Konsequenzen. „Mit der Funktion des Ausschlusses von Irrtümern und Regelverletzungen wird der Lernprozeß zum Rationalisierungsprozeß i.S. Max Webers" (ebenda, S. 140).

B. Double-loop learning (Komplexer Lerntypus)
Der komplexe Lerntypus zielt auf die Veränderung der theory-in-use - und damit auf einen grundlegenden Wandel der operativen Regeln, Organisations-

normen und Verhaltensroutinen in Organisationen – ab. Double-loop learning bezeichnet tiefgehende Lernprozesse:

„We will give the name double-loop learning to those sorts of organizational inquiry which resolve imcompatible organizational norms by setting new priorities and weightings of norms, or by restructuring the norms themselves together with associated strategies and assumptions" (Argyris/Schön 1978, S. 24).

Im double-loop learning wird die Angemessenheit der Regeln, Normen und Routinen „im Lichte von Alternativen bzw. Situationsanforderungen" (Wiesenthal 1995, S. 141) hinterfragt. Der Gegenstand des komplexen Lernens ist die organisationale Handlungstheorie, also das „Wissenssystem" der Organisationen bzw. das „Organisationsgedächtnis", in dem neben operativen Regeln, die Normen und Routinen „gespeichert" sind. Dieser Lerntypus „schließt sowohl tiefgreifende Veränderungen des Regelkanons, d.h. Institutionenwandel, als auch die Außerkraftsetzung von Regeln, d. h. De-Institutionalisierung, ein" (ebenda, S. 142).

Organisationsmitglieder handeln im double-loop learning nicht durch die strikte Anwendung der geltenden Regeln, Normen und Routinen, sondern besitzen ein hohes Maß an Verhaltensspielräumen. Diese Gestaltungsspielräume können die Organisationsmitglieder aufgrund eines erhöhten Kontextwissens ausfüllen. Das Lernresultat des komplexen Lernens für die Organisation ist „eine größere Verhaltensvarianz, d.h. erhöhte Flexibilität und größere Unabhängigkeit von den Umweltbedingungen" (ebenda, S. 142). Das double-loop learning ist nicht durch ein mechanistisches Umweltreiz-Organisationsreaktions-Schema gekennzeichnet, was zugleich die Einflußmöglichkeiten „von außen" verringert. Wiesenthal weist darauf hin, daß komplexes Lernen weniger von Umweltstimuli abhängig ist, sondern auch durch interne Prozesse in Gang gesetzt werden kann.

„Mit der Entbehrlichkeit externer Anreize gewinnen die internen Prozesse an Bedeutung als Anlaßgeneratoren des Lernens. Als interne Anlässe kommen einerseits normative Innovationen, z. B. die Zwecke und Nebenbedingungen der Zweckverfolgung betreffend, in Frage, andererseits Veränderungen im Wissenssystem, die zur Neubewertung von Informationen oder einem veränderten Umgang mit Inkonsistenzen und Unsicherheiten anregen. Anlaßgeber mögen ebensogut Akte des Erinnerns oder Vergessens, z. B. von Normen oder Informationen sein" (Wiesenthal 1995, S. 142).

C. Reflexives (Deutero) Lernen

Das reflexive Lernen findet auf einer „Meta-Ebene" statt und beinhaltet die Reflexion über das Lernen selbst, d.h. lernen, wie Lernen in Organisationen funktioniert. Kompetenzgewinne stellen sich in der Dimension genereller

Lernfähigkeit („creativity", „innovation", „management of change") ein (ebenda, S. 139). Es geht dabei darum, frühere Lernprozesse zu analysieren und erleichternde wie erschwerende Lernumstände zu identifizieren. In der Literatur zu „Organisationslernen" wird jedoch konstatiert, daß es bisher kaum überzeugende empirische Belege für reflexives Organisationslernen gibt.

An die Konzeption des Organisationslernens von Argyris/Schön schließen sich folgende - bislang noch offene Fragen - an (Wiegand 1996, S. 226):

1) In welcher Situation und auf welche Weise nehmen Organisationsmitglieder Bezug auf die organisationale Handlungstheorie? Wie ist das Verhältnis zwischen der organisationalen Handlungstheorie, dem gemeinsam geteilten Wissen und den individuellen „private images" zu begreifen? Wie ist der Zusammenhang zwischen der individuellen Handlungstheorie und der umfassenden organisationalen Handlungstheorie genau zu verstehen?
2) Auf welche Weise fließt das „Gelernte" in die organisationale Handlungstheorie ein? Wie und unter welchen Bedingungen geht der Prozeß des „assumption sharing" vor sich?
3) Welche Organisationsmitglieder sind unter welchen Bedingungen tatsächlich in der Lage, die organisationale Handlungstheorie zu verändern?
4) Gibt es eine kritische „Masse" von individuellen Lernprozessen für die Veränderung der organisationalen Handlungstheorie, also eine kritische Masse des Übergangs auf die Emergenzebene „Organisation"?

Lernkonzepte: Kritische Betrachtung

Argyris/Schön betrachten Organisationslernen als Problemlösungsstrategie, die durch Gewinnung und Nutzung von Information realisiert wird. Neuere Arbeiten betonen demgegenüber stärker den prozeßhaften Charakter des Organisationslernens und nehmen eine Unterscheidung nach unterschiedlichen Lernphasen vor. So werden Phasen der Gewinnung, der Diffusion, der Nutzung von Wissen und in der Folge dann seiner Speicherung im „Organisationsgedächtnis" unterschieden (Antal 1998, S. 41). In dieser Auseinandersetzung werden allerdings auch schlichte Prozeß-Vorstellung zurückgewiesen:

> „Innovation, which is a key form of organizational knowledge creation, cannot be explained sufficiently in terms of information processing or problem solving. Innovation can be better unterstood as a process in which the organization creates and defines problems and then actively develops new knowledge to solve them." (Nonaka 1994, S. 41).

In den prozeßhaften Vorstellungen wird Lernen als spiralförminger Prozeß der Konvertierung von „tacit knowledge" in „explicit knowledge" und wieder in „tacit knowledge" usw. dargestellt (Nonaka/ Reinmöller 1998).

In dieser Debatte wird allerdings zugleich auch vor allzu schlichten Vorstellungen immer progressiver und linearer Lernprozesse gewarnt. So wird in der Diskussion hervorgehoben, daß in Lernprozessen zwar an vorhandenes Wissen in Organisationen angeknüpft wird, zugleich aber auch bereits existierendes Wissen „vergessen" werden kann. In Organisationen sind auch Lernprozesse zu beobachten, die auf die Aufrechterhaltung des „Status quo" gerichtet sind. Diese Sichtweise wird als Korrektiv zu solchen Perspektiven verstanden, die ausschließlich Veränderungen und Innovationen registrieren. Es wird betont, daß auch sehr wohl konservierendes Lernen zu beobachten ist (Antal 1998, S. 34).

Die Hauptkritikpunkte an den Konzeptionen zum „Organisationslernen" gehen in folgende Richtungen (Gheradi 1998, S. 7f; zitiert nach: Antal 1998, S. 40):

1) In den Konzeptionen sei Organisationslernen immer positiv und unparteiisch („ameliorative and disinterested") konzipiert; Wissen könne eben nicht als universelles und neutrales Gut betrachtet werden, das allen Menschen gleichermaßen Vorteil bringe.
2) Organisationslernen werde häufig als steuerbar verstanden, und es wird davon ausgegangen, daß Lernformen festlegbar seien, wobei implizit nach dem „one best way of learning" gesucht werde.
3) Organisationslernen verlange die Weitergabe („an extorted result") des durch Gruppenleistung generierten Wissens an die Organisation; dieser Prozeß werde als freiwilliger Beitrag in einem machtfreien Raum aufgefaßt.
4) Organisationslernen setze Veränderungen, aber nicht dessen Verstehen voraus. „This amounts to saying that if some change is manifest, then a learning process has taken place, but also that change does not require any learning" (ebenda, S. 8).

Aus Perspektive der Frauen- und Geschlechterforschung ist zunächst zentral, daß die Zusammenhänge von Macht, Emotionen, Sexualität und Geschlecht in den Debatten über Organisationslernen bislang nicht aufgegriffen werden.

Schlußbetrachtung

Die Debatten über „Geschlecht und Organisation" zeigen, daß ein Abbau geschlechtsspezifischer Benachteiligungen ohne die Berücksichtigung der Mechanismen der Produktion asymmetrischer Geschlechterverhältnisse in Organisationen kaum möglich ist. Die Untersuchungen zu „Geschlecht und Organisation" verdeutlichen aber zugleich, wie tief Geschlechterasymmetrien in Organisationen verankert sind, und veranschaulichen, wie Geschlechterungleichheiten in Wandlungs- und Reorganisationsprozessen in Organisationen „pfadabhängig" immer wieder neu hergestellt werden. Organisationen verfügen jedoch zugleich über jeweils spezifische Verhandlungsspielräume beim Abbau der Benachteiligung zwischen den Geschlechtern; ohne die Berücksichtigung dieser unterschiedlichen Handlungs- und Gestaltungsspielräume können Prozesse und Maßnahmen gegen geschlechtsspezifische Diskriminierungen nicht erfolgreich sein. Der Stellenwert von Macht, Sexualität, Emotionen und Geschlecht im Rahmen von Organisationen wird in der feministischen Organisationssoziologie betont. Der Fokus der Frauen- und Geschlechterforschung richtet sich auf soziale und politische Verhandlungsprozesse und die Möglichkeit des Abbaus der Geschlechterasymmetrie im Rahmen von Organisationen.

Die Erkenntnisse der Frauen- und Geschlechterforschung bestätigen zunächst Untersuchungen der Lerntheorien, die betonten, daß es keine unspezifischen Aussagen über Lernen in Organisationen gibt. Die Ergebnisse der Untersuchungen zu „Geschlecht und Organisation" zeigen vielmehr, daß Organisationen zur selben Zeit mit unterschiedlicher Geschwindigkeit und mit unterschiedlichen Erfolgen die Forderung nach einem Abbau der asymmetrischen Geschlechterverhältnisse aufgreifen. Organisationstheoretische Untersuchungen über Organisationen „an sich" sind aufgrund der Unterschiedlichkeiten bzw. auf der Ebene von Kommunikationsstrukturen, Integrationsweisen, etc. nicht sehr aussagekräftig. Analysen zu „Geschlecht und Organisation" werden - aufgrund der beschriebenen Unterschiede - erst durch empirische Fallstudien gehaltvoll.

In den Diskussionen über Organisationslernen wird der Versuch unternommen, die unspezifischen Konzepte des Organisationswandels und der Organisationsentwicklung zu konkretisieren, was auch nähere Aussagen für die feministische Organisationssoziologie über mögliche Veränderungsstrategien beinhalten kann. Die Erkenntnisse der Frauen- und Geschlechterforschung verdeutlichen, daß asymmetrische Geschlechterverhältnisse einen grundlegenden Bestandteil von Organisationen bilden. Der Abbau der Geschlechterasymmetrien bedarf somit - in der Terminologie der vorgestellten Ansätze -eines tiefgreifenden Wandels des organisationalen Normen- und Deutungssystems und kann nicht durch eine Änderung randständiger Regeln, Normen und Routinen herbeigeführt werden. Eine grundsätzliche Änderung bestehender Regeln, Normen und Routinen in Organisationen, worauf z. B. eine effektive Gleichstellungspolitik abzielt, ist am ehesten - in der Begrifflichkeit von Argyris/Schön - im komplexen Lerntypus (double-loop learning) zu sehen. Komplexes Lernen ist nur dann möglich, wenn die „core beliefs", die Identität und Kontinuität sichern, verändert werden. Im Anschluß an den Ansatz von Argyris/Schön wäre jedoch zunächst festzuhalten, daß über die organisationale Handlungstheorie in Organisationen Identität gesichert und Kontinuität hergestellt wird. Die theory-in-use muß deshalb zunächst vor grundlegenden Infragestellungen geschützt werden. Die Umwelt- und Situationsänderungen, die keine nachdrücklichen Lernanreize beinhalten, werden - wenn überhaupt - vor dem Hintergrund des geltenden Normen- und Deutungssystems aufgenommen und bewirken deshalb allenfalls eine Änderung von randständigen Regeln, Normen und Routinen. Dies bedeutet, daß grundlegende Identitäts- und Organisationskrisen Auslöser eines „frame change" sein können und weniger Zweifel und fundamentale Konflikte (Wiesenthal 1995, S. 150f).

Ein grundlegender Wandel der theory-in-use kann also nur durch entsprechend starke und langanhaltende „Lernanreize" herbeigeführt werden. Wiesenthal weist zu Recht darauf hin, daß zugleich aber auch offenbleibt, bis zu welchem Grad und ob überhaupt im Rahmen des von Argyris/Schön beschriebenen komplexen Lerntypus tiefgreifendes Lernen möglich ist, da das „Organisationsgedächtnis" eine Selektion vornimmt und Veränderungen immer bis zu einem bestimmten Grad mit den „Grundannahmen" des Organisationsgedächtnisses vereinbar sein müssen. Einfaches und auch komplexes Lernen ist in dem Konzept von Argyris/Schön dann möglich, wenn die (im komplexen Lernen minimale) Anschlußfähigkeit mit den Kernaussagen der organisationalen Handlungstheorie gewährleistet ist. Die Elemente der organisationalen Handlungstheorie wirken selektiv auf „neues Wissen", und folglich zeichnet sich auch der komplexe Lerntypus durch Pfadabhängigkeit aus. Ein vollständiger Austausch der Kernaussagen ist selbst im Rahmen komplexen Lernens lediglich als ausgesprochen langfristiger und stufenweiser Prozeß denkbar. Ein Paradigmenwechsel im „Kernwissen" und dem kognitiven Rahmen setzt also entsprechend starke „Lernanreize" voraus und kann weniger als abrupter Einschnitt geschehen, sondern muß eher als langfristiger Lernprozeß gesehen werden.

Wie Wiesenthal feststellt, gibt es in der Literatur nun einige wenige Hinweise, unter welchen Umständen ein grundlegender Wandel der - in der Begrifflichkeit von Argyris/Schön - organisationalen Handlungstheorie gefördert werden kann (ebenda, S. 145ff.): Als erleichternde Randbedingungen wird ein Wechsel von Führungspersonen, die Anerkennung von „Organisationsdissidenten" und hohe Experimentierbereitschaft benannt. So können beispielsweise veränderte Umweltbedingungen dazu führen, daß Einzelne in Organisationen, die bislang mit ihren Anliegen eher als Außenseiter bzw. Außenseiterinnen galten, Durchsetzungsmöglichkeiten erhalten.

Die Diskussionen der Lerntheorien verdeutlichen also, daß eine erfolgreiche Gleichstellungspolitik nicht lediglich als Änderung bestehender und weniger, nicht zentraler Normen, Routinen und Regeln gedacht werden kann. Erfolgreiche Gleichstellungspolitik bedeutet einen grundlegenden Wandel der Normen- und Deutungssysteme von Organisationen. Es sind nun allerdings gerade die von der Frauen- und Geschlechterforschung thematisierten Zusammenhänge von Macht, Sexualität, Emotionen und Geschlecht, die in den Arbeiten zum „Organisationslernen" bislang weitgehend ausgeblendet bleiben. Die Konzepte über „Organisationslernen" können für die feministische Organisationssoziologie somit nur dann aussagekräftig werden, wenn sie sich um diese Kategorien erweitern lassen. Die skizzierten Lerntheorien zeigen jedoch auch, daß ein Wandel asymmetrischer Geschlechterverhältnisse nicht nur eine „Machtfrage" zwischen den Geschlechtern ist, sondern eine Orientierung an grundlegend anderen Normen- und Deutungssystemen im Rahmen der jeweiligen Organisation bedarf - die dann allerdings selbstverständlich mit Macht durchgesetzt werden muß.

Literatur

Acker, Joan (1991): Hierachies, Jobs, Bodies: A Theory of Gendered Organizations. In: Lorber/Farell (Hg.): The social Construction of Gender, London/New Delhi, S. 162-179

-, (1992): Gendering Organizational Theorie. In: Mills, Albert/Tancred, Peter (Hg.): Gendering Organizational Analysis, London, S. 248-260

Albach, Horst/Dierkes, Meinolf/Antal Berthoin, Ariane/Vaillant, Kristina (Hg.) (1998): Organisationslernen - institutionelle und kulturelle Dimensionen. Berlin

Allmendinger, Jutta/Hackman, Richard, J. (1993): Akzeptanz oder Abwehr? Die Integration von Frauen in professionelle Organisationen. In: Kölner Zeitschrift für Soziologie und Sozialpsychologie, 45, S. 238-258

Antal Berthoin, Ariane (1998): Die Dynamik der Theoriebildungsprozesse zum Organisationslernen. In: Albach, Horst/Dierkes, Meinolf/Antal Berthoin, Ariane/Vaillant, Kristina (Hg.): Organisationslernen - institutionelle und kulturelle Dimensionen, Berlin, S. 31-52

Argyris, Chris (1976): Single-Loop and Double-Loop Models in Research on Decision Making. In: Administrative Science Quarterly 21, S. 363-375

-/Schön, Donald A. (1978): Organizational Learning: A Theory of Action Perspective. Massachusetts

Aulenbacher, Brigitte/Goldmann, Monika (Hg.) (1993): Transformation im Geschlechterverhältnis. Frankfurt a. M./New York

Brumlop, Eva/Hornung, Ursula (1994): Betriebliche Frauenförderung - Aufbrechen von Arbeitsmarktbarrieren oder Verfestigung traditioneller Rollenmuster?. In: Beckmann, Petra/Engelbrech, Gerhard (Hg.): Arbeitsmarkt für Frauen 2000 - Ein Schritt vor oder zwei Schritte zurück? Kompendium zur Erwerbstätigkeit von Frauen. Beiträge zur Arbeitsmarkt und Berufsforschung (BeitrAB), Bd. 179, Nürnberg, S. 836-851

Cockburn, Cynthia (1988): Die Herrschaftsmaschine. Geschlechterverhältnis und technisches Know How. Hamburg/Berlin

-, (1991): Blockierte Frauenwege. Wie Männer Gleichheit in Institutionen und Betrieben verweigern. Hamburg/Berlin

Dodgson, Marc (1993): Organizational Learning: A Review of Some Literatures. In: Organization Studies, Jg.14, H.3, S. 375-394

Douglas, Mary (1991): Wie Institutionen denken. Frankfurt a. Main

Ferguson, Kathy E. (1984): The Feminist Case Against Bureaucracy. Philadelphia

Gherardi, Silvia (1995): Symbolism and Organizational Cultures. London/New Delhi

Hedberg, Bo (1981): How Organization Learn and Unlearn. In: Nystrom, Paul C./ Starbuck William H. (Hg.): Handbook of Organizational Design, Vol.1, New York, S. 3-27

Heintz, Bettina/Nadai, Eva/Fischer, Regula/Ummel, Hannes (1997): Ungleich unter Gleichen. Studien zur geschlechtsspezifischen Segregation des Arbeitsmarktes. Frankfurt a. Main

Kanter, Rosabeth Moss (1977): Men and Women at the Corporation. New York

Kirsch-Auwärter, Edit (1996): Emanzipatorische Strategien an den Hochschulen im Spannungsfeld von Organisationsstrukturen und Zielvorstellungen. In: VBWW-Rundbrief 12, S. 51-55

Kutzner, Edelgard (1999): Arbeitsorganisation und Geschlechterpolitik. Die Beteiligung von Frauen an betrieblichen Umstrukturierungsprozessen, unveröffentlichter Projektbericht, erscheint demnächst

Küpper, Willi/Ortmann, Günther (Hg.) (1988): Mikropolitik. Rationalität, Macht und Spiele in Organisationen. Opladen

Mills, Albert/Tancred, Peter (1983): Gendering Organizational Analysis. London

Müller; Ursula (1996): Asymmetrische Geschlechterkultur an der Hochschule und Frauenförderung als Prozeß am Beispiel von „Sexismus“ und „sexueller Belästigung“. Projektantrag Universität Bielefeld, gefördert vom Ministerium für Wissenschaft und Forschung des Landes Nordrhein-Westfalen

-, (1998): Asymmetrische Geschlechterkultur in Organisationen und Frauenförderung als Prozeß - mit Beispielen aus Betrieben und der Universität. In: Rastetter, Daniela (Hg): Geschlechterdifferenzen und Personalmanagement, Zeitschrift für Personalforschung, Schwerpunktheft, Jg.12 , Heft 2, S. 123-142

-, (1999): Geschlecht und Organisation. Traditionsreiche Debatten - aktuelle Tendenzen. In: Nickel, Hildegard, M./Völker, Susanne/Hüning, Hasko (Hg.): Transformation - Unternehmensreorganisation - Geschlechterforschung, Opladen, S. 53-75

Nickel, Hildegard Maria (1998): Einleitung. In: Themenschwerpunktheft: Transformation - betriebliche Reorganisation - Geschlechterverhältnisse. Frauen im betrieblichen Transformationsprozeß der neuen Bundesländer, Zeitschrift für Frauenforschung 1+2, S. 5-9

Nonaka, Ikujiro (1994): A Dynamic Theory of Organizational Knowledge Creation. In: Organization Science, Jg. 5, H.1, S. 14-37

-/Reinmöller, Patrick (1998): The Legacy of Learning. Toward Endogenous Knowledge Creation for Asian Economic Development. In: Albach, Horst/Dierkes, Meinolf/Antal Berthoin, Ariane/Vaillant, Kristina (Hg.): Organisationslernen - institutionelle und kulturelle Dimensionen. Berlin, S. 401-432

Pawlowsky, Peter (1992): Betriebliche Qualifikationsstrategien und organisationales Lernen. In: Staehle, Wolfgang/Conrad, Peter (Hg.): Managementforschung, 2. Berlin, S. 177-238

Pringle, Rosemary (1988): Secretaries Talk. Sexuality, Power and Work. London

Riegraf, Birgit (1996): Geschlecht und Mikropolitik. Das Beispiel betrieblicher Gleichstellung. Opladen

Rudolph, Hedwig/Grüning, Marlies (1994): Frauenförderung: Kampf- oder Konsensstrategie?. In: Beckmann, Petra/Engelbrech, Gerhard (Hg.): Arbeitsmarkt für Frauen 2000 - Ein Schritt vor oder zwei Schritte zurück? Kompendium zur Erwerbstätigkeit von Frauen, Beiträge zur Arbeitsmarkt und Berufsforschung (BeitrAB), Bd. 179, Nürnberg, S. 773-795

-/Schüttpelz, Anne (1999): Commitment statt Kommando: Organisationslernen in Versicherungsunternehmen, Wissenschaftszentrum Berlin für Sozialforschung, Abteilung Organisation und Beschäftigung. Berlin

Senge, Peter M. (1998): Die fünfte Disziplin: Kunst und Praxis der lernenden Organisation. Freiburg i. Breisgau

Türk, Karl (1989): Neuere Entwicklungen in der Organisationsforschung. Ein Trend Report. Stuttgart

Vollmer, Hendrik (1996): Die Institutionalisierung lernender Organisationen. Vom Neoinstitutionalismus zur wissenssoziologischen Aufarbeitung der Organisationsforschung. In: Soziale Welt 47, S. 315-343

Wetterer, Angelika (1994): Rethorische Präsenz - faktische Marginalität. Zur Situation von Wissenschaftlerinnen in Zeiten der Frauenförderung. In: Zeitschrift für Frauenforschung, H.1+2, S. 93-109

Wiegand, Martin (1996): Prozesse organisationalen Lernens. Wiesbaden

Wiesenthal, Helmut (1995): Konventionelles und unkonventionelles Organisationslernen: Literaturreport und Ergänzungsvorschlag, Zeitschrift für Soziologie, Jg. 24, Heft 2, S. 137-155

Willke, Helmut (1996): Dimensionen des Wissensmanagements - Zum Zusammenhang von gesellschaftlicher und organisationaler Wissensbasierung. In: Schreyögg, Georg/Conrad, Peter (Hg.): Wissensmanagement, Berlin/New York, S. 263-304

Witz, Anne/Savage, Mike (1992): The Gender of Organizations. In: Savage/Witz (Hg.): Gender and Bureaucracy, Oxford, S. 3-62

Teil III
Auswirkungen von Transformationsprozessen auf die Geschlechterverhältnisse

Sabine Schenk

Familienstrukturen, Geschlechterverhältnisse und die Flexibilisierung der Beschäftigung in Ostdeutschland[1]

Wie wird sie aussehen, die Zukunft der Arbeit resp. die Arbeit der Zukunft? Am Ende dieses Jahrhunderts ist das Zutrauen zu großen Theorien, zu „Gesellschaftsentwürfen“, die ein konsistentes und unausweichliches Endresultat offerieren nachhaltig erschüttert und durch eine Diversifikation von Perspektiven und Interpretationsangeboten ersetzt worden, wie beispielsweise der kürzlich von Armin Pongs herausgegebene Sammelband *In welcher Gesellschaft leben wir eigentlich?* (1999) deutlich macht. Heute gilt immer mehr als gewiß, daß die Verhältnisse, die – sagen wir – in zehn oder zwanzig Jahren unser Leben bestimmen werden, sich ganz sicher nicht als ein Ergebnis deterministischer Entwicklungsverläufe begreifen lassen. Die Zukunft ist zwar nicht beliebig, aber ein offener Prozeß, der wesentlich getragen wird durch die Verknüpfung unterschiedlichster Akteurslogiken und Alltagspraxen.

Dies trifft nicht zuletzt auf den Umbau von Arbeitsmarktstrukturen und Erwerbsverläufen zu, die wir in Ostdeutschland erleben. Seit 1989 sind hier ca. 4 Millionen Arbeitsplätze verloren gegangen und nur ca. ein Drittel der Erwerbsbevölkerung hat diese Zeit ohne Friktionen der eigenen Berufsbiographie erlebt. Daß die Risiken und Chancen in diesen Neuschneidungsprozessen keineswegs geschlechtsneutral, sondern zuungunsten von Frauen verteilt sind, ist mittlerweile zum Gemeinplatz geworden. Ostdeutsche Frauen sind häufiger als Männer arbeits- und vor allem langzeitarbeitslos und sehen sich nach freiwilligen oder unfreiwilligen Erwerbsunterbrechungen mit erheblichen Schwierigkeiten beim (Wieder-)Einstieg in ein Beschäftigungsverhältnis konfrontiert. Gleichwohl, eine pauschale Benachteiligung aller ostdeutschen Frauen auf dem Arbeitsmarkt kann empirisch nicht bestätigt werden. Trotz der anhaltenden Beschäftigungskrise sind ostdeutsche Frauen nach wie vor stärker als westdeutsche Frauen in das Erwerbssystem integriert. Auch eine Annäherung an das Teilzeitmodell westdeutscher Provenienz ist nicht auszumachen. Zudem korrespondiert die hohe Erwerbsorientierung ostdeutscher Frauen mit den Einstellungen ostdeutscher Männer. Nur 26 Prozent der ostdeutschen Frauen und 27 Prozent der ostdeutschen Männer waren 1996 der Meinung, daß es für alle besser ist, wenn Männer vollerwerbstätig sind und Frauen sich um Haushalt und Kinderbetreuung kümmern. In Westdeutschland waren das 47 bzw 53 Prozent (Datenreport 1997, S. 451). In den letzten Jahren sind zwar drastische Veränderungen im Erwerbssystem vor sich gegangen, die nicht ohne Auswirkungen auf die ostdeutschen Geschlechterverhältnisse geblieben sind. Insgesamt, und vor allem bezüglich der Annäherung ostdeutscher an westdeutsche Verhältnisse scheint jedoch der ostdeutsche Geschlechterkontrakt sehr viel resistenter zu sein, als die tiefgreifenden wirtschafts- und ordnungspolitischen Restrukturierungsprozesse erwarten ließen (Nickel 1999).

Die Flexibilisierungstendenzen von Arbeitsmarkt und Beschäftigung in Ostdeutschland berühren damit nicht zuletzt Fragen nach den Mustern und Alltagslogiken privater Lebensführung. Die amtliche Statistik hat für 1998 einen Bevölkerungsstand der Bundesrepublik von 82 Millionen ermittelt, 67 Millionen in den alten und 15 Millionen in den neuen Bundesländern. Die überwiegende Mehrheit dieser Personen lebt in Mehr-Personen-Haushalten bzw. Familien, nämlich 87 Prozent der neuen und 83 Prozent der alten Bundesbürger (Statistisches Bundesamt 1998, S. 11).

Während nun schon seit längerem für die alte Bundesrepublik eine Auflösung traditioneller Lebensarrangements im privaten Raum konstatiert und kontrovers diskutiert wird, schienen sich in der DDR alternative Formen privater Lebensführung nur in geringem Umfang durchgesetzt zu haben. Trotz des 1990 deutlich höheren Anteils von Alleinerziehenden (zumeist Frauen) in den neuen Bundesländern war das Gesamtbild eher homogen. Im Vergleich zu den alten Bundesländern gab es weniger Ledige ohne Partner und Kinder und auch weniger Lebens- und Wohngemeinschaften (Franz/Herlyn 1995). Auch binnenstrukturell hielten sich die Varianzen in Grenzen. Fast alle Männer und Frauen im erwerbsfähigen Alter waren in der DDR auch tatsächlich erwerbstätig - und dies zumeist in Vollzeit. Die Anwesenheit betreuungspflichtiger Kinder im Haushalt hatte - anders als in Westdeutschland - kaum einen Einfluß auf die Erwerbsteilhabe der Eltern.

Durch die Einbindung Ostdeutschlands in das bundesrepublikanische Ordnungssystem haben die Grundlagen dieser Ausformung privater Lebensführung weitreichende Veränderungen erfahren. Und zwar in doppelter Hinsicht: So sind zum einen Restriktionen und Reglementierungen, die der Entfaltung individueller Lebensentwürfe entgegen gestanden haben verschwunden. Verschwunden sind aber auch die Stützungen und Flankierungen, die „Garantien" eines staatlich gewollten Modells der parallelen Realisierung von Berufsarbeit und Familiengründung.

Aus all diesen Gründen muß für Ostdeutschland ein quasi doppelter Veränderungsdruck angenommen werden. Zum einen werden die Umbrüche im Beschäftigungssystem nicht ohne Auswirkungen auf die private Lebensführung der betroffenen Männer und Frauen bleiben. Zum anderen sind aber auch die bisher gelebten Selbstverständlichkeiten im Bereich der privaten Lebensführung selbst unter Druck geraten. Arbeit und Familie - zwei Lebensaspekte, die den neuen Bundesbürgern und -bürgerinnen nach wie vor gleichermaßen wichtig sind, lassen sich nicht mehr „problemlos" miteinander vereinbaren, müssen aber andererseits auch nicht mehr unter allen Umständen parallel realisiert werden. Hier tut sich nun ein Spannungsfeld auf, in dem es sich sehr lohnen wird tiefer nachzufragen,

a) in welchem Umfang und wie die verschiedenen Haushalte überhaupt von den in Gang gekommenen Veränderungen betroffen sind und
b) wie diese Veränderungen binnenstrukturell verarbeitet werden.

Datenbasis

Die Darstellungen basieren auf den Erhebungen des sozio-ökonomischen Panels (SOEP). Das SOEP ist eine jährliche repräsentative Haushaltsbefragung des DIW, die seit 1984 in Westdeutschland und seit 1990 in Ostdeutschland durchgeführt wird.

Für die folgenden Analysen wurden die ostdeutschen Personen, die sowohl 1990 als auch 1995[2] an der Befragung teilgenommen haben ausgewählt (N=3.238). Auf diesen Datensatz wird für einen ersten Zugang zur Ausprägung der Formen privater Lebensführung zurückgegriffen, d.h. wenn es darum geht, wie sich die erwachsene Bevölkerung auf die verschiedenen Muster der Haushaltsführung verteilt.

Da wir aber schwerpunktmäßig an der haushaltsbezogenen Kombination von Beruf und privater Lebensführung interessiert sind, werden in einem zweiten Schritt die Personen aus der Betrachtung ausgeschlossen, die 1990 entweder jünger als 18 oder älter als 65 Jahre sind. Durch den Haushaltsansatz der Analyse werden bei der Selektion der 65jährigen allerdings auch weitere Personen ausgeschlossen: Zum Ersten ie PartnerInnen der 65jährigen Haushaltsvorstände, die selbst noch jünger sind - in der Mehrzahl der Fälle ca. 5 Jahre, zum Zweiten erwachsene Kinder oder andere jüngere Personen, die in einem Haushalt mit über 65jährigem Haushaltsvorstand leben. (N = 2.970)

Die Analysen konzentrieren sich darüber hinaus auf die erwachsenen Personen, die als wirtschaftlich selbständig gelten können - unabhängig davon, ob sie ggf. mit anderen - verwandten oder nicht verwandten - Erwachsenen in einem Haushalt zusammenwohnen oder nicht. (N = 2.675)

Haushalte können und werden, je nach Erkenntnisinteresse ganz unterschiedlich definiert und abgegrenzt, beispielsweise als Wirtschaftseinheit, als

Wohneinheit, als Familie oder als Netzwerk (Hoffmeyer-Zlotnick/Warner 1998, S. 51). Begriffe, die im Alltagsverständnis als konsensual und unproblematisch, als quasi selbsterklärend erscheinen, werden bei näherer Betrachtung doch deutlich vielschichtiger und komplizierter. Allein die Frage, was eine Familie charakterisiert, ist nicht einfach zu beantworten. Können nichteheliche Lebensgemeinschaften eine Familie begründen? Sind Familien auch ohne minderjährige Kinder im Haushalt eine sinnvolle Kategorie? Wir haben uns für die vorliegende Studie dafür entschieden die *Formen privater Lebensführung* folgendermaßen zu fassen:

1. *Singles*: Dazu gehören alle erwachsenen Personen, die wirtschaftlich selbständig sind, nicht mit einem Partner/einer Partnerin zusammenleben und keine Kindern unter 16 Jahren haben.
2. *Alleinerziehende:* Dazu gehören alle erwachsenen Personen, die wirtschaftlich selbständig sind, nicht mit einem Partner/einer Partnerin, aber mit Kindern unter 16 Jahren zusammenleben.
3. *Paare ohne Kinder*: Dazu zählen alle erwachsenen Personen, die wirtschaftlich selbständig sind, mit einem Partner/einer Partnerin einen gemeinsamen Haushalt führen, aber keine Kinder unter 16 Jahren haben.
4. *Paare mit Kindern*: Dazu zählen alle erwachsenen Personen, die wirtschaftlich selbständig sind, mit einem Partner/einer Partnerin einen gemeinsamen Haushalt führen und Kinder unter 16 Jahren haben.

Die folgende Bestandsaufnahme gliedert sich in zwei Teile: Ein erster Komplex richtet sich auf die makrostrukturelle Ebene der Veränderung von Formen privater Lebensführung in Ostdeutschland seit 1990. In einem zweiten Komplex wird dann nach den binnenstrukturellen Veränderungen ostdeutscher Haushalte von 1990 bis 1995 gefragt und danach, was die haushaltsbezogenen Veränderungen für die betroffenen Männer und Frauen tatsächlich bedeuten.

Makrostrukturelle Veränderungen von Formen privater Lebensführung in Ostdeutschland

Wie verteilen sich nun die Befragten auf die Formen privater Lebensführung? Hier ist zunächst der nicht allzu überraschende Befund festzuhalten, daß sowohl 1990 als auch 1995 ca. 80 Prozent in einer Partnerschaft leben. Der Anteil von Personen, die wir als Single bezeichnen, beläuft sich 1990 auf 16 Prozent und 1995 auf 17 Prozent. Personen in Alleinerziehenden-Haushalten machen 1990 5 Prozent und 1995 ca. 4 Prozent aus. Innerhalb der

Partnerschafts-Haushalte ist zwischen 1990 und 1995 eine leichte Verschiebung zugunsten der Paare ohne Kinder zu verzeichnen. Lebten 1990 noch ca. 42 Prozent der Befragten in Partnerschafts-Haushalten mit Kindern unter 16 Jahren, so sind dies 1995 nur noch 35 Prozent. Im Gegenzug hat sich der Anteil der Personen in Partnerschafts-Haushalten ohne Kinder unter 16 Jahren von 37 Prozent auf ca. 45 Prozent erhöht. Alles in allem also eine hohe Anteilsstabilität der Formen privater Lebensführung. Dieses Stabilitätsbild bestätigt sich auch bei einer Betrachtung individueller Veränderungen. 78 Prozent der Befragten finden wir sowohl 1990 als auch 1995 in derselben Lebensform. Die stabilste Gruppe sind dabei die Partnerschaften ohne Kinder, die instabilste die Alleinerziehenden.

Hinter dieser Stabilität in den individuellen Formen privater Lebensführung verbirgt sich allerdings eine z.T. erstaunliche Vielfalt von Haushaltsarrangements. So leben 1990 nur knapp 40 Prozent der Singles tatsächlich in Ein-Personen-Haushalten, 13 Prozent von ihnen leben in Zwei- und sogar 29 Prozent in Drei-Personen-Haushalten. Komplementär dazu finden wir ebenfalls nur 60 Prozent der Paare ohne Kinder in Zwei-Personen- Haushalten. Der Mehr-Generationen-Haushalt ist 1990 also eine keineswegs randständige Lebenssituation und erklärt sich sicher aus dem Verbleib erwachsener Kinder im Elternhaushalt aufgrund längerer Bildungswege, aber auch aus den bekannten Schwierigkeiten wirtschaftlich selbständiger und zum Teil bereits selbst in festen Partnerschaften lebender Kinder, eine eigene Wohnung zu finden. Bemerkenswert ist nun, daß sich 1995 dieser Trend zwar abschwächt, aber immer noch deutlich bleibt. Auch zu diesem Zeitpunkt leben nur 52 Prozent der Singles in Ein-Personen-Haushalten, 19 Prozent in Zwei- und 21 Prozent in Drei-Personen-Haushalten. Die längere Bildungsbeteiligung bleibt als zeitliche Verschiebung des Auszugs sicherlich präsent und ein gut Teil der gemeinsamen Haushaltsführung wirtschaftlich eigenständiger Singles kann auf die Etablierung von Wohngemeinschaften in den neuen Bundesländern zurückgeführt werden. Darüber hinaus hat eine nähere Betrachtung der Mehr-Generationen-Haushalte 1995 jedoch gezeigt, daß 1990 bereits separierte Haushaltsführungen von Eltern oder einem Elternteil einerseits und erwachsenen, wirtschaftlich selbständigen Kindern und deren eigenen Familien andererseits bis 1995 (wieder) in einem gemeinsamen Haushalt leben. Ähnliche Tendenzen und Handlungsstrategien werden vor allem in Studien, die auf Intensivinterviews basieren berichtet. Die Betreuung der Kinder durch die Großeltern, die Pflege älterer Angehöriger oder schlicht die Herstellung guter Wohnbedingungen bei Begrenzung der finanziellen Aufwendungen für die betroffenen Parteien sind offenbar Anlaß, über gemeinsame Wohnarrangements nachzudenken (vgl. Franz/Herlyn 1995, S. 95). Zugegebenermaßen ist die Anzahl von Fällen, die klar einen solchen Mehr-Generationen-Haushalt darstellen im SOEP äußerst gering, innerhalb der Gesamtstruktur privater Lebensformen eher randständig, und jede sozialstrukturelle Charakterisierung wäre höchst spekulativ. Daß sie aber in einer repräsentativen Befragung überhaupt sichtbar werden, dürfte zumindest Anlaß sein, diese Entwicklungen ernst zu nehmen und für die Zukunft weiter im Blick zu behalten.

Nach dieser kurzen Gesamtschau wollen wir uns nun - wie bereits oben beschrieben - auf die 18-65jährigen Personen konzentrieren, die als wirtschaftlich selbständig gelten können.

Erwartet hatten wir hier, daß der Ausschluß älterer Personen aus der Betrachtung zu einer Verringerung der Stabilität in den Formen privater Lebensführung führt. Diese Annahme läßt sich nicht bestätigen. Dies betrifft zum einen die Anteilsveränderungen in der Grundstruktur. So hat sich zwar der Anteil der Singles zugunsten der Partnerschaftshaushalte reduziert, die bereits festgestellte Tendenzen relativ stabiler Anteile im Zeitpunktvergleich ändert sich dadurch aber nicht. Auch innerhalb der Formen privater Lebensführung ist keine erhöhte Dynamik feststellbar, 80 Prozent der Befragten

Übergangsmatrix 1:
Formen privater Lebensführung in Ostdeutschland 1990 und 1995

1995	Single	Alleinerziehende	Paare ohne Kinder unter 16 Jahren	Paare mit Kindern unter 16 Jahren	Gesamt abs.	Gesamt in v. H.
1990						
Single	173	/	32	/	219	8,2
Alleinerziehende	26	43	/	16	91	3,4
Paare ohne Kinder unter 16 Jahren	48	/	899	72	1.022	38,3
Paare mit Kindern unter 16 Jahren	19	39	271	1.005	1.334	50,0
Gesamt						
abs.	266	91	1.208	1.101	2.666	
in v. H.	10,0	3,4	45,3	41,3		

/ weniger als 10 Fälle
Datenbasis: SOEP-Ost 1990, 1995, eigene Berechnungen

Übergangsmatrix 2: Erwerbsstatus 1990-1995

1995 / 1990	VZ	TZ	URE	BA	Alo	FuU	EU	NET	Rente	Gesamt	%	Frauen %
VZ	1.340	100	7	5	243	71	29	81	191	2.031	76	60,7
TZ	92	65	3		51	16	6	19	59	311	11,6	21,6
URE	1									4	0,1	0,2
BA	9				1	1	2	1		14	0,5	0,4
ALO												
FuU												
EU	28	16	1		20	4	4	5		78	2,9	5,6
WD/ZD	8		1		1					10	0,4	
NET	22	5	1	1	17	4	2	20	47	119	4,4	5,6
Rente	1							4	103	108	4	6
Gesamt	1.465	186	13	6	333	96	43	130	403	2.675		
%	54,8	7	0,5	0,2	12,4	3,6	1,6	4,9	15,1			
Frauen												1.400
%	41,6	12,4	0,7	0,3	15,3	4,9	3,1	5,1	16,7			

Legende: VZ = vollzeitbeschäftigt, TZ = teilzeitbeschäftigt, URE = unregelmäßig/geringfügig erwerbstäti, BA = Berufsausbildung, ALO = arbeitslos, FuU = Fortbildung und Umschulung, EU = Erziehungsurlaub, WD/ZD = Wehr- oder Zivildienst, NET = nichterwerbstätig, Rente = Rente oder Vorruhestand

Datenbasis: SOEP-Ost 1990, 1995, eigene Berechnungen

weisen im Vergleich von 1990 und 1995 in dieser Hinsicht keine Veränderung auf. Paare ohne Kinder sind die stabilste Gruppe, Alleinerziehende die instabilste.

Die quantitativ wichtigste Verschiebung vollzieht sich bei den Paaren, die 1990 mit Kindern unter 16 Jahren zusammenleben. Ein Großteil dieser Kinder wird selbständig und verläßt das Elternhaus. Die Geburt von Kindern ist dagegen in Ostdeutschland in den letzten Jahren ein sehr viel selteneres Ereignis. So berichten z.B 1994/95 nur 53 Haushalte die Geburt eines Kindes, während immerhin im gleichen Zeitraum 115 Kinder das Elternhaus verlassen. Gleichzeitig signalisieren diese Zahlen aber auch eine langsame Zunahme des Geburtengeschehens in den neuen Bundesländern. Denn nimmt man die Angaben der Befragten ernst, so dürften die o.g. Geburten wohl ca. die Hälfte der Geburten zwischen 1990 und 1995 ausmachen. Zu vermuten ist hier allerdings eine Normalisierung auf niedrigem Niveau (verglichen mit dem demographischen Verhalten vor 1990). Insgesamt findet von 1990 bis 1995 eine deutliche Zunahme von Formen privater Lebensführung ohne jüngere Kinder statt und eine Anteilsreduzierung der Haushalte, in denen ein Kind unter 16 Jahren lebt. Deutlich wird dieser geringe Anteil „neuer" Familiengründungen auch bei der Betrachtung der Alleinerziehenden und der Paare mit Kindern unter 16 Jahren. Hier erhöht sich von 1990 bis 1995 die Anzahl der Kinder im Haushalt. (Tabelle 1 im Anhang)

Diese hohe Stabilität in den Formen privater Lebensführung (auf die quantitativ geringe, aber eher dynamische Gruppe der Alleinerziehenden wird weiter unten eingegangen) läßt sich nun hinsichtlich der Integration in das Erwerbssystem nicht mehr feststellen.

Nur 56 Prozent der Befragten konnten von 1990 bis 1995 ihren Erwerbsstatus erhalten bzw. wiedererlangen. Und auch die in Beschäftigung Verbliebenen haben häufig - zu über 40 Prozent - eine Veränderung ihrer beruflichen Stellung erfahren. Auch in unserem Sample ist die überproportionale Betroffenheit von Frauen von den Ausschlußprozessen aus der Erwerbstätigkeit nicht zu übersehen.

Ein wichtiger Ausstiegspfad ist dabei - für Männer und Frauen - *der Übergang in die Rente oder den vorgezogenen Ruhestand.* Der Anteil dieser Statusgruppe erhöht sich von 4 Prozent 1990 auf ca. 15 Prozent 1995 - für Frauen von 6 Prozent auf knapp 17 Prozent. Diese Prozesse haben ganz offensichtlich erheblich zur Entlastung des ostdeutschen Arbeitsmarktes in den letzten Jahren beigetragen. Andere „Entlastungsangebote" waren dagegen sehr viel weniger erfolgreich. So ist der Anteil von Personen im *Erziehungsurlaub* von 1990 bis 1995 sogar zurückgegangen und auch der Anteil von *Nichterwerbstätigen* hat sich nur minimal erhöht. Da wir nur Personen betrachten, die 1990 älter als 18 Jahre waren, werden die Effekte eines längeren Verbleibs von Jugendlichen im Bildungssystem dabei unterschätzt. Die Befunde sind daher vor allem als nach wie vor geringe Relevanz des Hausfrauen-Modells und als Abwesenheit einer Stillen Reserve in den neuen Bundesländern zu interpretieren. Zu ganz ähnlichen Ergebnissen kommt auch Barbara Pfeiffer in ihrer, dezidiert auf die Analyse der Stillen Reserve in Ostdeutschland ausgerichteten Studie (1996). Nachzufragen bleibt nun, ob und wie sich diese Veränderungen der Erwerbsintegration in den einzelnen Formen der privaten Lebensführung auswirken.

Von einer Reduzierung der Erwerbsteilhabe sind zunächst alle Lebensformen betroffen, - allerdings in unterschiedlichem Umfang. So ist der Rückgang der Erwerbstätigkeit in den Formen privater Lebensführung am stärksten, in denen die Altersgruppen überproportional vertreten sind, für die die Regelungen zum vorgezogenen Ruhestand wirken. Von 1990 bis 1995 finden wir bei den Singles sowie bei den Partnerschaften ohne Kinder eine weit überproportionale Zunahme des Rentenstatus. Gleichzeitig sind dies die Lebensformen, auf die sich diese Regelungen auch wesentlich konzentrieren. Sowohl bei den Alleinerziehenden als auch bei den Partnerschaften mit Kindern sind Personen im Rentenstatus kaum anzutreffen. Die Differenzierungslinie zwischen diesen Formen privater Lebensführung verläuft entlang Erwerbsteilhabe und Arbeitslosigkeit und kaum über die Ausdifferenzierung von Qualifikationspotentialen und beruflichen Stellungen. Mit Ausnahme der Alleinerziehenden weist hier keine Form privater Lebensführung hohe Auffälligkeiten auf (Tabelle 1 im Anhang). Paare mit Kindern können dabei eine hohe Verstetigung im Erwerbsleben realisieren. Die Erwerbstätigkeit liegt hier bei Vollzeit wie auch bei Teilzeit über dem Durchschnitt. Alleinerziehende sind 1995 dagegen überproportional von Arbeitslosigkeit betroffen - zu 22 Prozent. Dies erklärt sich auch nicht vollständig aus dem hohen Frauenanteil in dieser Gruppe, liegt doch die durchschnittliche Arbeitslosigkeit aller hier betrachteten Frauen bei rd. 15 Prozent. Vermutet werden müssen daher kumulative Risiken, die die Erwerbsintegration Alleinerziehender erheblich erschweren.

Bevor wir uns allerdings dieser Frage näher zuwenden, wollen wir noch einen Blick darauf werfen, ob sich die von 1990 bis 1995 zu beobachtenden Veränderungen in der Erwerbsintegration und in der Form privater Lebensführung wechselseitig bedingen, d.h. ob jeweils die gleichen Personen betroffen sind. Als Wechselpfade auf der Ebene der privaten Lebensführung werden die Personen unterschieden, die sich von ihrem Partner/ihrer Partnerin getrennt haben, die in einer neue Partnerschaft leben, in deren Haushalt ein Kind geboren wurde oder aus deren Haushalt Kinder ausgezogen sind. Als Wechselpfade auf der Ebene des Erwerbssystems werden die Eintritte in und die Austritte aus der Erwerbstätigkeit unterschieden. Anders als erwartet läßt sich dabei die Vermutung, daß Personen, die auf dem Arbeitsmarkt mit erheblichen Problemen konfrontiert sind auch in ihrer privaten Lebensführung von Instabilitäten betroffen sind (oder umgekehrt) nicht bestätigen. Dominant bleibt der Einfluß des Alters. Die Wechsel in den Formen privater Lebensführung scheinen ganz dominant den „Normalitäten" des biographischen Familienzyklus zu folgen - relativ unabhängig von den erwerbsintegrativen Veränderungen und den qualifikatorischen Potentialen der Betroffenen. Auf einer makrostrukturellen Ebene bietet sich also eher ein Bild, das keine grundlegenden familialen Entsolidarisierungsprozesse und Ausstiegsabsichten aus dem Haushaltsverbund antizipieren läßt. Zum Teil ist dies sicherlich auch den sehr kleinen Fallzahlen geschuldet. Auf jeden Fall gilt diese Stabilisierungstendenz für eine Gruppe nicht - nämlich für die Alleinerziehenden.

Auch hier erlauben die Befunde nur eine sehr vorsichtige Interpretation. Dennoch wollen wir einen kurzen Blick auf die *Alleinerziehenden* werfen, diese im Spektrum aller Lebensformen dynamischste Gruppe,. Die Verschiebungen bewegen sich in zwei Richtungen: Für einen Großteil der 1990 Alleinerziehenden greift der allgemeine demographische Trend: Die Kinder werden erwachsen und ziehen aus. Diese Alleinerziehenden sind 1995 Single (29% der Alleinerziehenden von 1990). Ein anderer Teil lebt 1995 mit einem Partner/einer Partnerin zusammen, die private Lebensführung hat sich in Richtung Partnerschaft mit Kindern verändert. Insgesamt bleibt 1990 und 1995 der Anteil der Alleinerziehenden aber stabil. Aus welchen Lebensformen kommen nun die 1995 „neuen" Alleinerziehenden? Nur ein sehr geringer Teil war 1990 Single. Der Großteil, ca. 43 Prozent der Alleinerziehenden, 1995 lebte 1990 in einer Partnerschaft mit Kindern unter 16 Jahren. Welche Gründe auch immer zur Trennung geführt haben mögen, soll an dieser Stelle nicht weiter interessieren. Bemerkenswert ist auf jeden Fall, daß es sich offenbar nicht um eine bewußte Entscheidung für ein Kind ohne Partnerschaft handelt. Ob dies in vielen Fällen vor 1990 so gewesen ist, muß wohl mit gutem Grund bezweifelt werden. Sicher ist aber die Entscheidung für ein Kind trotz unsicherer Partnerschaftsverhältnisse leichter gewesen. Ein Indiz dafür ist die zu konstatierende Veränderung im Familienstand der Alleinerziehenden von 1990 bis 1995. Waren 1990 noch 43 Prozent ledig, so liegt der Anteil der Ledigen 1995 bei nur noch 25 Prozent. Auch die Anzahl der Kinder in den Alleinerziehendenhaushalten hat von 1990 bis 1995 nicht ab-, sondern zugenommen. Lebten 1990 nur in 26 Prozent der Alleinerziehenden-Haushalte zwei Kinder (66% = 1 Kind), so war das 1995 bereits in 36 Prozent der Haushalte der Fall (56% = 1 Kind). (vgl. Tabelle 1 im Anhang) Aufgrund der geringen Fallzahlen kann an dieser Stelle nicht seriös entschieden werden, ob es dabei auch gleichzeitig zu einer Polarisierung bei dn Alleinerziehenden kommt. Die weit überproportionalen Arbeitslosenanteile in der Gruppe der Alleinerziehenden und die von 1990 bis 1995 zunehmende Varianz in den Arbeitseinkommen läßt dies zwar vermuten, andererseits liegt aber gerade die Einkommensvarianz nicht wesentlich über den allgemein zu verzeichnenden Ausdifferenzierungsprozessen. Bei den Haushaltseinkommen sind die Varianzen in der Gruppe der Alleinerziehenden von 1990 bis 1995 sogar erstaunlich stabil geblieben - entgegen dem Ausdifferenzierungstrend in den anderen Lebensformen. Als besonders rosig wird wohl niemand die soziale Lage der Alleinerziehenden beschreiben wollen. Daß sie sich in dem hier zur Verfügung stehenden Datensatz nicht als ausgeprägt prekär darstellt, hat sicher auch etwas mit der sozialstrukturellen Verschiebung dieser Gruppe zu tun. Der Anteil der Männer ist immer noch gering, hat aber immerhin um 5 Prozentpunkte auf 21 Prozent zugenommen und im Vergleich zu 1990 sind die Alleinerziehenden 1995 älter. Nur noch 4 Prozent sind zwischen 18 und 25 Jahre alt. Wie bereits erwähnt ist der Arbeitslosenanteil zwar überproportional, Erziehungsurlaub und Nichterwerbstätigkeit spielen aber 1995 eine noch geringere Rolle als 1990. Auch die berufliche Stellung der Alleinerziehenden, die 1995 erwerbstätig sind, läßt sich nicht unbedingt als ungünstig beschreiben. Wie allgemein nehmen auch hier die Un- und Angelernten-Positionen zu. Überdurchschnittlich vertreten sind allerdings weiterhin die qualifizierten Angestellten, und bei den hochqualifizierten Angestellten (das sind LehrerInnen, ÄrztInnen etc.) ist entgegen dem allgemeinen Trend sogar ein anteilmäßiger Zuwachs feststellbar. (Tabelle 1 im Anhang)

Ganz sicher wird sich an dieser Differenzierungslinie zwischen qualifizierter eigener Berufsarbeit einerseits und der Abhängigkeit von (erworbenen) Ansprüchen an das soziale Sicherungssystem und von privaten Transfereinkommen andererseits die Lebenslage der Alleinerziehenden und ihrer Kinder spalten. Eine Tendenz, die sich in den aktuell verfügbaren Durchschnittseinkommen und, wie ich vermute, auch allgemein in den Daten des SOEP nicht widerspiegeln läßt, werden doch erfahrungsgemäß gerade Personen in besonders prekären Lebenslagen von repräsentativen Bevölkerungsbefragungen systematisch wenig erfaßt. Die beobachtbaren Differenzierungslinien und Strukturverschiebungen müssen daher wohl als Spitze des Eisbergs aufgefaßt werden. Damit legen die Befunde durchaus die Annahme von Polarisierungstendenzen innerhalb der Gruppe der Alleinerziehenden nahe. Als wirklich bestätigt kann diese These aus den genannten Gründen aber nicht gelten. So finden wir zwar die eine Seite, nämlich gut oder sogar hochqualifizierte Frauen mit guten bis sehr guten Beschäftigungs- und Einkommenschancen, die es sich quasi „leisten" können auf die Unterstützung eines Partners ggf. auch zu verzichten. Wie vermutet sind dies in Ostdeutschland vor allem Frauen, die ihre Familienentscheidung bereits vor 1989 getroffen haben und deren Kinder inzwischen relativ betreuungsunabhängig sind. Auch daß die nachwachsende Frauengeneration ähnliche Lebenswege und Optionen eher zu vermeiden sucht, kann als relativ klarer Befund gelten. Für die andere Seite, nämlich die Alleinerziehenden in prekären Lebenslagen, finden wir im SOEP nur spärliche Belege. Daß es sie nicht nur als Ausnahmeerscheinung gibt, die durchschnittlich oder unterdurchschnittlich qualifizierten alleinerziehenden Frauen, die hinsichtlich ihrer Erwerbsarbeit kumulativen Restriktionen unterliegen, wissen wir aus jeder Studie, die sich mit den besonderen Anpassungsproblemen von Alleinerziehenden im Transformationsprozeß beschäftigt (vgl. Hauser u.a. 1996, Kap. 4.2 und 4.3). Merkmale dieser Gruppe sind ein geringes Qualifikationsniveau, das sich mit dem generellen Risiko, als Frau schlechtere Wiedereinstiegschancen nach einer Erwerbsunterbrechung zu haben, verbindet. Von diesen Frauen können zudem meist nur Arbeitsbedingungen akzeptiert werden, die mit der Betreuung des Kindes/der Kinder kompatibel sind, was die Jobsuche gering Qualifizierter zusätzlich erschwert. Unter den Sozialhilfeempfängerinnen fällt der Anteil der Alleinerziehenden dementsprechend hoch aus. Aus dieser Perspektive können vielleicht die mit dem SOEP möglichen Befunde als ein „anderes" Korrektiv gelesen werden. Bekommen sie doch die Gruppe Alleinerziehender in weniger prekären Lebenssituation in den Blick.

Insgesamt gewinnen wir aus der makrostrukturellen Betrachtungsebene für Ostdeutschland den Eindruck hoher Stabilitäten in den Formen privater Lebensführung – trotz oder vielleicht gerade wegen des erheblichen Anpassungsdrucks, dem sich die Individuen auf dem Arbeitsmarkt ausgesetzt sehen. Das Beispiel der Alleinerziehenden läßt allerdings Zweifel daran aufkommen, daß eine makrostrukturelle Betrachtungsweise hier einen adäquaten Zugang darstellt. Zudem berichten eher qualitativ angelegte Studien durchaus von innerfamilialen Konfliktlinien im Zusammenhang mit erwerbsbezogenen Problemlagen (Franz/Herlyn 1995, S. 97/98). Im folgenden wollen wir uns daher den binnenstrukturellen Veränderungen ostdeutscher Partnerschaftshaushalte zuwenden. Wir wechseln dazu die Perspektive und betrachten nicht mehr die Individuen, sondern die Partnerschaftshaushalte als Analyseeinheiten. In dem hier zugrunde gelegten Datensatz sind das 1.240 Haushalte.

Binnenstrukturelle Veränderung der privaten Lebensführung in ostdeutschen Partnerschaftshaushalten

So stabil die Formen privater Lebensführung auf makrostruktureller Ebene auch sein mögen, so unübersehbar ist gleichzeitig der erhebliche Veränderungsdruck auf die interne Verfaßtheit der Haushalte und Familien in Ostdeutschland. Die Verankerung erwerbsfähiger Männer und Frauen im Beschäftigungssystem - in der DDR fast vollständig realisiert - ist durch eine tiefgreifende Arbeitsmarktkrise und hohe Unterbeschäftigung aufgebrochen worden. Nicht sehr überraschend spiegelt sich diese Entwicklung auch in der Erwerbskonstellation von Partnerschaftshaushalten wider.

1990 gingen in ca. 57 Prozent der hier betrachteten Partnerschaftshaushalte sowohl der Mann als auch die Frau einer Vollzeitbeschäftigung nach, in 21 Prozent war der Mann vollzeit-, die Frau teilzeitbeschäftigt und nur 11 Prozent der Haushalte wiesen eine Erwerbskonstellation auf, die dem Muster des Ernährerehemannes entspricht. Dies ist inzwischen grundsätzlich anders geworden. Die Erwerbsbeteiligung von Männern und Frauen in ostdeutschen Haushalten ist nur in rd. 31 Prozent der hier betrachteten Fälle von 1990 bis 1995 stabil geblieben. Wir haben es also auf der Ebene der Partnerschaftshaushalte mit einem Instabilitätspotential zu tun, das weit über die oben beschriebenen Veränderungen in den individuellen Erwerbspositionen hinausgeht. Gleichzeitig scheinen die Partnerschaftshaushalte aber auch ein erhebliches Kompensationspotential im Transformationsprozeß darzustellen. Denn nur in sehr seltenen Fällen sind sowohl der Mann als auch die Frau gänzlich aus dem Erwerbssystem ausgeschieden. Die 1990 ganz dominante Erwerbskonstellation der Doppel-Vollerwerbstätigkeit trifft 1995 zwar nur noch auf ca. 30 Prozent der Haushalte zu, bleibt aber dennoch die am häufigsten anzutreffende Form privater Lebensführung. Wie Karin Schulze Buschoff in einer neueren Analyse herausstellt, ist dies nach wie vor der markanteste Ost-West-Unterschied in den privaten Lebensformen. Paare mit Kindern unter 16 Jahren, in denen sowohl der Mann als auch die Frau Vollzeit-erwerbstätig sind, würden bei einer Betrachtung der 10 häufigsten

Erwerbskonstellationen in ostdeutschen Partnerschaftshaushalten 1990 und 1995

	Partnerschaftshaushalte 1990		Partnerschaftshaushalte 1995	
Erwerbskonstellation	abs.	in v. H.	abs.	in v. H.
N	1.184	100,0	1.176	100,0
Beide vollzeitbeschäftigt	674	56,9	351	29,8
Beide nichterwerbstätig	/	/	42	3,6
Beide Rentner			23	2,0
Beide arbeitslos			13	1,1
Mann vollzeitbeschäftigt				
Frau teilzeitbeschäftigt	250	21,1	115	9,8
Frau nichterwerbstätig	132	11,1	113	9,6
Frau Rentnerin	57	4,8	115	9,8
Frau arbeitslos			128	10,9
Frau vollzeitbeschäftigt				
Mann teilzeitbeschäftigt	/	/	/	/
Mann nichterwerbstätig	21	1,8	35	3,0
Mann Rentner	13	1,1	64	5,4
Mann arbeitslos			48	4,1
Frau teilzeitbeschäftigt				
Mann nichterwerbstätig	18	1,5	10	0,9
Mann Rentner	/	/	26	2,2
Mann arbeitslos			17	1,4
Ein Partner arbeitslos ein Partner nichterwerbstätig / Rentner			71	6,0

/ weniger als 10 Haushalte
Datenbasis: SOEP-Ost 1990, 1995, eigene Berechnungen

Lebensformen in Westdeutschland nicht auftauchen (Schulze Buschoff 1996, S. 193). Ostdeutsche Partnerschaftshaushalte, die über kein Erwerbseinkommen verfügen und ausschließlich auf öffentliche und/oder private Transferleistungen angewiesen sind, machen dagegen auch 1995 nur knapp 5 Prozent aus. Zwischen diesen Polen hat sich allerdings die Erwerbskonstellation der Haushalte deutlich ausdifferenziert. Die zweithäufigste Erwerbsbeteiligungsform stellen 1995 die Haushalte dar, in denen der Mann noch oder wieder vollerwerbstätig ist, die Frau aber arbeitslos.

Das Hausfrauenmodell (vollerwerbstätiger Mann, nichterwerbstätige Frau) hat dagegen in den neuen Bundesländern gegenüber 1990 keinen Bedeutungsgewinn erfahren. Zu beiden Betrachtungszeitpunkten ist dieses Muster in ca. 10 Prozent der Haushalte anzutreffen. Bemerkenswert ist dabei, daß sich die internen Anteile, die Gründe für eine Nichterwerbstätigkeit verschoben haben. Der Anteil des Erziehungsurlaubs hat sich von 1990 bis 1995 verringert, während die Anteile von Frauen in Ausbildung bzw. in Fortbildung und Umschulung gewachsen sind.

Darüber hinaus finden wir eine weitere Verschiebung, die so nicht zu erwarten war. Sie betrifft die Haushalte, in denen der Mann vollzeit- und die Frau teilzeitbeschäftigt ist. 1990 folgten ca. 21 Prozent der Haushalte in Ostdeutschland dieser Form privater Lebensführung, die in der Bundesrepublik seit geraumer Zeit unter dem Stichwort des „modernisierten Hausfrauenmodells" diskutiert wird und dort inzwischen erhebliche Verbreitung gefunden hat (DIW 1996). Auch in der DDR war der Wunsch nach Teilzeitbeschäftigungsformen Ende der 80er Jahre größer als die Realisierungsmöglichkeiten, die Verwaltungen und Betriebe den Frauen und Familien einräumen wollten oder konnten. Um so mehr erstaunt, daß sich diese Erwerbskonstellation von 1990 bis 1995 in den neuen Bundesländern ungefähr halbiert hat. Ein (geringer) Teil dieser Entwicklung ist darauf zurückzuführen, daß 1990 teilzeitbeschäftigte Frauen sich 1995 bereits in Rente bzw. im vorgezogenen Ruhestand befinden. Dies korrespondiert mit den Befunden, daß sich Teilzeitbeschäftigung Ende der 80er Jahre in der DDR als ein Phänomen älterer Frauen herausgebildet hatte. Rund ein Viertel der 1990 teilzeitbeschäftigten Frauen haben bis 1995 ihre Erwerbsbeteiligung allerdings ausgedehnt und leben heute in Haushalten, in denen beide Partner vollerwerbstätig sind. Im Gegenzug kommen über die Hälfte der 1995 teilzeitbeschäftigten Frauen aus Partnerschaftshaushalten, in denen 1990 sowohl der Mann als auch die Frau vollerwerbstätig waren. Und im Gegensatz zu 1990 sind jetzt Paare mit Kindern unter 16 Jahren überproportional häufig in dieser Lebensform vertreten. Dies könnte nun ein Indiz dafür sein, daß sich in einer Reihe von Familien die bereits zu DDR-Zeiten gewünschte, aber nicht realisierbare Form privater Lebensführung durchsetzt. In vielen Fällen wird dies sicher auch so sein. Die Doppelbelastungen von Frauen durch Erwerbsarbeit und Familienpflichten sind hinlänglich bekannt. Dennoch sind hinsichtlich einer generellen Tragfähigkeit dieser Interpretation Zweifel angebracht. So kommt die neuere Arbeitszeitstudie von Bauer u.a. zu dem Ergebnis, daß alle abhängig Beschäftigten in Ost- und Westdeutschland mehr arbeiten, als vertraglich vereinbart und eigentlich ein Interesse daran haben, sogar ihre vertragliche Arbeitszeit möglichst zu reduzieren. Bei dieser Grundtendenz gibt es nur eine Ausnahme: die Teilzeitbeschäftigten in den neuen

Haushaltsnettoeinkommen ostdeutscher Partnerschaftshaushalte 1990 und 1995 – in DM (monatlich)

	Partnerschaftshaushalte 1990		Partnerschaftshaushalte 1995	
Erwerbskonstellation	Mittelwert	Standard-abweichung	Mittelwert	Standard-abweichung
Alle Haushalte	2.310	574	3.869	1.528
Beide vollzeitbeschäftigt	2.357	541	4.221	1.308
Beide nichterwerbstätig			3.366	1.383
Beide arbeitslos			2.490	1.146
Mann vollzeitbeschäftigt				
Frau teilzeitbeschäftigt	2.230	555	4.064	1.548
Frau nichterwerbstätig	2.313	677	3.901	1.616
Frau arbeitslos			3.693	1.517
Frau vollzeitbeschäftigt				
Mann teilzeitbeschäftigt			4.086	1.456
Mann nichterwerbstätig			3.808	1.587
Mann arbeitslos			4.077	1.881
Ein Partner arbeitslos ein Partner nichterwerbstätig / Rentner			3.051	1.146

Datenbasis: SOEP-Ost 1990, 1995, eigene Berechnungen

Bundesländern. Gut die Hälfte von ihnen würde lieber in Vollzeit arbeiten (Bauer u.a. 1996, S. 131).

Sicherlich spielt dabei auch die Einkommenssituation in Ostdeutschland eine nicht zu unterschätzende Rolle. Wie nahezu unverzichtbar die Erwerbsbeteiligung beider Partner für die soziale Lage der Familien nach wie vor ist, wird nicht zuletzt in dem hohen Beitrag, den Frauen zum Haushaltseinkommen leisten, deutlich. Dies betrifft nicht nur die 1995 knapp 10 Prozent der Haushalte, in denen die Partnerin allein über ein Erwerbseinkommen verfügt. Der Anteil erwerbstätiger Frauen am Haushaltseinkommen ist von 41 Prozent 1990 auf 45 Prozent 1995 angewachsen - ein Wert, der deutlich über dem Einkommensbeitrag der westdeutschen Frauen von ca. 33 Prozent liegt (DIW 1996, S. 467). Insgesamt sind die finanziellen Ressourcen, über die ein Partnerschaftshaushalt in Ostdeutschland 1995 verfügen kann, davon abhängig, ob ein oder zwei Erwerbseinkommen erzielt werden.

Verglichen mit den 1990 noch sehr ähnlichen Einkommenslagen zwischen den hier betrachteten Partnerschaftshaushalten sind die Differenzierungen in der finanziellen Ausstattung 1995 beträchtlich. Überdurchschnittliche Haushaltseinkommen weisen vor allem die Partnerschaften auf, in denen sowohl die Männer als auch die Frauen erwerbstätig sind. Dies gilt auch, wenn einer der Partner teilzeitbeschäftigt ist. Sobald jedoch ein Erwerbseinkommen ausfällt und bestenfalls durch Transfereinkommen kompensiert werden kann, sinkt die Einkommenslage unter den Durchschnitt. Diese Regel wird auch durch die - quantitativ seltenen - Fälle, in denen die Frau vollzeitbeschäftigt und der Mann arbeitslos ist, eher bestätigt als widerlegt. Die vergleichsweise günstige Einkommensposition dieser Haushalte resultiert zum einen aus der Tatsache, daß Männer nicht nur weniger, sondern auch weniger dauerhaft von Arbeitslosigkeit betroffen sind als Frauen. Zum anderen ist das Transfereinkommen, das sie aufgrund ihrer vorherigen Erwerbstätigkeit erzielen, auch höher als das, welches Frauen im umgekehrten Fall in den Haushalt einbringen können.

Ein erster Blick in die binnenstrukturellen Veränderungen ostdeutscher Partnerschaftshaushalte läßt also wenig Anzeichen dafür erkennen, daß die dominante Orientierung auf eine individuelle Erwerbsteilhabe bei Männern und Frauen in den neuen Bundesländern durch den Transformationsprozeß grundsätzlich erschüttert wurde. Gleichwohl könnten die beobachteten Verschiebungen durchaus mit einer Flexibilisierung von Lebensmustern entlang familienspezifischer sozialer Lagen konform gehen. Nachzufragen bleibt daher, ob die Differenzierung der Erwerbskonstellationen in den Partnerschaftshaushalten eher haushaltsbezogenen oder arbeitsmarktbezogenen Merkmalen folgt. Sollte vor allem der konkreten Familienphase (Anzahl und Alter der Kinder im Haushalt) eine erhebliche Erklärungskraft zukommen, so ist davon auszugehen, daß sich die Flexibilisierung von Beschäftigungsverhältnissen in Ostdeutschland perspektivisch durchaus auf die binnenstrukturellen Umverteilungspotentiale der Partnerschaftshaushalte abstützen kann, durch eine Pluralisierung von Formen privater Lebensführung flankiert und letztlich wohl auch befriedet wird. Die heute zu konstatierende hohe Erwerbsneigung ostdeutscher Frauen wäre dann ein temporäres Phänomen, welches wesentlich aus den ungünstigen Einkommenslagen der Haushalte und dem Fortwirken erworbener Ansprüche an das soziale Sicherungssystem, insbesondere die Arbeitslosenversicherung, resultiert und sukzessive verschwinden wird. Die Geschlechterverhältnisse in den neuen Bundesländern wären dann nicht nur unter familienphasenspezifischem Druck - eine ohnehin kaum zu bezweifelnde Tatsache -, sondern bereits in Bewegung. Sollten die binnenstrukturellen Veränderungen im Haushaltskontext dagegen wesentlich auf institutionellen Regelungen und arbeitsmarktinduzierten Restriktionen des Transformationsprozesses beruhen, so ist kaum zu erwarten, daß in absehbarer Zeit ostdeutsche Frauen und ihre Familien im Zielkonflikt zwischen Erwerbsbeteiligung und familialen Verpflichtungen eine Problemreflexion und Prioritätensetzung entwickeln, die den Mustern des westdeutschen Geschlechterkontrakts entspricht. Materielle Verbesserungen werden in diesem Zusammenhang zwar die Haushaltslagen entschärfen, die Orientierung auf eine individuelle Erwerbsteilhabe - auch von Frauen - aber kaum beeinflussen.

Im folgenden wollen wir uns daher zunächst mit dem *Einfluß der konkreten Lebensform auf die Erwerbskonstellation der Partnerschaftshaushalte* befassen und danach fragen, ob sich die zu beobachtenden Veränderungen danach differenzieren lassen, ob Kinder im Haushalt zu betreuen sind.

Dabei zeigt sich zunächst, daß sich sowohl in den Partnerschaften mit und ohne Kinder unter 16 Jahren im Haushalt die Doppelerwerbstätigkeit von 1990 bis 1995 abschwächt. Zwischen diesen Haushalten zeichnen sich allerdings keine gravierenden Verschiebungen ab (vgl. Tabelle 2 im Anhang). In Partnerschaften ohne Kinder verringert sich die Teilzeitbeschäftigung von Frauen 1995 erheblich - zugunsten des Anteils der Haushalte, in denen der Mann vollerwerbstätig und die Frau in Rente bzw. im vorgezogenen Ruhestand ist. Auch in den Partnerschaften mit Kindern nimmt von 1990 bis 1995 der Anteil teilzeitbeschäftigter Frauen ab, liegt 1995 aber über dem Anteil in Paar-Haushalten ohne Kinder. Eine ähnliche Tendenz zeigt sich bei den

Erwerbskonstellationen, in denen der Mann vollerwerbstätig und die Frau nichterwerbstätig ist. Auch hier nehmen die Anteile in beiden Partnerschaftsformen ab, wobei Paare mit Kindern einen höheren Anteil dieser Erwerbskonstellation aufweisen als Paare ohne Kinder. Dabei ist jedoch in Erinnerung zu rufen, daß es sich bei diesem Muster 1995 häufig um nichterwerbstätige Frauen handelt, die sich in Ausbildung bzw. in Fortbildung und Umschulung befinden. Die deutlichsten Verschiebungen zeichnen sich hinsichtlich der Zunahme von Haushalten ab, in denen der Mann vollerwerbstätig, die Frau 1995 aber arbeitslos ist. Auch dies betrifft Paare mit resp. ohne Kinder in nahezu gleichem Maße.

Vielleicht ist es ja auch weniger wichtig, ob Kinder im Haushalt zu betreuen sind oder nicht, sondern vielmehr um wieviel Kinder es sich handelt und wie alt diese sind. Hier ist nun festzuhalten, daß bereits 1990 die Doppelerwerbstätigkeit in den Partnerschafts-Haushalten unterdurchschnittlich ausfällt, in denen drei und mehr Kinder leben. Allerdings tritt dieser Fall sehr selten auf - in gut 5 Prozent der hier betrachteten Haushalte. Der mehrfach belegte Gesamteindruck, daß Kinder in der DDR keinen wesentlichen Einfluß auf die Erwerbskonstellation der Haushalte ausübten, gilt damit auch für 1990. Wie bereits weiter oben diskutiert, konnte aber gerade in diesem Punkt angenommen werden, daß die betroffenen Familien die nun zur Verfügung stehenden Möglichkeiten nutzen und ihre Erwerbsbeteiligung anders organisieren. Diese Annahme läßt sich bis 1995 nicht bestätigen. Auch 1995 sind es wieder Familien mit drei und mehr Kindern, in denen beide Partner (leicht) unterdurchschnittlich vollerwerbstätig sind. Erwartungsgemäß hat sich dabei die quantitative Bedeutung dieser Lebensform nicht verändert, sie bleibt weiter randständig. Insgesamt verändert sich das Bild von 1990 zu 1995 kaum: Die Kinderzahl spielt nach wie vor nur eine untergeordnete Rolle für die Erwerbskonstellation der Partnerschafts-Haushalte in den neuen Bundesländern (vgl. Tabelle 2 im Anhang). Inzwischen gehört es zum Grundbestand familiensoziologischer Gewißheiten, daß vor allem das Alter des jüngsten Kindes im Haushalt dafür entscheidend ist, wieviel Betreuungsaufwand den Eltern und insbesondere der Mutter abverlangt wird. Als wichtiger Schwellenwert für die alten Bundesländer hat sich dabei ein Alter des jüngsten Kindes von 12 Jahren erwiesen. Für Ostdeutschland lassen sich etwas andere Tendenzen beobachten. In Familien, deren jüngstes Kind 1995 höchstens 12 Jahre alt ist, sind 1990 (zu diesem Zeitpunkt ist das jüngste Kind höchstens 7) zwar die meisten Eltern auch beide vollerwerbstätig. Mit 52 Prozent fällt ihr Anteil aber geringer aus als in den anderen Partnerschafts-

Haushalten. Im Gegenzug sind die Mütter überdurchschnittlich häufig (23 Prozent) nicht erwerbstätig. 1995 hat sich dieses Bild gewandelt. Nun sind die Familien, in denen das jüngste Kind unter 12 Jahren ist, sogar leicht überdurchschnittlich Doppel-Vollerwerbstätigen-Haushalte. Nichterwerbstätige Mütter kommen in diesen Familien inzwischen nur noch unterdurchschnittlich oft vor, teilzeitbeschäftigte und arbeitslose Mütter leicht überdurchschnittlich (vgl. Tabelle 2 im Anhang).

Aufs Ganze gesehen trägt der Familienzyklus nicht allzuviel zur Erklärung der binnenstrukturellen Differenzierungsprozesse in ostdeutschen Partnerschafts-Haushalten bei. Dies gilt insbesondere im Vergleich zu Westdeutschland, wie aus der von Dietmar Dathe durchgeführten Sonderauswertung des 1995er Mikrozensus hervorgeht. Während sich für westdeutsche Mütter ein relativ klarer Zusammenhang zwischen Familienzyklus und Arbeitsangebot abzeichnet, ist das für Ostdeutschland kaum der Fall (Dathe 1998).

Wir wollen daher im folgenden unsere Alternativannahme aufgreifen und *arbeitsmarktinduzierte Restriktionen* in den Blick nehmen. Wie wir inzwischen wissen, verteilen sich die Chancen und Risiken im Erwerbssystem der neuen Bundesländer vor allem entlang der askriptiven Merkmale Alter und Geschlecht sowie der ressourcenbezogenen Merkmale Bildung/Qualifikation und berufliche Stellung 1990 (Lutz u.a. 1996).

Das *Alter* der Frauen und Männer spielt auch bei den hier betrachteten Partnerschaftshaushalten eine wichtige Rolle für die Ausdifferenzierung der Erwerbskonstellationen. Wie weiter oben beschrieben gilt das schon 1990. Während zu diesem Zeitpunkt die 18- bis 45jährigen Frauen ganz überwiegend vollerwerbstätig sind, nimmt die Vollerwerbstätigkeit der über 46jährigen Frauen zugunsten einer Teilzeitbeschäftigung ab. Bedingt durch die altersspezifischen Regelungen des Renteneintritts von Frauen in der DDR, die in den ersten Jahren des Transformationsprozesses auch weiter gültig sind, sind 1990 die über 60jährigen Frauen mehrheitlich bereits im Ruhestand. Komplementär dazu finden wir 1990 auch die über 46jährigen Männer in Partnerschaftskonstellationen, in denen sie selber zumeist vollerwerbstätig, ihre Partnerin aber häufig teilzeitbeschäftigt ist. Gleiches gilt für die Männer kurz vor dem Rentenalter (61-65 Jahre). Sie selbst sind vollerwerbstätig, die Partnerin ist teilzeitbeschäftigt oder im Ruhestand. Auch 1995 verläuft die deutlichste altersspezifische Differenzierung der Erwerbskonstellationen in Partnerschaftshaushalten entlang der Übergänge in die Rente resp. den vorgezogenen Ruhestand. So hat sich die Vollerwerbstätigkeit für Männer vor allem in den höheren Jahrgängen, bei den über 60jährigen abgeschwächt. In diesen Familien sind jetzt häufig beide Partner in Rente oder nicht erwerbstätig. Hier finden wir jedoch auch die Konstellation, daß die Frau vollerwerbstätig und der Mann bereits in Rente ist. Bei Frauen bricht die Erwerbsbeteiligung allerdings bereits ab dem 56. Lebensjahr ab. Ihre Partner sind zumeist noch vollerwerbstätig, während sie neben dem Vorruhestands- und Rentenstatus häufig nicht erwerbstätig (17 Prozent) oder arbeitslos (19 Prozent) sind. Die mittleren Altersgruppen der Partnerschaftshaushalte weisen dagegen mindestens durchschnittliche, die 36-bis 55jährigen sogar überdurchschnittlich hohe Anteile an Doppel-Erwerbskonstellationen auf. Unterhalb dieser generellen Differenzierungslinie zeichnen sich – quantitativ weniger ins Gewicht fallende – aber dennoch bemerkenswerte Verschiebungen ab. Für Frauen steigt ab dem 46. Lebensjahr das Arbeitslosigkeitsrisiko deutlich an, und jüngere Frauen, die 26- bis 30jährigen, sind eher als andere Altersgruppen teilzeitbeschäftigt oder nicht erwerbstätig. Insgesamt wird jedoch das Alter vor allem für die 1990 über 55jährigen Männer und Frauen zum Selektionskriterium auf dem ostdeutschen Arbeitsmarkt. Durch die spezifischen Regelungen zum vorgezogenen Ruhestand, die bis 1993 in Anspruch genommen werden konnten, ist quasi eine ganze Generation vorzeitig und dauerhaft aus dem Erwerbssystem ausgestiegen (vgl. Tabelle 3 im Anhang).

Auf welchen Allokationsmechanismen beruhen nun die unübersehbaren Veränderungen in den Erwerbskonstellationen der Partnerschaftshaushalte, die nicht auf altersspezifische Arbeitsmarktchancen und -risiken zurückzuführen sind. Welchen Familien gelingt die Aufrechterhaltung einer Doppel-Erwerbsbeteiligung – mit der oben beschriebenen Chance auf überdurchschnittliche Einkommenserzielung – und welchen nicht?

Ein wichtiges Selektionskriterium stellt dabei das verfügbare *Qualifikationspotential* dar, das von den Individuen und Haushalten in den Transformationsprozeß eingebracht werden kann. Hier zeichnen sich nun relativ klare Differenzierungslinien ab, die – um es vorweg zu nehmen – entlang der Ressourcen verlaufen, über die die Frauen in den Partnerschaftshaushalten verfügen. 1990 spielt erwartungsgemäß das Qualifikationsniveau der Männer für die Erwerbskonstellation des Haushalts nur eine verschwindend geringe Rolle. Bei den Frauen finden wir aber bereits zu diesem Zeitpunkt relativ klare Unterschiede. Un- und angelernte Frauen, aber auch Frauen mit Facharbeiterabschluß sind nur unterdurchschnittlich in den Partnerschaften anzutreffen, in der sowohl der Mann als auch die Frau vollerwerbstätig sind. Facharbeiterinnen sind dafür überproportional teilzeitbeschäftigt. Un- und angelernte Arbeiterinnen sind 1990 häufig bereits in Rente oder nichterwerbstätig bzw. ebenfalls teilzeitbeschäftigt. Diese Tendenz verlängert sich in 1995. Der höchste berufliche Abschluß der Männer bleibt quasi bedeutungslos. So macht es für die Erwerbskonstellation des Partnerschaftshaushalts keinen entscheidenden Unterschied, ob der Mann ohne berufliche Ausbildung ist oder einen Hochschulabschluß besitzt. Wichtig für die Gesamtkonstellation ist das Qualifikationsniveau, über das die Frauen verfügen. Un- und Angelernte und Frauen mit Facharbeiterabschluß haben auf dem Arbeitsmarkt die schlechtesten Karten. Während Frauen ohne Abschluß 1995 nun noch häufiger im Ruhestand sind, sind Frauen mit Facharbeiterabschluß überproportional häufig nicht erwerbstätig oder arbeitslos. Ihr Anteil an den Teilzeit-Beschäftigten bewegt sich jetzt im Durchschnitt. Die Erwerbskonstellation „vollzeitbeschäftigter Mann - teilzeitbeschäftigte Frau“ ist 1995 zu einer Domäne von Frauen mit Fachschulabschlüssen geworden. Im Gegensatz zu 1990 kommen Frauen mit Facharbeiterabschlüssen hier nur noch durchschnittlich oft vor (vgl. Tabelle 4 im Anhang). Von 1990 bis 1995 läßt sich also eine qualifikationsspezifische Verdrängung von Frauen - nicht von Männern - aus dem ostdeutschen Arbeitsmarkt konstatieren, die die Erwerbskonstellationen der Partnerschaftshaushalte nachhaltig beeinflußt.

Ein ganz ähnlicher Effekt zeigt sich bei der Betrachtung der beruflichen Stellung. Auch hier sind es die Erwerbschancen der Frauen, die nachhaltig zu Buche schlagen. Korrespondierend mit dem Qualifikationsniveau sind es 1990 die einfachen Angestellten und die un- und angelernten Arbeiterinnen, die überproportional in Teilzeit beschäftigt sind. Sie sind es dann auch, die 1995 sowohl in Vollzeit als auch in Teilzeit unterrepräsentiert, dafür aber überproportional von Arbeitslosigkeit betroffen sind. Facharbeiterinnen leben 1995 auch häufiger in Partnerschaftshaushalten, in denen der Mann vollerwerbstätig und die Frau arbeitslos ist; sie sind aber relativ gut bei den Teilzeitbeschäftigten vertreten. Ähnliche Teilzeitbeschäftigungsanteile, allerdings bei überdurchschnittlich hoher Vollerwerbstätigkeit weisen die qualifizierten Angestellten auf. Hochqualifizierte Frauen in Angestelltenpositionen schließlich leben ganz überwiegend in Haushalten, in denen auch 1995 beide Partner vollerwerbstätig sind (vgl. Tabelle 5 im Anhang).

Auf diesem Hintergrund sozialstruktureller Differenzierung geschlechtsspezifischer Erwerbschancen wird nachhaltig plausibel, warum Partnerschaftshaushalte mit vollerwerbstätigem Mann und teilzeitbeschäftigter Frau 1995 überdurchschnittliche Einkommenspositionen einnehmen. Denn zum einen sind diese Frauen in qualifizierten Angestelltenpositionen tätig und zum anderen hat sich in den neuen Bundesländern nicht die „klassische“ Halbtagsteilzeit durchgesetzt. 53 Prozent der teilzeitbeschäftigten ostdeutschen Frauen arbeitet 30-34 Stunden in der Woche (Bauer u. a. 1996, S. 123). Gleichzeitig wird jedoch auch die unterdurchschnittliche Einkommensposition der Haushalte plausibel, in denen 1995 nur eine Person beschäftigt ist. Insbesondere die arbeitslosen Frauen waren 1990 eher in gering qualifizierten, einkommensmäßig wenig lukrativen Positionen und zudem noch mit reduzierter Arbeitszeit beschäftigt. Alles in allem nicht nur schlechte Bedingungen in der Konkurrenz um die jetzt knappen Arbeitsplätze, sondern auch schlechte Bedingungen für die Transferleistungen der sozialen Sicherungssysteme.

In Ostdeutschland werden die Chancen und Risiken im Erwerbssystem also gerade nicht über die Binnenstruktur der Partnerschaftshaushalte ausgeglichen und harmonisiert. Familienphasenspezifische Präferenzen privater Lebensführung haben sich (noch) nicht als Pluralisierungspotential partnerschaftlicher Erwerbsteilhabe in dem Sinne erwiesen, daß Haushalte, die es sich quasi „leisten“ können ihre Erwerbsteilhabe zugunsten familialer Verpflichtungen reduzieren, während Haushalte mit weniger einkommensstarken Männern und Frauen am Doppel-Verdiener-Modell festhalten. Der Haushaltskontext spielt bei der Ausdifferenzierung sozialer Ungleichheitslagen in den neuen Bundesländern in ganz anderer Weise eine Rolle. Hier kommt ein doppelter Mechanismus in Gang, der die Lebenschancen der Haushalte und Familien neu spaltet: Vermittelt über die „funktional differenzierten“ Erwerbschancen unterschiedlich qualifizierter Frauengruppen polarisieren sich die Lebenschancen von Haushalten und Familien. Dabei spielt - wie zu zeigen war - die konkrete Familienphase nur eine untergeordnete Rolle. Die binnenstrukturellen Veränderungen privater Lebensformen in Partnerschaften beruhen ganz überwiegend auf arbeitsmarktinduzierten Restriktionen.

Angesichts dieser Situation muß nun sehr bezweifelt werden, daß die klassischen familienpolitischen Ansatzpunkte und die Vorliebe der bundesrepublikanischen Beschäftigungspolitik zur Offerierung von Ausstiegsangeboten und Alternativrollen - vorzugsweise für Frauen - hier wirklich zu einer weiteren Entlastung führen können. Ob die nachwachsende Generation junger Frauen und ihrer Familien diesen Angeboten aufgeschlossener gegenüberstehen wird, kann an dieser Stelle nicht entschieden werden. Dafür ist der Beobachtungszeitraum zu kurz, und die Fallzahlen, die eine repräsentative Befragung dazu zur Verfügung stellen kann, sind zu gering. Hier kann lediglich illustrativ auf die Situation der Familien hingewiesen werden, in denen im Jahr vor der Befragung ein Kind geboren wurde (das sind 29 Haushalte).

Die Erwerbskonstellation ist zunächst die vorhersehbare: Der Mann ist vollzeitbeschäftigt, die Frau nichterwerbstätig. Das Bildungsniveau dieser Partnerschaftshaushalte ist gut. Der Realschulabschluß überwiegt deutlich, die Väter sind zumeist Facharbeiter. Das durchschnittliche Haushaltsnettoeinkommen dieser Familien liegt 1995 bei ca. 3.700,- DM und damit unterhalb des Gesamtdurchschnitts. Dennoch machen sie sich nicht mehr oder weniger Sorgen um ihre wirtschaftliche Situation als die anderen Paare, und auch hinsichtlich der Möglichkeiten zur Kinderbetreuung sind sie nicht übermäßig skeptisch. Die Mütter planen auch nicht sofort, wieder einer Berufsarbeit nachzugehen, sondern denken eher an einen Zeitraum von 2-5 Jahren, einige auch an noch später. Auf absehbare Zeit ganz auf eine Erwerbsbeteiligung verzichten wollen jedoch die wenigsten. Aber die Chance, eine passende Stelle zu finden, hält kaum eine der Mütter für leicht, sondern im Gegenteil für schwierig oder sogar für praktisch unmöglich. Wie realitätsnah diese Einschätzung ist, wird in einer Studie des Instituts für Arbeitsmarkt- und Berufsforschung deutlich, die danach fragt, was ost- und westdeutsche Frauen nach dem Erziehungsurlaub machen (Engelbrech 1997). Von den ostdeutschen Frauen, die zwischen 1990 und 1992 einen Erziehungsurlaub angetreten haben, sind 1995 60 Prozent wieder erwerbstätig, 36 Prozent in Vollzeit und 24 Prozent in Teilzeit. In Westdeutschland sind dies insgesamt 48 Prozent - mit umgekehrten Zeitarrangements: 15 Prozent in Vollzeit und 33 Prozent in Teilzeit. Arbeitssuchend sind zu diesem Zeitpunkt 28 Prozent der ostdeutschen, aber nur 1 Prozent der westdeutschen Mütter. Immerhin 10 Prozent der westdeutschen Befragten geben an, auch grundsätzlich „nicht gerne berufstätig“ sein zu wollen. In Ostdeutschland äußert keine der Befragten diese Position. (ebenda, S. 4)

Diese Illustration kann vielleicht das Dilemma umreißen, mit dem sich jüngere ostdeutsche Frauen vermutlich generell konfrontiert sehen. Ganz sicher werden sie die Entlastungen flexiblerer und weniger standardisierter Lebensverlaufsmuster für sich und ihre Familien nutzen können. Gleichzeitig geht ihnen aber auch der „Heimvorteil“ älterer ostdeutscher Frauen und Mütter verloren, nämlich gut qualifiziert und 1989/90 häufig in stabilen oder prosperierenden Bereichen beschäftigt gewesen und damit einer Erwerbsunterbrechung entgangen zu sein. Diese Frauen mußten sich zumeist nicht auf dem externen Arbeitsmarkt bewegen, was für die nachwachsenden jüngeren Berufseinsteigerinnen oder Berufsunterbrecherinnen aber unvermeidbar ist. Das Beharrungsvermögen der Doppel-Erwerbsbeteiligung ostdeutscher Partnerschaftshaushalte im Transformationsprozeß könnte sich dann bereits im Generationenwechsel als temporärer „Sonderweg“ erweisen.

Resümee

Abschließend sollen die wichtigsten Befunde noch einmal thesenartig zusammengefaßt und auf unsere Ausgangsfragestellungen zurückbezogen werden:
1. Von der allgemein zu konstatierenden hohen Stabilität in den Formen privater Lebensführung kann eine Gruppe in Ostdeutschland wenig profitieren, und zwar die - mehrheitlich weiblichen - *Alleinerziehenden.* Ähnlich wie in den alten Bundesländern leben sie aufgrund einer Scheidung oder Trennung vom Partner 1995 mit ihren Kindern allein. Eine bewußte Entscheidung für ein Kind, auch ohne die Sicherheiten einer Partnerschaft kann - abweichend von den noch 1990 anzutreffenden Verhältnissen - kaum noch unterstellt werden. Gleichzeitig muß sehr begründet davon ausgegangen werden, daß es inzwischen zu einer Polarisierung der Lebenschancen innerhalb der Gruppe der Alleinerziehenden gekommen ist. So finden wir auf der einen Seite eine überdurchschnittlich hohe Ausgrenzung aus der Erwerbstätigkeit, die sich keineswegs auf die für Frauen insgesamt ungünstigere Lage auf dem Arbeitsmarkt reduzieren läßt. Aufgrund der kumulativen Risiken weiblich und für betreuungspflichtige Kinder allein verantwortlich zu sein, geraten diese Frauen und ihre Familien in hohem Maße in die Abhängigkeit von (erworbenen) Ansprüchen an die sozialen Sicherungssysteme und privaten Transferleistungen. Andererseits trifft die Ausgrenzung aus dem Erwerbssystem die Alleinerziehenden nicht generell Zu ihnen gehören nach wie vor Frauen in qualifizierten und hochqualifizierten Angestelltenberufen, die auch 1995 erwerbstätig sind. Ihre Lebenssituation gründet auf eigener qualifizierter Berufsarbeit und kann kaum als grundsätzlich ungünstig angesehen werden.
2. Unterhalb der makrostrukturell weitgehend stabilen Verfaßtheit privater Lebensformen und der Dominanz von Partnerschaftshaushalten haben sich *haushaltsinterne Differenzierungslinien* herausgebildet, die die Relevanz der Doppel-Vollerwerbstätigkeit in den neuen Bundesländern abschwächen. Allerdings gibt es bislang keine Anzeichen dafür, daß diese Entwicklung darauf beruht, daß sich die einzelnen Partnerschaftshaushalte in unterschiedlichen Phasen ihres Familienzyklus befinden. Ob überhaupt und wieviel Kinder welchen Alters zu betreuen sind, spielt für die konkrete Ausprägung der Erwerbskonstellation im Haushalt kaum eine Rolle. Vielmehr sind es arbeitsmarktinduzierte Risiken, und zwar die Beschäftigungsrisiken funktional differenzierter Frauengruppen, die die Lebenschancen von Partnerschaften und Familien in Ostdeutschland neu spalten. Ausstiege, Unterbrechungen und Reduzierungen der Erwerbstätigkeit in den Haushalten folgen ganz dominant den funktionalen Selektionskriterien, die der ostdeutsche Arbeits-

markt für Frauen bereit hält - und dies quer zur spezifischen Familienphase, in der sich die Partnerschaft befindet.
3. Insgesamt ist in Ostdeutschland bisher keine Re-Etablierung des „klassischen" *Familienmodells* (Ernährerehemann, Hausfrau) oder seiner modernisierten Variante (Ernährerehemann, halbtagsbeschäftigte Frau) zu beobachten. Die wichtigste Form privater Lebensführung ist in den neuen Bundesländern der Partnerschaftshaushalt mit zwei vollzeiterwerbstätigen Erwachsenen geblieben. Die jetzt auch in den neuen Bundesländern zur Verfügung stehenden Ausstiegsoptionen, die das bundesdeutsche Ordnungssystem bietet, sind offensichtlich wenig kompatibel mit den Opportunitätsstrukturen der ostdeutschen Haushalte und Familien. Eine nicht unwesentliche Rolle dürfte dabei die Einkommenslage in Ostdeutschland spielen. Der Wegfall des zweiten Arbeitsverdienstes macht sich fast unmittelbar negativ bemerkbar. Aber auch generell muß sehr bezweifelt werden, daß sich die Präferenzen privater Lebensführung in Ostdeutschland in absehbarer Zeit wesentlich verändern werden. Denn zum einen sind diese Strukturen inzwischen auch in Westdeutschland brüchig geworden, und zum anderen pluralisieren sich die Familienstrukturen in den neuen Bundesländern gerade nicht entlang phasenspezifischer Erwerbsintegrations- und -rückzugsmuster. Sie polarisieren sich im Gegenteil genau in Abhängigkeit davon, wie günstig resp. ungünstig die Arbeitsmarktchancen der Partnerinnen ausfallen. Auf diesem Hintergrund müssen die Regulierungspotentiale familienpolitischer Provenienz wohl eher als randständig eingeschätzt werden. Sie können ganz sicher die Lebenssituation von Familien in prekären materiellen Lagen entschärfen, werden aber wohl kaum zu einer grundsätzlichen Verschiebung in den Präferenzen privater Lebensführung beitragen.

Die Muster privater Lebensführung in ostdeutschen Partnerschaftshaushalten ändern sich - und mit ihnen die sozialen Ungleichheitslagen der Familien. Die Geschlechterverhältnisse sind schon heute genuiner Bestandteil dieser Prozesse. Die Konturen der in Gang gekommenen Restrukturierung von Beschäftigung und Arbeitsverhältnissen lassen sich - wie wir in Ostdeutschland gesehen haben - allerdings nicht als eindimensionaler Flexibilisierungsmechanismus weiblicher Erwerbsbiographien angemessen erfassen. Für die Frage nach der Zukunft der Arbeit oder danach, wie wir zukünftig arbeiten werden, müssen wir wohl weit vielschichtigere Differenzierungs- und Polarisierungsprozesse und neuartige Konfliktlinien im Blick behalten, über die wir bislang nur wenig wissen.

Anmerkungen

1 Der Text greift in Teilen auf Analysen zurück, die für die Zukunftskommission der Friedrich-Ebert-Stiftung angefertigt wurden.

2 Auf eine Einbeziehung der Paneldaten für 1996 (aktuellste verfügbare Erhebungswelle zum Zeitpunkt der Analyse) wird an dieser Stelle verzichtet, da sich keine Trendverschiebungen ergeben, die Fallzahlen für die Analyse aufgrund der Panelmortalität aber geringer ausfallen. Zu allgemeinen Trends bis 1996 vergleiche auch: Berger u.a. 1999.

Literatur

Bauer, Franz/Groß, Hermann/Schilling, Gabriele (1996): Arbeitszeit '95. Arbeitszeitstrukturen, Arbeitszeitwünsche und Zeitverwendung der abhängig Beschäftigten in West- und Ostdeutschland, Ministerium für Arbeit, Gesundheit und Soziales des Landes Nordrhein-Westfalen

Berger, Horst/Hinrichs, Wilhelm/Priller, Eckhard/Schultz, Annett (1999): Privathaushalte im Vereinigungsprozeß. Ihre soziale Lage in Ost- und Westdeutschland. Frankfurt a.M./New York

Datenreport 1997. Bonn

Dathe, Dietmar (1998): Der Familienzyklus als Bestimmungsfaktor für das Familieneinkommen und das Arbeitsangebot. Eine Untersuchung für West- und Ostdeutschland auf der Grundlage des Mikrozensus 1995. In: WZB discussion paper FS I 98-208, Wissenschaftszentrum Berlin, Berlin

DIW (1996): Erwerbstätigkeit von Frauen in Ost- und Westdeutschland weiterhin von steigender Bedeutung, 63. Jg., Heft 28, Berlin

Engelbrech, Gerhard (1997): Erziehungsurlaub - und was dann? In: IAB Kurzbericht Nr. 8, 5.9.1997, Nürnberg

Franz, Peter/Herlyn, Ulfert (1995): Familie als Bollwerk oder als Hindernis? Zur Rolle der Familienbeziehungen bei der Bewältigung der Vereinigungsfolgen. In: Nauck, Bernhard/Schneider, Norbert/Tölke, Angelika (Hg.): Familie und Lebensverlauf im gesellschaftlichen Umbruch, Stuttgart, S. 90-102

Hauser, Richard/Glatzer, Wolgang/Hradil, Stefan (1996): Ungleichheit und Sozialpolitik. Berichte zum sozialen und politischen Wandel in Ostdeutschland. Opladen

Hoffmeyer-Zlotnik, Jürgen/Warner, Uwe (1998): Die Messung von Einkommen im nationalen und internationalen Vergleich. In: ZUMA Nachrichten, Jg. 22, Nr. 42, S. 30-65

Lutz, Burkart/Nickel, Hildegard M./Schmidt, Rudi/Sorge, Arndt (1996): Arbeit, Arbeitsmarkt und Betriebe. Opladen

Nickel, Hildegard Maria (1999): Industriegesellschaft am Ende - Arbeit abgeschafft? Frauen und der Geschlechterkampf um Erwerbsarbeit. In: Stolz-Willig, Birgit/ Veil, Mechthild (Hg.): Es rettet uns kein höh'res Wesen. Feministische Perspektiven der Arbeitsgesellschaft, Hamburg, S. 10-28

Pfeiffer, Barbara (1996): Erwerbsbeteiligung und Stille Reserve Ostdeutscher Frauen. In: MitAB 29.Jg., 1996, Heft 1, Nürnberg

Pongs, Armin (1999): In welcher Gesellschaft leben wir eigentlich? München

Schulze Buschoff, Karin (1996): Haushalts- und Erwerbskonstellationen in der Bundesrepublik - Pluralisierung in West und Ost? In: Zapf, Wolfgang/Habich, Roland (Hg.): Wohlfahrtsentwicklung im vereinten Deutschland, Berlin, S. 205-224

Statistisches Bundesamt(1998): Fachserie 1, Reihe 3, Vorbericht, Wiesbaden

Tabellenanhang

Tabelle 1: Formen privater Lebensführung – soziodemographische Struktur 1990 und 1995

	Single		Alleinerz.		Paare o K <16		Paare m K <16		gesamt	
	1990	1995	1990	1995	1990	1995	1990	1995	1990	1995
N	219	267	91	91	1022	1211	1334	1106	2675	2675
					Spaltenprozent					
Haushaltsmerkmale										
HHGR										
1	56	73							6	11
2	21	19	45	40	49	59			23	32
3	16	8	26	37	35	32	32	31	31	27
4 und mehr	6		29	23	16	9	68	69	40	30
Kinderzahl										
keine	100	100			100	100			50	60
1			66	56			46	32	24	14
2			26	36			42	55	21	21
3 und mehr			8	10			12	13	5	5
Familienstand										
verheiratet					93	94	94	93	83	81
in Trennung	1	3	7	16						1
ledig	53	37	43	25	4	2	3	3	9	7
geschieden	31	34	42	44	2	2	3	2	6	7
verwitwet	14	26	9	14	1	1			2	4
ind. Merkmale										
Alter										
18-25	31	6	19	4	3	1	8	1	8	2
26-35	14	19	41	36	5	3	52	40	30	21
36-45	10	16	30	50	17	13	31	49	24	30
46-55	18	15	9	3	47	37	8	9	24	22
56-60	14	13		4	13	22			8	12
61-65	13	15	2		10	15			5	9
über 65		16		2		7				5

	Single		Alleinerz.		Paare o K <16		Paare m K <16		gesamt	
	1990	1995	1990	1995	1990	1995	1990	1995	1990	1995
Geschlecht										
männlich	46	40	16	21	50	50	50	50	48	48
weiblich	54	60	84	79	50	50	50	50	52	52
Schulabschl.*										
Abitur	11	12	15	14	12	12	19	19	15	15
Realschule	49	41	60	60	30	34	64	68	50	50
Hauptschule	38	46	22	23	58	52	16	12	34	34
kein Abschl.	1	1		1						
Q-Niveau*										
Kein Abschl	17	13	9	6	8	7	2	2	6	6
FA	65	64	55	55	57	57	59	59	59	58
M	2	3		2	8	8	7	7	6	7
FSA	9	11	21	21	18	18	19	19	18	18
HSA	6	7	14	15	8	14	13	14	11	11
* sonst. Abschl. nicht aufgeführt										
EStatus										
VZ	67	42	80	58	73	46	79	67	76	55
TZ	7	3	6	6	13	6	12	10	12	7
URE		1						1		
BA	4		4	1						
ALO		10		22		13		11		12
FuU		3		6		2		5		4
EU			3	2			5	3	3	2
WD/ZD	2									
NET	8	8	4	2	5	7	3	2	4	5
Rente	11	32	2	3	7	25		1	4	15
Berufl. Stellg.										
UAG Arb.	16	17	10	18	11	16	7	11	9	14
FA	40	32	20	21	34	24	40	30	37	28
EA	8	5	14	2	9	5	8	4	8	4
QA	18	28	30	35	21	29	20	28	21	29
P	8	8	14	18	16	15	19	15	17	14
L	2	1	1	2	4	1	4	2	4	2
Selb.	2	8	4	3	4	9	3	9	3	8

	Single		Alleinerz.		Paare o K <16		Paare m K <16		gesamt	
	1990	1995	1990	1995	1990	1995	1990	1995	1990	1995
Im erlernten Beruf**										
ja	58	51	57	46	62	54	65	58	63	56
nein	32	48	34	51	32	45	34	41	33	43
** nur die Personen, die Beruf erlernt haben aufgeführt										
Arbeitsplatzbeschreibung										
erforderlich ist:										
Einweisung od. Einarbeitung	26	30	21	22	23	25	15	19	19	23
Besuch von Lehrgängen	4	11	4	2	6	8	5	9	6	8
abg. BA	52	48	44	59	43	50	48	56	46	53
abg. Studium	17	11	31	18	28	17	30	16	30	16
Betriebszugehörigkeit										
1 Jahr	7	6	10	6	5	3	8	3	7	3
2	6	18	6	23	4	15	6	16	5	16
3	6	15	15	6	2	10	6	12	5	11
4	9	11	8	8	2	9	6	13	5	11
5 bis 10	18	27	20	36	11	27	22	32	17	30
11 bis 20	28	12	30	13	28	9	38	16	33	13
über 20	25	12	11	8	49	27	15	9	28	16
Sektor										
primär	10	2	13	5	18	6	17	7	17	6
sekundär	59	39	48	36	48	41	45	40	47	40
tertiär	30	58	39	59	34	53	38	53	36	54
Öffentl. Dienst										
ja	32	37	40	57	33	32	36	31	35	32
nein	68	63	60	43	67	68	64	69	65	68
Einkommen										
durchschnittliches **Arbeitseink.(netto)**	890	1.926	967	2.221	947	2.040	1.019	2.197	980	2.138
Standardabweich.	351	872	375	1.107	351	878	379	1.010	368	973
Haushaltseink. (netto)	1.330	2.245	1.491	2.752	1.969	3.290	2.011	3.806	1.922	3.373
Standardabweich.	744	1.346	721	1.142	680	1.395	550	1.482	655	1.504

	Single		Alleinerz.		Paare o K <16		Paare m K <16		gesamt	
	1990	1995	1990	1995	1990	1995	1990	1995	1990	1995
Zeitbudget Durchschn. Zeitaufwendungen für:										
berufl. Verpfl. Mo-Fr.	39	26	43	33	40	23	43	40	41	32
Standardabweichung	20	25	18	24	19	25	16	21	18	24
berufl. Verpfl. Wochenende	3	2	2	2	2	2	3	3	2	2
Standardabweichung	6	4	5	5	5	4	6	5	5	4
Hausarbeit Mo.-Fr.	22	21	21	21	24	24	23	18	23	21
Standardabweichung	15	13	17	13	16	16	14	13	15	14
Hausarbeit W-ende	7	7	8	8	10	8	10	9	10	8
Standardabweichung	5	5	5	4	6	5	6	5	6	5
Kinderbetreuung Mo.-Fr.	1	3	10	11	1	2	11	9	6	6
Standardabweichung	3	10	12	20	4	7	14	15	12	13
Kinderbetreuung Wochenende	1	2	9	8	0	1	9	7	5	4
Standardabweichung	4	5	9	11	2	4	9	9	8	8

Datenbasis: SOEP-Ost 1990, 1995, eigene Berechnungen

Tabelle 2: Erwerbskonstellationen ostdeutscher Partnerschaftshaushalte – Formen privater Lebensführung 1990 und 1995

	Formen privater Lebensführung						**Anzahl der Kinder im Haushalt**						**Alter d. Kinder**	
	Paare ohne K .<16		Paare mit K. < 16		keine		1 Kind		2 Kinder		3 und mehr Kinder		Paare mit K.<12 ('95)	
Erwerbskonstellation	1990	1995	1990	1995	1990	1995	1990	1995	1990	1995	1990	1995	1990	1995
						Spaltenprozent								
N	511	582	638	526	329	242	148	181	158	173	36	38	199	197
Beide vollzeitbeschäftigt	54,2	27,8	58,3	32,1	60,5	28,1	62,2	35,9	57,6	32,4	42,9	26,3	52,3	32,5
Beide nichterwerbstätig	/	3,3	/	3,8	/	/	/	/	/	/		/	/	/
Beide Rentner		3,6				/		/		/				/
Beide arbeitslos		/		/		/		/		/				/
Mann vollzeitbeschäftigt														
Frau teilzeitbeschäftigt	23,1	6,9	20,5	12,9	20,4	6,6	17,6	7,7	19,6	11,0	/	/	17,2	12,7
Frau nichterwerbstätig	6,8	7,9	14,3	11,6	6,1	8,3	14,9	9,9	14,6	9,8	/	/	21,4	8,6
Frau Rentnerin	10,4	17,5	/	/	8,5	18,2		5,5	/	/	/	/	/	/
Frau arbeitslos		12,0		10,3		9,1		14,4		8,1		/		13,7
Frau vollzeitbeschäftigt														
Mann teilzeitbeschäftigt	/	/	/	/	/	/		/	/	/	/	/	/	/
Mann nichterwerbstätig	2,0	1,9	1,6	4,0	/	/	/	/		/		/	/	/
Mann Rentner	/	4,3	/	6,7	/	4,1	/	7,2		9,2				5,6
Mann arbeitslos		4,0		4,2	/	/		/		5,8				/
Frau teilzeitbeschäftigt														
Mann nichterwerbstätig		/		/		/	/			/				/
Mann Rentner		1,7		3,0		/	/	/		/		/	/	/
Mann arbeitslos		/		2,3		/		/		/		/	/	/
Ein Partner arbeitslos ein Partner nichterwerbstätig / Rentner		6,2		5,1		8,3		/		6,9		/		/

/ weniger als 10 Fälle; Datenbasis: SOEP-Ost 1990, 1995, eigene Berechnungen

Tabelle 3-1: Erwerbskonstellationen ostdeutscher Partnerschaftshaushalte – Altersstruktur 1990

Erwerbskonstellation	**Altersverteilung in Partnerschaftshaushalten 1990**											
	Frauen 1990						Männer 1990					
	18-25	26-35	36-45	46-55	56-60	61-65	18-25	26-35	36-45	46-55	56-60	61-65
	Spaltenprozent											
N	103	386	290	277	81	47	62	349	294	306	116	57
Beide vollzeitbeschäftigt	56,3	58,0	69,3	54,5	44,4	/	48,4	60,7	60,9	55,2	52,6	40,4
Beide nichterwerbstätig		/	/	/								
Beide Rentner												
Beide arbeitslos												
Mann vollzeitbeschäftigt												
Frau teilzeitbeschäftigt	/	19,9	20,3	30,3	23,5	/	16,1	22,1	21,4	24,8	15,5	/
Frau nichterwerbstätig	33,0	15,5	/	/	16,0	/	16,1	10,0	10,9	12,1	11,2	/
Frau Rentnerin		/	/	/	14,8	74,5	/	4,6	4,1	6,2	/	/
Frau arbeitslos												
Frau vollzeitbeschäftigt								/	/	/	/	
Mann teilzeitbeschäftigt		/	/	/	/		/	/	/		/	/
Mann nichterwerbstätig	/	/	/	/		/				/	/	/
Mann Rentner	/	/	/	/			/	/	/		/	
Mann arbeitslos												
Frau teilzeitbeschäftigt												
Mann nichterwerbstätig	/	/	/			/						/
Mann Rentner		/	/								/	/
Mann arbeitslos												
Ein Partner arbeitslos ein Partner nichterwerbstätig / Rentner												

/ weniger als 10 Fälle; Datenbasis: SOEP-Ost 1990, 1995, eigene Berechnungen

Tabelle 3-2: Erwerbskonstellationen ostdeutscher Partnerschaftshaushalte – Altersstruktur 1995

Erwerbskonstellation	**Altersverteilung in Partnerschaftshaushalten 1995**											
	Frauen 1995						Männer 1995					
	18-25	26-35	36-45	46-55	56-60	61-65	18-25	26-35	36-45	46-55	56-60	61-65
	Spaltenprozent											
N	13	276	366	256	139	79	10	207	354	291	141	116
Beide vollzeitbeschäftigt	/	28,3	38,3	41,0	16,5	/	/	36,2	38,4	35,7	19,1	/
Beide nichterwerbstätig	/	3,6	2,7	/	/	/		/	/	/	8,5	12,1
Beide Rentner				/	/	/			/	/	/	9,5
Beide arbeitslos		/	/	/	/			/	/	/	/	
Mann vollzeitbeschäftigt												
Frau teilzeitbeschäftigt	/	14,1	11,5	9,4	/	/	/	13,0	11,9	13,1	/	
Frau nichterwerbstätig	/	17,0	7,1	3,9	17,3	/	/	10,6	11,3	13,1	/	/
Frau Rentnerin			3,3	/	16,5	64,6	/	12,6	11,3	12,0	8,5	/
Frau arbeitslos	/	9,8	8,7	16,0	18,7		/	14,5	15,8	10,3	/	/
Frau vollzeitbeschäftigt												
Mann teilzeitbeschäftigt		/	/	/					/	/	/	/
Mann nichterwerbstätig	/	/	4,9	/	/			/	/	/	7,1	
Mann Rentner	/	5,8	7,9	6,3	/				/	/	/	29,3
Mann arbeitslos	/	3,6	5,7	5,5	/		/	/	3,1	5,2	9,2	/
Frau teilzeitbeschäftigt												
Mann nichterwerbstätig		/	/	/	/				/	/	/	/
Mann Rentner			/	/	/				/		/	11,2
Mann arbeitslos		/	/	/				/	/	/	/	/
Ein Partner arbeitslos ein Partner nichterwerbstätig / Rentner	/	4,3	4,1	5,1	8,6	11,4	/	/	2,8	/	14,2	15,5

/ weniger als 10 Fälle; Datenbasis: SOEP-Ost 1990, 1995, eigene Berechnungen

Tabelle 4-1: Erwerbskonstellationen ostdeutscher Partnerschaftshaushalte – Höchster beruflicher Abschluß 1990

Erwerbskonstellation	**Höchster beruflicher Abschluß in Partnerschaftshaushalten 1990**									
	Frauen 1990					Männer 1990				
	ohne Ausbildung	Facharbeiterabschluß	Meisterabschluß	Ingenieur-, Fachschule	Hochschulabschluß	ohne Ausbildung	Facharbeiterabschluß	Meisterabschluß	Ingenieur-, Fachschule	Hochschulabschluß
	Spaltenprozent									
N	91	715	26	253	88	30	676	142	166	162
Beide vollzeitbeschäftigt	34,1	53,6	76,9	66,0	76,1	/	56,4	60,6	64,5	54,9
Beide nichterwerbstätig		/		/	/	/	/		/	/
Beide Rentner										
Beide arbeitslos										
Mann vollzeitbeschäftigt										
Frau teilzeitbeschäftigt	25,3	25,5	/	13,4	/	/	22,0	20,4	18,1	21,6
Frau nichterwerbstätig	17,6	11,0	/	10,7	/	/	10,9	14,1	7,8	12,3
Frau Rentnerin	16,5	4,2		/	/		4,9	/	/	/
Frau arbeitslos										
Frau vollzeitbeschäftigt										
Mann teilzeitbeschäftigt	/	/	/	/		/	/			/
Mann nichterwerbstätig	/	1,7		/	/	/	2,2		/	
Mann Rentner		/		/	/	/	/	/	/	/
Mann arbeitslos										
Frau teilzeitbeschäftigt										
Mann nichterwerbstätig	/	1,8		/		/	/	/	/	/
Mann Rentner	/	/		/			/		/	/
Mann arbeitslos										
Ein Partner arbeitslos ein Partner nichterwerbstätig / Rentner										

/ weniger als 10 Fälle; Datenbasis: SOEP-Ost 1990, 1995, eigene Berechnungen

Tabelle 4-2: Erwerbskonstellationen ostdeutscher Partnerschaftshaushalte – Höchster beruflicher Abschluß 1995

Erwerbskonstellation	**Höchster beruflicher Abschluß in Partnerschaftshaushalten 1995** Frauen 1995					Männer 1995				
	ohne Ausbildung	Facharbeiterabschluß	Meisterabschluß	Ingenieur-, Fachschule	Hochschulabschluß	ohne Ausbildung	Facharbeiterabschluß	Meisterabschluß	Ingenieur-, Fachschule	Hochschulabschluß
	Spaltenprozent									
N	84	708	26	251	92	27	666	144	166	165
Beide vollzeitbeschäftigt	/	27,4	46,2	40,2	38,0	/	29,6	30,6	33,1	32,1
Beide nichterwerbstätig	/	3,5	/	/	/	/	2,9	/	/	/
Beide Rentner	/	1,7	/	/		/	/	/	/	/
Beide arbeitslos		1,6		/	/		1,5	/	/	
Mann vollzeitbeschäftigt										
Frau teilzeitbeschäftigt	/	9,6	11,5	13,5	/	/	11,1	11,1	7,8	6,7
Frau nichterwerbstätig	11,9	10,2	/	7,6	/	/	11,0	/	6,0	11,5
Frau Rentnerin	31,0	9,5	/	6,0	/		9,6	9,0	10,8	10,3
Frau arbeitslos	16,7	13,8	/	/	/	/	10,7	11,8	7,2	15,8
Frau vollzeitbeschäftigt										
Mann teilzeitbeschäftigt		/		/			/	/		/
Mann nichterwerbstätig	/	2,7	/	/	/		2,3	/	6,0	/
Mann Rentner	/	4,4	/	7,2	12,0	/	4,8	/	7,8	/
Mann arbeitslos	/	3,5	/	4,8	/	/	5,1	/	/	/
Frau teilzeitbeschäftigt										
Mann nichterwerbstätig		1,4				/	/	/	/	
Mann Rentner		2,8		/			2,4	/	/	/
Mann arbeitslos	/	/		/	/	/	1,7	/	/	/
Ein Partner arbeitslos ein Partner nichterwerbstätig / Rentner	/	6,2		6,4	/	/	5,7	9,0	/	/

/ weniger als 10 Fälle; Datenbasis: SOEP-Ost 1990, 1995, eigene Berechnungen

Tabelle 5-1: Erwerbskonstellationen ostdeutscher Partnerschaftshaushalte 1990 nach beruflicher Stellung 1990

Erwerbskonstellation	**Berufliche Stellung 1990 in Partnerschaftshaushalten 1990** Frauen 1990							Männer 1990						
	un- / ang. Arbeiter	Facharb./ Meister	einfache Angest.	qualif. Angest.	hochqu. Angest.	Leitungs- personal	Selbst./ mithelf. Angeh.	un- / ang. Arbeiter	Facharb./ Meister	einfacher Angest.	qualif. Angest.	hochqu. Angest.	Leitungs- personal	Selbst./ mithelf. Angeh.
	Spaltenprozent													
N	98	197	153	325	157	30	26	81	610	23	100	199	52	45
Beide vollzeitbeschäftigt	63,3	66,0	53,6	68,0	86,0	73,3	73,1	53,1	59,3	60,9	67,0	64,3	50,0	66,7
Beide nichterwerbstätig														
Beide Rentner														
Beide arbeitslos														
Mann vollzeitbeschäftigt														
Frau teilzeitbeschäftigt	29,6	26,9	39,2	26,2	8,3	/	/	23,5	23,1	/	18,0	23,6	21,2	/
Frau nichterwerbstätig								17,3	12,0	/	10,0	7,0	/	/
Frau Rentnerin								/	5,2	/	/	/	/	/
Frau arbeitslos														
Frau vollzeitbeschäftigt														
Mann teilzeitbeschäftigt	/	/	/	/	/	/								
Mann nichterwerbstätig	/	/	/	/	/	/	/							
Mann Rentner	/	/	/	/	/	/								
Mann arbeitslos														
Frau teilzeitbeschäftigt														
Mann nichterwerbstätig	/	/	/	/	/									
Mann Rentner	/		/	/										
Mann arbeitslos														
Ein Partner arbeitslos														
ein Partner nichterwerbstätig / Rentner														

/ weniger als 10 Fälle; Datenbasis: SOEP-Ost 1990, 1995, eigene Berechnungen

Tabelle 5-2: Erwerbskonstellationen ostdeutscher Partnerschaftshaushalte 1995 nach beruflicher Stellung 1990

Erwerbskonstellation	**Berufliche Stellung 1990 in Partnerschaftshaushalten 1995**													
	Frauen 1995							Männer 1995						
	un- / ang. Arbeiter	Facharb./ Meister	einfache Angest.	qualif. Angest.	hochqu. Angest.	Leitungs- personal	Selbst./ mithelf. Angeh.	un- / ang. Arbeiter	Facharb./ Meister	einfacher Angest.	qualif. Angest.	hochqu. Angest.	Leitungs- personal	Selbst./ mithelf. Angeh.
	Spaltenprozent													
N	97	195	153	322	156	29	26	80	607	23	100	194	52	45
Beide vollzeitbeschäftigt	17,5	29,2	24,2	40,4	41,0	37,9	42,3	27,5	30,8	/	30,0	34,5	26,9	22,2
Beide nichterwerbstätig	/	/	/	/	/	/		/	3,1	/	/	/	/	/
Beide Rentner	/	/	/	/			/	/	/	/	/	/	/	/
Beide arbeitslos		/	/	/	/	/		/	/			/		/
Mann vollzeitbeschäftigt														
Frau teilzeitbeschäftigt	/	11,3	8,5	11,5	9,0	/	/	/	12,0	/	10,0	5,7	/	/
Frau nichterwerbstätig	14,4	7,7	9,8	7,5	8,3	/	/	/	10,7	/	/	8,8	/	22,2
Frau Rentnerin	/	8,7	9,2	5,6	/		/	/	10,4	/	/	9,8	/	/
Frau arbeitslos	24,7	12,8	16,3	7,5	/	/	/	/	11,2	/	11,0	11,9	/	/
Frau vollzeitbeschäftigt														
Mann teilzeitbeschäftigt		/		/	/				/		/	/		
Mann nichterwerbstätig	/	/	/	4,0	/			/	2,3		/	6,2	/	
Mann Rentner	/	/	/	5,0	10,9	/	/	/	3,0	/	/	/	/	/
Mann arbeitslos		/	/	5,3	6,4	/	/	/	4,1		/	/	/	
Frau teilzeitbeschäftigt														
Mann nichterwerbstätig	/	/	/	/			/	/	/	/	/			
Mann Rentner	/	/	/	3,1	/			/	/		/	/	/	
Mann arbeitslos	/	/	/	/	/			/	/		/	/		/
Ein Partner arbeitslos ein Partner nichter- werbstätig / Rentner	/	5,6	6,5	4,3	/	/	/	/	5,6	/	/	5,2	/	/

/ weniger als 10 Fälle; Datenbasis: SOEP-Ost 1990, 1995, eigene Berechnungen

Tabelle 6-1: Erwerbskonstellationen ostdeutschen Partnerschaftshaushalte 1990 nach Sektorzugehörigkeit und Tätigkeit im öffentlichen Dienst 1990

Erwerbskonstellation	**Sektorzugehörigkeit und Tätigkeit im öffentlichen Dienst 1990 in Partnerschaftshaushalten 1990**									
	Frauen 1990					Männer 1990				
	primärer Sektor	sekundärer Sektor	tertiärer Sektor	im öffentlichen Dienst	nicht im öffentlichen Dienst	primärer Sektor	sekundärer Sektor	tertiärer Sektor	im öffentlichen Dienst	nicht im öffentlichen Dienst
	Spaltenprozent									
N	115	353	495	418	532	238	607	236	280	790
Beide vollzeitbeschäftigt	68,7	66,0	69,7	72,7	64,1	60,5	60,1	60,2	61,4	59,6
Beide nichterwerbstätig										
Beide Rentner										
Beide arbeitslos										
Mann vollzeitbeschäftigt										
Frau teilzeitbeschäftigt	27,0	27,5	22,4	21,8	28,4	23,1	22,7	20,3	19,3	22,9
Frau nichterwerbstätig			/		/	10,5	11,7	12,3	11,1	12,2
Frau Rentnerin						5,0	4,6	6,4	7,5	4,3
Frau arbeitslos										
Frau vollzeitbeschäftigt										
Mann teilzeitbeschäftigt	/	/	/	/	/	/	/	/	/	/
Mann nichterwerbstätig	/	/	2,6	/	1,9	/	/			/
Mann Rentner	/	/	/	/	/					/
Mann arbeitslos										
Frau teilzeitbeschäftigt										
Mann nichterwerbstätig	/	/	/	/	2,3					
Mann Rentner		/	/	/	/					
Mann arbeitslos										
Ein Partner arbeitslos ein Partner nichterwerbstätig / Rentner										

/ weniger als 10 Fälle; Datenbasis: SOEP-Ost 1990, 1995, eigene Berechnungen

Tabelle 6-2: Erwerbskonstellationen ostdeutschen Partnerschaftshaushalte 1995 nach Sektorzugehörigkeit und Tätigkeit im öffentlichen Dienst 1990

Erwerbskonstellation	**Sektorzugehörigkeit und Tätigkeit im öffentlichen Dienst 1990 in Partnerschaftshaushalten 1995** Frauen 1995					Männer 1995				
	primärer Sektor	sekundärer Sektor	tertiärer Sektor	im öffentlichen Dienst	nicht im öffentlichen Dienst	primärer Sektor	sekundärer Sektor	tertiärer Sektor	im öffentlichen Dienst	nicht im öffentlichen Dienst
	Spaltenprozent									
N	113	352	491	413	529	237	603	232	277	784
Beide vollzeitbeschäftigt	38,1	32,7	33,4	34,1	33,6	29,5	30,2	32,8	31,0	29,8
Beide nichterwerbstätig	4,4	3,4	2,9	2,9	3,6	4,6	3,2	/	/	3,3
Beide Rentner	/	/	/	/	/	/	/	/	/	1,5
Beide arbeitslos	/	/	/	/	/	/	/			1,7
Mann vollzeitbeschäftigt										
Frau teilzeitbeschäftigt		8,8	12,2	10,2	10,4	11,8	9,1	9,9	8,7	11,0
Frau nichterwerbstätig		10,8	7,9	8,7	9,3	9,3	10,9	9,1	8,7	10,6
Frau Rentnerin		7,1	6,1	6,8	6,2	7,2	9,5	15,5	14,4	8,7
Frau arbeitslos	12,4	12,8	9,0	9,4	12,1	12,2	11,6	8,6	10,1	11,9
Frau vollzeitbeschäftigt										
Mann teilzeitbeschäftigt	/	/	/	/	/		/	/	/	/
Mann nichterwerbstätig	/	3,4	3,9	3,9	2,8	/	3,0	/	5,1	2,4
Mann Rentner	/	4,3	7,1	6,1	5,7	/	4,5	4,7	3,6	4,2
Mann arbeitslos	/	3,4	5,7	5,8	3,6	5,9	4,5	/	/	5,0
Frau teilzeitbeschäftigt										
Mann nichterwerbstätig	/	/	/	/	/	/	/	/	/	/
Mann Rentner		3,1	2,6	/	2,6	/	1,8	/	/	1,7
Mann arbeitslos	/	/	/	/	/	/	/	/	/	1,5
Ein Partner arbeitslos ein Partner nichterwerbstätig / Rentner	8,8	5,4	4,9	5,6	4,9	4,2	7,1	4,3	6,1	5,5

/ weniger als 10 Fälle; Datenbasis: SOEP-Ost 1990, 1995, eigene Berechnungen

Tabelle 7: Erwerbskonstellationen ostdeutscher Partnerschaftshaushalte 1995 – subjektive Einschätzung zu Erwerbschancen und wirtschaftlicher Lage 1995

	Chance, eine gleichwertige Stelle zu finden*						**Sorgen um eigene wirtschaftliche Situation**					
Erwerbskonstellation	Frauen 1995			Männer 1995			Frauen 1995			Männer 1995		
	leicht	schwierig	praktisch unmöglich	leicht	schwierig	praktisch unmöglich	keine Sorgen	einige Sorgen	große Sorgen	keine Sorgen	einige Sorgen	große Sorgen
	Zeilenprozent											
N	50	632	323	162	588	253	179	701	288	196	663	310
Beide vollzeitbeschäftigt	5,1	65,1	29,7	18,7	60,3	21,0	15,7	64,0	20,3	14,0	67,8	21,2
Beide nichterwerbstätig	/	45,2	23,8	/	/	23,8	/	64,3	/	28,6	40,5	31,0
Beide Rentner			/	/	/	/	/	47,8	/	/	47,8	/
Beide arbeitslos		/	/		/	/		/	/		/	/
Mann vollzeitbeschäftigt												
Frau teilzeitbeschäftigt	/	68,7	23,5	21,7	55,6	22,6	14,0	65,8	20,2	10,4	66,1	23,5
Frau nichterwerbstätig	/	49,1	37,5	19,6	59,8	20,5	18,8	55,4	25,9	22,3	54,5	23,2
Frau Rentnerin	/	/	9,6	16,7	60,5	22,8	31,3	50,4	18,3	19,3	57,9	22,8
Frau arbeitslos	/	61,0	36,0	15,6	64,1	20,3	/	44,4	48,5	13,4	55,9	30,7
Frau vollzeitbeschäftigt												
Mann teilzeitbeschäftigt		/	/		/	/	/	/			/	/
Mann nichterwerbstätig	/	68,6	28,6	/	34,3	31,4	/	80,0	/	/	60,0	/
Mann Rentner	/	74,6	22,2	/	/	/	/	63,5	27,0	26,6	46,9	26,6
Mann arbeitslos	/	64,6	27,1		64,6	33,3	/	77,1	/	/	50,0	47,9
Frau teilzeitbeschäftigt												
Mann nichterwerbstätig		/	/		/	/		/	/	/	/	/
Mann Rentner	/	73,1	/			/	/	57,7	/	/	57,7	/
Mann arbeitslos		/	/	/	70,6	/	/	62,5	/	/	/	/
Ein Partner arbeitslos ein Partner nichterwerbstätig / Rentner	/	37,7	31,9	/	25,4	29,6	/	62,0	29,6	23,2	37,7	39,1

* Antwortmöglichkeit „trifft nicht zu" nicht aufgeführt; / weniger als 10 Fälle; Datenbasis: SOEP-Ost 1990, 1995, eigene Berechnungen

Irene Dölling

„Ganz neue Inhalte werden im Vordergrund stehen: die Arbeit zuerst". Erfahrungen junger ostdeutscher Frauen mit dem Vereinbarkeitsmodell (1990 – 1997)

Neue Grenzziehungen zwischen „öffentlich" und „privat"

Das Zitat im Titel stammt aus einem Tagebuch, das eine 21jährige Pädagogikstudentin 1990 in den Monaten zwischen Währungsunion (Juli 1990) und ersten gesamtdeutschen Wahlen (Dezember 1990) geschrieben und für die wissenschaftliche Auswertung im Rahmen eines Forschungsprojektes zur Verfügung gestellt hat[1]. Die in diesem Zitat antizipierte Veränderung mag auf den ersten Blick verwundern - war doch in der DDR Berufstätigkeit für Männer wie Frauen „erste Bürgerpflicht" und zeichnen sich die Ostdeutschen bis heute laut Umfragen stärker als die Westdeutschen durch ein Festhalten an „zentralen Werten protestantischer Ethik" sowie durch eine Identität aus, die in erster Linie über die (Berufs-)Arbeit definiert ist[2]. Die von der Schreiberin geahnte Veränderung bezieht sich weniger auf den Stellenwert von Berufsarbeit als vielmehr auf die Bedingungen, unter denen künftig ostdeutsche Frauen das bis dato „selbstverständliche" Modell der Vereinbarung von Beruf und Familie[3] realisieren können. Die „Synchronisierung von Familien- und Berufsarbeit" (Trappe 1995, S. 214) ist nun zu leisten unter den Bedingungen einer strikteren Trennung von „privater" und „öffentlicher" Sphäre und einer Sozial- und Familienpolitik, die an der Norm des (modernisierten) Ernährer-Hausfrau-Modells orientiert ist[4]. Diese Politik greift weniger direkt in den „privaten" Bereich ein, sie setzt vielmehr (geschlechtsspezifische Ungleichheiten reproduzierende und befestigende) Rahmenbedingungen für ein „privates" Aushandeln der Gestaltung von Erwerbs- und Familienarbeit. Die Grenzziehungen zwischen individueller/familiärer und gesellschaftlicher Verantwortlichkeit für die Betreuung und Erziehung von Kindern (aber auch von Alten und Kranken) werden (wieder) strikter gezogen, als dies in der DDR der Fall war, was u.a. an den Kapazitäten, Öffnungszeiten sowie Trägerschaften von Kinderbetreuungseinrichtungen ablesbar ist. Generell ist davon auszugehen, daß mit der Übernahme des bürgerlichen Demokratiemodells die Grenzziehungen zwischen „privat" und „öffentlich" und die damit verbundenen Konnotationen „weiblich" bzw. „männlich" stärker als zu DDR-Zeiten den Alltag strukturieren, Familie auf modifizierte Weise zu einer „privaten", „weiblichen" Angelegenheit wird. Das von mehreren Alterskohorten von Frauen praktizierte Vereinbarkeitsmodell gerät im gesamtdeutschen Kontext in mehrfacher Hinsicht unter Druck: Vollzeitige, nur kurz unterbrochene Erwerbsarbeit wird tendenziell zu einer „Normabweichung" und zu einem eher „männlich" konnotierten Anspruch; die größeren Belastungen und Verantwortlichkeiten für die Kindererziehung implizieren, daß Frauen sich „mit bislang nicht vertrauten soziokulturellen Orientierungen über Mutterschaft auseinandersetzen müssen" (ebenda, S. 217); die Ernährerrolle des Mannes wird zumindest symbolisch aufgewertet und bestärkt (aber auch praktisch, wenn z. B. ein Kriterium für Entlassungen ist, ob ein Mann „eine Familie ernähren" muß bzw. Frauen die eigene Arbeitslosigkeit mit Rückgriff auf dieses Kriterium verarbeiten). Das Wegbrechen sozialpolitischer Rahmenbedingungen erhöht das Risiko für Frauen, arbeitslos zu werden bzw. aus dem Erwerbsbereich auszuscheiden. Zugleich belegt das Festhalten ostdeutscher Frauen am Vereinbarkeitsmodell bis in die Gegenwart, daß die Synchronisierung von Berufs- und Familienarbeit unter diesem Druck nicht automatisch aufgegeben wird. Heike Trappe konstatierte 1995 in ihrer Untersuchung:

„Der (...) erbrachte Nachweis, daß es keinen zwingenden Zusammenhang zwischen sozialpolitischen Unterstützungen und der Frauenerwerbsbeteiligung (zu DDR-Zeiten - I.D.) gab (...), legt die Vermutung nahe, daß bezogen auf die heutige Situation auch der Umkehrschluß nicht gilt. Der Abbau sozialpolitischer Entlastungsangebote führt zu spezifischen Risikolagen für Frauen, aber nicht notwendigerweise zu ihrem Ausstieg aus der Erwerbsarbeit" (ebenda, S. 216).

Die verschiedenen Frauengenerationen erfahren die veränderte Bewertung ihrer bis dato mehr oder weniger selbstverständlich praktizierten Vereinbarung von Beruf und Familie auf ähnliche und zugleich differenzierte Weise – die veränderten materiellen und normativen Bedingungen sind von unterschiedlicher Bedeutung für ihren bisherigen Lebensplan. Ich möchte mich im folgenden auf die Altersgruppe von Frauen konzentrieren, die 1990 zwischen 20 und 30 Jahre alt waren, und fragen, wie sie mit dem noch zu DDR-Zeiten verinnerlichten Konzept der Vereinbarkeit von Beruf und Familie unter den veränderten Bedingungen umgehen. Bevor ich die Auswahl gerade dieser Altersgruppe begründe, das Sample genauer charakterisiere und die Fragestellungen entwickle, denen ich nachgehen möchte, halte ich es für notwendig, kurz darzulegen, wie ich das Verhältnis von „privat" und „öffentlich" bezogen auf die „realsozialistische" DDR verstehe.

Ich gehe dabei mit Zygmunt Bauman (1991) und Peter Wagner (1995) davon aus, daß der Sozialismus als Gesellschaftsform nicht als „das Andere" der Moderne zu verstehen ist, sondern als eine Variante moderner Gesellschaften, die die Widersprüche der Moderne in ähnlicher und zugleich differenter Weise wie die kapitalistische Variante, insbesondere der „organisierten Phase"[5] der Moderne (Wagner 1995), zu lösen versucht. Für die kapitalistische wie die sozialistische Variante der Moderne gilt gleichermaßen die strukturelle Trennung von „Produktions- und Bevölkerungsweise" (vgl. Beer 1990). Der in der „organisierten Moderne" beobachtete „Strukturwandel der Öffentlichkeit" („Veröffentlichung" der existenzsichernden Arbeit, Entstehung des Sozialen und gleichzeitige Verstaatlichung der Gesellschaft, sozialpolitische u.a. Interventionen des Staates in die private Sphäre), den u.a. Habermas (Habermas 1971) für den Kapitalismus analysiert hat, wird in der sozialistischen Variante ins Extrem getrieben. Mit dem Ausschalten der Konkurrenz von Meinungen wurde der Raum des Politischen zerstört. Die Nivellierung von sozialen und kulturellen Differenzierungen, die Gleichsetzung von „gesellschaftlichen und individuellen Interessen" legitimierte die fortgesetzte Intervention des Staates, lud den „privaten" Raum politisch auf und zerstörte das Private als Schutzraum[6].

Im Unterschied zur organisierten Moderne westlicher Prägung, die mit dem Wohlfahrts- bzw. Sozialstaat „eine Reihe von privaten Angelegenheiten zu Aufgabenbereichen staatlicher Politik" gemacht hatte, „verwischte der Sozialismus die Grenzen völlig" (ebenda). Die Folgen waren ambivalent. Durch Einbeziehung der Frauen in die (vollzeitliche, qualifizierte) Berufsarbeit wurden einerseits geschlechtsspezifische Zuweisungen von (Handlungs-) Räumen aufgebrochen und entsprechende Geschlechterstereotype tendenziell dysfunktional (z. B. Hausfrau - Ernährer der Familie), ohne daß andererseits diese Differenzierungen entlang der Geschlechterdifferenz strukturell außer Kraft gesetzt worden wären. Einerseits wurde z. B. Kinderbetreuung und -erziehung stärker zu einer „öffentlichen" Angelegenheit, in die der Staat interventionistisch mittels materieller Zuwendungen und ideologischer Normierung eingriff. Andererseits wurden Probleme/Konflikte, die nicht im Rahmen des staatlich regulierten Sozialprogramms zu lösen waren (z. B. Gewalt in der Familie, aber auch häusliche Arbeitsteilungen), tabuisiert, als „nichtexistent" erklärt und so auf eine spezifische Weise zu „privaten" Problemen: Sie konnten bestenfalls durch Eingaben u.a. eine - politisch vermittelte - individuelle Lösung finden, nicht aber in einem öffentlichen Raum zum Gegenstand von Auseinandersetzung und politischer Gestaltung werden.

Obwohl einerseits die Grenzen verwischt wurden und insofern die Begriffe „privat" und „öffentlich" in einem stärkeren Maße und auf andere Weise als in der kapitalistischen Variante tendenziell dysfunktional werden, bleiben andererseits auch im Sozialismus die vergeschlechtlichenden Grenzziehungen zwischen Produktion (bezahlte Erwerbsarbeit) und Reproduktion (unbezahlte, geringer bewertete Hausarbeit/Familienarbeit) wirksam[7]. Dies hat sich auch in den „vergeschlechtlichten Habitus" (Bourdieu) von Männern und Frauen niedergeschlagen, obwohl viele Ostdeutsche bis heute der Geschlechterdifferenz ihre Bedeutung im DDR-Alltag absprechen. An diese Gemeinsamkeit mit der kapitalistischen Variante kann nach 1990 bei der strikteren Unterscheidung zwischen dem Privaten und der öffentlichen Sphäre im ostdeutschen Alltag angeknüpft werden.

Beschreibung des Samples

Die Frauen, die 1990 zwischen 20 und 30 Jahre alt waren, machten mehr als die Hälfte der 55 Frauen aus, die uns 1990/91 ihr Tagebuch zur Verfügung stellten. Sie bilden auch die zahlenmäßig größte Gruppe derjenigen, die sich an den Nachuntersuchungen 1994 und/oder 1997 beteiligten (16 von 26). Diese 16 Frauen bilden das Sample, auf das sich die nachfolgenden Darlegungen stützen. Für die Auswahl gerade dieser Alterskohorte waren aber in erster Linie nicht quantitative, sondern inhaltliche Gründe ausschlaggebend:

Die Gruppe der 1990 20 bis 30 Jahre alten Frauen ist die letzte Alterskohorte, die wesentliche Phasen ihrer Sozialisation noch unter DDR-Bedingungen realisiert und das Vereinbarkeitsmodell unter den für sie wirksamen (sozialpolitischen) Bedingungen normativ als „selbstverständlich" angenommen bzw. bereits praktiziert hat. Sie ist zugleich die Altersgruppe unter den 1990 Erwachsenen, die (fast) ihr ganzes Erwerbsleben (wie z. T. auch die Familiengründung) noch vor sich hat, also auch am stärksten dem Druck der Anpassung an die veränderten Bedingungen unterliegt. Zugleich ist diese Altersgruppe in (quantitativen) soziologischen Untersuchungen sowohl für die Zeit vor, als auch nach 1990 untersucht worden (vgl. Trappe 1995; Keiser 1997), so daß die in unserem Tagebuchprojekt nur möglichen Einzelfallanalysen auf größere sozio-kulturelle Kontexte und Hintergründe bzw. Generationenerfahrungen rückbezogen werden können.

Neben der Alterskohorte der 50- bis 60jährigen ist es gerade diese Altersgruppe von Frauen, die nach 1990 die größten Veränderungen in ihrem Alltag erfahren hat (vgl. u.a. Keiser 1997). Arbeitslosigkeit, Abwertung beruflicher Qualifikationen, der Abbau bis dato „selbstverständlicher" sozialpolitischer Maßnahmen u.a. traf Frauen dieser Alterskohorte besonders hart, weil diese Veränderungen mit einer biografischen Phase zusammenfielen, in der – zumindest nach DDR-Norm – die Familiengründung gerade vollzogen war bzw. geplant wurde, erste Erfahrungen mit dem Vereinbarkeitsmodell vorlagen bzw. der künftigen Lebensplanung zugrundelagen. Zugleich wiesen Frauen dieser Altersgruppe im Vergleich zu anderen Alterskohorten die höchsten Bildungsabschlüsse und beruflichen Qualifikationen auf (vgl. Keiser 1997; Trappe 1995).

Von den 16 Frauen unseres Samples haben 5 einen 10-Klassenabschluß und 11 das Abitur; 6 von ihnen haben eine Fachschule absolviert und 9 besitzen einen Hochschulabschluß. 10 von ihnen waren zwischen 1990 und 1997 mindestens einmal arbeitslos; 7 von ihnen länger als 6 Monate. 11 von ihnen haben in diesem Zeitraum entweder eine Anschlußqualifizierung in ihrem Beruf absolviert oder nach dem Abschluß einer Ausbildung bzw. eines Studiums eine neue, z. T. inhaltlich völlig anders orientierte Ausbildung begonnen/absolviert. Von den 9 Frauen mit Hochschulabschluß haben drei unterdessen eine Tätigkeit unterhalb ihrer beruflichen Qualifikation aufgenommen, eine hat die Berufstätigkeit ganz aufgegeben.

Die zwischen 1960 und 1970 geborenen Frauen fanden in der DDR neben guten Bildungsmöglichkeiten fest verregelte berufsbiografische Wege vor; individuelle Handlungsspielräume eröffneten sich eher in der „privaten“ Sphäre. Obwohl die Vereinbarung von Beruf und Familie als Norm nicht in Frage gestellt wurde, zeichnete sich für diese Altersgruppe doch eine gewisse „Pluralisierung“ von Lebensformen ab: Nichteheliche Lebensgemeinschaften bzw. Single-Lebensform, das Verschieben der Geburten „nach hinten“, der Wechsel von Arbeitstätigkeiten, um den „privaten“ Interessen besser nachgehen zu können u.a. zeichneten sich als Handlungsoptionen dieser Alterskohorte schon vor 1989 ab (vgl. Keiser 1997).

Von den 16 Frauen unseres Samples waren 1990 6 verheiratet, 4 von ihnen hatten 1 Kind und eine Frau hatte 2 Kinder; eine von ihnen hat unterdessen ein weiteres (2.) Kind geboren (eine weitere war zur Zeit der Befragung 1997 mit ihrem zweiten Kind schwanger). Bis 1997 haben sich 2 Frauen scheiden lassen.

Von den 10 Frauen, die 1990 ledig waren, hat eine unterdessen geheiratet und eine lebt in einer Lebensgemeinschaft. Sie sind auch die beiden einzigen aus dieser Gruppe, die Kinder bekommen haben (2 bzw. 1). Die anderen 8 Frauen waren 1994 bzw. 1997 noch ledig und kinderlos (bei drei Frauen wissen wir dies für 1997 nicht, da sie nur 1994 geantwortet haben).

Folgende Fragen möchte ich meiner Analyse, die in keiner Weise repräsentativ ist, zugrundelegen:

Wie nehmen die 16 Frauen die veränderten Bedingungen für die Vereinbarung von Beruf und Familie wahr? Hat die Bewertung von Familienarbeit als eine primär private Angelegenheit Auswirkungen auf die Lebensplanung dieser Frauen? Welche Arrangements treffen die Frauen, so sie bereits eine Familie haben, um Beruf und Kinderbetreuung zu vereinbaren? Auf welche Ressourcen (materiell und normativ) greifen sie dabei zurück? Erfahren sie das (wiederbelebte) Normativ vom männlichen Ernährer (der Familie) individuell, in ihren Partnerbeziehungen, und wie reagieren sie darauf? Sind ihnen ihre Mütter Vorbild bzw. Identifikationsangebot für die eigene Lebensplanung unter den veränderten Bedingungen[8] ?

„Arbeit zuerst"

Durchweg alle 16 Frauen - egal, ob sie 1990 noch in der Ausbildung, im Babyjahr oder erwerbstätig sind - nehmen die sich abzeichnenden Veränderungen auf dem Arbeitsmarkt als Anforderungen an sich selbst wahr, aktiv nach Möglichkeiten zu suchen, entsprechend ihren beruflichen Qualifikationen bzw. beruflichen Vorstellungen erwerbstätig zu bleiben bzw. (wieder) zu werden. „Arbeit zuerst" ist für sie die Devise, und zwar in dem Sinne, daß die Behauptung auf dem Arbeitsmarkt Bedingung dafür ist, alle anderen Elemente des individuellen Lebensplanes zu realisieren (insbesondere eine geplante Familiengründung bzw. die Realisierung eines Kinderwunsches). Allen ist klar, daß die Zeit, da staatlicherseits Für- und Vorsorge für sie getroffen wurde - etwa hinsichtlich eines Arbeitsplatzes oder der Kinderbetreuung - vorbei ist. Ebenso klar ist für sie - sofern sie Ehe und Familie in ihren Lebensplan integrieren -, daß sie am Modell der Vereinbarung von Beruf und Familie festhalten. Das ändert sich - mit einer Ausnahme (s.u.) - auch bis 1997 nicht. „Hausfrau" zu sein bzw. zu werden - eine Vorstellung, die nicht wenige der Frauen 1990 angesichts drohender Arbeitslosigkeit als absolut negativ antizipieren - ist für sie auch 1997 keine Option, auch nicht bei Langzeitarbeitslosigkeit.

Roswitha Salt ist ausgebildete Agraringenieurin und arbeitet 1990 als Sachbearbeiterin in einer Einrichtung des Ministerium des Inneren. Sie kehrt im Herbst 1990 aus dem Babyjahr zurück, erkämpft sich zunächst ihre Weiterbeschäftigung und wird Ende 1990 gekündigt. Seither ist sie entweder arbeitslos oder in einer Umschulung (Steuergehilfin, Werbeassistentin, Sachkraft für kaufmännische Sachbearbeitung). Von sich aus macht sie ein Fernstudium („Die Große Schule des Schreibens"). Um sich „am Computer fit zu halten" und nicht „einzurosten" „in der Zeit des ‚Nichtstuns'„ entwickelt sie Spiele. Ihre Pläne, wieder berufstätig zu werden, hat sie trotz wenig rosiger Aussichten nicht aufgegeben. Sie regt auf, „was die Politiker über die Langzeitarbeitslosen, Arbeitslosenhilfeempfänger ablassen. Wir sind doch keine Deppen. (...) Oder daß sich gewisse Leute einbilden, daß Frauen nur für den Herd oder die Wäsche gut sind. Und das in heutigen Zeiten! Wir sind in der Angelegenheit 100 Jahre zurückmarschiert."

In einem Kohortenvergleich von Frauen, die zwischen 1935 und 1945 bzw. zwischen 1960 und 1970 geboren wurden, postuliert Sarina Keiser, daß sich im Zuge der „Zentralisierung, Planung und institutionelle(n) Reglementierung des Bildungs- und Erwerbssektors" der „Spielraum für Individualisierungsbestrebungen" für die jüngere Kohorte in den „Bereich der privatfamilialen Lebensformen" verlagerte (Keiser 1997, S. 38) und die Frauen dieser Altersgruppe nach 1990 verstärkt einem Individualisierungsdruck in der Erwerbssphäre ausgesetzt sind. Die 16 Frauen unseres Sample können sich diesem Druck - mit wenigen Ausnahmen - nicht zuletzt auf Grund ihrer vergleichsweise hohen schulischen Abschlüsse und beruflichen Qualifikationen relativ gut stellen (1997 sind 13 von 16 Frauen auch in mehr oder weniger sicheren Arbeitsverhältnissen). Einige von ihnen nutzen ihr erworbenes kulturelles Kapital auch in den Fällen, wo konkrete Abschlüsse entwertet werden, um eine neue oder zusätzliche Ausbildung in Bereichen zu absolvieren, die künftig für Frauen gewisse Chancen auf Beschäftigung bieten.

Berta Flusser z. B. beendet 1992 ihr 1987 begonnenes Fernstudium als Tiefbauingenieurin; sie nimmt aber anschließend die Möglichkeit wahr, in einem FHS-Studium den Abschluß als Verwaltungswirtin zu erlangen und arbeitet seit einigen Jahren als Sachbearbeiterin und Beamtin auf Zeit.

Eva Antoniak schließt ihr FS-Studium der Krippenpädagogik ab, arbeitet bis zur Geburt ihres ersten Kindes als Erzieherin und nimmt nach dem Erziehungsurlaub eine Tätigkeit als Büroangestellte auf, die sie mit dem Besuch von Verwaltungslehrgängen kombiniert.

Einige Frauen wagen eine beruflichen Neuanfang, nachdem sich abzeichnet, daß ihre bisherigen Bildungswege bzw. Tätigkeiten keine großen Perspektiven bieten:

Unda Steffen z. B. hatte ursprünglich vor, in die Fußstapfen ihrer Eltern zu treten und wie diese den Lehrerberuf zu ergreifen. Sie beginnt eine Ausbildung zur Unterstufenlehrerin und erlebt die Umstrukturierung ihrer Einrichtung, die Nichtanerkennung ihrer bisherigen Ausbildung und die mehrfach wechselnden Angebote, doch noch zu einem Abschluß zu kommen, mit ambivalenten Gefühlen. Als ein 1991 begonnener neuer Versuch wieder scheitert, kann sie das „Ausweichangebot" eines 5jährigen Lehrerstudiums aus finanziellen Gründen (ihr damaliger Mann ist unterdessen arbeitslos) nicht annehmen. Sie bricht das Lehrerstudium ab und nimmt nach einigen Monaten Arbeitslosigkeit die Chance wahr, eine Ausbildung für den mittleren Polizeivollzugsdienst zu absolvieren. Sie beendet die Polizeischule mit Erfolg, wird verbeamtet und arbeitet seither im Bereich der Verkehrserziehung - vor allem mit Kindern, was sie sich immer gewünscht hat.

Und wieder andere nutzen die veränderten Bedingungen als eine Chance, eine Ausbildung für den Beruf zu machen, den sie immer als ihren „Traumberuf" angesehen hatten.

Eine von diesen Frauen ist Kerstin Gansow. Sie hat nach dem Abschluß der 10. Klasse eine Facharbeiterausbildung absolviert, noch sehr jung einen Meisterbrief erworben und arbeitet 1990 in einer mittelgroßen Stadt als Fahrdienstleiterin bei der Deutschen Reichsbahn. Sie holt bis 1993 das Abitur nach, gibt ihre - sichere - Stelle auf und beginnt 1996 ein Studium der Sozialpädagogik an einer FHS im Westen, an ihrem „Wunsch-Studienplatz".

Auch wenn die Frauen unseres Samples institutionelle (nicht unbedingt staatliche) Unterstützung bei ihren Anstrengungen um den Erhalt ihrer Erwerbsfähigkeit wünschen bzw. begrüßen, sehen sie es doch primär als *ihre* Aufgabe und Verantwortung an, sich unter den veränderten Bedingungen zurechtzufinden.

Lediglich eine der jungen Frauen - sie hat nach dem Abschluß der 10. Klasse ein Lehrerbildungsinstitut besucht und 1990 ihr Zertifikat als Unterstufenlehrerin erworben - wendet sich 1994 an den Kultusminister ihres Landes, um nach dem DDR-bekannten Prinzip der Eingabe zu erreichen, daß sie eine Möglichkeit erhält, entsprechend ihrer Qualifikation als Lehrerin arbeiten zu dürfen (ob sie eine Antwort erhalten hat, ist uns nicht bekannt). Nach einem glänzend bestandenen Examen wird sie in der Schule, an die sie vermittelt wurde, zunächst nur als Hortnerin/Erzieherin eingesetzt, bekommt nach kurzer Tätigkeit als Lehrerin eine Kündigung, weil die Zahl der LehrerInnen in ihrem Land abgebaut wird und sie als Alleinstehende nicht unter die Sozialklausel fällt. Da ihr Abschluß nur in ihrem Bundesland anerkannt wird, kann sie sich nicht anderswo bewerben. Andererseits hängt sie an ihrem Beruf und ist - zumindest bis zum Ende ihrer Aufzeichnungen 1994 - nicht gewillt, in einem anderen Bereich eine Arbeit zu suchen. Sie konstatiert:

„Mein eigentliches Berufsziel kann nicht mehr in meinem Lebensmittelpunkt stehen. Dafür sind zu viele Vorstellungen geplatzt. Aber meine Liebe zu René (und ich glaube, keine Liebe könnte das) kann dieses Loch des Strebens nach Selbstverwirklichung nicht stopfen".

Wie die anderen Frauen unseres Samples auch, will Sandra Koch nicht nur des Geldes wegen berufstätig sein; im Unterschied zur Mehrzahl der anderen Frauen scheinen für sie die strukturellen Bedingungen besonders ungünstig, am Beruf als einem Feld individueller Selbstverwirklichung festhalten zu können.

Auch wenn die 16 Frauen das DDR-Modell der „Synchronisierung von Familien- und Berufsarbeit" als selbstverständlich ansehen, heißt das nicht, daß sie es alle auch individuell praktizieren bzw. künftig praktizieren wollen. Die von Sarina Keiser für diese Alterskohorte postulierte Pluralität von Lebensformen läßt sich an unserem Sample durchaus beobachten. Von den 1990 ledigen Frauen (10) sind zu diesem Zeitpunkt immerhin 4 zwischen 25 und 28 Jahre alt, liegen also über dem Durchschnittsalter, in dem zu DDR-Zeiten geheiratet und eine Familie gründet wurde. Auch 1994 bzw. 1997 haben sie ihre Lebensform nicht verändert.

Kerstin Gansow hat zu DDR-Zeiten ihr Single-Dasein durchaus als Abweichung von der Norm erlebt -, sowohl in den Reaktionen anderer, als auch als eine gewisse Unsicherheit bei sich selbst. Ihr weiterer Lebensweg und ihre Entscheidung, mit 30 noch mal ganz neu anzufangen und unter veränderten Bedingungen, in denen ein Leben als Single eher als eine Variante unter einigen möglichen akzeptiert wird, bestärkten sie in der Wahl ihrer Lebensform.

„Männer sind für Frauen meist Karrierebremsen. Ich habe aber keine Lust, mich bremsen zu lassen. Es gibt zwar auch ein paar tolerante Männer, vielleicht finde ich mal einen, der mich nicht hinter den Herd pressen will. Das mache ich auf keinen Fall mit. Jedenfalls habe ich es zur Zeit nicht eilig, wieder jemand zu binden, ich fühle mich auch als Single als vollwertiger Mensch".

Von den jüngeren Frauen, die 1990 ledig sind, reflektieren einige die veränderten Bedingungen als Verschärfung des Problems, Beruf und Familie unter einen Hut zu bekommen. Möglich ist auch, daß beruflich gut ausgebildete bzw. positionierte Frauen dieser Alterskohorte bereits vor 1989/90 - und mit kritischem Blick auf ihre Beruf und Familie vereinbarenden Mütter - eher einer Alternative Karriere *oder* Kinder zuneigten. Für Sandra Koch, die bis 1990 ehrgeizige berufliche Pläne entwickelte, war schon zu DDR-Zeiten klar, daß eine frühe Ehe bzw. die frühe Geburt eines Kindes für sie nicht in Frage kommt; die Schwierigkeit bzw. Unmöglichkeit, als Lehrerin arbeiten zu können, verstärkt ihre Abneigung noch, „Kinder in diese Welt zu setzen". 1991 schreibt sie an ihren Vater:

„Und dann muß man sich - zumindest wohl als Frau - darüber klar sein, daß man einem Kind alles geben kann oder sich vom Leben etwas nimmt. Wer weiß eigentlich, ob er dazu fähig wäre?“

Karla Siegner, eine diplomierte Soziologin, die nach 1990 mehrfach ihre Tätigkeiten auf dem Gebiet der Sachbearbeitung wechselt - z. T. weil sie nicht mit den Bedingungen/Leuten zurecht kommt, aber auch, weil sie *„immer schon“* einen *„Drang nach Freiheit“* hatte, geht 1994 eine Beziehung ein und verbringt mit ihrem Partner einen Urlaub in einer Großfamilie in Südamerika.

„Für mich war besonders interessant, mit welcher Liebe sie mit ihren Kindern umgegangen sind. Eine Mutter war in dieser Familie nie allein. Ich dachte an eigene Kinder, aber hier in Deutschland ist man ja verraten und verkauft als Frau“.

Abgesehen davon, müssen sie und ihr Partner „erst mal finanziellen Boden unter die Füße bekommen“, bevor an Kinder gedacht werden kann.

Zwei der 1990 ledigen Frauen gründen bis 1997 eine Familie, sie heiraten bzw. leben in einer Lebensgemeinschaft, und sie bekommen zwei Kinder bzw. ein Kind in dieser Zeit. Für beide ist die Praktizierung der Vereinbarung von Beruf und Familie selbstverständlich; beide nehmen auch einen verkürzten Erziehungsurlaub. Eva Antoniak, die ausgebildete Krippenerzieherin, die nach der Geburt des ersten Kindes eine Tätigkeit im Büro aufgenommen hat, plant „wenn die finanzielle Situation es erlaubt“ ein zweites Kind; daß sie auch nach der Geburt eines zweiten Kindes berufstätig ist, steht für sie außer Frage.

Von den 6 Frauen, die 1990 verheiratet waren und von denen 5 bereits Kinder hatten, halten alle, mit einer Ausnahme, am Vereinbarkeitsmodell fest. Während sie - wie die anderen Frauen des Samples auch - ausführlich über Verlust des Arbeitsplatzes und/oder eigene Initiativen zum Verbleiben bzw. Wiedereinstieg in die Erwerbssphäre berichten, haben sie offenbar keine größeren Probleme, die Betreuung ihrer Kinder in entsprechenden Einrichtungen zu organisieren. Die Unterbringung in einer Kita ist für sie selbstverständlich, sie wird in der Regel auch bei Arbeitslosigkeit beibehalten. Zwar berichten einige Frauen - insbesondere aus dem ländlichen Raum -, daß die Beziehungen zur (Groß-)Familie sich in den letzten Jahren intensiviert haben, aber nicht, daß Familienangehörige die Betreuung der Kinder anstelle der Kita übernommen haben.

Als Fazit läßt sich zunächst einmal festhalten: Alle Frauen des Samples halten an der Norm der Vereinbarung von Berufs- und Familienarbeit als „selbstverständlich“ für Frauen fest. Sie antizipieren aber auch sehr früh, daß es künftig komplizierter ist, diese Norm auch zu praktizieren. Es ist nicht nur auf andere Weise als bisher ihre private Angelegenheit, ihren Platz in der Erwerbssphäre zu finden, auch die Realisierung des Kinderwunsches ist nun in erster Linie davon abhängig, welche finanziellen Ressourcen vorhanden sind und welches individuelle Arrangement zwischen den Partnern getroffen werden kann. Das zwar verminderte, aber dennoch immer noch relativ gut ausgebaute Netz von Einrichtungen der Kinderbetreuung erleichtert es denen, die 1990 bereits das Vereinbarkeitsmodell praktizierten bzw. denen, die es in den folgenden Jahren unter veränderten Bedingungen praktizieren, ihren Lebensplan entsprechend der verinnerlichten Norm zu gestalten. Einen Kinderwunsch zu realisieren, „Mutterpflichten" wahrzunehmen, wird von den Frauen explizit als reiflich überlegte Entscheidung und als Verantwortung, die in erster Linie privat zu tragen ist, reflektiert.

Die Wiederkehr des „männlichen Ernährers"?

Die Tatsache, daß in der „realsozialistischen" DDR zwar die Rolle des „männlichen Ernährers" tendenziell abgeschwächt bzw. dysfunktional war, zugleich aber die Verantwortung für die Familienarbeit durch das Vereinbarkeitsmodell tendenziell unverändert bei den Frauen blieb, hat in der sozialwissenschaftlichen Diskussion zu der Annahme geführt, daß unter den veränderten Bedingungen auch in Ostdeutschland mit einer Wiederbelebung des „männlichen Ernährers" zu rechnen ist. Sarina Keiser weist in ihrer Untersuchung auf Verschiebungen hin, die im Vergleich 1990/91 und 1994 gerade bei der Alterskohorte der zwischen 1960 und 1970 Geborenen festgestellt werden können. Danach ist der Anteil der Männer, die - zumindest solange kleine Kinder im Haushalt sind - für die Nichterwerbstätigkeit der Frau plädieren, im Zeitvergleich leicht angestiegen. Auch hat der Anteil der Frauen, die unter diesen Bedingungen für Teilzeitarbeit plädieren, zugenommen (vgl. Keiser 1997, S. 219-221). Allerdings ist „die Hauptorientierung beider Geschlechter (...) nach wie vor auf eine - wenn auch zeitlich differierende - Erwerbsbeteiligung beider Partner gerichtet" (ebenda, S. 220). Bemerkenswerter ist allerdings, daß sich die für DDR-Zeiten und auch noch 1990/91 für diese Alterskohorte feststellbare „Liberalisierung häuslicher Tätigkeitsstrukturen" (ebenda, S. 221), d. h. eine tendenziell gemeinschaftliche Erledigung häuslicher Tätigkeiten, 1994 so nicht mehr auffinden läßt. „Das heißt, die ehemals liberalisierten bzw. egalisierten Geschlechterrollenstrukturen in der jüngeren Generation haben sich tendenziell wieder in Richtung geschlechtsspezifischer Arbeitsteilung verschoben" (ebenda, S. 225). Die aus den Aufzeichnungen der 16 Frauen unseres Samples herausfilterbaren Daten entsprechen tendenziell diesen Untersuchungsergebnissen.

Zum einen bestätigen sie relativ egalitäre Tendenzen in der Bewertung/ Akzeptanz der Selbstverständlichkeit von Berufsarbeit von Frauen. Nicht nur werden die Frauen von ihren Partnern nicht in ihrem Anspruch behindert oder in Frage gestellt, einer ihren Qualifikationen entsprechenden, vollzeitlichen Erwerbsarbeit nachzugehen oder sich entsprechende Zusatz- oder Anschlußqualifikationen zu erwerben bzw. eine Umschulung zu machen. Zwei Frauen berichten auch explizit, daß sie und ihre Ehemänner gemeinsam eine Umschulung gemacht bzw. einen Wohnortwechsel (in eines der alten Bundesländer) vorgenommen haben, um einen Arbeitsplatz für beide zu sichern.

Rita Bartsch, ausgebildete Agraringenieurin, arbeitet 1990 als Ökonomin in einer LPG. Da deren Zukunft sehr ungewiß ist, trifft sie gemeinsam mit ihrem Mann die Entscheidung, in den Westen zu ziehen.

„Wir sind also Ende September 1991 tatsächlich nach M. gezogen, da wir beide neue Arbeit gefunden hatten. Gekostet hat mich das regelrecht 'Herzblut'(...)" (Unterstreichung im Orig.).

Sie behält im übrigen - wie aus den Aufzeichnungen 1994 ersichtlich - das bereits in der DDR praktizierte Vereinbarkeitsmodell bei (ihr Sohn ist 1990 drei Jahre alt).

Die feststellbare Tendenz, daß Männer die Berufsarbeit ihrer Frauen als selbstverständlich ansehen, schließt allerdings nicht aus, daß von beiden Geschlechtern - wenn es darauf ankommt - das Verbleiben des Mannes in der Erwerbssphäre als wichtiger angesehen wird und die Frauen oftmals zusätzliche familiäre Aufgaben übernehmen, um z. B. die Mobilität oder zeitliche Verfügbarkeit des Ehemannes für berufliche Verpflichtungen zu ermöglichen. Daß das aus der DDR überkommene, ausschließlich von Frauen praktizierte Vereinbarkeitsmodell durchaus Potentiale für eine (modifizierte) Wiederbelebung des männlichen Ernährermodells birgt, wird hier deutlich sichtbar.

Zum anderen - und das zuletzt Gesagte bestätigend und verstärkend - vermitteln die Aufzeichungen der Frauen, die das Vereinbarkeitsmodell praktizieren, daß der tendenziellen Selbstverständlichkeit, mit der ihre Männer ihren Anspruch auf (qualifizierte) Berufsarbeit akzeptieren, keineswegs eine entsprechende egalitäre Teilung der häuslichen Arbeiten entspricht. Zwar bestätigt sich Sarina Keisers im Kohortenvergleich festgestellte Tendenz bei der jüngeren Generation, diese Tätigkeiten teilweise gemeinschaftlich zu erledigen, es zeigt sich aber auch sehr deutlich, daß die Frauen unseres Samples klar die ihnen normativ zugeschriebene Verantwortlichkeit für den reproduktiven Bereich verinnerlicht haben, dies auch nicht in Frage stellen, selbst wenn sie gelegentlich Unzufriedenheit über die gängige Praxis äußern. Die bereits zu DDR-Zeiten konstatierbare Tendenz, daß Frauen einerseits berufstätig sein wollen, andererseits Beruf und Familie als gleichrangige Werte für sich ansehen und daher auch eher geneigt sind, auf „Karriere" zu verzichten oder, um der Vereinbarkeit mit familiären Aufgaben willen, Tätigkeiten unterhalb ihrer beruflichen Qualifikation auszuüben, setzt sich unter den veränderten Bedingungen fort. Auch aus dieser Perspektive erweist sich das verinnerlichte Vereinbarkeitsmodell als „günstige" Voraussetzung für Segmentierungen und Segregationen in der Erwerbssphäre entlang der Geschlechterdifferenz, die den nie ganz verschwundenen Vorstellungen vom „männlichen Ernährer der Familie" Auftrieb geben können. Allerdings läßt sich weder aus Sarina Keisers Kohortenvergleich noch aus den Aufzeichungen der Frauen unseres Samples die Schlußfolgerung ziehen, daß diese „Re-Traditionalisierungs"tendenzen dominierend wären oder nicht auch andere Tendenzen beobachtbar wären. Für beide finden sich in unserem Sample je ein - wenn auch keineswegs verallgemeinerbares - Beispiel.

Während die meisten Frauen des Samples, die Kinder haben, „selbstverständlich", wenn auch mit gelegentlichem Murren, ihre Verantwortung für die Familienarbeit akzeptieren, ist es Hanne Kahl gelungen, unter den veränderten Bedingungen ihre Vorstellungen von einem „modernisierten", tendenziell gleichberechtigten Vereinbarkeitsmodell zu realisieren, das eine Wiederkehr des „männlichen Ernährers" ausschließt.

Hanne Kahl hat 1990 ein begonnenes Forschungsstudium (auf dem Gebiet der Pädagogik) abgebrochen und sich der Waldorfpädagogik zugewandt. Mit ihrem Partner und späteren Ehemann, der seinen Ingenieurberuf an den Nagel hängt, geht sie für ein Jahr nach Stuttgart, um sich mit der Waldorfpädagogik vertraut zu machen und anschließend in ein Dorf in einem der neuen Bundesländer, um dort eine Waldorfschule mitaufbauen zu helfen. Ihr Mann verschreibt sich der ökologisch betriebenen Landwirtschaft. Hanne Kahl zweifelt bereits Monate nach der Geburt ihres Sohnes, „ob das Mutter-Sein mich auf ewig so ausfüllen könnte" und engagiert sich wieder im Waldorfverein. 1995 ist es endlich geschafft - die Waldorfschule, auf die Hanne Kahl jahrelang (unentgeltlich) hingearbeitet hat, nimmt ihre Arbeit auf, und Hanne Kahl, die inzwischen ein zweites Kind geboren hat, fängt als Lehrerin an zu arbeiten. Eine „modernisierte" Variante des Vereinbarkeitsmodells praktiziert Hanne Kahl insofern, als sowohl sie als auch ihr Mann eine Halbtagsstelle haben und sich in die Betreuung und Erziehung der Kinder teilen. Die neuen Möglichkeiten „alternativer Lebensformen" gestatten es ihnen, am vertrauten Vereinbarkeitsmodell festzuhalten und zugleich diese Vereinbarung nicht allein der Frau aufzuerlegen.

Astrid Faber dagegen erlebt in ihrer Ehe die Wiederbelebung der „männlichen Ernährer-" wie auch der Hausfrauenrolle, verstärkt durch äußere Bedingungen, insbesondere durch eine Umwelt, in der eine berufstätige Mutter eher als eine Normabweichung wahrgenommen und bewertet wird.

Astrid Faber ist 1990 nach erst kurzzeitiger Berufstätigkeit als Ökonomin (sie hat einen Hochschulabschluß als Diplom-Ingenieurökonomin) im Babyjahr. Die Auflösung ihres Betriebes ist mit der Einführung der Marktwirtschaft absehbar, damit auch ihre Arbeitslosigkeit nach Ablauf des Babyjahres. Zudem ist ihr klar, daß ihre beruflichen Qualifikationen („in sozialistischer Betriebswirtschaft") unter den veränderten Bedingungen nicht mehr viel wert sind. Ihr Mann dagegen hat mit einem naturwissenschaftlich-technischen Universitätsdiplom und einiger Berufserfahrung relativ gute Aussichten und ist „regelrecht in Aufbruchstimmung". Er bewirbt sich erfolgreich auf eine Stelle in den alten Bundesländern und holt Frau und Kind nach einigen Monaten zu sich. Astrid Faber, deren Lebensplan DDR-normgerecht (qualifizierte) Berufsarbeit und eine Familie mit zwei Kindern vorsah, bemüht sich zunächst, unter den neuen Bedingungen an diesem Plan festzuhalten. Sie sucht und findet eine Arbeit und auch eine private Betreuung für ihr Kind. Als die „Kinderfrau" ausfällt und auch noch in ihrem Betrieb Kurzarbeit angesagt ist, kündigt sie 1994. Sie und ihr Mann „beschließen, das in Angriff zu nehmen, was immer noch wie ein Damoklesschwert über mir schwebte: das zweite Kind. Ich war nicht ganz so überzeugt, ob ich wirklich wollte, denn auf ein längerfristiges Hausfrauendasein freute ich mich keineswegs". Während sie in ihren Aufzeichnungen 1994 noch neidisch auf ihre Freundinnen in Ost-Berlin blickt, von denen „die meisten beides (haben), Kinder und Beruf", hat sich Astrid Faber 1997 mit ihrem Hausfrauendasein arrangiert. Sie ist mit ihrem Mann, der ein neues berufliches Angebot hatte, innerhalb der alten Bundesländer umgezogen, in eine Gegend, in der noch weniger Aussichten für sie bestehen, eine für später gewünschte Halbtagsbeschäftigung zu finden. Für die nächste Zeit aber will sie sich „konzentrieren können auf die Aufgabe als Mutter". Probleme, die es mit ihrem Erstgeborenen gab, interpretiert sie als Resultat ihrer Vorstellung, „daß ich Erziehung nebenbei erledigen kann". Mit dieser Interpretation verabschiedet sie sich auch vom Vereinbarkeitsmodell, das sie einige Zeit praktiziert und erst nach längerem

Widerstand aufgegeben hat - auch gegen ihren Mann, der sich schon 1990/91 voll mit der Rolle des „Ernährers der Familie“ (wieder) identifiziert hatte.

„Früher beneidete ich Mam um ihre Energie“. Wie Töchter ihre Mütter sehen

Als die Frauen unseres Samples geboren wurden, wurde die Berufstätigkeit von Frauen zunehmend zu einer mehrheitlich geteilten Erfahrung und Praxis. Ihre Mütter gehören zu der Generation von DDR-Frauen, die von der „Bildungsoffensive“ (Trappe) profitieren konnten und auf die sich eine Reihe von Fördermaßnahmen zur beruflichen Qualifizierung richteten. 1990 sind sie etwa zwischen 45 und 60 Jahre alt. Sie gehören also auch zu der Generation von DDR-Frauen, die in großem Umfang vom Arbeitsmarkt durch Vorruhestandsregelungen, Frührenten oder Arbeitslosigkeit verdrängt und deren praktizierter Lebensentwurf der Vereinbarung von Vollzeiterwerbsarbeit und Familienverantwortung massiv entwertet wurde.

Die 20 bis 30jährigen Frauen unseres Samples erfahren die Verwerfungen und Brüche in den (Berufs-)Biografien ihrer Mütter(generation) unter dem Druck, sich veränderten Bedingungen, neuen Anforderungen anpassen und - diesen entsprechend - ihren Lebensentwurf revidieren bzw. modifizieren zu müssen.

Im Gesamtsample der Frauen, die 1990 ein Tagebuch schrieben und sich 1994 und/oder 1997 an den Nachuntersuchungen beteiligten (insgesamt 26), lassen sich zwei Auffälligkeiten beobachten. *Zum einen* äußern sich mehrere Frauen, die 1990 zwischen 35 und 40 Jahre alt sind, explizit und teilweise ausführlich in einer ausgesprochen positiven Weise über ihre Mütter. Deren Leben, die Art, wie sie mit den zu ihrer Zeit weitaus schlechteren Bedingungen zur Vereinbarung von Beruf und Familie sowie den Engpässen in der Versorgung zurecht kamen, vor allem aber, wie sie couragiert Bildungs- und berufliche Entwicklungsmöglichkeiten wahrnahmen und dies zum Teil auch mit einem politischen Engagement verbanden. Das alles nötigt ihren Töchtern ein hohes Maß an Achtung, Bewunderung ab und mündet in eine positive Identifikation mit dem mütterlichen Lebensentwurf. Ihre Töchter sind zum Zeitpunkt der „Wende“ längst in ihre Fußstapfen getreten, und sie können in der Regel nach 1990 auch ihre Berufsbiografien kontinuierlich fortsetzen[9]. Aus dieser Perspektive und bedingt durch die Tatsache, daß ihre Mütter 1990 bereits Rentnerinnen sind, ist es ihnen offensichtlich möglich, den Lebensentwurf ihrer Mütter ungebrochen positiv und als für sich vorbildlich zu bewerten.

Zum anderen ist auffällig, daß sich bei den Frauen, die 1990 zwischen 20 und 30 Jahre alt sind, solche ungebrochenen Identifikationen mit den Lebensentwürfen ihrer Mütter nicht finden. Zwar geben einige von ihnen an, zu ihren Müttern ein gutes Verhältnis zu haben, aber nicht eine äußert sich in vergleichbarer Weise anerkennend und bewundernd zu den Lebensleistungen und Ansprüchen ihrer Mutter, wie dies in der etwas älteren Gruppe geschieht. Eine ganze Reihe der 16 Frauen erwähnt die Mütter/Eltern - im Unterschied zu den Frauen der höheren Altersgruppen - überhaupt nicht. Bei den meisten, die sich zu ihren Müttern äußern, klingt eher Enttäuschung über ihr Verhalten in den „Wendezeiten" bzw. auch Mitleid mit ihnen in ihrer derzeitigen Situation an.

Sandra Koch, deren ausgezeichnete Leistungen während ihres Studiums mit dem Wilhelm-Pieck-Stipendium und dem Diesterweg-Preis honoriert wurden und die sich eine berufliche Karriere als Lehrerin ausgemalt hat, zeigt sich von dem Verhalten ihrer Mutter, das offenbar ihre eigenen Ansprüche in Frage stellt, enttäuscht. „Also, ich komme mit dieser Zeit und den dadurch veränderten Menschen nicht zurecht. Mutti ist wohl das beste Beispiel. Jeder denkt an sich, wähnt sich in sicherer Position, hat überdimensionale Träume und fühlt sich ‚viel freier'„, schreibt sie in ihr Tagebuch 1990.

Leonore Schwenke ist 1989/90 mit den Veränderungen an ihrer Hochschule und ihrem Ökonomie-Studium konfrontiert, damit, daß der Stoff und insbesondere die Interpretation von ökonomischen Zusammenhängen sich schlagartig ändern, daß das Vertrauen in die Dozenten schwindet und Prüfungsanforderungen undurchschaubar werden. Sie fühlt sich in dieser Streßsituation insbesondere von ihrer Mutter allein gelassen, die selbst in ihrer Schule mit Verunsicherungen und Veränderungen konfrontiert ist. Leonore Schwenke nimmt aber auch die Erfahrungen, die ihre Mutter machen muß, als Gefährdung ihrer eigenen Pläne wahr:

> „Fast 20 Jahre lang war meine Mutter stellvertretende Direktorin in H., bis sie Anfang letzten Schuljahres die Direktorenfunktion übernehmen mußte. Die Betonung liegt auf 'mußte', denn sie wollte absolut nicht .(...) Nun, wo meine Mutter sich eingearbeitet und mit der Arbeit und den vielen Verpflichtungen ‚angefreundet' hatte, kam die Abberufung aller Direktoren - ein idiotischer Schritt: Warum nicht gleich eine Generation von Neulehrern?".

Leonore Schwenke wie auch Kerstin Gansow konstatieren mit einem gewissen Mitleid, daß ihre Mütter nach vielen Jahren kontinuierlicher Berufsarbeit plötzlich mit Abwertung oder Arbeitslosigkeit rechnen müssen. Beide - wie auch andere Frauen - notieren es mit Erleichterung, wenn sich für ihre Mütter Möglichkeiten einer Weiterbeschäftigung ergeben.

Die Interpretation liegt zunächst nahe, daß sich die Frauen der jüngeren Alterskohorte unseres Samples nicht ungebrochen positiv mit ihren Müttern identifizieren können, weil insbesondere sie (bzw. ihre Generation) nach der Vereinigung massive Abwertung ihrer Berufsbiografien bzw. Ausgrenzung aus der Erwerbssphäre erfahren. Der relativ geringe Umfang, den diese Thematik in den Aufzeichnungen der Frauen einnimmt, läßt allerdings eine Vertiefung und Verifizierung dieser Interpretation nicht zu. Das Faktum allerdings, daß alle Frauen unseres Samples, die sich in dieser Weise zu ihren Müttern äußern, ledig sind (und es auch bis 1994 bzw. 1997 bleiben), legt noch eine andere Interpretation nahe: Diese Frauen haben – bewußt gewollt oder durch (veränderte) äußere Konstellationen bedingt – z. T. bereits vor der Wende einen anderen Weg eingeschlagen als ihre Mütter. Die Tatsache, daß sie – anders als ihre Mütter – die Vereinbarung von Beruf und Familie nicht praktizieren bzw. nicht planen, legt den Schluß nahe, daß sie ihre Mütter zwar einerseits als starke Frauen wahrnehmen (und akzeptieren), andererseits aber deren Lebensentwurf nicht als für sich vorbildlich ansehen. Die in einigen Tagebüchern angedeutete Distanzierung von den Müttern – insbesondere hinsichtlich ihrer hinnehmenden, ja z. T. unterwürfigen Position gegenüber den Vätern – bzw. Kritik an der fehlenden Zuwendung seitens der ewig überlasteten Mütter (und Väter) in der Kindheit, deuten auf (unbearbeitete) Konflikte, die Töchter zur Abgrenzung von den Lebensentwürfen der Mütter drängen.

So hält die 26jährige Berta Flusser 1990 in ihrem Tagebuch ihre Enttäuschung darüber fest, daß ihre Mutter offenbar nicht so stark und selbständig ist, wie sie bisher dachte: „Früher beneidete ich Mam um ihre Energie. Jetzt fiel mir auf, daß sie diese nur bei kleinen Dingen aufbringt: also bügeln, Wäsche waschen, abwaschen." Sie wiederholt die Feststellung eines Freundes der Familie, daß nach dem Tode des Vaters „Mams Leben so inhaltslos ist" und diese die Leere offenbar auch nicht durch ihre Arbeit als Lehrerin ausfüllen kann.

Bei Anke Siewert geht die Distanz zur Mutter und dem von ihr praktizierten Modell der Vereinbarkeit eine Verbindung mit der Ablehnung des politischen Systems der DDR ein. Anke Siewerts Eltern sind beide Aufsteiger der ersten Generation (Historiker/Ärztin), die offenbar ihrer beruflichen Karriere zuliebe die Erziehung ihrer Kinder an die zweite Stelle gesetzt bzw. den Großeltern überlassen haben. Anke Siewert erfährt erst nach der Wende, daß ihre Mutter von der Stasi unter Druck gesetzt wurde und einen Selbstmordversuch unternahm. Das weckt ihr Mitleid mit ihrer Mutter: „In einem anderen Land und mit einem anderen Mann hätte sie in ihrem Beruf und in ihrem Leben glücklich sein können! So ist sie Invalide und fertig mit den Nerven und ihrer Gesundheit. Ich weine jetzt".

Nicht vergessen kann sie allerdings, wie lieblos ihre Eltern sie in ihrer Kindheit behandelt und mit Betreuungsaufgaben gegenüber der kleineren Schwester überfordert haben, „obwohl es ihre Aufgabe gewesen wäre". Nicht verzeihen kann sie ihrer Mutter, daß diese sich den Forderungen des Vaters widerstandslos gebeugt hat. „Wie oft mußten wir an den Wochenenden mucksmäuschenstill in unserem Zimmer bleiben, damit er arbeiten konnte".

Für Anke Siewert, die Sozialfürsorgerin gelernt hat und 1990 ihre Großmutter pflegt, ist klar: „Nach dem Tod von Oma gibt es für mich keinen Grund mehr, Kontakt zu diesen Tyrannen zu halten".

1992 stirbt ihre Großmutter. Anke Siewert macht nach einer kurzen Tätigkeit in einem Frauenhaus eine Zusatzausbildung als Heilpraktikerin und plant, sich selbständig zu machen. Ihre Mutter erwähnt sie in den Nachschriften 1994 und 1997 nicht mehr.

Vorsichtig formuliert, läßt sich zusammenfassend folgern: Die Frauen unseres Samples sind in Familien aufgewachsen, die zum Typus „Familie mit Emanzipationsanspruch" (Waldeck 1998, S. 35) zu zählen sind (d. h. dieser Typus ist durch die - tendenziell gleichrangige - Erwerbsarbeit beider Elternteile geprägt). Sie sind mit Weiblichkeitsbildern großgeworden (verkörpert durch ihre Mütter bzw. auch literarische Figuren[10]), die Frauen nicht mehr allein oder in erster Linie auf „Mütterlichkeit" festlegen, sondern Vorstellungen von der starken, selbstbewußten, berufstätigen, ökonomisch unabhängigen Frau integrieren. Die für ihre Alterskohorte sich erweiternden Handlungsoptionen in der „privaten Sphäre" eröffnen den Frauen unseres Samples Möglichkeiten, im Anknüpfen an diese Elemente des Frauenbildes zugleich eine kritische Distanz zum Vereinbarkeitsmodell, wie es von den Müttern praktiziert wurde, herzustellen.

Für diejenigen, die das Vereinbarkeitsmodell auch unter den veränderten Bedingungen weiterhin praktizieren, hat dies ambivalente Folgen: Mit ihrem Beharren auf (vollzeitlicher) Erwerbsarbeit widersetzen sie sich einerseits einer Segmentierung des Arbeitsmarktes, die für Frauen primär (schlecht bezahlte und abgesicherte) Teilzeitjobs vorsieht. Andererseits reproduzieren sie mit dem Festhalten am Vereinbarkeitsmodell und der damit verbundenen „weiblichen" Verantwortung für die Familienarbeit „günstige" Bedingungen für eine „Re-Traditionalisierung" von Geschlechterrollen.

Diejenigen, die das von den Müttern praktizierte Vereinbarkeitsmodell nicht praktizieren, sondern die (erweiterten) Chancen für berufliche Karrieren wahrnehmen wollen, vergrößern unter Umständen ihre Handlungsspielräume in der einen Sphäre. Andererseits stellen sie mit dieser eher „männlichen" Entscheidung die überkommenen Trennungen von Produktion und Reproduktion und ihre vergeschlechtlichenden Bewertungen nicht in Frage. Die - unterschiedlichen - Erfahrungen mit dem Vereinbarkeitsmodell, die die Frauen als „Erbe" einbringen, erweist sich als durchaus anschlußfähig und als nutzbar für die Reproduktion von „modernen Strukturen" auch unter den veränderten Bedingungen.

Anmerkungen

1 Dieses Projekt war ursprünglich als Teil eines größeren Forschungsvorhabens zu Veränderungen des Alltags ostdeutscher Frauen nach der politischen Vereinigung der beiden deutschen Staaten konzipiert. Es sollte am Zentrum für interdisziplinäre Frauenforschung realisiert werden, das 1989 an der Humboldt-Universität gegründet worden war. Da dieses Vorhaben letztlich nicht zustande kam, wurde das Tagebuch-Projekt unter meiner Leitung selbständig weitergeführt - zunächst an der HUB, später an der Universität Potsdam.
Nach einem Aufruf, der - mehr oder minder zufällig - in der Tageszeitung „Junge Welt" erschien, und in dem wir Interessierte darum baten, für drei Monate ein Tagebuch über ihren (sich verändernden) Alltag zu führen und uns zur Verfügung zu stellen, meldeten sich über 160 Frauen und Männer, von denen uns schließlich Ende 1990/Anfang 1991 55 Frauen und vier Männer ein Tagebuch und einen Fragebogen mit Auskünften zur Person, zum familiären Hintergrund (Eltern- und Großelterngeneration), schulischen und beruflichen Abschlüssen, ausgeübten Tätigkeiten usw. zusandten (zur genaueren Beschreibung des Samples und der Leserschaft der „Jungen Welt" siehe Dölling/Seibt 1993).
Ende 1994 und 1997 haben wir jeweils eine Nachuntersuchung gemacht - alle SchreiberInnen wurden gebeten, einen Fragebogen auszufüllen und auf ca. 10 Seiten ihren jetzigen Alltag bzw. die unterdessen vor sich gegangenen Veränderungen zu beschreiben.

2 Jüngst wurde dies wieder bestätigt in einer Studie zum Thema „Politische Meinungsbildung in Deutschland - Wandel und Kontinuität in der öffentlichen Meinung in Ost und West", vgl. Die Zeit Nr. 32 vom 30. Juli 1998, S. 9 ff

3 Daß dieses Vereinbarkeitsmodell nicht nur gesellschaftliche Norm, sondern auch verinnerlichtes biografisches Konzept der Mehrheit ostdeutscher Frauen war, ist durch zahlreiche Untersuchungen belegt (siehe für den Kohortenvergleich TRAPPE 1995, auf der Ebene von Fallstudien z. B. Dietzsch/Dölling 1996)

4 Dieses Modell ist insofern modernisiert, als es Erwerbsarbeit von Frauen nicht ausschließt, aber von einer Aufspaltung von (vollzeiterwerbstätigem) Ernährer und teilzeitarbeitender Ehe-/Hausfrau ausgeht.

5 Wagner unterscheidet - idealtypisch - drei Phasen der Moderne: die restringiert-liberale, die organisierte und die liberal erweiterte Moderne. Für die „organisierte Moderne", die er zeitlich etwa zwischen den 90er Jahren des 19. Jahrhunderts und den 50er Jahren des 20. Jahrhunderts ansiedelt, gilt nach Wagner, daß ein höherer Grad sozialer Organisation dadurch erreicht wurde, daß individuelle Freiheit durch die Bildung von Großgruppen (Kollektiven) einerseits begrenzt, andererseits auf diese Weise ein innerer Zusammenhalt hergestellt wurde. Klasse, Ethnien, Kulturen, die nationalen Wohlfahrts- oder Sozialstaaten sind die für diese Phase charakteristischen Organisationsformen allokativer Praxen, die in einem „größeren Kollektivierungsprozeß" bewirkten, daß „den Mitgliedern der Gesellschaft, nach Alter, Beruf, Familienstand und gesundheitlicher Situation Orte in wohldefinierten Kollektiven" zugewiesen wurden (Wagner 1995:153). Der Ausbau der repräsentativen Demokratie (in der kapitalistischen Variante) sowie die Standardisierung des Sozialverhaltens der Einzelnen (wie der Kollektive) war eine Folge - aber auch, daß die gefundenen Arrangements - wie etwa die für die Geschlechterbeziehungen - als quasi natürlich, als Resultat eines rational begründeten „Entwicklungsprozesses" erschienen, und zwar in der kapitalistischen wie der sozialistischen Variante.

6 „Nischengesellschaft", „Existenz in der Nische" sind Begriffe, die für diesen Zustand gefunden wurden.

7 Aus diesem Grunde halte ich es auch für falsch, von einem „einheitlichen" Lebensentwurf zu sprechen, den Frauen in der DDR ausbilden konnten und als Ursache dafür das Fehlen einer „undurchlässige(n) Trennung zwischen der öffentlichen und der privaten Sphäre" anzunehmen (Schröter 1997:46). Die Verwischung der Grenzen hat eben gerade nicht die Grenzziehungen zwischen Produktion und Reproduktion (und den korrespondierenden Formen von Arbeit und ihrer sozialen Bewertung) aufgehoben, die vor allem von Frauen bei ihrer Einbeziehung in die Erwerbssphäre die „doppelte Vergesellschaftung" strukturell erzwingen und ihre Erwerbsbiografien tendenziell zu einer „Abweichung von der Norm" machen.

8 Ihre Mütter waren 1990 zwischen Mitte Vierzig und Ende Fünfzig, sie gehören also zu der DDR-Frauengeneration, denen Bildungs- und Qualifizierungsmöglichkeiten geboten wurden, für die es - zumindest für die Jüngeren - spezifische Frauenförderpläne gab, wenn auch noch nicht umfassende sozialpolitische Maßnahmen.

9 Die Frauen dieser Altersgruppe unseres Samples bestätigen damit auch den allgemeinen Trend, wonach Frauen zwischen Mitte Dreißig und Mitte/Ende Vierzig relativ gute Chancen auf dem Arbeitsmarkt haben, insbesondere wenn

sie über eine relativ hohe berufliche Qualifikation verfügen (vgl. Schenk 1995:91)

10 Es fällt auf, daß Frauen dieser Alterskohorte sich positiv auf Frauenfiguren aus der DDR-Literatur beziehen, die - wie etwa Christa T. oder Franziska Linkerhand - starke, selbstbewußte Frauen sind, aber nicht das Vereinbarkeitsmodell praktizieren.

Literatur

Bauman, Zygmunt (1991): Moderne und Ambivalenz. Das Ende der Eindeutigkeit. Hamburg

Beer, Ursula (1990): Geschlecht, Struktur, Geschichte. Konstituierung des Geschlechterverhältnisses. Frankfurt/New York

Dietzsch, Ina/Dölling, Irene (1996): Selbstverständlichkeiten im biografischen Konzept ostdeutscher Frauen. Ein Vergleich 1990-1994. In: Berliner Debatte. Initial. Zeitschrift für sozialwissenschaftlichen Diskurs, H.2, S. 11-20

Dölling, Irene/Seibt, Gabriela (1993): Kurzstudie zum Projekt: „Soziokulturelle Veränderungen im Alltag von Frauen - Tagebücher als individuelle Dokumente eines gesellschaftlichen Umbruchs".- Frauen der ‚AufsteigerInnen'generation. In: ZiF-Bulletin Nr. 6: Sozialstruktureller Wandel: Frauen im Transformationsprozeß, Berlin, S. 1-58

Habermas, Jürgen (1971): Strukturwandel der Öffentlichkeit. Untersuchungen zu einer Kategorie der bürgerlichen Gesellschaft (1962). Frankfurt

Keiser, Sarina (1997): Ostdeutsche Frauen zwischen Individualisierung und Re-Traditionalisierung. Ein Generationenvergleich. Hamburg

Schenk, Sabine (1995): Erwerbsverläufe im Transformationsprozeß. In: Bertram, Hans (Hg.): Ostdeutschland im Wandel: Lebensverhältnisse - politische Einstellungen, Opladen, S. 69-97

Schröter, Ursula (1997): Die DDR-Frau und der Sozialismus - und was daraus geworden ist. In: Kaufmann, Eva/Schröter, Ursula/Ullrich, Renate: „Als ganzer Mensch leben": Lebensansprüche ostdeutscher Frauen, Berlin, S. 13-85

Trappe, Heike (1995): Emanzipation oder Zwang? Frauen in der DDR zwischen Beruf, Familie und Sozialpolitik. Berlin

Wagner, Peter (1995): Soziologie der Moderne. Freiheit und Disziplin. Frankfurt/New York

Waldeck, Ruth (1998): Die Fesseln der Frau Zur Psychoanalyse der weiblichen Adoleszenz. In: Zeitschrift für Sexualforschung 11, H. 1, S. 30-43

Hildegard Maria Nickel

Ist Zukunft feministisch gestaltbar? Geschlechterdifferenz(en) in der Transformation und der geschlechtsblinde Diskurs um Arbeit

Zukunftsdebatten haben derzeit in allen politischen Lagern Hochkonjunktur und die Sektion Frauenforschung der DGS lag im Sommer 1997 mit ihrer Jahrestagung noch im Vorfeld des Trends. Mittlerweile liegen zahlreiche Berichte von Zukunftskommissionen verschiedener Couleur vor, die in ausgewählter Form im ersten Teil des vorliegenden Beitrages kritisch beleuchtet werden. Insbesondere geht es dabei um die Frage, welche Folgen ein weitgehend geschlechtsblinder Zukunftsdiskurs für das Geschlechterverhältnis und die Verteilung von Arbeit hat. Im zweiten Teil wird an Befunden zur Transformationsforschung angeknüpft - die auch Grundlage meines auf der Jahrestagung gehaltenen Referats waren - und auf einer konkreten empirisch-soziologischen Ebene wird der Frage nachgegangen, welche Erwerbsperspektiven (ostdeutsche) Frauen in ausgewählten Dienstleistungsfeldern haben.

Der geschlechtsblinde Zukunftsdiskurs um Arbeit[1]

Der Stellenwert von (Erwerbs)Arbeit

Der Streit, der die sozialwissenschaftliche Debatte spätestens seit dem Soziologentag der DGS im Jahre 1982 unter dem Stichwort „Krise der Arbeitsgesellschaft?" polarisiert, wiederholt sich in den Zukunftsdebatten verschiedener Coleur. Er wird hier auf einen politisch kontroversen Punkt gebracht und mündet in deutlich verschiedene Handlungsempfehlungen ein. Die Kommission für Zukunftsfragen der Freistaaten Sachsen und Bayern geht davon aus, daß individuelle Sicht- und Verhaltensweisen, vor allem aber kollektive Leitbilder im Bereich von Erwerbsarbeit grundsätzlich verändert werden müßten, weil institutionelle Vorgaben einer „arbeitnehmerzentrierten Industriegesellschaft" die Zukunftsfähigkeit Deutschlands gefährden: „In dieser Gesellschaft erwartet die große Mehrheit der Erwerbsbevölkerung, daß Dritte - Arbeitgeber - ihre Arbeitskraft organisieren und vermarkten und ihr so ein Erwerbseinkommen verschaffen und der Staat sie bei Arbeitslosigkeit, Krankheit, Pflegebedürftigkeit und im Alter lebensstandardsichernd versorgt" (Kommission für Zukunftsfragen III, S. 7). Aufgrund des anhaltenden wirtschaftlichen und gesellschaftlichen Wandels - der unter anderem in der Ersetzung von Erwerbsarbeit durch Wissen und Kapital bestehe - können Arbeitgeber und Staat diesen Erwartungen kaum noch entsprechen. „Deshalb müssen möglichst viele Erwerbspersonen mehr Eigenverantwortung für ihre Erwerbsarbeit und Daseinsvorsorge übernehmen ... das Leitbild der Zukunft ist der Mensch als Unternehmer seiner Arbeitskraft“ (ebenda). Zukunftsempfehlungen lauten: Übergang in eine unternehmerische Wissensgesellschaft, und zwar durch unternehmerisch handelnde, schöpferische Menschen, die nur dann eine Chance haben, wenn sie entsprechend qualifiziert sind; Vermögensbildung breiter Bevölkerungsschichten statt wohlfahrtsstaatlicher Leistungen; Existenzgründungen statt arbeitnehmerischer Risikovermeidung; Wettbewerb und Privatisierung staatlicher Unternehmen und öffentlicher Leistungen statt kommunaler Verantwortung.

Anders die Zukunftskommission der Friedrich-Ebert-Stiftung; hier ist (Erwerbs)Arbeit ein Grundwert und die Verantwortung des Staates zu dessen Sicherung wird ausdrücklich betont: „Der Anspruch, an der gesellschaftlich nützlichen Arbeit sowie an der Erwerbsarbeit beteiligt zu sein, kann in der Marktwirtschaft, die auf einer demokratischen Gesellschaft beruht, als ein demokratisches Grundrecht formuliert werden“ (Zukunftskommission der F.-E.-S. , S. 229). In der verfestigten Massenarbeitslosigkeit muß demzufolge eine ernsthafte Bedrohung der demokratischen Lebensform gesehen werden und um der Demokratie willen, ist es eine zentrale Zukunftsaufgabe, die Massenarbeitslosigkeit zu beseitigen. Zukunftsempfehlungen lauten: Reform und Erneuerung des „Modell Deutschland“, das auf einer dynamischen Ökonomie, einem kooperativen Politiksystem, einem Sozialstaat mit breiter Sicherungswirkung und „Vollbeschäftigung“ basierte, die zugleich - und nicht zuletzt zeigt sich hier die Reformnotwendigkeit - geschlechtshierarchisch strukturiert ist: Das männliche Normalarbeitsverhältnis bedingt weibliche Familien- und Hausarbeit, das „Ernährermodell“ „die Versorgerehe“. Die Hoffnung, dieses Modell, das sich über einen langen Zeitraum bewährt hatte, reformieren zu können, konzentriert sich beschäftigungsseitig auf zwei Bereiche: einerseits auf Optionen, die sich mit der Verbesserung der Humanressourcen und der Innovationsfähigkeit vor allem im High-Tech-Bereich erschließen lassen, andererseits auf Ressourcen des Niedriglohnsektors.

Auch wenn sich aus feministischer Perspektive leicht nachweisen läßt, daß beide Kommissionen in ihrem Kern „geschlechtsblind“ sind, spricht nicht nur die Tatsache, schreibendes Mitglied der Zukunftskommission der Friedrich-Ebert-Stiftung gewesen zu sein, für eine kritische Anknüpfung an diesen Ansatz, sondern auch ein inhaltlicher Gesichtspunkt, nämlich der Stellenwert, den die Kommission der (Erwerbs)Arbeit insgesamt beimißt[2].

Mit dem Begriff der Arbeitsgesellschaft, der auch von einigen SozialwissenschaftlerInnen im Zuge der Diskussion um ihre Krise bereits über Bord geworfen wurde, verbindet sich - so die Argumentation der Zukunftskommission der Friedrich-Ebert-Stiftung - bis heute das Wissen, daß Erwerbsarbeit in der Industriegesellschaft zur zentralen Instanz geworden ist, die über Lebenschancen entscheidet. Materieller Status und gesellschaftliches Prestige einer Person hängen von ihrer Erwerbsposition ab, mehr noch: Auch soziale Rechte und politische Bürgerrechte sind an Erwerbsarbeit rückgebunden. Doch just in dem Augenblick - wie sich unter anderem im Bericht für Zukunftsfragen der Freistaaten Bayern und Sachsen zeigt -, wo Frauen nach diesem Zauberstab greifen, wird der Wert und die Bedeutung von Erwerbsarbeit demontiert. Oder - was eine andere Spielart der Argumentation ist - Frauenerwerbsarbeit wird je nach Interessenlage funktionalisiert und instrumentalisiert: In der tagespolitischen Debatte stilisieren die einen Frauen zur neuen Leitfigur von Arbeit, die „Lebensunternehmerin" repräsentiere die Zukunft, denn Frauen seien in jeder Hinsicht besser auf das nachindustrielle Zeitalter vorbereitet, sie hätten besser als Männer gelernt, mehrere soziale Funktionen miteinander zu verbinden und das „Tätigkeiten-Portfolio" zu verwalten. Für andere ist Frauenerwerbsarbeit, wenn nicht Verursacher, so doch gravierender Verstärker der Krise der Arbeitsgesellschaft.

Heide Pfarr und Gudrun Linne können zeigen, daß die Forderung nach einer Gesellschaft, in der Frauen gleichberechtigt leben können, in den diversen Zukunftskommissionen, die sich national, aber auch auf europäischer Ebene zum Ende des Jahrtausends gebildet haben, einerseits zwar wortreich aufrechterhalten wird, andererseits Frauen aber von den meisten konkreten Zukunftsentwürfen - wie wohl sie hier in der Regel nicht einmal erwähnt werden - negativ betroffen sind (Pfarr/Linne 1998, S. 10). Sie empfehlen daher:

- Bevor die „Arbeit" leichtfertig verabschiedet oder transformiert wird, sollte der mit der Arbeit verbundene Anspruch sozialer Integration - auch für Frauen - bedacht werden;
- eine demokratietheoretische Auseinandersetzung über Arbeit zu führen, denn ökonomische und soziale Ungleichheiten haben eine politische Dimension. „Wer sich damit begnügt, daß Beschäftigungsunsicherheit eine Begleiterscheinung von Modernisierungsschüben darstellt, die hinzunehmen und individuell zu bewältigen ist, muß offenlegen, worin er Chancen auf eine demokratische Teilhabe am Leben und der Gesellschaft gewährleistet sieht" (ebenda, S. 10);
- dem Verlust von Visionen mit gesellschaftstheoretischen Entwürfen zu begegnen, die die Fragmentierung zwischen Wirtschafts- und Sozialwissen-

schaften als auch innerhalb der Sozialwissenschaften überwinden, mehr noch, die sich darum bemühen müßten, „auf ihrem geschlechtsblinden Auge“ sehend zu werden: „Ein Teil der Visionen, die heute als ‚Zukunft der Arbeit‘ diskutiert werden, krankt nicht nur daran, daß sie keine umfassende Antwort geben können, was der besagte Entwurf für Frauen und ihre Ansprüche an Arbeit bedeutet; die Situation ist zugespitzter: Es werden noch nicht einmal die entsprechenden Fragen gestellt“ (ebenda).

Das „Modell Deutschland“ und der Geschlechterkampf um Arbeit

Das „Modell Deutschland“, an das die Zukunftskommission der Friedrich-Ebert-Stiftung positiv anknüpft und das die Kommission für Zukunftsfragen der Freistaaten Bayern und Sachsen für grundsätzlich veränderungswürdig hält, war mit der Nachkriegsprosperität verkoppelt und bedeutete den Ausbau des Wohlfahrtssystems in der Bundesrepublik Deutschland. Es war an Reformschritte geknüpft, die in harten Verteilungskonflikten erkämpft worden waren. Deren Resultate waren eine hohe Erwerbsbeteiligung, ein langanhaltendes Wirtschaftswachstum, die Abfederung von sozialer Ungleichheit, die breite Öffnung von Bildungs- und Berufschancen, die Ausfächerung von selbstbestimmten Lebensformen - auch für Frauen. Der gesellschaftliche Grundkonsens der Nachkriegszeit beruhte bis zum Ende der 70er Jahre auf einem nicht fixierten, aber gelebten Gesellschaftsvertrag, dem die Idee zugrunde lag, alle Gesellschaftsmitglieder „sozialpartnerschaftlich“ am wirtschaftlichen Wachstum zu beteiligen. Die Politik griff - die soziale Ungleichheit nicht aufhebend, aber doch ausgleichend - regulierend in die Sozialstruktur der Gesellschaft ein, wobei emanzipatorische Interessen in bestimmtem Maße Spielraum gewannen. Dies war auch die schmale materielle Grundlage für eine Vielzahl emanzipativer Schritte, die Frauen in der Bundesrepublik seit Mitte/Ende der 60er Jahre gingen.

Aufgabe des Sozialstaates war es, Umverteilungen zugunsten der nicht erwerbstätigen Bevölkerungsteile vorzunehmen und Dienstleistungen anzubieten, die zuvor wesentlich in privaten Händen - also in der Familie - lagen. Diese sozialstaatliche Vermittlung hat ohne Zweifel Freiräume für Frauen geschaffen. Zunehmende Erwerbsmöglichkeiten und auch staatlich gestützte ökonomische Eigenständigkeit (z. B. BAFöG) haben eine breite soziale und kulturelle Teilhabe großer Bevölkerungsschichten am Volkswohlstand erlaubt. Diese sozialstaatlichen Rahmenbedingungen haben eine Zurückdrängung der Familie als ökonomisches Umverteilungszentrum bewirkt. In bescheidenem Maße wurden Ungleichgewichte und Benachteiligungen in der Verteilung der Primäreinkommen ausgeglichen. Dagegen hebt die Politik der Modernisierung des Produktionsapparates seit Beginn der 80er Jahre durch Flexibilisierungs-, Deregulierungs- und diverse Sparmaßnahmen die Unterschiede in der Primärverteilung (Löhne und Unternehmensgewinne) wieder kraß hervor[3].

In kritischer Aufnahme der diesen Entwicklungsverlauf reflektierenden individualisierungstheoretischen Ansätze charakterisiert Diezinger zu Beginn der 90er Jahre die spezifische Form, in der Frauen mit den gesellschaftlichen Anforderungsstrukturen konfrontiert werden, als „kontrollierte Individualisierung“ (Diezinger 1991, S. 26). Damit markiert sie im Gegensatz zur dominanten, an der männlichen Normalbiographie orientierten „Arbeitsmarkt-Individualisierung“ ein frauentypisches Individualisierungsmuster, das auf der Grundlage der Trennung und gleichzeitigen Hierarchisierung von Erwerbsarbeit und privater Reproduktion widersprüchliche Handlungsoptionen eröffnet: „einerseits Autonomie im Sinne von Eigenständigkeit und Eigenverantwortlichkeit, andererseits ein Leben in persönlicher Abhängigkeit und persönlicher Verantwortung für andere. Diese beiden Prinzipien werden jeweils einem Lebensbereich zugeordnet. Erwerbstätigkeit wird dabei zum Bereich, in dem eher Selbstverwirklichung möglich scheint. Priorität hat jedoch die Verantwortung für die private Alltagsarbeit“ (ebenda, S. 26).

Der hier nur sehr verkürzt angesprochene Umbau und Umbruch der Gesellschaft der Bundesrepublik Deutschland ist seit der deutschen Vereinigung nun allerdings nicht mehr ohne den Bezug auf Ostdeutschland zu begreifen, aber die Debatten, Theorien und Befunde der westdeutschen Geschlechter- und Frauenforschung sind nicht ungebrochen auf Ostdeutschland zu übertragen (Nickel 1996), insbesondere gilt das hinsichtlich der Frauen(erwerbs)arbeit[4].

Für Westdeutschland hat Ostner (1995) im internationalen Vergleich ein „starkes Ernährer-Modell“ zeigen können und Krüger (1995) aus der Perspektive der Lebenslaufforschung auf das Gendering insbesondere jener Institutionen hingewiesen, die den Erwachsenen-Status rahmen. (Erwerbs)Arbeit und Familie (als zentrale gesellschaftliche „Institutionen“) produzieren dabei komplementäre vergeschlechtlichte Positionen im Sinne des männlichen - marktvermittelten und familiengetragenen - Familienernährers einerseits und der weiblichen - markt- und familiengebrochenen - Familienerhalterin andererseits (ebenda, S. 206). Demgegenüber konstatierten ostdeutsche Forscherinnen für die DDR die starke Erwerbszentrierung beider Geschlechter (Dölling 1998; Nickel 1993) und damit verbunden eine andere Organisation der „privaten“ Reproduktion durch entsprechende öffentliche Einrichtungen und Regelungen auf betrieblicher Ebene. Damit war die ungleiche geschlechtliche Arbeitsteilung im Bereich der Familienarbeit nicht aufgehoben, aber es existierte doch ein anders geschnittenes Verhältnis zwischen öffentlicher Verantwortung und privaten Sorgepflichten. Auch heute stehen dem sich weiter ausdifferenzierenden - oft marktwirtschaftlich organisierten - personenbezogenen Dienstleistungsbereich in Westdeutschland im Osten Deutschlands noch eine größere Zahl öffentlicher Leistungsträger im Bereich der Kinderbetreuung gegenüber. Dies hat gravierende Folgen für die Verknüpfungsvarianten zwischen Erwerbs- und Reproduktionsbereich und damit für die herrschenden Geschlechterverhältnisse und -arrangements.

Bezogen auf die gelebten Praxisformen zwischen den Geschlechtern - den Geschlechterarrangements - ist ebenfalls genauer zu fragen, wie sich westdeutsche, eher träge Wandlungsprozesse, mit ostdeutschen „Selbstverständlichkeiten" (Dölling 1998; Dietzsch/Dölling 1996) verquicken. Während in Westdeutschland zumindest der jüngeren Frauen-Generation die Verweigerung der einseitigen Zuweisungen von Hausarbeit zugeschrieben wird, ja sich hier z.T. egalitärere Arrangements in praxi umzusetzen scheinen, ist die geschlechtliche Arbeitsteilung in der älteren Generation anscheinend weitgehend stabil. Darüber hinaus verweist die quantitativ und qualitativ vorgehende Untersuchung von Frerichs (1997) auf das Zusammenspiel von Klassen- und Geschlechtszugehörigkeit bei Aushandlungsprozessen zur Organisation der Hausarbeit zwischen den Geschlechtern. Demgegenüber wird für die DDR insgesamt ein „flacher hierarchisiertes Geschlechterverhältnis" (Nickel 1998) angenommen, das sich vor allem aus der nahezu vollständigen Integration der Frauen in die Erwerbsarbeit und ihrer damit verbundenen weitgehenden ökonomischen Unabhängigkeit erklärt sowie den alltagspraktisch eingeschränkten (zeitlichen) Ressourcen der Frauen für den Bereich der privaten Reproduktion geschuldet war. Mit anderen Worten: Trotz geschlechtstypischer Zuschreibung von Hausarbeit mußten die ostdeutschen Männer stärker mit anpacken. Hinweise darauf, ob und wie sich gegenwärtig die Geschlechterarrangements bezüglich der häuslichen Arbeitsteilung (neu) figurieren, geben zwei unterschiedliche, sich allerdings ergänzende Befunde: Erstens werden gerade in Ostdeutschland zunehmende soziale Differenzen zwischen Frauen gesehen, nämlich zwischen jenen, die es sich (nicht nur im ökonomischen Sinn) leisten können, Hausarbeiten als bezahlte Arbeit zu delegieren und jenen, die diese häufig niedrig bezahlten Tätigkeiten in fremden Haushalten ausführen (Diezinger/Rerrich 1998) und damit im „informellen" Bereich des Dienstleistungssektors tätig sind. Als dritte Gruppe sind jene Frauen zu nennen, die - oftmals neben ihrer Erwerbsarbeit - ganz „traditionell" die privaten Reproduktionsarbeiten einseitig tagtäglich verrichten. Zweitens verweist Dölling (1998) auf der Grundlage von qualitativen Fallstudien auf widersprüchliche Tendenzen der Anknüpfung an bzw. Aufgabe von egalitärerer Arbeitsteilung zwischen den Geschlechtern in ostdeutschen Haushalten, die stark in Zusammenhang mit der Positionierung der PartnerInnen im Erwerbsbereich zu stehen scheint.

Wenn über politische Handlungsempfehlungen nachgedacht wird, kommt es auch darauf an, diese „neue Unübersichtlichkeit" in bezug auf Frauenerwerbsarbeit aufzuzeigen, d.h. die sozialen Ausdifferenzierungen unter Frauen, die neue Ansatzpunkte für, wie auch komplexere Anforderungen an Geschlechterpolitik enthalten, mitzubedenken.

Bis heute erklärungsrelevant für Ost-West-Differenzen in den Geschlechterarrangements sind die handlungsleitenden Konstruktionen von Mutter- und Vaterschaft. Geissler zeigt anhand eigener Untersuchungen in Westdeutschland die dominante Kopplung der Sorgearbeiten für Kleinkinder mit Mutterschaft. Auch junge Frauen lehnten nahezu durchgängig die Übernahme dieser Aufgaben durch den männlichen Partner oder öffentliche Einrichtungen in den ersten Lebensjahren des Kindes ab. Die „doppelte Lebensplanung" junger Frauen erfährt je nach Lebensphase eine unterschiedliche Gewichtung, so verändere sich der Bezug zum Beruf mit der Geburt eines Kindes nachhaltig und eine Phase ausschließlicher Familienarbeit gewänne Priorität. „Zugleich nehmen sich (die Frauen) auch in der Familienphase als eine *Frau mit einem Beruf* wahr, nicht als Hausfrau" (Geissler 1998, S. 123). Die Praxis der Versorgung auch junger Kinder in Ostdeutschland ist hingegen nach wie vor stärker auf die Verschränkung von öffentlicher und privater Verantwortung bezogen (Seidenspinner et al. 1996).

Auf dem Hintergrund dieser „verschobenen", versetzten und doch wechselseitig auch miteinander zusammenhängenden Entwicklungen hat es sich bewährt, die gesellschaftlichen Wandlungsprozesse in Deutschland als „doppelte Transformation" (Nickel 1995) zu beschreiben. Damit ist auch gemeint, daß der ostdeutsche Transformationsprozeß weder lediglich eine einfache Anpassung an westdeutsche Verhältnisse ist, noch er hinreichend verstanden ist, wenn nicht auch die gravierenden Strukturveränderungen in der Bundesrepublik, die lange vor der deutschen Vereinigung eingesetzt hatten, mitbedacht werden. Diesem ineinander verschlungenen Prozeß der doppelten Transformation ist die Macht und Eigendynamik von kulturellen (habituellen und symbolischen) Prägungen - auch hinsichtlich des doing gender - inhärent: Während in den alten Bundesländern auf der Ebene der Lebenswelten und konkreten Arrangements das Modell des männlichen Familienernährers und der weiblichen Familienerhalterin zwar institutionell dominant, aber in Erosion befindlich ist (Krüger 1995), läßt sich für Ostdeutschland ein erodierendes Vereinbarkeitsmodell konstatieren, das von einer zunehmend prekären Normalität weiblicher Erwerbsarbeit getragen ist und Familienarbeit den Frauen zuweist. Es fordert Ost-Frauen gegenwärtig die individuelle Vereinbarung von Erwerbs- und Familienarbeit geradezu ab, stellt man die Einkommensverhältnisse in den neuen Bundesländern in Rechnung.

Humankapital-Entwicklung und Niedriglohnsektor: Perspektiven für Frauen?

In ihren beschäftigungspolitischen Projekten hat sich die Zukunftskommission der Friedrich-Ebert-Stiftung auf ausgewählte Reformmodelle beschränkt: einerseits auf die zwar Massenarbeitslosigkeit nicht kompensierende, aber doch arbeitsmarktbelebende Verbesserung der Innovationsfähigkeit im High-Tech-Bereich, vor allem durch die Stärkung von Humanressourcen, andererseits auf Überlegungen zur Erwerbsintegration der das Gros der (Langzeit)Arbeitslosen ausmachenden Gruppe der Niedrigqualifizierten. Die Geschlechterdimension blieb dabei gänzlich unberücksichtigt. Wird sie eingeführt und auf die Analyse der Reformmodelle angewendet, so zeigt sich, daß die Chancen und Risiken für die Erwerbsintegration von Frauen und Männern weiterhin asymmetrisch verteilt zu bleiben scheinen; mehr noch, es zeigt sich, daß die geschlechtssensible Gestaltungsperspektive eine unabdingbare Voraussetzung ist, wenn der Teufelskreis der sozial folgenreichen Ungleichverteilung von Arbeit zwischen Frauen und Männern tatsächlich zugunsten von mehr Geschlechterdemokratie durchbrochen werden soll.

Sektoraler Wirtschaftswandel und Upgrading[5]

Die Wirtschaftsstruktur in den Industrieländern verschiebt sich immer stärker zugunsten des Dienstleistungssektors. Das gilt auch für Deutschland, das mit dem Tempo des sektoralen Strukturwandels durchaus mithalten konnte. Vor allem wissensintensive Dienstleistungsunternehmen sind auf dem Vormarsch. Dort findet schon mehr als ein Drittel der Erwerbstätigen - vornehmlich Männer - Beschäftigung. Die Wissensintensität von Beschäftigung nimmt zu. Die Anzahl qualifizierter Beschäftigter weitet sich erheblich schneller aus als die Beschäftigung insgesamt; Arbeitsplätze mit hohen Anforderungen an das Qualifikationsniveau werden seltener abgebaut. Der Einsatz neuer Technologien verringert primär die Nachfrage nach gering Qualifizierten, sie sind die eigentlichen VerliererInnen des technologischen Strukturwandels.

Die Anhebung des durchschnittlichen Qualifikationsniveaus und die verstärkte Entwicklung zur Wissensarbeit beinhalten aber auch die Gefahr einer verstärkten Segmentierung auf dem Arbeitsmarkt zwischen Beschäftigtengruppen, die in den Zentren hochqualifizierter Tätigkeiten beschäftigt sind, und jenen, die gering- oder unqualifizierten Tätigkeiten nachgehen. In dem Maße, in dem sich der Wissensverschleiß beschleunigt, drohen zudem diejenigen, die für längere Zeit aus dem Erwerbsleben ausscheiden, insgesamt von der Beschäftigungsentwicklung abgeschnitten zu werden, da sich die Anpassung an die neuen Qualifikationserfordernisse oberhalb allgemeiner Grundqualifikation in engem Zusammenhang mit bestehenden Arbeitsverhältnissen vollzieht. Was das für Frauen bedeutet, läßt sich leicht antizipieren. Frauen haben zwar mittlerweile bildungsmäßig deutlich aufgeholt und in Deutschland überwiegen seit 1997 erstmals Studienanfängerinnen an den Universitäten. Der Indikator Bildung ist allerdings kein sicherer Schutz gegen die beschäftigungspolitische Benachteiligung von Frauen. Denn Frauen sind nicht nur insgesamt, sondern auch als qualifizierte bzw. hochqualifizierte Frauen mehr als Männer von Arbeitslosigkeit betroffen, sie sind häufiger beruflich unterwertig sowie instabil eingesetzt (Trautwein-Kalms 1999, S. 45). Frauen sind aus Gründen, die nicht nur subjektiv zu erklären, sondern vor allem gesellschaftlich bedingt sind, beruflich „einseitig orientiert“ (ebenda). Sie konzentrieren sich - infolge der „kontrollierten Individualisierung“ (Diezinger) - auf Soziales, Bildung, Kultur und Geisteswissenschaften. Von den im Reformprojekt der Zukunftskommission der Friedrich-Ebert-Stiftung beschworenen Zukunftstechnologien profitieren sie beschäftigungsseitig bisher nicht, denn der berufliche Hochschulnachwuchs von Frauen nimmt hier im Augenblick sogar wieder ab, statt zu. Galt das Studienfach Informatik beispielsweise zunächst als Entwicklungschance für Frauen (1979 lag der Anteil der Informatikstudentinnen in Westdeutschland bei 19%), erlahmte das weibliche Interesse ab Mitte der 80er Jahre; zu Beginn der 90er Jahre lag der Frauenanteil bereits unter 15%, an einzelnen Universitäten betrug der Erstsemester-Anteil von Studentinnen nur 5% (Trautwein-Kalms 1999, S. 46). Der Abbau der sich noch immer auch über ungleiche Qualifikation durchsetzenden sozialen Benachteiligungen von Frauen auf dem Erwerbsfeld ist also weiterhin eine Zukunftsaufgabe.

Verdeckter Maßstab der Entwicklung von Humankapital im High-Tech-Bereich ist der von Familien- und Hausarbeit entlastete, total verfügbare Berufsmensch, der als Einzelindividuum zwar auch weiblich sein kann, in der Regel aber anscheinend auch künftig männlich gedacht wird. Geschlechterpolitisch gesehen, geht dieses Reformprojekt schon heute an realen Bedürfnissen und Interessen von Frauen und Männern vorbei: Daß es zukunftsfähig ist, muß bezweifelt werden, zumal international gesehen - zumindest scheint das zunehmend für die USA zu gelten - die Kreativitäts- und Leistungspotentiale, die aus einer Erwerbsintegration von Frauen im High-Tech-Bereich erwachsen könnten, längst als Ressource von Innovation und Wirtschaftlichkeit begriffen werden. Teilzeitarbeit, Jobsharing, Sabaticals sind Arbeitszeitformen in High-Tech-Unternehmen - wie bei Hewlett-Packard beispielsweise -, die nicht bloß Zugeständnisse an das Vereinbarkeitsproblem von Frauen sind, sondern Gestaltungskonzepte, die auch den veränderten Lebenswirklichkeiten von Männern Rechnung tragen.

Bezogen auf das „Modell Deutschland" stimmt nur bedingt hoffnungsfroh, daß wissensintensive Dienstleistung auch in der Perspektive der Zukunftskommission der Friedrich-Ebert-Stiftung mehr ist als das Beschriebene und insgesamt neue Basis - oder auch Schlüsselqualifikationen erforderlich zu machen scheint, die anschlußfähig sind an das, was als „soziale Kompetenz" in stärkerem Maße Frauen zugeschrieben wird (S. 190):

- Abstraktionsfähigkeit, die nicht nur das rationale Vermögen zur Handhabung von Symbolen und Informationen beinhaltet, sondern auch deren Neuordnung, kreative Anwendung sowie die Fähigkeit einschließt, mit abstrakten Symbolen konkrete soziale Gehalte verbinden zu können;
- Systemdenken als Fähigkeit, in einer immer komplexer werdenden Welt Zusammenhänge, Wechselbeziehungen und Ursachen zu erkennen und zu verarbeiten;
- Offenheit und intellektuelle Flexibilität, die sich als Vermögen beschreiben lassen, sich neues Wissen anzueignen und es schnell auf unterschiedliche Anforderungen und wechselnde Situationen beziehen zu können;
- Kooperationsfähigkeit und
- Globalisierungsqualifikation als Fähigkeit, weltweit verfügbares Wissen zu nutzen und sich in internationalen Arenen zu bewegen, wozu neben der Beherrschung von Sprachen Verständnis für fremde Kulturen (soziale Kompetenz) gehört.

Daß sich aus diesem „upgrading" von sozialer Kompetenz auch eine zukunftsfähige Inklusion von Frauen in den wissensintensiven Dienstleistungsbereich ergibt, ist - nimmt man die Reformkonzepte der Zukunftskommissionen zum Maßstab - nicht zu erwarten, denn das wäre an einen geschlechterpolitischen Gestaltungswillen gebunden, der hier nicht zu erkennen ist.

„Dienstleistungslücke" und Geschlechterpolarisierung

In zwei beschäftigungspolitischen Fragen lauten die Empfehlungen der Zukunftskommission der Friedrich-Ebert-Stiftung und der Kommission für Zukunftsfragen der Freistaaten Bayern und Sachsen nahezu konform: Erstens in der Frage, Arbeitsplätze durch die Schließung einer vermeintlichen „Dienstleistungslücke" in Deutschland zu schaffen; zweitens in der Frage der Preisregulation von Arbeit. Hier lautet die Empfehlung: Absenken des Preises der Arbeit auf dem Sektor der „einfachen Dienste", damit Stimulieren der Nachfrage nach diesen Diensten und dadurch Schaffung von Arbeitsplätzen für Niedrigqualifizierte. Es hat zahlreiche Auseinandersetzungen mit diesen Empfehlungen gegeben, die sämtlich nahelegen, die tatsächlichen beschäftigungspolitischen Effekte solcher Maßnahmen eher skeptisch zu beurteilen (Krämer 1998; Bäcker 1998; Wendl 1998; Offe/Fuchs 1998; Bosch 1999). Auf diese Kritik soll hier nicht weiter eingegangen werden, statt dessen soll auf den Genderbias dieser „geschlechtsblinden" Empfehlungen hingewiesen werden. In beiden Kommissionen wird ein wesentlicher Aspekt in diesem Zusammenhang verschwiegen, das ist der Fakt, daß es hier im Kern um den Ausbau von Frauenbeschäftigung im Niedriglohnsektor (und von Teilzeitjobs) geht, denn von welchen Diensten werden Beschäftigungseffekte erwartet? Es sind die „binnenabsatzorientierten Dienstleistungen" im Handel, im Gaststätten- und Beherbergungsgewerbe, aber auch in öffentlichen Verwaltungen, und es sind die sozialen und personenbezogenen Dienstleistungen[6]. Es geht also um Arbeitsplätze, die schon heute Frauendomänen sind, wie die Arbeit in Kinderkrippen und Kindergärten, wie die Betreuungsdienste für Alte und Pflegebedürftige, wie der Service in Krankenhäusern und Pflegeheimen usw. usf. Es sind „niedrigproduktive" Tätigkeiten, weil sie arbeitsintensiv sind, aber in den meisten Fällen sind es nicht „niedrigqualifizierte" Tätigkeiten, sondern qualifizierte, die als solche aber oft unterbewertet und unterbezahlt sind.

Wenn die Zukunftsempfehlung lautet, Billiglöhne in diesen Feldern nicht nur fortzuschreiben, sondern über „Bürgergeld" und Kombi-Löhne auch noch auszuweiten, ist das nicht mehr nur geschlechtsblind, sondern - im Klartext formuliert - frauenfeindlich. Ein solches Zukunftsmodell versucht, den asymmetrischen Geschlechtervertrag der Industriegesellschaft auf unverantwortliche Weise in die Zukunft zu verlängern; retten läßt er sich auf Dauer allerdings dadurch nicht!

Hinzu tritt nämlich auch ein anderes, geschlechterpolitisch nicht zu unterschätzendes Moment, das mit dem säkularen Strukturwandel zu tun hat: Im Prozeß der zunehmenden Tertiarisierung veränderten sich zugleich auch die gesellschaftlichen Zeitstrukturen (Ausdehnung der Zeit außerhalb der Arbeitssphäre, Abbau der gleichförmigen Zeitnormierung der Arbeitswoche, zeitliche Verlagerung von Dienstleistungsangeboten und -produktion in die arbeitsfreie Zeit etc.) Das gesellschaftliche Zeitregime ist immer weniger vom relativ starren Zeitrhythmus der industriellen Produktion geprägt, sondern unterliegt zunehmend dem flexibilisierten Zeitrhythmus der Dienstleistungsproduktion und -nachfrage. Einerseits orientiert es sich an der optimalen Organisation der betrieblichen Wertschöpfungskette der Dienstleister und ihren zeitlich-flexiblen Anforderungen, andererseits müssen sich Dienstleister in ihren Betriebszeiten zunehmend an dem durch die Vielfalt und Komplexität der Lebensstile flexibilisierten individuellen Zeitrhythmus ausrichten. Zeitliche Arbeitsnormierungen werden den gestiegenen Flexibilisierungsbedürfnissen Rechnung zu tragen haben und fordern schon heute der politischen Gestaltung ein hohes Maß an Kreativität und durchsetzungsfähiger Moderation ab. Werden Frauen bloß als Schmiermittel dieser Veränderungen begriffen, zählt auch das reformierte „Modell Deutschland" schon heute zum Auslaufmodell der Industriegesellschaft.

Zukunftsaufgabe: „Brücken-Diskurs"

Heute geht es in der Bundesrepublik nicht mehr - wie zu Beginn der neuen Frauenbewegung vor 30 Jahren - um die Verteilung von Wohlfahrtszuwächsen, sondern die Diskussion um Verteilungsgerechtigkeit ist jetzt eingebettet in eine Diskussion um die Verteilung von Rücknahmen und Einschränkungen. Bei der von Konjunkturzyklus zu Konjunkturzyklus zunehmenden Arbeitslosigkeit seit Anfang/Mitte der 70er Jahre geriet der Zusammenhang von gesellschaftlicher Reichtumsakkumulation und sozialstaatlicher Umverteilung aus den Fugen. An dieser Stelle soll dieser Problemzusammenhang nicht weiter vertieft werden; nur soviel: Um so wichtiger ist es, zu einem neuen Gesellschafts- und damit Geschlechter- und Generationenvertrag zu finden. Die Probleme sind nur zu bewältigen, wenn die Entscheidungen auf einem Prozeß der „Produktion von Konsens" basieren. Das ist keine leicht zu lösende Aufgabe und stellt auch neue Anforderungen an die Politikfähigkeit der Frauenbewegung. Die mit einer solchen Orientierung notwendig verbundenen Einkommens- und Investitionsumverteilungen verlangen soziale Aushandlungen, neue Formen zivilgesellschaftlicher Kompromißsuche und einen „Brückendiskurs" (Fraser) zwischen den Geschlechtern. Hier liegt nicht nur eine wichtige Aufgabe von demokratischer Politikgestaltung, sondern auch von Frauen- und Geschlechterforschung.

Eine Rückkehr zu einer einfachen Auflage des bekannten Musters der an das (männliche) Normalarbeitsverhältnis gebundenen Vollbeschäftigung der Nachkriegskonstellation wird es nicht mehr geben, Frauen haben - wie gezeigt - daran ohnehin nur bedingt partizipieren können. Dennoch bleibt eine modifizierte moderne Vollbeschäftigung eine zentrale strategische Aufgabe der Zukunft: Jedes Mitglied der Gesellschaft muß über ein selbst erwirtschaftetes und seine eigene Existenz sicherndes Einkommen verfügen können, ein Einkommen, das sich auf eine nützliche und öffentlich anerkannte Arbeit stützt. Die Überwindung der Massenarbeitslosigkeit ist, da ist der Zukunftskommission der Friedrich-Ebert-Stiftung zuzustimmen, die Schlüsselfrage für die Zukunft des Geschlechter- und Generationenverhältnisses in Europa und in der Bundesrepublik, und zwar in Ost und West!

Der Trend zur Verringerung der Arbeitsplätze im industriellen Sektor ist nicht umkehrbar. Relativ offen ist jedoch die Frage nach dem weiteren Tempo dieses Strukturwandels und nach seinen sozialen Kosten bzw. nach seinen Beschäftigungseffekten. Weitere Fehlentwicklungen sind unvermeidbar, bleibt der Strukturwandel weitgehend der marktradikalen Regulierung ausgesetzt. Demgegenüber wäre ein wirtschafts- und beschäftigungspolitisch geleiteter Ausbau des (insbesondere sozialkulturellen) Dienstleistungssektors zwar kein Königsweg, aber ein Weg neben anderen (Arbeitszeitverkürzung, Sabaticals etc.), um zu einem neuen ökonomischen Fundament zu kommen, das Frauen und Männern eine eigenverantwortliche und nicht einfach nur alimentierte Lebensführung ermöglicht, und das zugleich erlaubt, die Systeme der sozialen Sicherung unter den Bedingungen einer insgesamt hohen Produktivität umzubauen. Mit anderen Worten: Öffentliche Mittel müssen gezielt für Realinvestitionen in Tätigkeitsfelder des gesellschaftlichen und individuellen *Bedarfs* verwendet werden.

Eine alte, allerdings bisher unerledigte Forderung der Frauenbewegung ist die „Neudefinition von privat und öffentlich und damit zugleich eine Neuverteilung von notwendigen Gemeinschaftsaufgaben zwischen den Geschlechtern“ (Schaeffer-Hegel/Leist 1996, S. 38). Es kommt heute aber nicht nur darauf an, Betreuungs- und Erziehungsleistungen als gesellschaftlich notwendige Arbeit, als Leistung materiell entsprechend anzuerkennen, sondern angesichts der von Grund auf gewandelten Lebensmuster von Frauen ist dafür Sorge zu tragen, daß der Wegfall des Teiles der weiblichen Lebenszeit, der heute nicht mehr den „Familienpflichten gewidmet sein kann, durch einen entsprechenden Zuwachs an väterlicher Fürsorge und Zeit ausgeglichen wird“ (ebenda). Darüber hinaus bleibt die arbeitsplatzschaffende Forderung nach bezahlbaren öffentlichen Angeboten zur Kinderbetreuung, Kranken- und Altenpflege. Es muß – wie die Ergebnisse aus den neuen Bundesländern zeigen – insgesamt verstärkt um die offensive Gestaltung sozialer Gerechtigkeit und sozialer Kohäsion durch eine Frauen integrierende Arbeitsmarktpolitik gehen. Wenn es nachweislich gerade nicht familienbedingte, sondern vornehmlich arbeitsmarktinduzierte Effekte sind, die Frauen aus dem Erwerbsprozeß dauerhaft hinauskatapultieren (Zukunftskommission der Friedrich-Ebert-Stiftung 1998, S. 309ff.), dann muß an dieser Stelle politisch angesetzt werden, und zwar gerade nicht mit Angeboten, die den Abdrängungsprozeß von Frauen weiter forcieren, sondern durch Rahmenbedingungen, die Familie und Erwerbsarbeit für Frauen *und* Männer lebbar machen.

Geschlechterdifferenz(en) in Betrieben und Branchen in der Transformation – Hoffnungsträger Dienstleistung? – Zwei Fallbeispiele

Schatten und Spektralfarben des Dienstleistungssektors

Der private großbetrieblich strukturierte Dienstleistungssektor in den neuen Bundesländern - immer noch ein Sektor, in dem die Masse der Frauen beschäftigt ist - ist durch folgende Situation gekennzeichnet[7]:

a) Im Zuge der deutschen Vereinigung und des Vereinigungsbooms 1990 - 1992 dynamisierte sich zunächst wie erwartet die Entwicklung des Dienstleistungssektors auch in den neuen Bundesländern. Banken und Sparkassen, Versicherungen, Groß- und Einzelhandel waren Nutznießer wie Protagonisten im „Aufschwung Ost". Die Zahl der Beschäftigten in diesem Bereich expandierte deutlich. Nach der beeindruckenden Steigerung in der *Aufbauphase* ist seit Ende 1993/Anfang 1994 der Beschäftigungszenit überschritten, und *beschäftigungsseitig* ist der Sektor seitdem in eine *Konsolidierungsphase* eingetreten. In Zahlen ausgedrückt, heißt das: Im Gegensatz zum permanenten Rückgang der Erwerbstätigen im primären (von ca. 900.000 auf 200.000) und im sekundären Sektor (von ca. 4 Millionen auf 2,3 Millionen) ist im tertiären Sektor eine Zunahme der Erwerbstätigenzahl von 3,6 Millionen auf 4 Millionen zu konstatieren.

b) Entgegen der Entwicklung im Industriebereich fand seit 1990 im großbetrieblich strukturierten privaten Dienstleistungssektor in weiten Teilen eine nahezu vollständige Übernahme ganzer Unternehmen und Betriebsteile inklusive der Belegschaft statt. Die Übertragung der Organisations- und Arbeitsstrukturen des jeweiligen „Modells West" in die neuen Bundesländer ist nicht nach einem einheitlichen Schema erfolgt. Entlang *variierender Unternehmensstrategien* sind Modifikationen hervorgebracht worden und unter aktiver Mitwirkung von ost- wie westdeutschen Führungskräften sind ostdeutsche Spezifika erhalten geblieben oder neu entstanden, die bis heute erkennbar sind.

c) Der Dienstleistungssektor war zu DDR-Zeiten nahezu ausschließlich ein Frauensektor (Anteil: 90 %); er ist auch 1995/96 noch mit ca. 70 % „mittelhoch" segregiert. Im Prozeß der Neustrukturierung der internen Arbeitsmärk-

te sehen sich die in den Betrieben verbliebenen Frauen aber zunehmend einem subtilen Verdrängungsprozeß („Neue Vergeschlechtlichung") ausgesetzt, der sich nicht nur über Mechanismen der Personalrekrutierung durchsetzt, sondern auch über betriebliche Arbeitszeitregelungen, Mobilitätsanforderungen und - vor allem in Leitungspositionen - über mit „Dauerpräsenz" verbundenem erhöhten Anforderungsdruck.
d) Die bundesdeutsche Arbeitsmarktkrise hat den Dienstleistungssektor in den neuen Bundesländern mittlerweile voll erfaßt und er kann nicht - jedenfalls zur Zeit nicht - als Hoffnungsträger für Beschäftigung gelten. Ein Exempel dafür ist die Deutsche Bahn AG[8] . Der Privatisierungsprozeß hat hier zur Folge - wie in anderen Unternehmen, die vormals öffentlich-rechtlich verfaßt waren -, daß sich Diskontinuität in bezug auf die Beschäftigten verstetigt, Umbrüche zur „Normalität" werden, Sicherheiten sich nicht mehr herstellen. Auf Dauer gestellte Diskontinuität ist - auf eine knappe Formel gebracht - der Effekt dieser betrieblichen Transformation.

Finanzdienstleistungsunternehmen: Frauen auf dem Weg nach oben?[9]

In der Aufbauphase hatten ostdeutsche Frauen aufgrund der geschlechtsspezifischen Segregation der DDR-Erwerbsarbeit in Sparkassen, Banken und Versicherungen gute Chancen für die Fortsetzung ihrer Erwerbsarbeit. Sie wurden in der Regel nicht nur nicht entlassen, sondern kamen auch im Rahmen eines Einstellungsbooms im Zeitraum 1990/91 für Personal mit kaufmännischer Ausbildung zum Zuge (Hüning/Nickel 1998).

Die Mehrzahl der Frauen erhielt durch die anschließenden betrieblichen *Qualifizierungsoffensiven* eine moderne, dem westlichen Standard des Sektors entsprechende Basisqualifikation (Peinl 1999). Das eröffnete den Frauen nicht nur Chancen zur Weiterbeschäftigung, sondern höhere Qualifikationen stellten für junge Frauen in dieser ersten Phase eine Brücke für die Aufnahme einer leitenden Tätigkeit im mittleren Management oder für eine Spezialisierung im Finanzgeschäft dar. So ist bis heute der Frauenanteil in der dritten, vor allem aber vierten Führungsebene (das sind Filialleiterinnen und Gruppenleiterinnen) in den meisten untersuchten Unternehmen in den neuen Bundesländern höher als in den alten.

In der Konsolidierungsphase, also ab 1993/94 geraten die 51.000 Beschäftigten, vor allem Frauen allerdings zunehmend in die Defensive; und dies aus mehreren Gründen: Der ökonomische und soziale Bedeutungsgewinn der Finanzbranche im Osten Deutschlands schlägt sich in einer Erhöhung des männlichen Bewerberanteils auf Ausbildungsstellen nieder. Personalpolitische Praxis ist, daß männliche Lehrstellenanwärter - trotz schlechterer Schulleistungen - in den Auswahlverfahren bevorzugt werden. Darüber hinaus trifft die Wegrationalisierung überwiegend manueller Tätigkeiten besonders im Zentralbereich von Versicherungen und im Back-office-Bereich der Sparkassen und Banken (vgl. Rogas/Philipp/Maier 1995) vorwiegend niedrig qualifizierte Frauen. Vor allem die älteren von ihnen haben geringe Chancen, über den Erwerb zusätzlicher Qualifikationen ihre Beschäftigungspositionen zu halten. Mit der Auslagerung von Betriebsfunktionen (z. B. EDV) sowie der Verlagerung von bisherigen Zentralfunktionen (z. B. Personal) in die Beschäftigungsbereiche, sind in der Finanzdienstleistungsbranche Ansätze eines „Lean Banking" erkennbar; untere und mittlere Managementebenen der einzelnen Unternehmensbereiche werden verschlankt. Dies könnte sich - sind das doch gerade jene Positionen, in denen Frauen vertreten sind - als eine *Modernisierungsfalle* (Nickel 1995) für karriereambitionierte Frauen erweisen[10].

Auch in den Finanzdienstleistungsunternehmen manifestiert sich - wie im tertiären Wirtschaftssektor insgesamt (Hüning/Nickel 1997) - die Ungleichstellung von Frauen (Quack 1999; Peinl 1999) in geschlechtstypischen Arbeitszeitmodellen - allerdings mit der generellen Tendenz, daß Ost-Frauen an der Voll-Zeit-Stelle festhalten wollen - und in der sich weiter öffnenden Lohnschere zu ihren Ungunsten. Dennoch ist für diese Branche momentan noch offen, ob sich der Prozeß der Neustrukturierung zugunsten männlicher Beschäftigung so ohne weiteres *linear* fortschreibt: So befinden sich in den seit Ende 1993/Anfang 1994 nahezu geschlossenen internen Arbeitsmärkten in der Mehrheit, nämlich bis zu ca. 68 %, Frauen mit neuerworbenen Basis- und modernen Fach- sowie Führungsqualifikationen. Angesichts dieser Tatsache kann einerseits unterstellt werden, daß Frauen sich mittelfristig behaupten (Quack 1999), ja sogar, daß der Frauenanteil auch an Führungskräften steigen wird. Andererseits ist wegen des antizipierbaren dramatischen Personalabbaus in der Branche, der seit Ende der 90er Jahre greift, der „Standortvorteil" der Frauen mehr als labil. Inwieweit Frauen auf diese Strukturveränderungen widerständig und gestaltend zu antworten vermögen, ist ungewiß, zumal sich die Anforderungen an die zeitliche und räumliche Flexibilität des Einsatzes erhöhen, betriebliche Integrationsbrücken - wie Qualifizierungsofferten z. B. - zunehmend wegbrechen (Manske/Meißner 1999) und die Arbeitsstrukturen mehr und mehr individualisiert werden sowie auf eine „ganzheitliche", totale Nutzung qualifizierter menschlicher Arbeitskraft zielen. Mit dieser Entwicklung werden sich allerdings auch Qualifikationsanforderungen in Richtung 'extrafunktionaler Arbeitstugenden', wie Teamfähigkeit, soziale Kompetenz und Kommunikationsvermögen erweitern. Das wiederum könnte anschlußfähig an Frauen zugeschriebenen Qualifikationen sein und die Position von Frauen bei der insgesamt schlechter werdenden Lage in diesem Feld tendenziell begünstigen.

Dienstleister Bahn[11]
Das zweite Beispiel für Entwicklungslinien des großbetrieblich strukturierten Dienstleistungssektors ist die Deutsche Bahn AG, ein personalstrukturell männlich dominiertes Dienstleistungsunternehmen. Während der weibliche Beschäftigtenanteil in der Deutschen Reichsbahn (DR) zu DDR-Zeiten 32 % betrug - die DR also bezüglich ihrer Geschlechterverteilung als „Mischunternehmen" bezeichnet werden konnte -, machte der Frauenanteil an der Gesamtbelegschaft im westlichen Unternehmen der Bundesbahn lediglich 7 % aus. Für das seit 01.01.1994 fusionierte und privatisierte gesamtdeutsche Unternehmen DB AG zeichnet sich der Frauenanteil von gegenwärtig insgesamt gut 15% durch signifikante Unterschiede zwischen den neuen und alten Bundesländern sowie zwischen den einzelnen Geschäftsbereichen aus. Die stärkere personelle Präsenz von weiblichen Beschäftigten in den neuen Bundesländern verdichtet sich insbesondere in den kundenorientierten Service-Dienstleistungen der Bahn mit ihren spezifischen Qualifikations- und Tätigkeitsprofilen und in den Bereichen der Personalwirtschaft.

So unterschiedlich auch die Unternehmensstrukturen der beiden betrieblichen Felder im Finanzdienstleistungsbereich und im Verkehrssektor und die Prozesse der betrieblichen Umstrukturierungen sind, lassen sich jedoch zwei aufeinander verweisende Entwicklungspfade feststellen (Nickel/Völker/Hüning 1998): Ziel der jeweiligen betrieblichen Transformationsprozesse ist die Neuformierung der Unternehmen als *moderne Dienstleister* mit einer hochspezialisierten, zielgruppenabgestimmten, flexiblen Angebotsstruktur. Dies zeigt sich erstens in einer Philosophie der „maximalen" Kundenorientierung nach außen und dem internen Ausbau der jeweiligen Serviceleistungen; zum zweiten greifen durch die hiermit verbundenen Spezialisierungen und Neuzuschnitte von Geschäftsbereichen die Prozesse der inneren Effektivierung der Wertschöpfungskette. Diese Veränderungen schlagen auf die Tätigkeitsstruktur und die Arbeitsanforderungen der Beschäftigten zurück und gehen einher mit einem bereichsspezifischen Personalabbau einerseits, etwa in den Verwaltungen durch die Ausdünnung von Hierarchieebenen oder durch Rationalisierungen im EDV-Bereich, und dem - gesteuerten - Stellenausbau der personenbezogenen Dienstleistungen andererseits.

Die Befunde zur Deutschen Bahn AG unterscheiden sich vom Finanzdienstleistungssektor allerdings schon allein aufgrund der relativ späten Zusammenführung der Unternehmen Deutsche Reichsbahn und Deutsche Bundesbahn. Die vorgängige Phase der Anpassung der Deutschen Reichsbahn an die Unternehmensstrukturen der Deutschen Bahn, die sich - im Unterschied zum Finanzdienstleistungssektor - in einem massiven Personalabbau zeigte, war zudem eingelagert in die Überführung der „Behörde Bahn" in ein privatwirtschaftliches Unternehmen mit weitreichenden politischen und strukturellen Konsequenzen für das Gesamtunternehmen (vgl. dazu Hüning/Stodt 1999). Auch der Modus der Integration der Beschäftigten war ein gänzlich anderer: Weniger - wie es im Finanzdienstleistungssektor der Fall war - die Teilnahme an einer unternehmensweiten Qualifizierungsoffensive, die im Sinne einer *„kollektiven Übergangsphase"* funktionierte und die den Ost-Beschäftigten eine Brücke der Integration in das Westunternehmen auf der Basis von betrieblich organisierter Weiterbildung baute als die Erfüllung vielfältiger, individuell zu lösender *Mobilitätsanforderungen* beeinflußten den Verbleib im Unternehmen entscheidend. Dabei ging es um örtliche Mobilität verbunden mit einem Arbeitsplatzwechsel, um zeitliche Mobilität im Sinne der Anpassung an flexibilisierte Arbeitszeiten und um arbeitsinhaltliche Mobilität, das heißt die Bereitschaft, sich auf inhaltlich wechselnde Tätigkeiten einzulassen.

Zwischen Ende 1989 und Ende 1993 reduzierte sich das Personal um rund 120.000 Beschäftigte oder ca. 40 %. Davon waren überproportional Frauen betroffen: Ihr Anteil an den Beschäftigten verringerte sich von 32 % auf 26 %. Seit der Vereinigung beider deutschen Bahnen zur Deutschen Bahn AG setzt sich dieser Prozeß weiter fort. Der Personalbestand ist seitdem erneut um 30 % geschrumpft, d. h. seit 1994 wurden rund 120.000 Arbeitsplätze abgebaut. Der Schwerpunkt lag dabei wiederum in Ostdeutschland. Allerdings verläuft der Personalabbau nicht eindimensional entlang der Geschlechterdimension, sondern es sind gegenläufige Tendenzen feststellbar, von denen ostdeutsche Frauen auf ambivalente Weise profitieren: Geschäftsbereiche im Service und mit Kundennähe, wie z. B. der Geschäftsbereich Personenbahnhöfe, sind im Aufwind; hier kam es zeitweilig sogar zum Ausbau der Beschäftigungszahlen.

Insgesamt differenziert sich der Frauenanteil entlang der divisionalen Unternehmensstruktur beträchtlich: Im Geschäftsbereich Netz stieg der Frauenanteil im Osten von 28 % auf 29 %, im Westen von 5 % auf 6 %. Im Geschäftsbereich Fernverkehr sank er im Osten von 71 % auf 61 %, und stieg im Westen von 24 % auf 29 %. Im Geschäftsbereich Personenbahnhöfe stieg er im Osten von 59 % auf 63 % und im Westen von 17 % auf 22 %. Das erklärt sich unter anderem dadurch, daß sich die Geschäftsbereiche hinsichtlich ihrer Dienstleistungskonzepte deutlich unterscheiden: Während die Geschäftsbereiche Personenbahnhöfe und Fernverkehr an zentraler Stelle personenbezogene Dienstleistungen ausbauen und dabei auf weiblich konnotierte soziale Kompetenz rekurrieren, konzentriert sich der Geschäftsbereich Netz auf technische Innovationen und damit auf männlich konnotierte Kompetenz.

Auch in diesem Unternehmen gelang es einer großen Zahl von Frauen, die geforderten Anpassungsleistungen an veränderte Qualifikationsprofile und Tätigkeitszuschnitte - wenn auch unter erheblichen individuellen Kraftanstrengungen - zu erbringen. Aber auch hier geht das mit enormen sozialen Differenzierungen unter den Frauen einher. Die subjektive Darstellung der Erwerbssituation der befragten Frauen changierte zwischen zwei Polen: einerseits Überforderungen und Kräfteverschleiß und andererseits positive Möglichkeiten der (bisher eher gebremsten) Entfaltung der eigenen Kompetenzen (Völker 1999). Einigkeit besteht allerdings unter den Ost-Frauen in der Frage des Festhaltens an einer - die ökonomische Existenz sichernden - (Voll-) Erwerbstätigkeit. Teilzeitarbeit als Zubrotverdienst und begrenzt auf niedrig qualifizierte Tätigkeiten wird als eigene Erwerbsperspektive nahezu vollständig abgelehnt. Wir haben dieses Beharren der Ost-Frauen auf (tendenziell gleichberechtigte) Vollerwerbstätigkeit als „Widerständigkeit“ bezeichnet. Es widersetzt sich nicht nur den immer deutlicher hörbaren Stimmen nach einer zurechtgestutzten weiblichen Erwerbsarbeit am Rande der - Männern zugedachten - lukrativen und qualifizierten Berufsfelder und Hierarchieebenen, es erteilt darüber hinaus auch dem Modell des „männlichen Familienernährers“ weiterhin eine klare Absage; dieses Modell verfehlt nicht nur die ökonomische Realität in Ostdeutschland, es befindet sich auch jenseits subjektiv gewollter Geschlechterarrangements (Nickel/Völker/Hüning 1998).

Die Deutsche Bahn AG befindet sich im Wandel von einem industriell geprägten Transportbetrieb zu einem „modernen“ Mobilitäts- und Dienstleistungskonzern. Dies drückt sich nicht zuletzt in einer Verschiebung der betrieblichen Beschäftigungsstrukturen aus: weg von gewerblich-technischen, hin zu kaufmännisch-serviceorientierten Tätigkeitsbereichen. Für Frauen eröffnet dies sehr zwiespältige Beschäftigungsperspektiven: Einerseits bietet die betriebliche Aufwertung von kundennaher und vor allem personenbezogener Dienstleistungsarbeit gerade ihnen neue Beschäftigungschancen. Andererseits verknüpfen sich auch bei der DB AG mit den personenbezogenen Servicetätigkeiten häufig nur sehr eingeschränkte berufliche Entwicklungsperspektiven. Trotz betrieblicher Aufwertung stellen die entsprechenden Tätigkeitsbereiche weiterhin typische berufliche „Sackgassen“ dar. Sie befinden sich auf einem vergleichsweise niederen Qualifikationsniveau und bieten kaum Aufstiegsmöglichkeiten. Dies gilt vor allem für die zahlreichen neu geschaffenen Servicetätigkeiten in den als „Visitenkarte der Bahn“ apostropierten Bahnhöfen. Gerade in diesem sich als Träger einer „neuen Dienstleistungskultur“ verstehenden Geschäftsbereich zeichnen sich „modernisierte“ Segregationslinien ab. Eine geschlechtliche Durchmischung fand kaum statt. Mit anderen Worten: Trotz betrieblicher Aufwertung der Servicetätigkeiten sind sie für Männer unattraktiv. Ein Geschlechterwechsel dieses Tätigkeitssegments ist nicht erkennbar, d. h. aber auch es kommt nicht zu einer Frauenbeschäftigung gefährdenden direkten Geschlechterkonkurrenz. Wir charakterisieren diese eindeutig geschlechtlich unterlegte Personalbewegung als *„Kanalisierung weiblicher Erwerbsarbeit“*.

Allerdings wurden auf mittlerer Ebene im kundennahen Bereich auch neue Führungspositionen geschaffen, die Frauen begrenzte Aufstiegsmöglichkeiten eröffnen; so wuchs beispielsweise die Zahl der (ostdeutschen) Frauen im Bahnhofsmanagement und in der Öffentlichkeitsarbeit.

Empirisch zeigte sich insgesamt, daß entlang der Geschlechterdimension sehr widersprüchliche Prozesse gleichzeitig stattfinden: Einerseits werden geschlechtliche Tätigkeitszuschreibungen benutzt, um Schließungsprozesse im Unternehmen zu „naturalisieren“ und damit zu legitimieren; andererseits werden Tätigkeiten „entgeschlechtlicht“, nicht zuletzt durch die faktische Präsenz von Ost-Frauen in westlicherseits traditionellen und bis zum Zeitpunkt der Fusion von Deutscher Reichsbahn und Deutscher Bundesbahn weitgehend geschlossenen Männerbastionen (z. B. im Zugbegleitdienst) und drittens versucht sich das Unternehmen unter Anrufung von „weiblich“ konnotierten Qualifikationen zum modernen Dienstleister zu wandeln (Nikkel 1999).

Diese sozialen Konstruktionen lassen sich unter anderem an *zwei Phänomenen* veranschaulichen:

1) an der Frauenförderpolitik: Die betriebliche Frauenpolitik wurde reformuliert und aus einer ursprünglich rein frauenbezogenen Förderpolitik wurde eine „geschlechtsneutral“ konzipierte „Politik der Chancengleichheit“. Ihr Kennzeichen ist die bewußte *De-thematisierung* von Geschlecht. Zum Dreh- und Angelpunkt dieses strategischen Vorgehens avancierte das personalpolitische Konzept der sog. „Bestenauslese“. Danach sollen Stellenbesetzungen beispielsweise insbesondere bei Neurekrutierung *allein*

nach fachlicher und persönlicher Qualifikation der BewerberInnen erfolgen. Die unternehmerischen Argumente für diese „Modernisierung" der betrieblichen Frauenpolitik lauteten:

- Optimierung des *Human Resource* Managements durch Ausschöpfung des gesamten zur Verfügung stehenden - also männlichen und weiblichen - Humanpotentials;
- Erhöhung des personalwirtschaftlichen *Return-to-Investments* durch Nutzung der getätigten betrieblichen Bildungsinvestitionen auch nach zeitweiser Unterbrechung der Erwerbstätigkeit bspw. wegen Kinderbetreuung;
- Vollzug des sogen. Paradigmenwechsels im Führungsverständnis weg vom direktiven, hin zum kooperativen Führungsstil unter Rekurs auf ‚weiblich' konnotierte Kompetenzen (Führungskraft als ‚Coach' des Teams);
- Profilierung eines zukunftsfähigen und potentialorientierten *Marketings*, das Frauen als eigenständige und nachfragestarke Kundengruppe begreift; Verbesserung des *Unternehmensimages* durch vorweisbare betriebliche Gleichstellungserfolge (Stichwort „Total-E-Quality"-Prädikat).

Chancengleichheitspolitik wird so zur ergebnisorientierten Personalpolitik, die im *Nebeneffekt* auch Frauen zum Vorteil gereichen kann. Dementsprechend verstehen sich auch die unternehmensseitig ernannten „Beauftragten für Chancengleichheit" als eine Art „Lobbyisten" für das Unternehmen, die zur bestmöglichen Ausschöpfung und Nutzung der Personalressourcen beitragen. Dieses Selbstverständnis erfolgt in bewußter Abgrenzung zur „klassischen" Frauenbeauftragten, die - nach Meinung der Beauftragten für Chancengleichheit - lediglich „Sozialarbeit" für Frauen mache und nicht mehr zeitmäßig sei.

2) an dem Personalkonzept der „Eigenorganisation": *Individualisierung* ist der zentrale Modus, der auch in bezug auf die weiblichen Beschäftigten (Veth 1998) durchgesetzt wird. Neben dem Stichwort „Bestenauslese" gilt das Stichwort „Eigenorganisation" als Motor von Chancengleichheit. Dies ist durchaus konform mit den Interessen von relevanten Frauengruppen im Unternehmen, bspw. von Frauen in Führungspositionen, von karriereorientierten Frauen oder auch von zahlreichen Ost-Frauen, die - wie sie sagen - „keine Probleme mit der Gleichberechtigung" hatten. Vor allem Frauen mit Führungsaufgaben setzen darauf, daß es zunehmend eine Image- und Wettbewerbsfrage für „moderne" Unternehmen ist, ob sie Frauen beschäftigen und ihnen Aufstiegs- und Entwicklungsperspektiven bieten. Sie bauen dabei weniger auf Unterstützung durch Frauenpolitik im klassischen Sinne, sondern auf die Chance, unter diesen Bedingungen ihre

Fähigkeit zur „Eigenorganisation" unter Beweis stellen zu können. Daß die Personalpolitik der „Eigenorganisation" und der „Bestenauslese" auf „mikropolitischer" Ebene nicht selten konterkariert wird durch das Beharrungsvermögen und die Wirkungsmächtigkeit männerzentrierter Personalselektion, wird dabei oft übersehen. Wie das Material nämlich insgesamt zeigt, stellt sich die Geschlechterfrage als Feld betrieblicher Auseinandersetzung vor allem im Führungsbereich. Hier ist die Präsenz von Frauen in besonderer Weise umkämpft, denn die Grenzen für weibliche Karrieren werden immer noch zumeist durch männliche betriebliche Akteure gesetzt (Nickel 1999). „Integrationsbrücken", die sich im Finanzsektor hinsichtlich der Inklusion von Frauen bewährt hatten, stehen im Privatisierungsprozeß der DB AG kaum (noch) zur Verfügung, so daß der mit der Individualisierung verbundene Effekt zunehmender sozialer Differenzierungen unter Frauen sich tendenziell verstärkt wird.

Fazit

Beide Analyseperspektiven - die makroanalytische, sich an den Zukunftsdebatten orientierende, wie die mesoanalytische, den betrieblichen Umbau fokussierende - zeigen, daß es enormen (feministischen) Handlungsbedarf gibt, wenn der zur Zeit stattfindende radikale Gesellschaftsumbau nicht automatisch einseitig zu Lasten von Frauen gehen soll. Dabei stellt sich eine immer wiederkehrende Frage: Wie kann es feministischer Wissenschaft gelingen, bei den zentralen Themen um Verteilungsgerechtigkeit „mitzumischen", und welche Möglichkeiten hat sie, auf politische Gestaltungsprozesse tatsächlich Einfluß zu nehmen? Es bedarf - darin besteht kein Zweifel - alternativer feministischer Reformkonzepte, die den geschlechterpolitischen Gestaltungsauftrag einer Gesellschaft, die sich gerne als Zivil- oder Bürgergesellschaft beschreibt, immer wieder einfordern. Der feministische Diskurs wird Brükken bauen müssen, die in die androzentrischen Gesellschaftsdebatten hineinführen. Auf den umgekehrten Weg einer geschlechtersensiblen Neugier des gesellschaftstheoretischen Mainstreams ist in der Bundesrepublik noch immer nicht zu hoffen. Auch wenn Feministinnen (und aufgeklärte Bürger) wissen, daß die Zukunftsfähigkeit einer Gesellschaft ernsthaft in Frage gestellt ist, wenn sie nicht den Übergang in die „Geschlechterdemokratie" schafft, wird eine „männerbündische" Politik nicht freiwillig und in einem Selbstheilungsprozeß auf ihrem geschlechtsblinden Augen plötzlich sehend. So ungerecht, Kräfte zehrend und ermüdend diese Erkenntnis für Frauen immer wieder ist, Frauen werden weiterhin ihren Anspruch selbst formulieren und Wege der politischen Vermittlung finden müssen.

Anmerkungen

1 Dieser erste Teil ist unter dem Titel: Frauen - Ein Appendix von Zukunftsmodellen? im Berliner Journal für Soziologie 4/99 erschienen, das den Schwerpunkt „Sozialwissenschaftliche Forschung und Politikberatung" hat und unter anderem auch einen Beitrag von Ulrich Beck, Mitglied der Kommission für Zukunftsfragen der Freistaaten Bayern und Sachsen, zum Thema: Die Zukunft der Arbeit oder: Die Politische Ökonomie der Unsicherheit enthält.

2 Wenn ich als Mitglied der Zukunftskommission der Friedrich-Ebert-Stiftung die Grundpositionen des Berichtes hier nicht einfach affirmativ wiederhole, sondern mich als Soziologin kritisch mit ihnen auseinandersetze, muß das erklärt werden: Erstens, der Bericht ist das Ergebnis einer sehr heterogenen Arbeitsgruppe, insofern ist er auch Ausdruck der Verständigung auf einen kleinsten gemeinsamen Nenner. Daß die Geschlechterperspektive, die in dem vorliegenden Beitrag angemahnt wird, kein durchgängiger methodischer Ansatz war, liegt auch an der eigenen Überzeugungsfähigkeit und Durchsetzungskraft. Zweitens, der Bericht ist zügig entstanden und liegt seit einem Jahr vor. Daß mit Abstand betrachtet, manches anders zu machen wäre, ist normal. Der vorliegende Beitrag versteht sich nicht als nachträgliche Distanzierung, sondern will zeigen, welche Perspektiven sich eröffnen, wenn die Geschlechterkategorie eingeführt wird.

3 Daß die Bundestagswahlen im Herbst 1998 von den Frauen entschieden worden sind, sie also einen Regierungswechsel herbeigeführt haben, der den Abbau von Massenarbeitslosigkeit und die Berechenbarbeit der sozialen Sicherungssysteme versprach, ist nicht nur Ausdruck dafür, daß insbesondere Frauen die neoliberale Politik des marktradikalen Abbaus von Erwerbsarbeit und Sozialleistungen ablehnen, sondern heute auch der Maßstab, an dem sich die Zukunftsfähigkeit der rot-grünen Regierungskoalition messen lassen muß.

4 Das hat Susanne Völker im Rahmen des von mir geleiteten DFG-Projektes „Frauen im betrieblichen Transformationsprozeß" in einem internen Papier zum Thema: „Außerbetriebliche Bedingungen des betrieblichen Geschlechterverhältnisses" auf hervorragende Weise herausgearbeitet. Die folgende Argumentation stützt sich auf diese Ausarbeitung von 1999.

5 Hier beziehe ich mich auf den Bericht der Zukunftskommission der Friedrich-Ebert-Stiftung (1998), S. 166ff.

6 Daß die Zukunftskommission der Friedrich-Ebert-Stiftung in diesem Punkte widersprüchlich argumentiert und insgesamt beispielsweise dem Modernisierungszauber vom „schlanken Staat" nicht verfallen ist, soll an dieser Stelle

ausdrücklich hervorgehoben werden. Gerade der Ausbau des Staates in der prosperierenden Ära der Bundesrepublik hat zu einer breiten Erwerbsintegration von Frauen geführt, seine blinde Verschlankung muß sich zwangsläufig insbesondere als Jobkiller für Frauenarbeitsplätze erweisen.

7 Hüning/Nickel, Großbetriebliche Dienstleistungen. Rascher Aufbau und harte Konsolidierung, in: Lutz/Nickel/Schmidt/Sorge (Hg.), Arbeit, Arbeitsmarkt und Betriebe, Opladen 1996; Hüning/Nickel (Hg.) Großbetrieblicher Dienstleistungssektor in den neuen Bundesländern, Opladen 1997

8 Nickel u. a.: Frauen im betrieblichen Transformationsprozeß der neuen Bundesländer. Zu Handlungsoptionen von Frauen in der Finanzdienstleistungs- und Verkehrsbranche, DFG-Projekt 1996-1999

9 Dazu Hüning/Nickel (Hg.): Finanzmetropole Berlin. Strategien betrieblicher Transformation, Opladen 1998; Hüning, Hasko, Dienstleistungen im Transformationsprozeß; In: Hüning/Nickel (Hg.) Großbetrieblicher Dienstleistungssektor in den neuen Bundesländern, Opladen 1997

10 Im Projektseminar „Frauen im betrieblichen Transformationsprozeß", HU, wurde nochmals die von uns im Jahre 1993 gestellte Frage nach dem Verbleib ehemaliger Zweigstellenleiterinnen der Ostberliner Sparkasse aufgenommen (Manske/Meißner 1999). Zunächst schienen sich ihnen tatsächlich Aufstiegskorridore zu eröffnen, wenn sie die entsprechenden Qualifizierungen absolviert hatten. In der Wiederholungsuntersuchung zeigte sich allerdings, daß nicht eine der insgesamt 73 ehemaligen Leiterinnen einen Aufstieg geschafft hatte, mehr noch, in der Regel konnten sie nicht einmal Vertreterinnenpositionen halten.

11 Dazu H. M. Nickel/S. Völker/H. Hüning u. a. Chancenstrukturen weiblicher Erwerbsarbeit, ZiF Bulletin 16, Berlin 1998; Hüning/Nickel et. al. Transformation - betriebliche Reorganisation - Geschlechterverhältnisse. Frauen im betrieblichen Transformationsprozeß der neuen Bundesländer, Zeitschrift für Frauenforschung 16. Jg. Heft 1+2/98

Literatur

Bäcker, Gerhard (1998): Niedriglöhne - der letzte Ausweg zur Eingrenzung der Arbeitslosigkeit? Zeitschrift für Sozialistische Politik und Wirtschaft 3/98 Heft 101, S. 25-31

Bosch, Gerhard (1999): Zukunft der Erwerbsarbeit - Zur Rolle von Bildung und Löhnen im internationalen Vergleich. Fachkongreß Zukunft der Arbeit - Zukunft der beruflichen Bildung. Senatsverwaltung für Arbeit, Berufliche Bildung und Frauen, Juni 1999, Berlin

Diezinger, Angelika (1991): Frauen: Arbeit und Individualisierung. Chancen und Risiken. Eine empirische Untersuchung anhand von Fallgeschichten. Opladen

-/Maria S. Rerrich (1998): Die Modernisierung der Fürsorglichkeit in der alltäglichen Lebensführung junger Frauen: Neuerfindung des Altbekannten? In: Oechsle, Mechthild/Geissler, Birgit (Hg.): Die ungleiche Gleichheit, Opladen, S. 165-184

Dölling, Irene (1998): Transformation und Biographien: „Selbstverständlichkeiten" im biographischen Konzept junger ostdeutscher Frauen. In: Oechsle, Mechthild/Geissler, Birgit (Hg.): Die ungleiche Gleichheit, Opladen, S. 151-162

Fraser, Nancy (1994): Widerspenstige Praktiken. Macht, Diskurs, Geschlecht. Frankfurt a,M

Frerichs, Petra. (1997): Klasse und Geschlecht 1. Arbeit. Macht. Anerkennung. Interessen. Opladen

Geissler, Birgit (1998): Hierarchie und Differenz. Die (Un-)Vereinbarkeit von Familie und Beruf und die soziale Konstruktion der Geschlechterhierarchie im Beruf. In: Oechsle, Mechthild/ Geissler, Birgit (Hg.): Die ungleiche Gleichheit, Opladen, S. 109-130

Hüning, Hasko (1998): Dienstleistungen - Betriebliche und gesellschaftliche Transformation. In: Hüning, Hasko/Nickel, Hildegard M. et. al: Transformation - betriebliche Reorganisation - Geschlechterverhältnisse. Frauen im betrieblichen Transformationsprozeß der neuen Bundesländer, Zeitschrift für Frauenforschung 1+2/98, S. 73-80

-/Nickel, Hildegard Maria (Hg.) (1996): Großbetriebliche Dienstleistungen. Bruch, Anpassung, Neuformierung. Opladen

-/Nickel, Hildegard Maria (1996): Großbetriebliche Dienstleistungen. Rascher Aufbau und harte Konsolidierung. In: Lutz, Burkart/Nickel, Hildegard M./Sorge, Arndt (Hg.): Arbeit, Arbeitsmarkt, Betriebe, Opladen, S. 297-346

-/Nickel, Hildegard Maria (1993): Dienstleistungsbeschäftigung im Umbruch. In: Berliner Journal für Soziologie 3/1993, S. 257-273

Kommission für Zukunftsfragen der Freistaaten Bayern und Sachsen. Erwerbstätigkeit und Arbeitslosigkeit in Deutschland. Entwicklung. Ursachen, Maßnahmen, Teil III, Verbesserung der Beschäftigungslage (1997): Bonn

Krämer, Ralf (1998): Drei Ziele - kein Weg - Neo-Sozialdemokratie. Kritik der Studie der Zukunftskommission der Friedrich-Ebert-Stiftung. In: Zeitschrift für Sozialistische Politik und Wirtschaft 3, Heft 101, S. 10-14

Krüger, Helga (1995): Dominanzen im Geschlechterverhältnis: Zur Institutionalisierung von Lebensläufen. In: Becker-Schmidt, Regine/Axeli-Knapp, Gudrun (Hg.): Das Geschlechterverhältnis als Gegenstand der Sozialwissenschaften, Frankfurt a.M./NewYork, S. 195-219

Manske, Alexandra/Meißner, Hanna (1999): „Und wer wollte, wer möchte, wer will, hat seine Chance auch gehabt." Ehemalige ostberliner Zweigstellenleiterinnen im betrieblichen Umstrukturierungprozeß der Landesbank Berlin. In: Hüning, Hasko/Völker, Susanne/Nickel, Hildegard M. (Hg.): a.a.O., S. 155-173

Nickel, Hildegard Maria (1995): Frauen im Umbruch der Gesellschaft. Die zweifache Transformation in Deutschland. In: Aus Politik und Zeitgeschichte. Beilage zur Wochenzeitung Das Parlament B 36-37/95, 1. September 1995

-, (1996): Feministische Gesellschaftskritik oder selbstreferentielle Debatte? In: Berliner Journal für Soziologie 6, S. 325-338

-, (1998): Zurück in die Moderne? Kontinuitäten und Veränderungen im Geschlechterverhältnis. In: Funkkolleg Deutschland im Umbruch, Studienbrief 5, Tübingen

-, (1999) Erosion und Persistenz. Gegen die Ausblendung des gesellschaftlichen Transformationsprozesses in der Frauen- und Geschlechterforschung. In: Hüning, Hasko/Völker, Susanne/Nickel, Hildegard M. (Hg.): o. a. O., S. 9-33

-/Völker, Susanne/Hüning, Hasko (Hg.) (1999) Transformation - Unternehmensreorganisation - Geschlechterforschung. Opladen

-/Völker, Susanne/Hüning, Hasko (Hg.) (1998) Chancenstrukturen weiblicher Erwerbsarbeit. ZiF Bulletin 16. Zentrum für interdisziplinäre Frauenforschung der Humboldt-Universität zu Berlin

Offe, Claus/Fuchs, Susanne (1998): Wie schöpferisch ist die Zerstörung? In: Blätter für deutsche und internationale Politik, März 1998, S. 295-300

Peinl, Iris (1999): Das Ende der Eindeutigkeit. Zu Gelegenheitsstrukturen weiblicher Erwerbsarbeit in der Landesbank Berlin und der Deutschen Bahn AG. In: Hüning, Hasko/Völker, Susanne/Nickel, Hildegard M. (Hg.): a.a.O., S. 131-154

Pfarr, Heide/Linne, Gudrun: Eine Unmenge von Wissen. Doch was ist Arbeit? Frankfurter Rundschau, Dokumentation, 21. Dezember 1998, Nr. 296, S. 10

Quack, Sigrid (1999): Unternehmensreorganisation, Karrierewege und Geschlecht. Banken im internationalen Kontext, in: Hüning, Hasko/Völker, Susanne/Nickel, Hildegard M. (Hg.) a.a.O., S. 109-130

Schaeffer-Hegel, Barbara/Leist, Anne (1996): Sozialer Wandel und Geschlecht. In: Aus Politik und Zeitgeschichte, Beilage zur Wochenzeitung Das Parlament B 42/96

Seidenspinner, Gerlinde/Keddi, Barbara/Wittmann, Svendy/Gross, Michaela/Hildebrandt, Karin/Strehmel, Petra (1996): Junge Frauen heute - Wie sie leben, was sie anders machen. Opladen

Veth, Silke (1998): Mitfahren oder zurückbleiben! Arbeitszeitflexibilisierung in der Deutschen Bahn AG. In: Hüning, Hasko/Völker, Susanne/Nickel, Hildegard M. (Hg.): Chancenstrukturen weiblicher Erwerbsarbeit. ZiF Bulletin 16. Zentrum für interdisziplinäre Frauenforschung der Humboldt-Universität Berlin, S. 91-106

Wendl, Michael (1998): Der Niedriglohnsektor. In: Bischoff, Joachim/Lieber, Christoph/Steinitz, Klaus/Wendl, Michael: Zukunftsstrategien? Zur Kritik neoliberaler und sozialdemokratischer Politikkonzeptionen. Supplement der Zeitschrift Sozialismus 11/1998, S. 21-36

Zukunftskommission der Friedrich-Ebert-Stiftung, (1998): Wirtschaftliche Leistungsfähigkeit, sozialer Zusammenhalt, ökologische Nachhaltigkeit. Bonn

Autorinnen und Herausgeberinnen

Petra Dannecker studierte Politikwissenschaft und Soziologie an der Universität Konstanz. Sie promovierte zum Thema „Between Conformity and Resistance: Women Garment Workers in Bangladesh" an der Universität Bielefeld. Seit 1998 ist sie wissenschaftliche Assistentin an der Fakultät für Soziologie, Forschungsschwerpunkt Entwicklungssoziologie, und beschäftigt sich hauptsächlich mit Südasien. Darüber hinaus arbeitet sie zu internationaler Frauenpolitik, Globalisierung und Feminisierung der Armut.

Prof. Dr. Irene Dölling, Professur für Frauenforschung an der wirtschafts- und sozialwissenschaftlichen Fakultät der Universität Potsdam; Arbeitsschwerpunkte: Transformationen und Geschlechterverhältnisse in den neuen Ländern; Vergeschlechtlichungsprozesse bei der kommunalen Verwaltungsreform; Neuere Publikationen: 1997 gem. mit Beate Krais (Hg): Ein alltägliches Spiel. Geschlechterkonstruktion in der sozialen Praxis. Frankfurt/ Main: Suhrkamp.

Dipl.Soz. Ursula Hornung arbeitete mehrere Jahre als Sozialwissenschaftlerin am Institut für Sozialforschung in Frankfurt am Main und der Universität Dortmund, daneben Lehrtätigkeit an der Fachhochschule in Frankfurt und der Universität Gießen. Seit 1997 Dozentin für Ökonomie, Berufs- und Arbeitspädagogik am BTZ der Handwerkskammer Rhein-Main. Ihre Arbeitsschwerpunkte liegen in der Gesellschaftstheorie, Industriesoziologie und Frauenforschung. Letzte Veröffentlichung „Die Quote allein reicht nicht! Überlegungen zu einer Revision von Gleichstellungspolitik", in: Arbeitskreis feministische Politik im Bundestag (Hg.): Gleichstellung von Frauen in der Erwerbsarbeit. Chancen, Grenzen, Instrumentarien. Dokumentation einer Anhörung im Deutschen Bundestag, Bonn 1998.

Ilse Lenz arbeitet seit langem über Geschlecht und Arbeit im internationalen Vergleich (Deutschland/ Japan/ Ostasien). Sie ist Professorin für Geschlechter- und Sozialstrukturforschung an der Ruhr-Universität Bochum und koordiniert dort mit Dr. Paula Villa die Maria-Jahoda-Gastprofessur für internationale Frauenforschung. Neuere Publikationen: Lenz, Ilse; Germer Andrea; Hasenjürgen, Brigitte: Wechselnde Blicke. Frauenforschung in internationaler Perspektive. Opladen 1996. Lenz, Ilse; Skypulski, Anja; Molsich, Beate: Frauenbewegung international. Eine Arbeitsbibliographie. Opladen 1996. Lenz, Ilse; Mae Michiko: Getrennte Welten, gemeinsame Moderne? Geschlechterverhältnisse in Japan. Opladen 1997. Herausgeberin der Reihe „Geschlecht und Gesellschaft" im Leske und Budrich Verlag. Von 1995-1999 Sprecherin der Sektion Frauenforschung in der DGS. Ein Sohn.

Ursula Müller, Prof. Dr., Universität Bielefeld, Fakultät für Soziologie, Professorin für Sozialwissenschaftliche Frauenforschung und Leiterin des Interdisziplinären Frauenforschungs-Zentrum der Universität Bielefeld, Arbeitsschwerpunkte: Geschlecht und Organisation, Theorie und Methodologie der Frauenforschung, geschlechtsspezifische Arbeitsteilung, Industriesoziologie, berufl. Bildung, Geschlechterbeziehungen, Sexismus im Alltag.

Hildegard Maria Nickel (geb. 1948) ist Soziologin. Sie studierte Kulturwissenschaften und Soziologie an der Humboldt-Universität zu Berlin, 1977 Promotion mit einer Arbeit zur Familiensoziologie; von 1977-1987 an der Akademie der Pädagogischen Wissenschaften der DDR, Abt. Bildungssoziologie, seit 1987 an der Humboldt-Universität zu Berlin, Institut für Soziologie; Dekanin des Fachbereichs Sozialwissenschaften der Humboldt-Universität zu Berlin von 1990-1993; Ruf auf eine C3-Professur 1992; Helge-Pross-Preisträgerin 1994; wissenschaftliche Leiterin des Zentrums für interdisziplinäre Frauenforschung an der Humboldt-Universität zu Berlin. Forschungsschwerpunkt: Soziologie der Arbeit und Geschlechterverhältnisse.

Birgit Pfau-Effinger, Dr. habil, Professorin für Soziologie (Sozialstrukturanalyse und Wohlfahrtsstaatliche Entwicklung) an der Fachhochschule für Wirtschaft Berlin; 1992 Gastprofessur für Arbeit und Arbeitsmarktpolitik an der Universität Tampere in Finnland; Forschungsschwerpunkte: Theorie und Empirie der international vergleichenden Gesellschaftsanalyse, Soziologie der sozialen Ungleichheit, Soziologie von Arbeitsmarkt und Beschäftigung, Soziologie der Sozialpolitik, Soziologie der Geschlechterbeziehungen. Neuere Publikationen u.a.: Kultur, Wohlfahrtsstaat und Frauenarbeit im internationalen Vergleich, Opladen 1999; Gender, Work and Culture in the European Union (Hg., mit Simon Duncan), London 1999; sowie zahlreiche Aufsätze in bundesdeutschen und internationalen wissenschaftlichen Zeitschriften und Büchern.

Birgit Riegraf; Dr. phil.; studierte Politikwissenschaft an der Freien Universität Berlin und war wissenschaftliche Mitarbeiterin an der Freien Universität Berlin; 1995 Promotion zu „Geschlecht und Mikropolitik“ seit 1996 wissenschaftliche Assistentin an der Fakultät für Soziologie an der Universität Bielefeld.; Arbeitsschwerpunkte: Frauen- und Geschlechterforschung, feministische Organisationssoziologie, Gleichstellungspolitik, Hochschulsstrukturreform und Frauenpolitik; Modernisierung des Staates aus Sicht der Frauenforschung.

Sabine Schenk, geb. 1957. Dr. phil. 1978-1982 Studium der Soziologie an der Humboldt-Universität zu Berlin. Von 1986-1990 Aspirantin und wissenschaftliche Assistentin am Institut für Soziologie der Humboldt-Universität zu Berlin, danach wissenschaftliche Mitarbeiterin in einem DFG-geförderten Forschungsprojekt am Wissenschaftszentrum Berlin für Sozialforschung und von 1992 bis Mitte 1996 wissenschaftliche Angestellte der KSPW-Geschäftsstelle in Halle. Seit Oktober 1996 im Rahmen des VW-Habilitationsprogramms wissenschaftliche Angestellte der Martin-Luther-Universität Halle-Wittenberg, Fachbereich Geschichte, Philosophie und Sozialwissenschaften, Institut für Soziologie. Im akademischen Jahr 1998/99 visiting scholar am Institut für Soziologie der Harvard Universität, Cambridge, MA. Arbeitsschwerpunkte: Arbeitsmarkt und Beschäftigung, soziale Ungleichheit, Soziologie der Geschlechterbeziehungen. Habilitationsthema: Erwerbsstrukturen, Haushaltsmuster und soziale Ungleichheit in modernen Industriegesellschaften. Zur Interdependenz makro- und mikrostruktureller Wandlungsprozesse.

A. Diezinger/H. Kitzer/I. Anker/ I. Bingel/E. Haas/S. Odierna (Hrsg.)

Erfahrung mit Methode

(Forum Frauenforschung Band 8)

1994 – 346 S.

DM 32,00 – ÖS 234 – SFR 29,50

ISBN 3-89691-208-9

Margit Brückner/ Birgit Meyer (Hrsg.)

Die sichtbare Frau

Die Eroberung der gesellschaftlichen Räume

(Forum Frauenforschung Band 7)

1994 – 413 S.

DM 40,00 – ÖS 292 – SFR 37,00

ISBN 3-89691-207-0

Gudrun-Axeli Knapp/ Angelika Wetterer (Hrsg.)

TraditionenBrüche

(Forum Frauenforschung Band 6)

2. Auflage

1992 – 325 S.

DM 30,00 – ÖS 219 – SFR 27,50

ISBN 3-89691-206-2

Lerke Gravenhorst/Carmen Tatschmurat (Hrsg.)

TöchterFragen

NS-Frauengeschichte

(Forum Frauenforschung Band 5)

2. Auflage

1990 – 414 S.

DM 40,00 – ÖS 292 – SFR 37,00

ISBN 3-89691-205-4

Ursula Müller/ Hiltraud Schmidt-Waldherr (Hrsg.)

FrauenSozialKunde

Wandel und Differenzierung der Lebensformen und Bewußtsein

(Forum Frauenforschung Band 3)

1989 – 340 S.

DM 32,00 – ÖS 234 – SFR 29,50

ISBN 3-89691-203-8

Ursula Beer (Hrsg.)

Klasse, Geschlecht

Feministische Gesellschaftsanalyse und Wissenschaftskritik

(Forum Frauenforschung Band 1)

1987

DM 28,00 – ÖS 204 – SFR 26,00

ISBN 3-89691-201-1

WESTFÄLISCHES DAMPFBOOT

Dorotheenstr. 26a · 48145 Münster · Tel. 0251/6086080 · Fax 0251/6086020

e-mail: dampfboot@login1.com · http://www.login1.com/dampfboot